The Making of Art

Herausgegeben von/Edited by
Martina Weinhart und/and Max Hollein

Schirn Kunsthalle Frankfurt
Verlag der Buchandlung Walther König

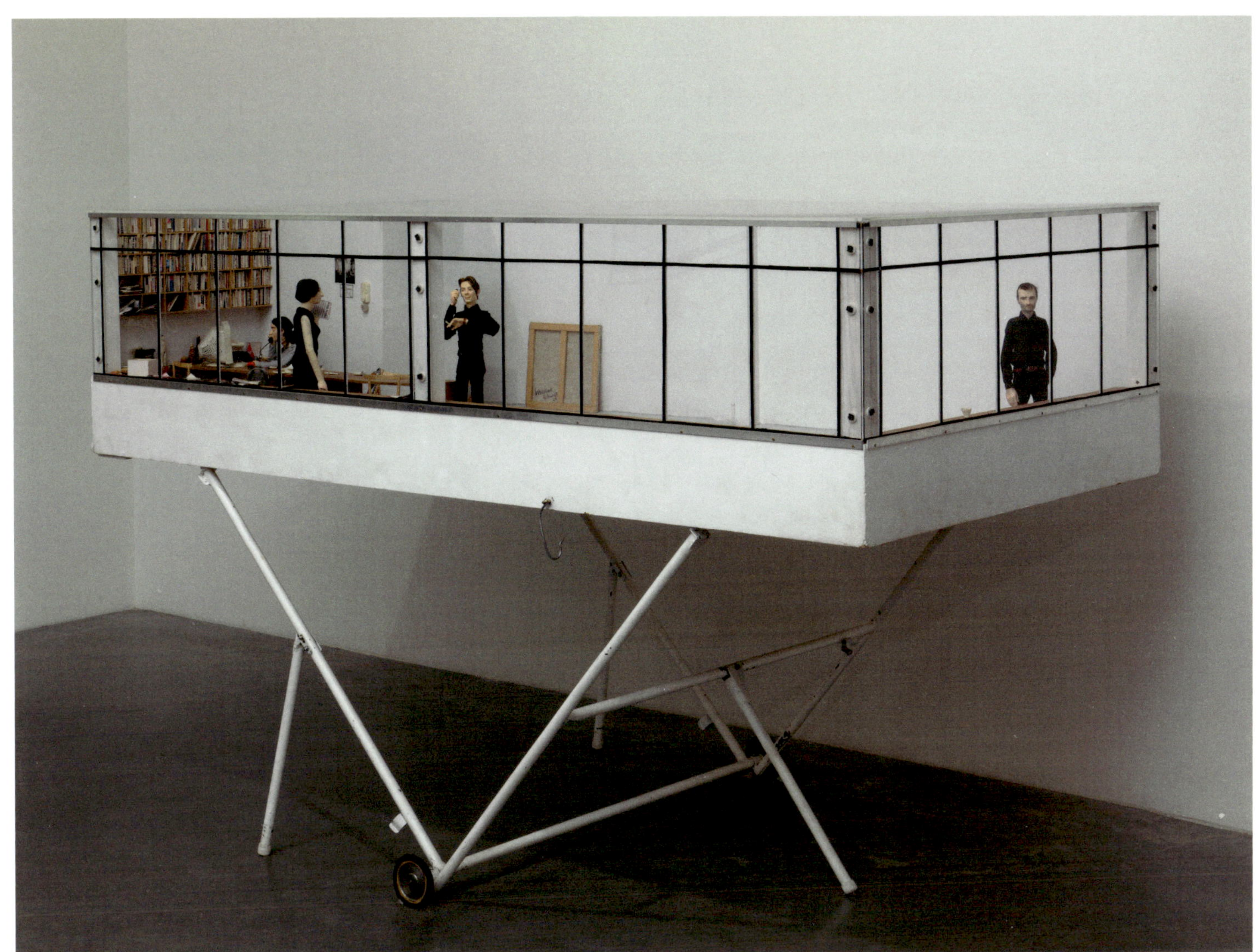

Pawel Althamer
Foksal Gallery Foundation, 2004
Holz, Metall, Plastik, Gummi, Papier,
Stoff, Modelliermasse/
Wood, metal, plastic, rubber, paper,
fabric, modelling putty
155 x 213 x 102 cm
Tate

Am Anfang einer jeden Ausstellung steht die Frage nach der Valenz eines Themas, nach seiner Aktualität gemessen an den richtigen Fragen, die es für die Zeit zu stellen vermag. Diese Mechanik überträgt sich immer wieder auf die Institution an sich – formt sie, gestaltet sie und macht ihr Wesen, ihren Charakter aus. Das Museum, der Kunstverein oder die Kunsthalle muss sich im besten Fall stets neu evaluieren. Dazu gehört es, die Symptome der Veränderung, die Prozesse, die Trends und Megatrends nicht nur mit der Faszination für die Kunst, sondern auch mit dem kritischen Auge zu betrachten. Dasselbe gilt vielleicht in noch größerem Maße für das Betriebssystem Kunst an sich: Eine Institution sollte sich immer wieder selbst hinterfragen und sich der großen Herausforderung stellen, die eigene Position stets neu zu überprüfen. Was sind die Aufgaben der Kunst, der Ausstellung, der Kunsthalle an sich? – In welchem Beziehungsgeflecht steht die eigene Institution innerhalb des Netzwerkes von Abhängigkeiten und Befruchtungen? Ganz wesentlich ist es hier, die Stimmen der Künstler zu hören, die sich seit den 1960er Jahren vermehrt zu diesem Diskurs zu Wort gemeldet haben und in ganz unterschiedlichen Medien die Kriterien der Kunst befragten, Blicke auf ihre Verfahren warfen, auf ihre Agenten, den Apparat, die Institutionen als Orte und vieles mehr. Zahlreiche künstlerische Positionen beleuchten den erweiterten Rahmen des Kunstwerks, das die Beziehungen zwischen Künstler, Sammler und Kritiker zum Thema macht.

Die Kunstwelt gestaltet sich als Großbetrieb, der sich aus einer Vielzahl unterschiedlicher Akteure und Interessen zusammensetzt. Ein für Uneingeweihte bisweilen unüberschaubares System ihrer Agenten – Künstler, Theoretiker, Kritiker, Institutionen, Ausstellungsmacher, Galeristen und Sammler – reflektiert das Verhältnis von Kunst, Gesellschaft und Wirtschaft, das von Vernetzungen und gegenseitigen Abhängigkeiten geprägt ist. Heute stellt sich die Kunst als Produkt dieses vielschichtigen Beziehungsgeflechtes dar. Auf diese Weise bestimmen Erweiterung und Entgrenzung den Kunstbetrieb, in einem hochkomplexen Betriebssystem mit zahlreichen Koordinaten, die sich mit den wechselnden Bedeutungen, Funktionszusammenhängen und Aufgaben verschieben. Die Produktions- und Ausstellungsbedingungen der zeitgenössischen Kunst spiegeln diese Situation. Allen gemeinsam ist das Interesse an den Strukturen »hinter dem Bild«, denen es nachzuspüren gilt. *The Making of Art* bietet einen Blick hinter die Kulissen der Welt der zeitgenössischen Kunst.

Mein größter Dank gilt in diesem Sinne zuallererst den Künstlerinnen und Künstlern. Für ihre Arbeiten, ihre Beiträge und ihre Unterstützung möchte ich allen Beteiligten den herzlichsten Dank aussprechen.

Ein so komplexes Projekt wie *The Making of Art* bedarf der großzügigen Bereitschaft zahlreicher Leihgeber – Museen, Institutionen, Privatsammlungen und Galerien aus aller Welt. Mein ausdrücklicher Dank geht an Art & Public Cabinet PH Switzerland, die Art Collection Deutsche Börse, BFAS Blondeau Fine Art Services, Geneva, die DekaBank-Kunstsammlung, die Edition Staeck, die Hamburger Kunsthalle, die Hermann Krause Kunsthandel GmbH, an das Kunstmuseum Zürich, das Kunstmuseum Bonn, die Sammlung Landesbank Baden-Württemberg, das Video-Forum des Neuen Berliner Kunstvereins (n.b.k.) und das ZKM | Zentrum für Kunst und Medientechnologie Karlsruhe – sie alle stellten Werke aus ihren Sammlungen zur Verfügung. Neben zahlreichen privaten Leihgebern, die nicht namentlich genannt werden möchten, geht dieser Dank weiterhin an die Sammlung Falckenberg, Hamburg, die Collection Friedrich, Basel, die Collection Glenn Fuhrman NY, an die Sammlung Grässlin, St. Georgen, die Hort Family Collection, die Kirkland Collection, London, die Sammlung Paul Maenz, Berlin, die Collection Paul Morris, New York, an C.A.A.C. – The Pigozzi Collection, Geneva, an die Sammlung Ringier, die Collection of AG Rosen, The Saatchi Gallery, London, an Kenny Schachter, an Rove Projects London, an die Sammlung Schmidt-Drenhaus, The Stieler Collection und an die Vanmoerkerke Collection.

Sehr herzlich danke ich den Autoren, neben Martina Weinhart und Elke Neumann sind dies Amanda Coulson, Renate Goldmann und Wolfgang Ullrich, für die kenntnisreichen Beiträge im Katalog. Für die innovative Gestaltung des Kataloges geht mein Dank an Marc Kappeler, Markus Reichenbach und Dominik Huber vom Zürcher Grafikbüro Moiré. Gedankt sei in diesem Zusammenhang auch dem Verlag der Buchhandlung Walther König GmbH, insbesondere Herbert Abrell.

Für das akribische Lektorat gilt Uta Hasekamp und Rebecca van Dyck unser Dank. Für die präzise Übersetzung danken wir Holger Fock, Jeremy Gaines, Heinrich Koop, Steven Lindberg, Maria Meinel, Mike Shuttleworth, Michael Stoeber und Anne Withers.

Unsere Förderer und Partner haben entscheidend dazu beigetragen, dass wir dieses aufwendige

Ausstellungsvorhaben realisieren und der Öffentlichkeit präsentieren können: Danken möchte ich
hierfür auch der Fazit-Stiftung, die uns bei der
Realisierung des vorliegenden Ausstellungskataloges
mit unterstützt hat, und der Botschaft der Vereinigten Staaten von Amerika. Des Weiteren danke
ich unserem Medienpartner ARTE und unserem
Kulturpartner hr2-kultur, die diese Ausstellung mit
ihrem Engagement begleiten.

Der Stadt Frankfurt gilt wie bei jeder Ausstellung mein Dank und stellvertretend für alle Ent-
scheidungsträger der Oberbürgermeisterin Petra
Roth und dem Kulturdezernenten Felix Semmelroth,
durch die die Arbeit der Schirn Kunsthalle erst
ermöglicht wird.

Für die Entwicklung und Umsetzung der Wer-
bekampagne sei Heike Stumpf und Jörg Hofmann
herzlich gedankt. Isabelle Brombach danken wir für
die gelungene Ausstellungsgrafik. Für die wie immer
professionelle Unterstützung bei der Filmunter-
titelung danken wir Simon Mayer bei Acht Frankfurt
GmbH digital solutions.

Besonderer Dank für die stets professionelle
und engagierte Arbeit gilt dem Team der Schirn:
Ronald Kammer für die technische Leitung sowie
Christian Teltz, Stefan Schäfer, Stephan Zimmermann, Andreas Gundermann und dem Hängeteam;
den Registrarinnen Elke Walter und Katja Speith;
den Restauratorinnen Stefanie Gundermann und
Stephanie Wagner; Esther Schlicht für die Aus-
stellungsleitung; Inka Drögemüller, Karoline Schade-
Meier sowie Nadja Eger für das Marketing; Julia
Lange, Elisabeth Häring und Simone Krämer für
das Sponsoring und die Betreuung der Partner;
Dorothea Apovnik, Tanja Wentzlaff-Eggebert und
Gesa Pölert für die Pressearbeit; Tanja Kemmer
für das Katalogmanagement; Simone Boscheinen,
Irmi Rauber, Fabian Hofmann und Katja Schöwel
für die Entwicklung des pädagogischen Konzepts;
Hanna Alsen und Eva Stachnik für die Unterstützung
in vielen Belangen; sowie der Verwaltung mit Klaus
Burgold, Katja Weber und Tanja Stahl; Josef Härig
und Ingrid Müller für den Empfang der Besucher
und allen anderen Mitarbeitern, die an der Realisierung des Projektes beteiligt waren.

Mein besonderer Dank gilt nicht zuletzt Martina
Weinhart als Kuratorin der Ausstellung, die dieses
umfassende Projekt konzipiert, realisiert und von
Anfang an mit Enthusiasmus und Energie voran-
getrieben hat, und schließlich Elke Neumann, die
sie dabei stets tatkräftig unterstützt hat.

Allen Genannten, die sich für dieses Projekt
engagiert und eingesetzt haben, sei an dieser Stelle
ausdrücklich und herzlich gedankt.

Max Hollein
Direktor Schirn Kunsthalle Frankfurt

Foreword

Every exhibition begins with the question of the valence of a theme, measured by the topicality of the right questions it can raise for its time. This mechanism is repeatedly transferred to the institution itself, forming it, shaping it, and constituting its essence, its character. Ideally, the museum, the arts society, and the temporary-exhibition space should all constantly reevaluate themselves. Part of this is watching the change, the processes, the trends, and the megatrends not just with a fascination for art but also with a scrutinizing eye. This is perhaps even more true of the operating system of art as such: an institution should always question itself and set itself the great challenge of continually reviewing its own stance. What are the tasks of art, of the exhibition, of the temporary exhibition space as such? In what kind of complex is one's own institution situated within the network of dependencies and mutual enhancement? It is essential here to listen to the voices of the artists, who since the sixties have had their say in this discourse and have, in a wide range of media, questioned the criteria of art, examined their methods, their agents, the apparatus, the institutions as places, and much more. Numerous artistic stances shed light on the expanded framework of the artist, which also takes as its theme the relationships between artists, collectors, and critics.

The art world is organized like a big business composed of a large number of different players and interests. The system of its agents—artists, theorists, critics, institutions, exhibition organizers, art dealers, and collectors—is sometimes too large for the uninitiated to absorb, and it reflects the relationship between art, society, and business, which is shaped by networks and mutual dependencies. Today, art is presented as the product of this multi-layered web of relationships. Thus the expansion of the activities of art and the elimination of its boundaries have characterized it within a highly complex system with numerous coordinates that shift along with the changing meanings, functional contexts, and tasks. The conditions of production and exhibition in contemporary art reflect this situation. They all share an interest in the structures "behind the image," which are to be investigated here. *The Making of Art* offers a view behind the scenes of contemporary art.

In that spirit, my deepest gratitude is owed first and foremost to the artists. For their work, their contributions, and their support, I would like to express my profoundest thanks to all involved.

A project as complex as *The Making of Art* is dependent on the generosity of numerous lenders: museums, institutions, private collections, and galleries throughout the world. My express appreciation goes out to Art & Public Cabinet PH Switzerland; the Art Collection Deutsche Börse; BFAS Blondeau Fine Art Services, Geneva; the DekaBank-Kunstsammlung; Edition Staeck; the Hamburger Kunsthalle; Hermann Krause Kunsthandel GmbH; the Kunstmuseum Bonn; the Sammlung Landesbank Baden-Württemberg; the Video-Forum of the Neuer Berliner Kunstverein (n.b.k.); and the ZKM | Center for Arts and Media Karlsruhe—all of whom made works from their collections available. In addition to numerous private lenders who prefer not to be mentioned, this gratitude is also owed to the Sammlung Falckenberg, Hamburg; the Collection Friedrich, Basel; the Collection Glenn Fuhrman, New York; the Sammlung Grässlin, St. Georgen; the Hort Family Collection; the Kirkland Collection, London; the Kunsthaus Zurich; the Sammlung Paul Maenz, Berlin; the Collection Paul Morris, New York; to C.A.A.C.— The Pigozzi Collection, Geneva; the Sammlung Ringier; the Collection of AG Rosen; the Saatchi Gallery, London; Kenny Schachter; Rove Projects London; the Schmidt-Drenhaus-Stiftung; the Stieler Collection; and the Vanmoerkerke Collection.

I sincerely thank the authors, who include not only Martina Weinhart and Elke Neumann but also Amanda Coulson, Renate Goldmann, and Wolfgang Ullrich, for their well-informed contributions to the catalogue. For the innovative design of the catalogue, I am grateful to Marc Kappeler, Markus Reichenbach, and Dominik Huber of the Zurich-based graphic design office Moiré. In this context, I am also grateful to the Verlag der Buchhandlung Walther König GmbH, especially Herbert Abrell.

For their meticulous editing, we are grateful to Uta Hasekamp and Rebecca van Dyck. For their precise translation, we thank Holger Fock, Jeremy Gaines, Heinrich Koop, Steven Lindberg, Maria Meinel, Mike Shuttleworth, Michael Stoeber, and Anne Withers.

Our supporters and partners have made a substantial contribution to making it possible to present this elaborate exhibition project to the public. For that reason, I would also like to thank the FAZIT-Stiftung, which helped us produce the present exhibition catalogue, as well as the Embassy of the United States of America. In addition, I am also grateful to our media partner, ARTE, and our cultural partner, hr2-kultur, both of whom

accompanied this exhibition with a great deal of
commitment.
As with every exhibition, we owe a debt of gratitude
to the City of Frankfurt and, as representative
of all its decision-makers, Mayor Petra Roth as well
as the head of cultural affairs, Felix Semmelroth,
who make our work possible in the first place.

Heike Stumpf and Jörg Hofmann deserve our
sincere thanks for developing and implementing
the advertising campaign. For his consistently professional support with film subtitling, we are grateful
to Simon Mayer of Acht Frankfurt GmbH digital
solutions. Our thanks also go out to Isabelle
Brombach for her successful design of the exhibition graphics.

The Schirn team deserves special thanks for its
always professional and committed work: Ronald
Kammer, the technical director of the project, as well
as Christian Teltz, Stefan Schäfer, Stefan Zimmermann, Andreas Gundermann, and the installation
team; the registrars Elke Walter and Katja Speith;
the restorers Stefanie Gundermann and Stephanie
Wagner; Esther Schlicht, head of exhibitions; Inka
Drögemüller, Karoline Schade-Meier, and Nadja
Eger for marketing; Julia Lange, Elisabeth Häring,
and Simone Krämer for sponsorship and supporting the Schirn's partners; Dorothea Apovnik,
Tanja Wentzlaff-Eggebert, and Gesa Pölert for
press work; Tanja Kemmer for catalogue management; Simone Boscheinen, Irmi Rauber, Fabian
Hofmann, and Katja Schöwel for developing the
educational concept; Hanna Alsen and Eva
Stachnik for support with so many matters; the ad-
ministration, including Klaus Burgold, Katja
Weber, and Tanja Stahl; Josef Härig and Ingrid
Müller for welcoming visitors; and to all the other
members of the team who made this project
possible.

Last but not least, I am particularly grateful to
Martina Weinhart, the exhibition curator, who
conceived and implemented this extensive project
and from the outset moved it forward with enthusiasm and energy, as well as to Elke Neumann,
who always provided her with effective assistance.

All those who offered their commitment and
support for this project are hereby expressly and
sincerely thanked.

Max Hollein
Director, Schirn Kunsthalle Frankfurt

Zu schwungvoller Walzermusik nehmen die vier Mitglieder der Künstlergruppe Azorro Aufstellung zu einem Gruppenfoto. Oskar Dawicki, Igor Krenz, Wojciech Niedzielko und Lukasz Skapski lächeln in die Kamera, winken, machen eine gute Figur und lassen in ihrer Mitte Platz für eine wichtige Person. Nach wenigen Sekunden gefriert das wackelige Videobild, und man erfährt aus dem Untertitel, wer die Hauptperson ist. »Monika Bakke, Kunstkritikerin« ist zur besseren Identifizierung mit einem weißen Kreis markiert.

Die nächste Szene zeigt den gleichen Ablauf in anderer Umgebung. Diesmal gruppieren sich Azorro im Dunkeln vor einer im Hintergrund sitzenden Frau, die ihr Mitwirken ebenso wenig bemerkt wie ihre Kollegin zuvor. Auch hier erfährt man den Namen, auch hier wird durch den Kreis klar, wer gemeint ist. Das Prinzip ist ebenso einfach wie eigenwillig. Der im *Porträt mit Kurator* be-

teiligte Kunstkritiker, Kurator oder Galeriebesitzer weiß nichts von seiner zentralen Rolle in dieser Videoarbeit. Als Kulisse für diese Sammlung wichtiger Personen der polnischen Kunstszene dienen Ausstellungseröffnungen und Messen, auf denen die Dichte der Persönlichkeiten der Kunstwelt bekanntermaßen groß ist. Aber auch im Alltag suchen Azorro ihre »Stars« und lichten sich mit ihnen ab.

Vier Künstler betonen mit Hilfe eines simulierten Gruppenfotos ihre Bekanntschaft mit Personen der Kunstwelt, die das Netzwerk zwischen Künstlern und Betrachtern bilden. Das scheinbar naive Bemühen, sich in dieses Netz einzuweben, dem man nicht oder noch nicht angehört, wirkt peinlich und raffiniert zugleich. Azorro misst dieser Bekanntschaft offensichtlich eine große Bedeutung bei: Ihr Selbstporträt als begeisterte Fans stellt die Rolle der Vermittler zwischen Künstler

und Betrachter auf ironische Weise zur Diskussion. Die Kunstkritiker, Kuratoren und Galeriebesitzer sind bedeutend und in der Szene ebenso bekannt wie die Künstler selbst, doch Azorros erweiterte Aufmerksamkeit rückt die Personen hinter den Kulissen ins Rampenlicht.

Auch im Abspann verfolgen Azorro ihr Konzept: Sehr geehrte Damen und Herren, wir sind vier Künstler aus Krakau und Warschau. Vor einiger Zeit kauften wir uns Kameras und begannen, Filme zu machen. Wir haben viele Ideen und gehen gerne auf Ausstellungseröffnungen. Wir hoffen, Sie mochten den Film. Danke für Ihre Aufmerksamkeit und für alle Fälle hier unsere Adressen …

Elke Neumann

The four members of the Azorro group of artists take up their positions for a group photo to spirited waltz music. Oskar Dawicki, Igor Krenz, Wojciech Niedzielko, and Lukasz Skapski smile for the camera, wave, cut a fine figure, and make room for an important person in their midst. After a few seconds, the shaky video image freezes and we are informed by a subtitle just who this important person is. "Monika Bakke, art critic" is marked by a white circle for the purpose of better identification.

The next scene shows the same procedure in a different environment. This time, Azorro are in the dark, grouped in front of a woman sitting in the background who takes as little notice of the part they are playing as her colleague beforehand. Here, too, we are provided with the name, and here, too, a circle indicates just who is meant. The principle is as simple as it is idiosyncratic. The art critic, curator, or

gallery owner involved in *Portrait with a Curator* knows nothing about his or her central role in this video. Exhibition openings and fairs, where the concentration of personalities from the art world is known to be high, serve as a backdrop for this assembly of important people from the Polish art scene. But Azorro also look for their "stars" in everyday contexts and photograph themselves with them.

With the aid of a simulated group photo, four artists stress their acquaintance with people from the art world who form the network between artists and viewers. The seemingly naïve attempt to worm themselves into this network, to which they do not or do not yet belong, seems embarrassing and clever at the same time. Azorro obviously attach great importance to this acquaintanceship. Their self-portrait as enthusiastic fans ironically opens up to discussion the role of the mediator between artists and viewers. The art critics,

curators, and gallery owners are important and as prominent in the scene as the artists themselves, but Azorro's extended attention moves the people behind the scenes into the limelight.

Azorro pursue their concept right the way to the credits: Ladies and gentlemen, we are four artists from Crakow and Warsaw. Some time ago, we bought ourselves cameras and started making films. We have many ideas and like going to exhibition openings. We hope you like the film. Thank you for your attention, and here are our addresses just in case . . .

Elke Neumann

AZORRO
Portrait with a Curator, 2002
Video, 8:00
Courtesy Raster Gallery, Warsaw

AZORRO
*OSKAR DAWICKI *1971*
*IGOR KRENZ *1959*
*WOJCIECH NIEDZIELKO *1959*
*LUKASZ SKAPSKI *1958*
Arbeiten seit 2001 zusammen/
Collaborate since 2001
Leben und arbeiten in Warschau
und Krakau/Live and work in Warsaw
and Cracow

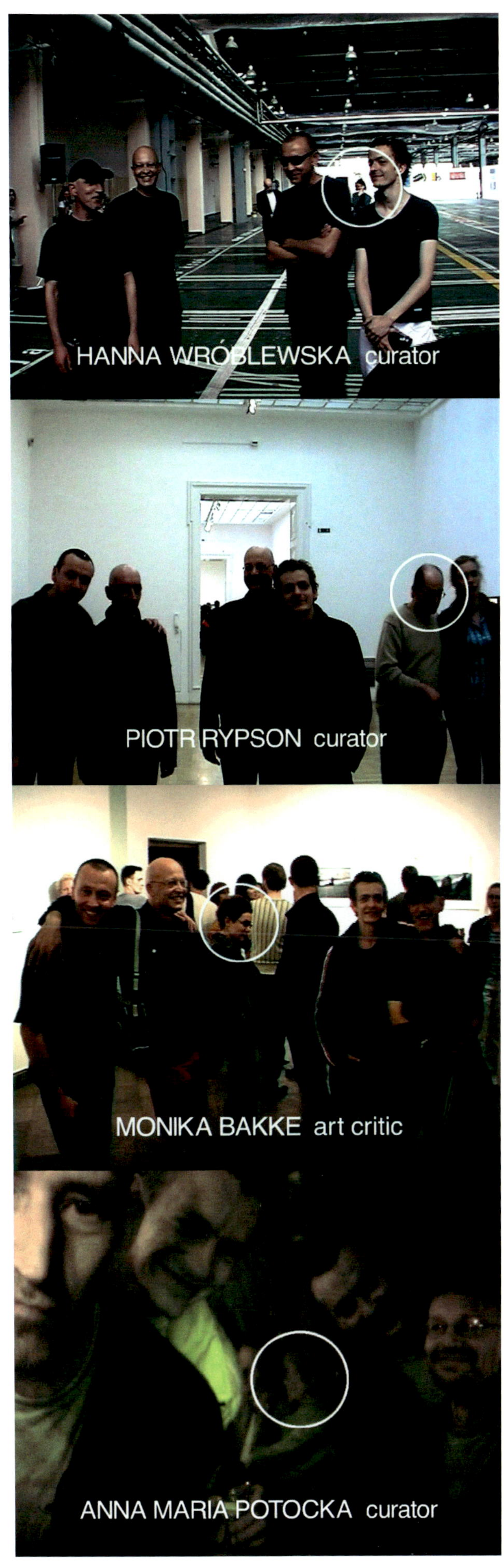

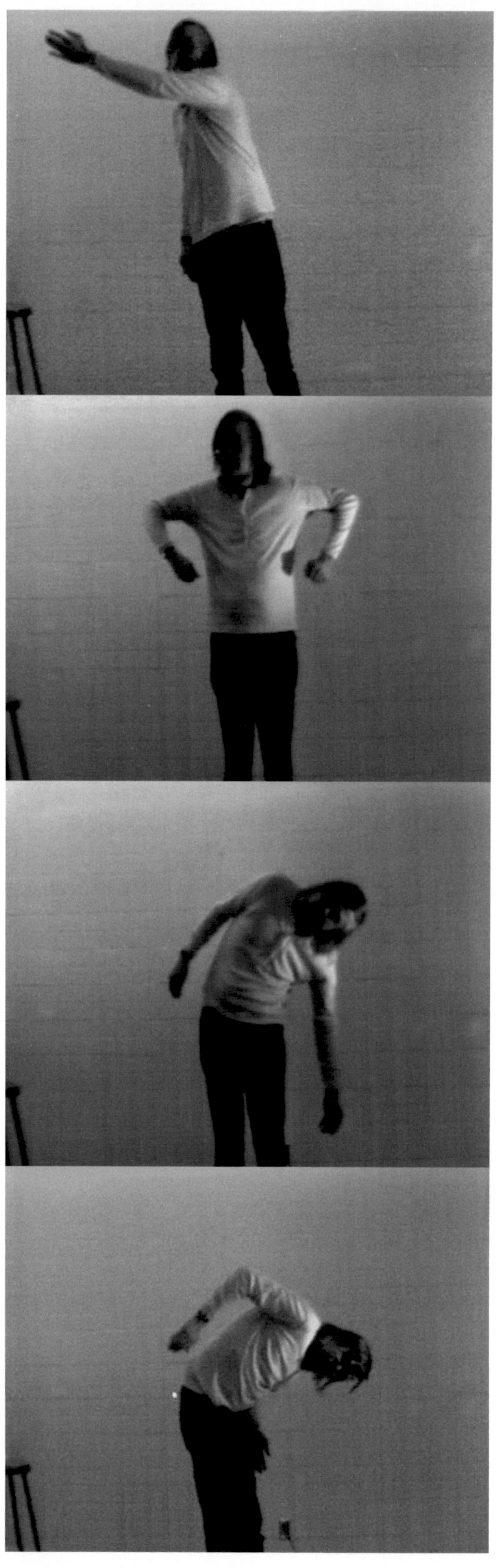

John Baldessari
I Am Making Art, 1971
Video, 18:36
Courtesy of the Artist, Video-Forum
des Neuen Berliner Kunstverein (n.b.k.)
und/and the Marian Goodman Gallery,
New York and Paris

JOHN BALDESSARI
**1931 in National City, Kalifornien/*
California
Lebt und arbeitet in Santa Monica,
Kalifornien/Lives and
works in Santa Monica, California

HEUTZUTAGE SAGEN VIELE KÜNSTLER: »JETZT, IN DIESEM ALTER, SOLLTE
ICH SOUNDSO VIELE AUSSTELLUNGEN ORGANISIERT HABEN, SOUNDSO
VIEL VERKAUFT HABEN, EINE FARBREPRODUKTION IN DIESEM MAGAZIN
UNTERGEBRACHT UND EINE REZENSION IN JENER ZEITSCHRIFT ERHAL-
TEN HABEN.« DENN DANACH WIRD MAN BEURTEILT UND BEURTEILT MAN
SICH AUCH SELBST. DAS MACHT MIR SORGEN. ABER WAS SOLL MAN
IM DERZEITIGEN KLIMA SONST TUN? DAS KRITERIUM IST NICHT MEHR DIE
QUALITÄT EINER ARBEIT, SONDERN DER ERZIELTE VERKAUFSPREIS –
JE HÖHER ER IST, DESTO BESSER MUSS AUCH DAS WERK SEIN. ES GIBT
SAMMLER, DIE WERFEN KEINEN BLICK AUF EIN KUNSTWERK, DAS NICHT
MINDESTENS MIT 1000 DOLLAR ANGESETZT IST. […]

IM MOMENT BIN ICH RELATIV HÄUFIG IN DER PRESSE ZU FINDEN, ABER
DAS GEHT VOLLKOMMEN AN MIR VORBEI. ICH KANN DIE ARTIKEL KAUM
LESEN – KEINE AHNUNG, WARUM. WAHRSCHEINLICH LÄSST SICH MEINE
REAKTION AUF EINE ART GRUNDZUSTAND MIT MEINEN ELTERN ZURÜCK-
FÜHREN: ALS KIND WURDE ICH ÜBERHAUPT NICHT GELOBT, DAHER KANN
ICH AUCH DIE AKTUELLEN LOBPREISUNGEN EINFACH NICHT GLAUBEN.
ICH SCHÄTZE MICH GLÜCKLICH, DASS ICH SO VIEL AUFMERKSAMKEIT ER-
HALTE, ABER ES BEEINFLUSST MEINE ARBEIT IN KEINSTER WEISE. ICH
HABE NOCH IMMER DASSELBE ATELIER WIE VORHER, LEBE NOCH IMMER
AM SELBEN ORT, UND VON EINEM EXOTISCHEN LEBEN TRÄUME ICH
AUCH NICHT. ICH MACHE NUR KUNST. UND ICH HABE ALLES, WAS ICH
BRAUCHE, UM DIE ARBEITEN ZU MACHEN, DIE ICH MACHEN MÖCHTE.
ES GEHT NUR DARUM, BESSER ZU WERDEN. MEHR GELD AUF DEM KONTO
BRINGT MICH NICHT DAZU, BRONZESKULPTUREN HERZUSTELLEN. ICH
FINDE ES WICHTIG, DASS DIE KÜNSTLER DAS GELD, DAS IHNEN ZUR VER-
FÜGUNG STEHT, FÜR DIE VERWIRKLICHUNG IHRER IDEEN EINSETZEN. […]

SYLVIA PLATH IST MORGENS UM DREI AUFGESTANDEN UND HAT EINIGE
ZIEMLICH GUTE GEDICHTE GESCHRIEBEN. DAS IST ES, WAS EINEN
KÜNSTLER AUSMACHT. ES GEHT DARUM, SICH SELBST ZU SCHIKANIEREN –
NICHT DARUM, EIN ANGENEHMES LEBEN ZU FÜHREN. LETZTENDLICH
BLEIBEN NUR DU UND DIE KUNST. DICHTER HABE ICH SCHON IMMER
BEWUNDERT: SIE SIND DIE LETZTEN WAHREN KÜNSTLER. NIEMAND KAUFT
IHRE SACHEN. SIE HABEN NUR SICH SELBST UND EIN BLATT PAPIER.

John Baldessari, in: Lilly Wei und Cecile N. McCann, »Making Art, Making Money«,
in: *Art in America*, Juli 1990, S. 133f.

THESE DAYS, A LOT OF ARTISTS SAY, "BY THIS AGE, I SHOULD HAVE HAD
THIS MANY SHOWS, SOLD THIS MUCH, GOTTEN A COLOR REPRODUCTION
INTO THIS MAGAZINE AND A REVIEW IN THAT ONE." THAT'S HOW YOU'RE
JUDGED AND THAT'S HOW YOU JUDGE YOURSELF. IT DISTRESSES ME,
BUT GIVEN THE CURRENT CLIMATE, WHAT ELSE CAN YOU DO? THE CRITE-
RION IS NO LONGER QUALITY; INSTEAD, THE HIGHER THE PRICE OF
THE WORK, THE BETTER IT'S CONSIDERED TO BE. THERE ARE COLLECTORS
WHO WON'T EVEN LOOK AT A WORK UNLESS IT'S PRICED ABOVE $1,000.

RIGHT NOW, I'M GETTING A CERTAIN AMOUNT OF PRESS, BUT IT'S COM-
PLETELY EXTERNAL TO ME. I CAN HARDLY READ IT. I DON'T KNOW WHY.
PROBABLY MY REACTION CAN BE TRACED BACK TO SOME KIND OF EL-
EMENTARY SITUATION WITH MY PARENTS: I WASN'T PRAISED AS A CHILD,
SO ANYTIME I GET ANY PRAISE, I DON'T BELIEVE IT. I'M FORTUNATE IN
THE ATTENTION I GET, BUT IT DOESN'T AFFECT WHAT I DO. I STILL HAVE
THE SAME STUDIO I'VE ALWAYS HAD, I STILL LIVE THERE, I DON'T HAVE
ANY DREAMS OF AN EXOTIC LIFE. WHAT I DO IS ART. I HAVE WHAT I NEED
TO MAKE THE WORK I WANT. ALL IT HAS TO DO IS GET BETTER. HAVING
MORE MONEY IS NOT GOING TO MAKE ME DO BRONZE SCULPTURE. I FIND
IT REMARKABLE THAT ARTISTS HAVE THE AMOUNTS OF MONEY THEY
HAVE TO SPEND ON THEIR IDEAS.

SYLVIA PLATH GOT UP AT THREE IN THE MORNING AND WROTE SOME
PRETTY GOOD POETRY. THAT'S WHAT IT TAKES TO BE AN ARTIST. IT'S
ABOUT BLOODY-MINDEDNESS. IT'S NOT ABOUT LIVING THE GOOD LIFE.
IN THE END, IT'S JUST YOU AND THE ART. I'VE ALWAYS ADMIRED
POETS. THEY'RE THE LAST PURE ARTISTS. NOBODY BUYS THE STUFF. ALL
THEY HAVE ARE THEMSELVES AND A PIECE OF PAPER.

John Baldessari, in Lilly Wei and Cecile N. McCann, in "Making Art, Making Money,"
Art in America (July 1990), pp. 133–34.

John Baldessari
I Will Not Make Any More Boring Art, 1971
Lithografie/Lithograph
56,8 × 75,1 cm
Courtesy of the Artist and the Marian
Goodman Gallery, New York and Paris

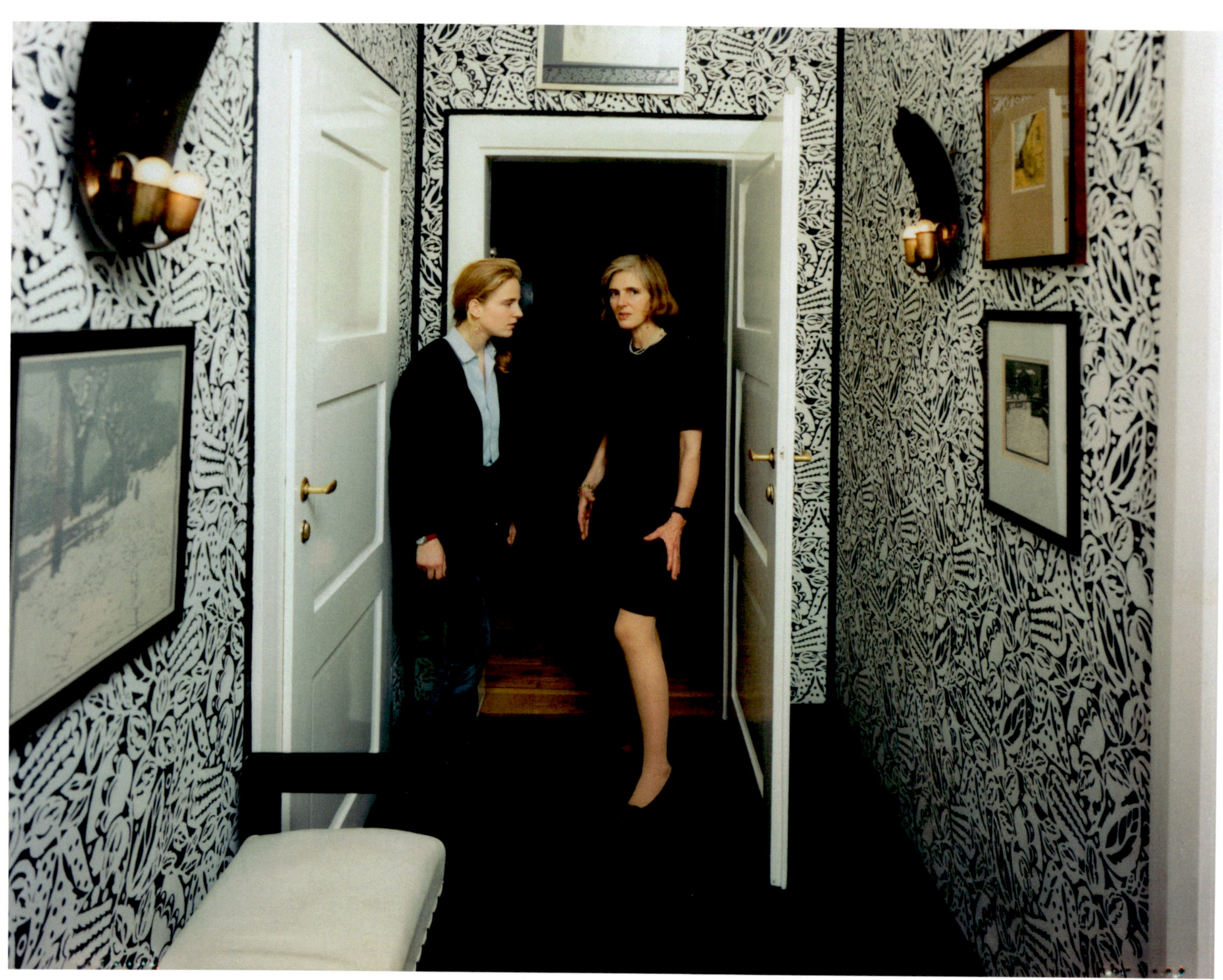

Tina Barney
The Foyer, 1996
Chromogenes Farbfoto/
Chromogenic color photograph
76,2 x 101,6 cm
Courtesy of the Artist and
Janet Borden, Inc.

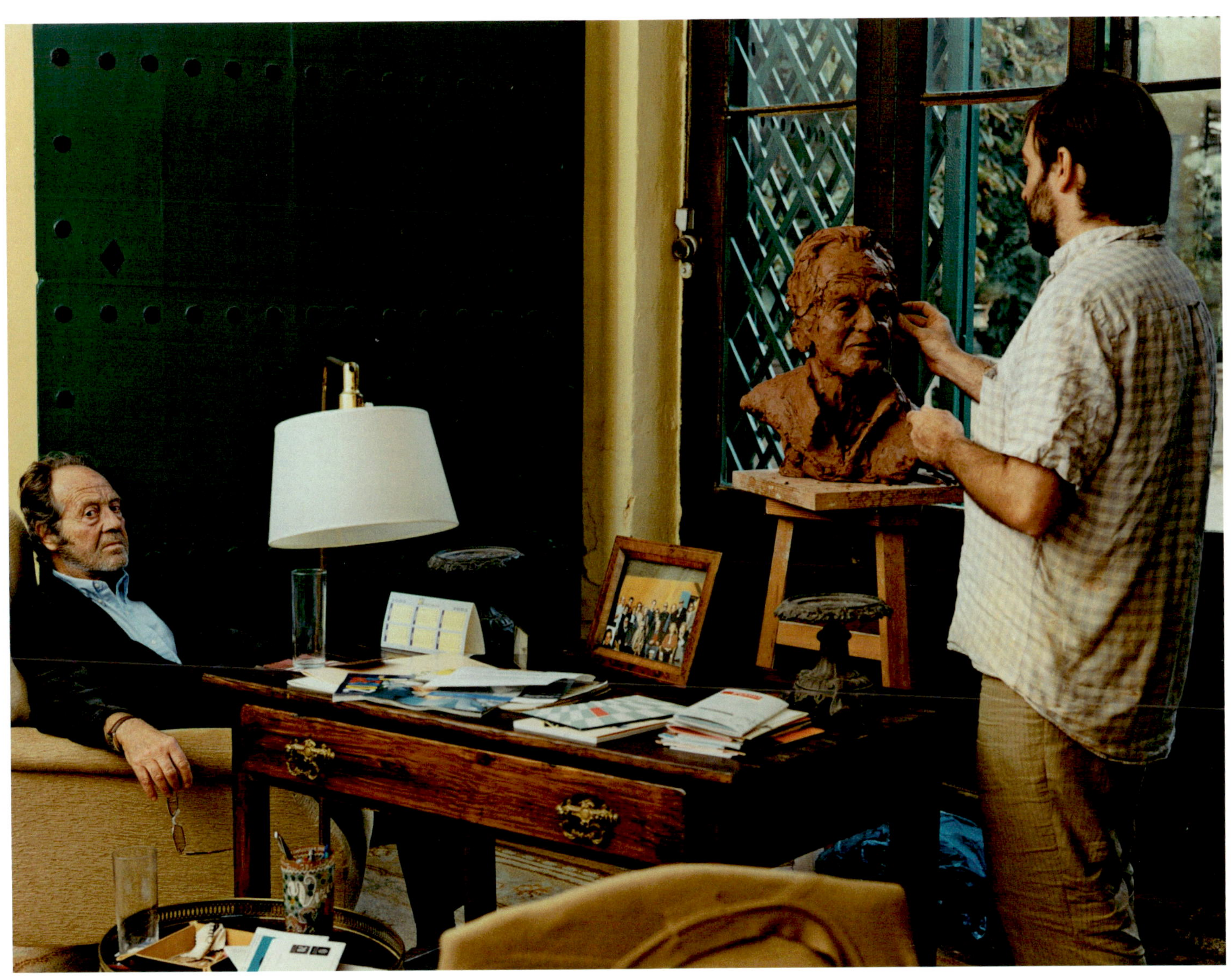

Tina Barney
The Bust, 2003
Chromogenes Farbfoto/
Chromogenic color photograph
121,9 x 152,4 cm
Courtesy of the Artist and
Janet Borden, Inc.

TINA BARNEY
**1945 in New York*
Lebt und arbeitet in Watch Hill, Rhode Island/
Lives and works in Watch Hill, Rhode Island

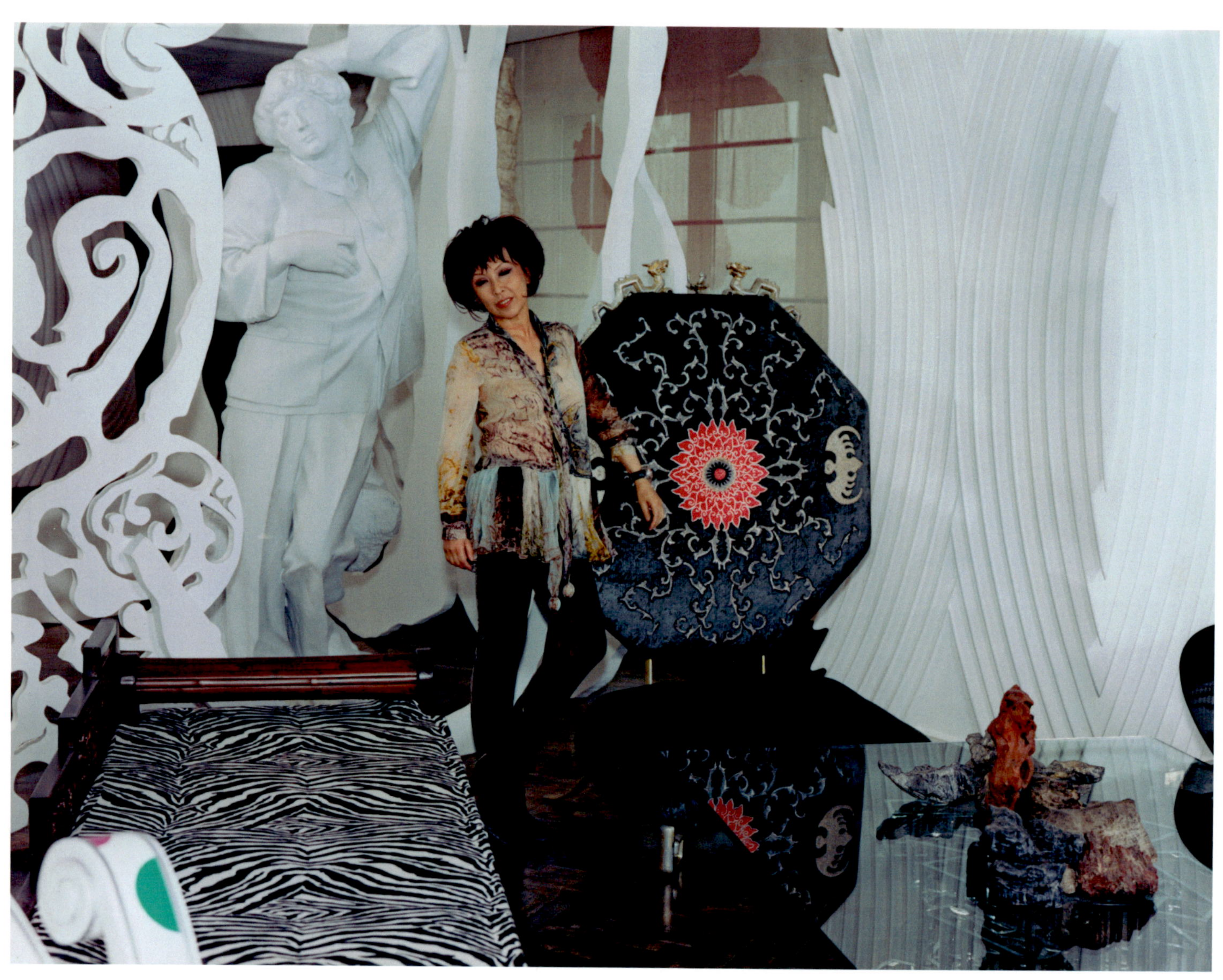

Tina Barney
Pearl Lamb, 2006
Chromogenes Farbfoto/
Chromogenic color photograph
121,9 × 152,4 cm
Courtesy of the Artist and
Janet Borden, Inc.

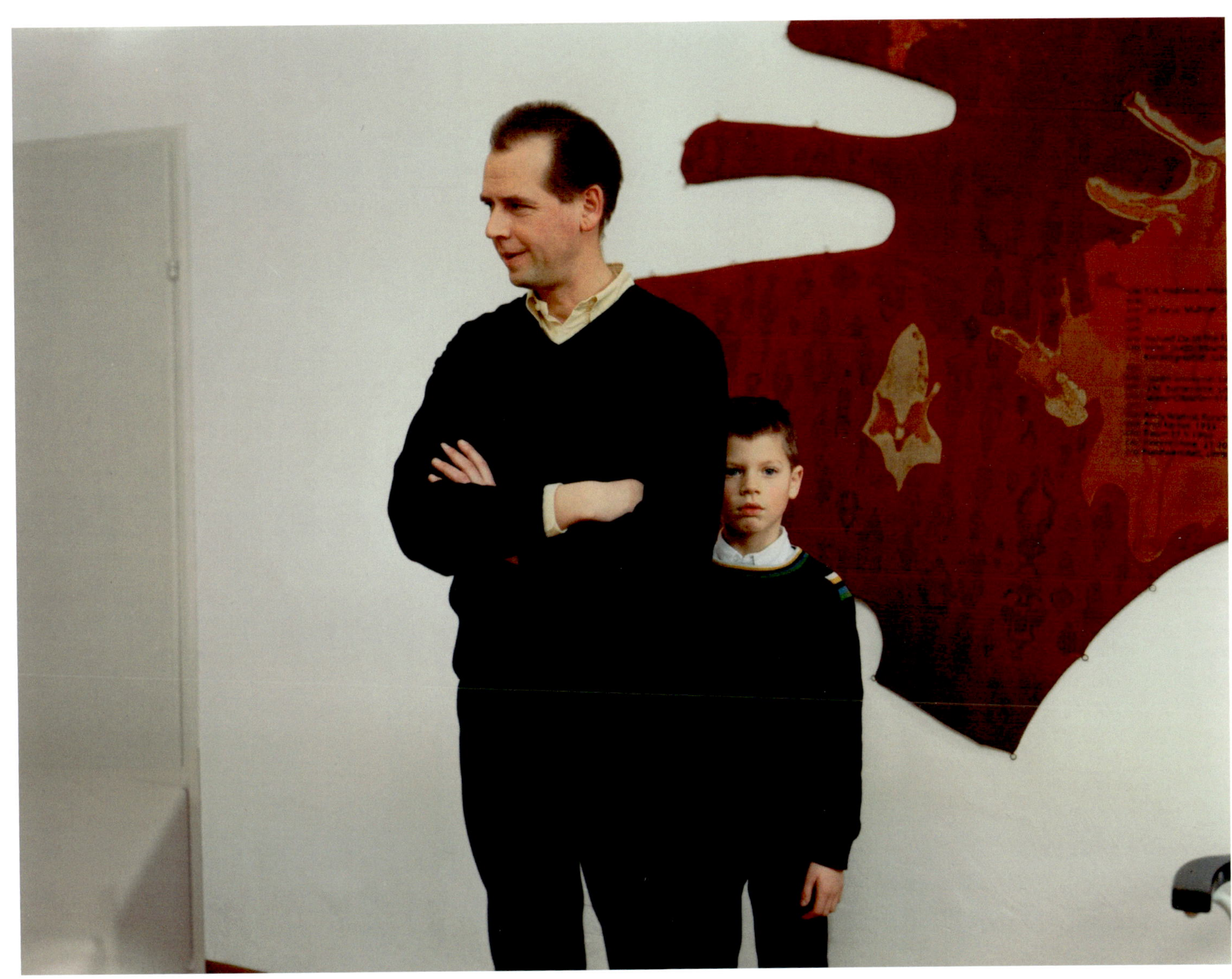

Tina Barney
The Art Dealer and Son, 2001
Chromogenes Farbfoto/
Chromogenic color photograph
76,2 x 101,6 cm
Courtesy of the Artist and
Janet Borden, Inc.

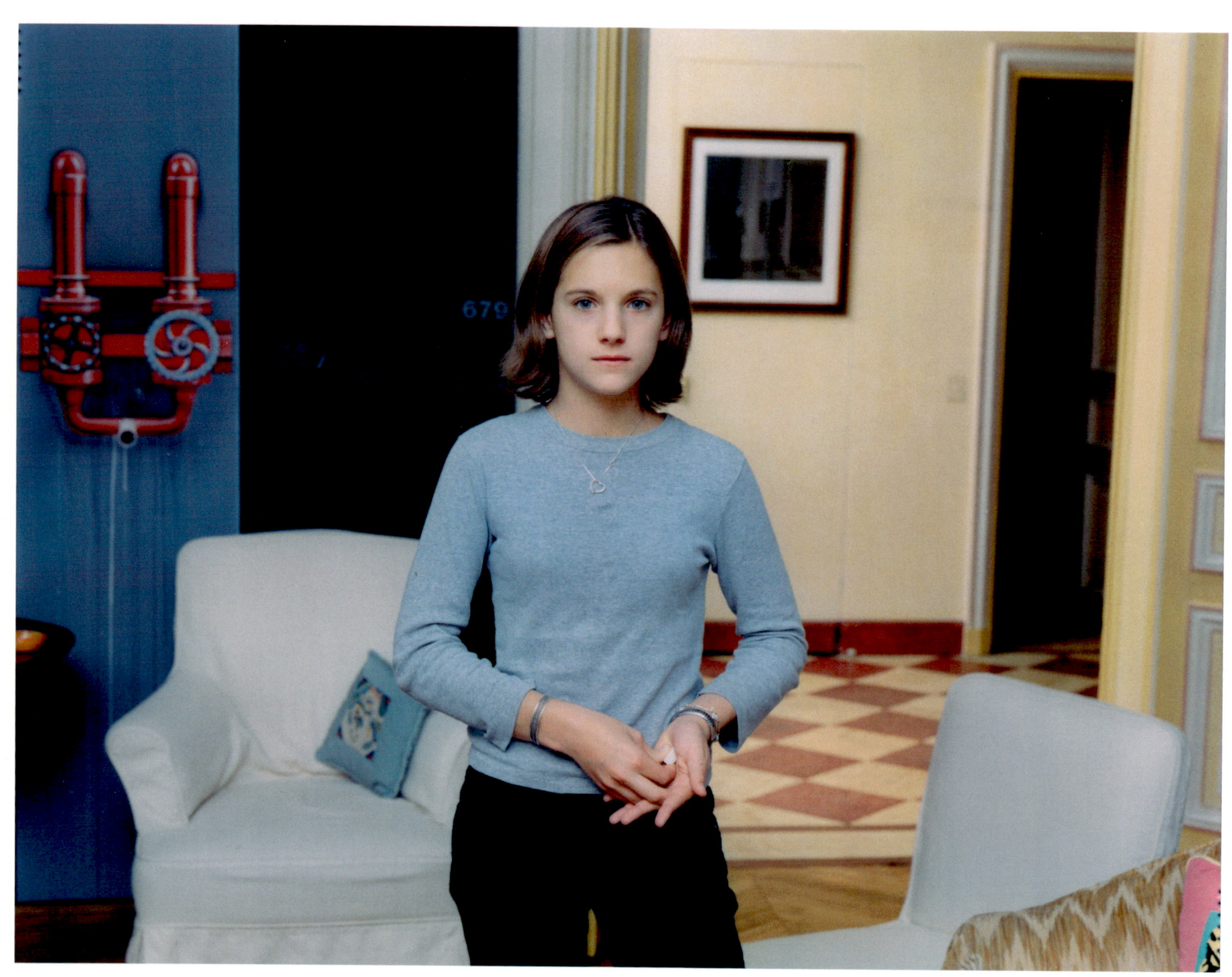

Tina Barney
The Young Lady, 2003
Chromogenes Farbfoto/
Chromogenic color photograph
121,9 x 152,4 cm
Courtesy of the Artist and
Janet Borden, Inc.

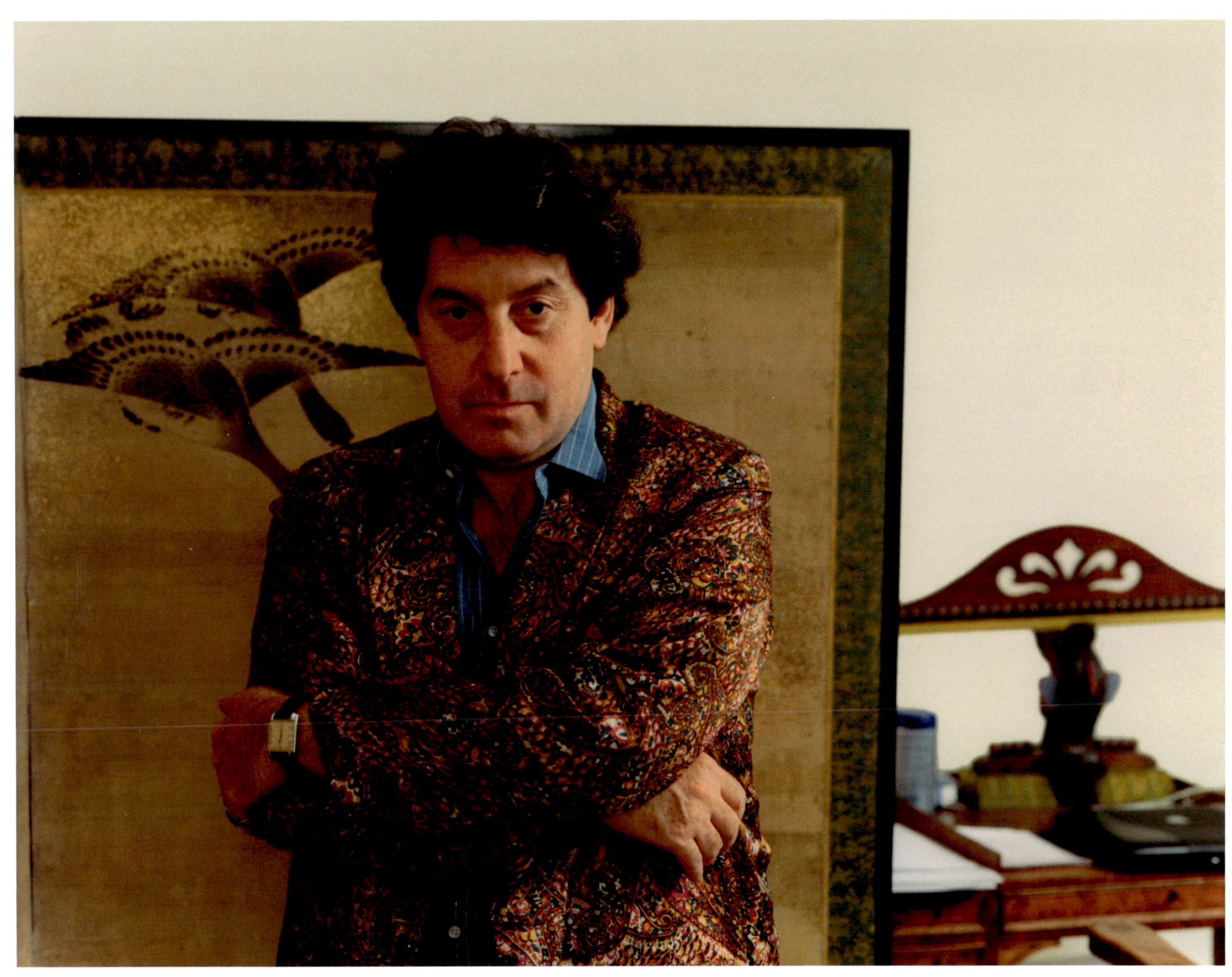

Tina Barney
The Oriental Jacket, 2001
Chromogenes Farbfoto/
Chromogenic color photograph
76,2 x 101,6 cm
Courtesy of the Artist and
Janet Borden, Inc.

Tamy Ben-Tor
Normal, 2006
Digital Video, 4:20
Courtesy of the Artist
and Zach Feuer Gallery,
New York

TAMY BEN-TOR
**1975 in Jerusalem*
Lebt und arbeitet in New York/
Lives and works in New York

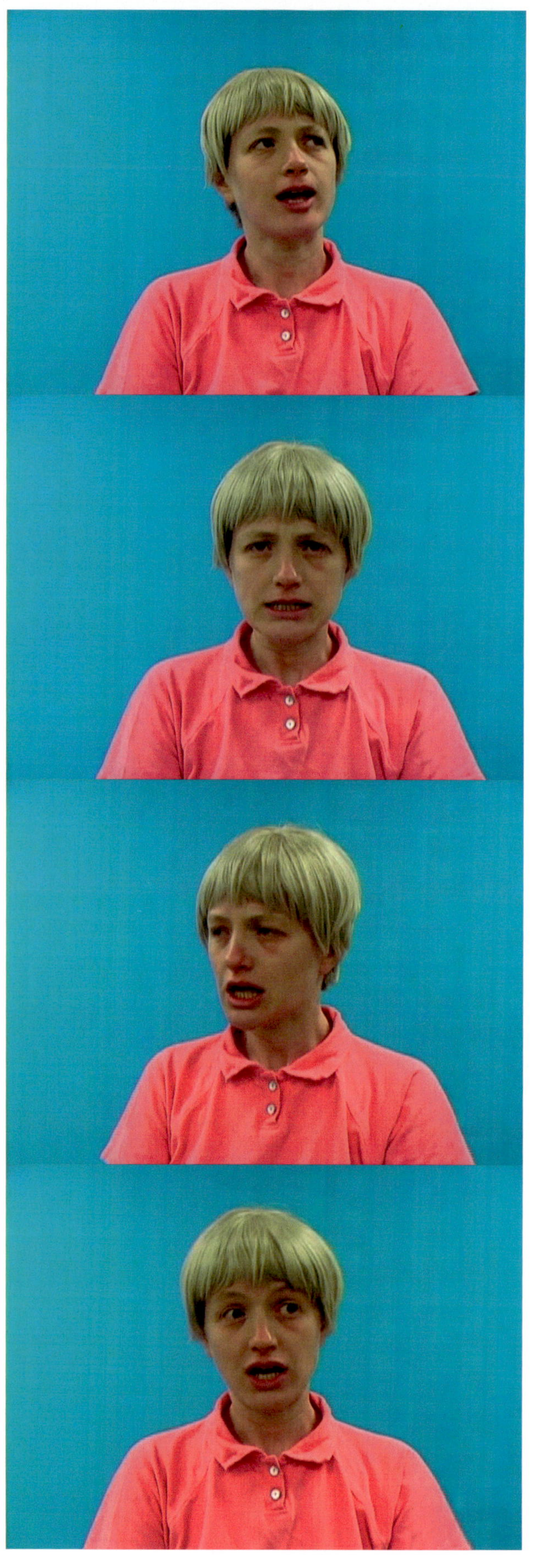

In knapp viereinhalb Minuten zeigt die
Arbeit von Tamy Ben-Tor den ganz nor-
malen Wahnsinn. Die Künstlerin spricht alle
E-Mails, die sie schreibt, laut vor sich hin
und füllt die nicht vorhandenen Lücken
mit ihren Gedanken über den Feierabend.
Es entsteht ein sich ständig verdichtender
und an Tempo zunehmender Monolog,
der die Sprecherin wie die Betrachter mehr
und mehr anstrengt. Die große Bedeutung
der eigenen Arbeit, Multitasking, Über-
forderung und Aggression bilden in diesem
Selbstgespräch einen immer reißender
werdenden Strudel, der am Ende in der
Überzeugung mündet: Die einzige Lösung
ist ein TV-Dinner auf der Couch.

Elke Neumann

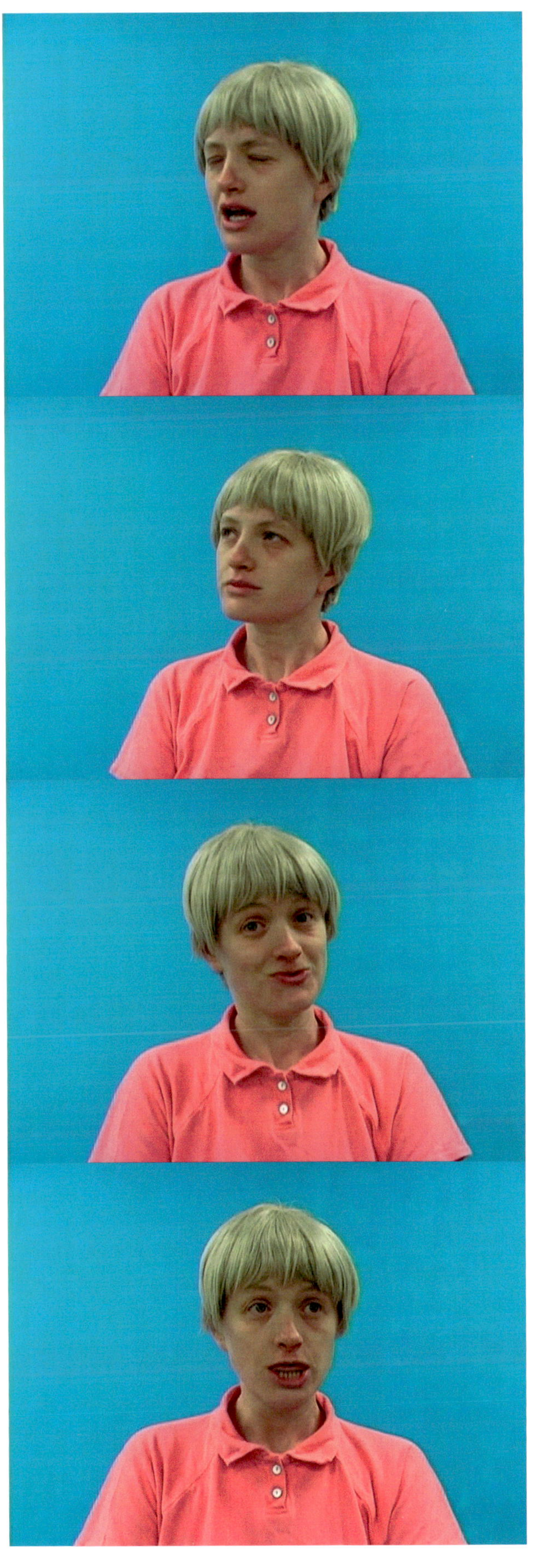

In just under four-and-a-half minutes, Tamy Ben-Tor's work reveals totally normal madness. The artist reads all the e-mails she writes out loud and fills the non-existent gaps with thoughts about what she will do after work. A monologue emerges that becomes increasingly dense and fast, exhausting both the speaker and the viewer more and more.
In it, the enormous importance of one's own work, multi-tasking, excessive demands, and aggression produce an ever more powerful maelstrom, which ultimately leads to the conclusion that the only solution is a TV dinner on the couch.

Elke Neumann

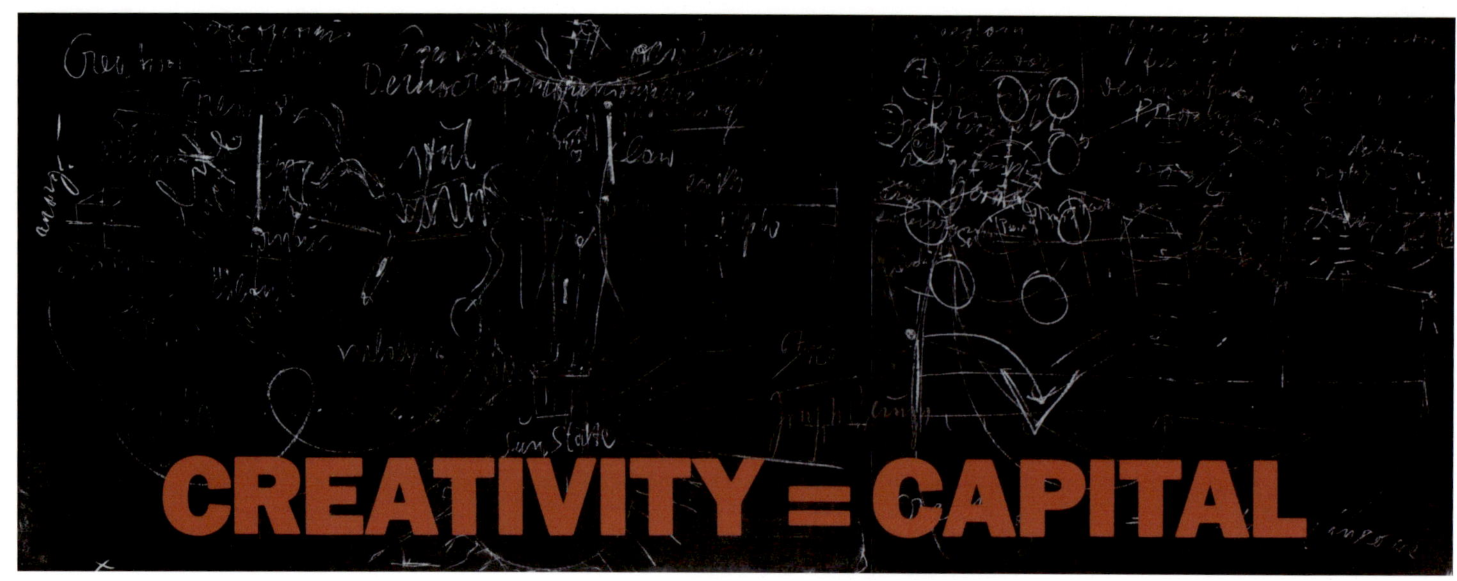

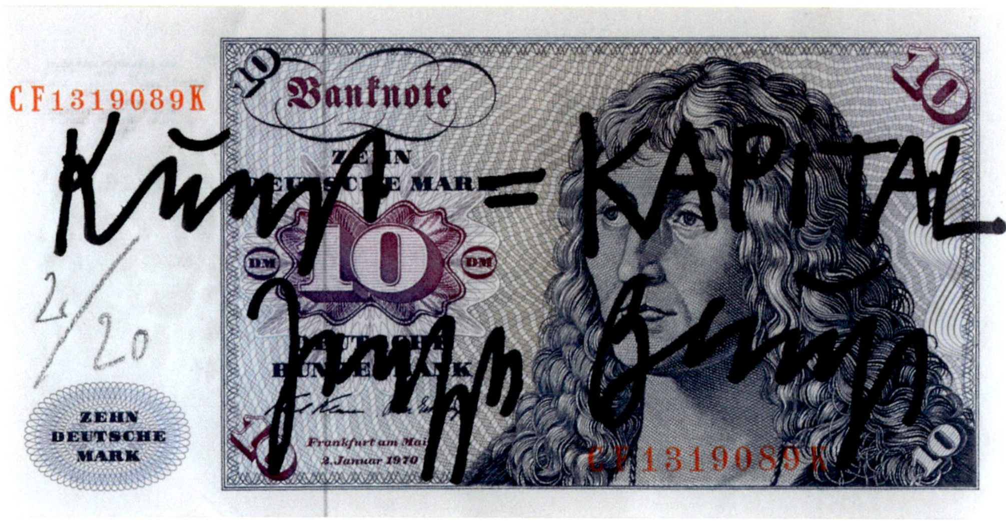

Joseph Beuys
*New York Subway Poster
(Creativity = Capital)*, 1983
Lithografie und Siebdruck auf
Maschinenbütten/Lithograph and
silkscreen on paper
28 x 71 cm
Hermann Krause
Kunsthandel GmbH

Joseph Beuys
Kunst = KAPITAL, 1979
Banknote mit handschriftlichem Zusatz/
Bank note with handwritten text
6,5 x 13 cm
Edition Staeck

Joseph Beuys
*Manifest. Der Fehler fängt schon
an, wenn einer sich anschickt, Keilrahmen
und Leinwand zu kaufen*,
1. November 1985
Schiefertafel/Slate
30,4 x 21,7 x 1 cm
Edition Staeck

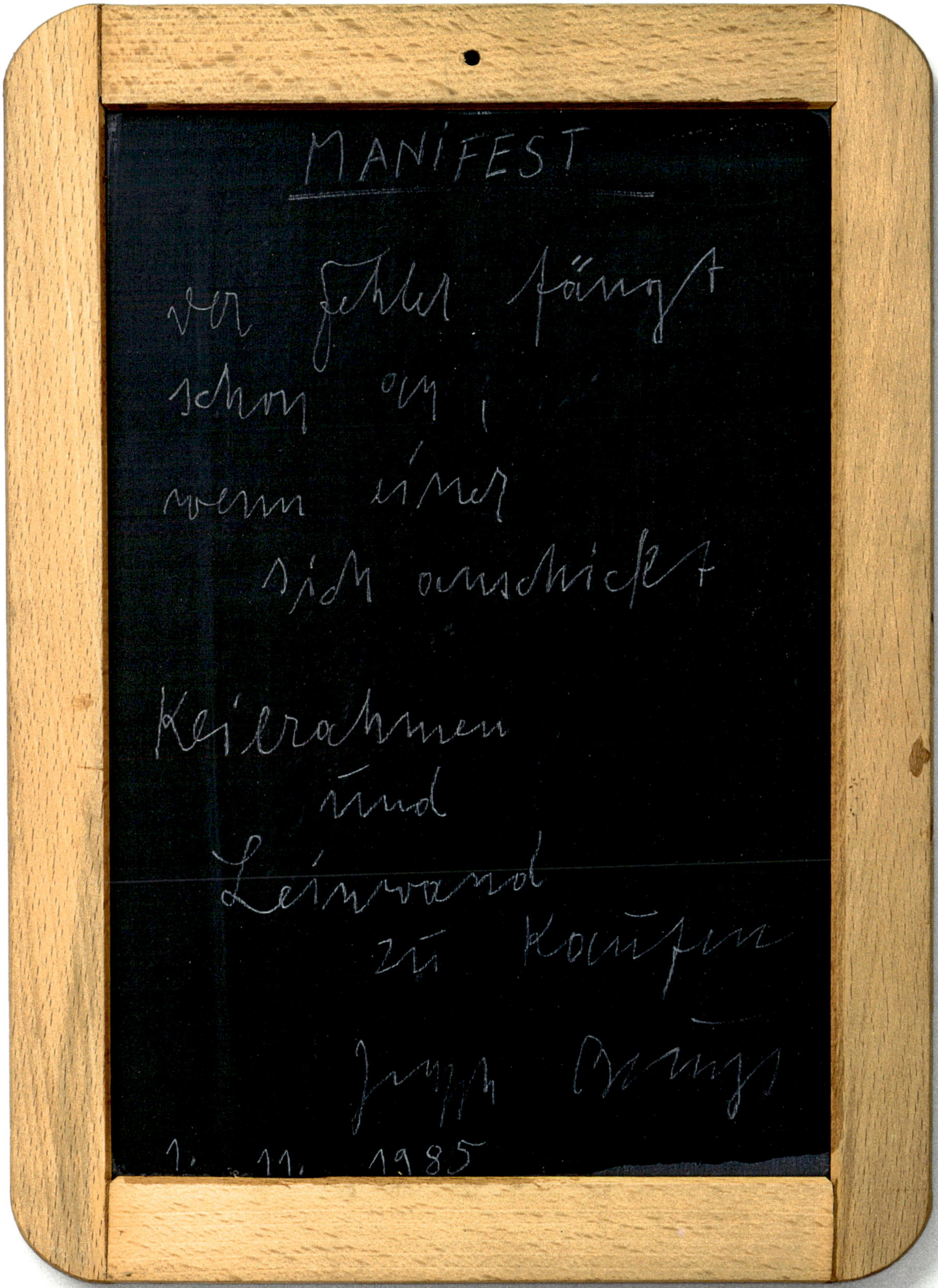

MANIFEST

der Fehler fängt
schon an,
wenn einer
sich anschickt

Keilrahmen
und
Leinwand
zu kaufen

Joseph Beuys

1. 11. 1985

SPIEGEL: Jeder Mensch also ist Künstler. Darin sehen Sie eine Säule Ihrer Freiheits-Idee. Können Sie das an einem Beispiel erklären?

BEUYS: Was ich meine, ist: Jeder Mensch ist ein Träger von Fähigkeiten, ein sich selbst bestimmendes Wesen, der Souverän schlechthin in unserer Zeit. Er ist ein Künstler, ob er nun bei der Müllabfuhr ist, Krankenpfleger, Arzt, Ingenieur oder Landwirt. Da, wo er seine Fähigkeiten entfaltet, ist er Künstler. Ich sage nicht, daß dies bei der Malerei eher zur Kunst führt als beim Maschinenbau . . .

SPIEGEL: Das klingt ein bißchen nach Flucht ins Hobby, nach einer Bewegung der kleinen Freiheiten mit zentrifugaler Wirkung fürs Ganze.

BEUYS: Mein Erweiterter Kunstbegriff ist die einzige Möglichkeit, die herrschenden Verhältnisse zu überwinden.

SPIEGEL: So revolutionär klingt er gar nicht.

BEUYS: Worauf er wirklich hinzielt, ist: Das Geld muß raus aus dem Kreislauf. Die Kreativität der Menschen ist das wahre Kapital. Politische Parteien, der Begriff Politik überhaupt sind dagegen Unsinn. Die Gesellschaft gilt es zu einem Kunstwerk zu machen. Die moderne Kunst ist tot. Es gibt keine Postmoderne. Nun beginnt die anthropologische Kunst. Nur so sind der Kapitalismus und der Kommunismus zu überwinden.

SPIEGEL: And so everyone is an artist. You see in that a pillar of your idea of freedom. Can you explain that by way of an example?
BEUYS: What I mean is: All human beings embrace abilities, are self-determined beings, sovereigns par excellence in our time. They are artists, regardless of whether they collect garbage or are nurses, doctors, engineers, or farmers. They are artists in the place they display their abilities. I'm not saying that in painting this leads to art more than in mechanical engineering . . .

SPIEGEL: That sounds a bit like taking refuge in a hobby, like the motion of small liberties with a centrifugal impact on the whole.
BEUYS: My extended concept of art is the only possibility of surmounting the prevailing circumstances.
SPIEGEL: It doesn't sound that revolutionary.
BEUYS: What it's really aiming at is: Money has to be taken out of circulation. A human being's creativity is true capital. In contrast, political parties, the concept of politics whatsoever is nonsense. It is necessary to turn society into a work of art. Modern art is dead. There is no post-modernity. Now is the time for anthropological art to begin. This is the only way of overcoming capitalism and communism.

Der Spiegel, 4. Juni/June 4, 1984, S./p. 182
»Die Mysterien finden im Hauptbahnhof statt«
Spiegel-Interview mit/with Joseph Beuys
Autoren/Authors: Peter Brügge, Joseph Beuys

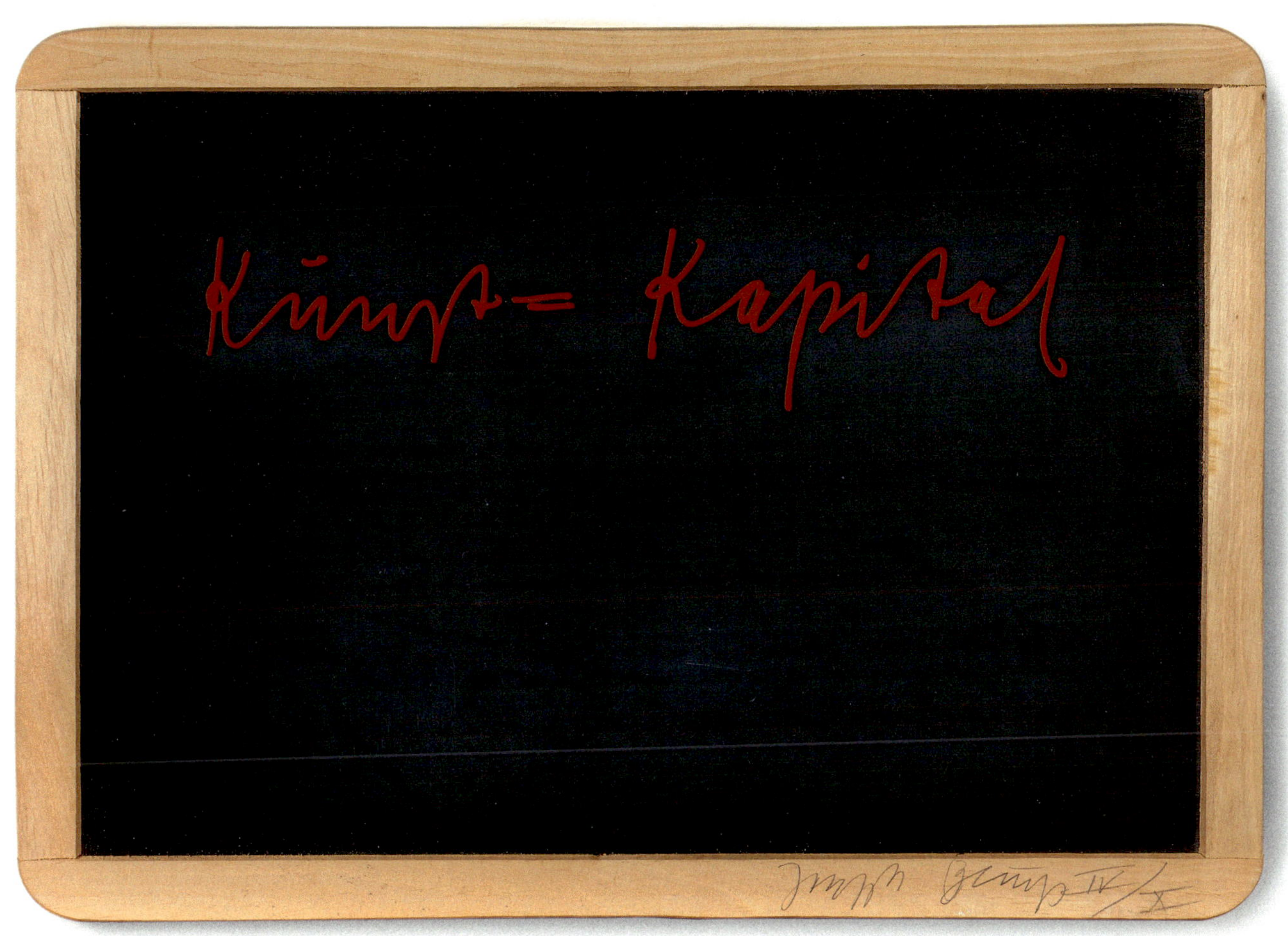

Joseph Beuys
Kunst = Kapital, 1980
Siebdruck auf Schiefertafel in Holzrahmen/
Silkscreen on slate in wooden frame
32 x 44 x 0,9 cm
Kunstmuseum Bonn

WAS IST KUNST? SEIT DEM 19. JAHRHUNDERT WIRD DIESE FRAGE UNUNTER-
BROCHEN GESTELLT, AN DEN KÜNSTLER EBENSO WIE AN DEN MUSEUMS-
DIREKTOR UND DEN LAIEN. IN DER TAT HALTE ICH ES FÜR WENIG LEGITIM, DIE
KUNST DEFINIEREN ZU WOLLEN, JA DIESE GANZE FRAGESTELLUNG ERNST-
HAFT ZU BETRACHTEN, WENN MAN NICHT FOLGENDE KONSTANTE IM BLICK
HAT: DIE TRANSFORMATION DER KUNST ZUR WARE. DIESER PROZESS HAT
SICH HEUTE SO WEIT BESCHLEUNIGT, DASS KÜNSTLERISCHE UND KOMMER-
ZIELLE WERTE EINANDER ÜBERLAPPEN. WENN ES SICH UM DAS PHÄNOMEN
DER VERDINGLICHUNG HANDELT, BIETET DIE KUNST EINE SINGULÄRE DAR-
STELLUNG DIESES PHÄNOMENS, EINE FORM VON TAUTOLOGIE. SIE LÄSST SICH
SOMIT ALS AFFIRMATION RECHTFERTIGEN UND NIMMT ZUGLEICH EINE NEUE
EXISTENZ AN. DOCH DIESE NÜTZLICHKEIT DER KUNST BLEIBT ZU BEWEISEN,
NICHT ANDERS ALS DER WERT EINER SOLCHEN DEFINITION. IN DER TAT
IST SICHER, DASS DIE KOMMENTARE ÜBER DIE KUNST DER ÖKONOMISCHEN
BEWEGUNG FOLGEN. UNS ERSCHEINT ES ALLES ANDERE ALS GESICHERT,
DASS DIESE KOMMENTARE POLITISCHEN CHARAKTER HABEN KÖNNEN.

ALS GEFANGENE IHRER PHANTASMEN UND IHRES MAGISCHEN GEBRAUCHS
ZIERT DIE KUNST UNSERE BÜRGERLICHEN WÄNDE ALS ZEICHEN DER MACHT –
SIE BEGLEITET DIE PERIPETIEN UNSERER GESCHICHTE WIE EIN KÜNST-
LERISCHES SCHATTENSPIEL, DEM GEGENÜBER MAN SO SEINE ZWEIFEL HEGT.
LIEST MAN ALL DIES BYZANTINISCH GESCHRIEBENE ZU DIESEM THEMA,
SO DENKT MAN AN DAS GESCHLECHT DER ENGEL, AN RABELAIS ODER AN DIE
DEBATTEN DER SORBONNE. TATSÄCHLICH VERBINDEN SICH TEL QUEL UND
DER SCHWALL LINGUISTISCHER ANALYSEN MIT JENEM TYPUS VON EXEGESE,
DEN DIESE AUTOREN DOCH GERADE KRITISIEREN WOLLEN. KUNST UND
LITERATUR ... DIE SEITEN DES MONDES, WELCHE IST VERBORGEN? NICHTS
ALS GEWÖLK UND FLÜCHTIGE BILDER ...

ICH HABE HIER NICHTS, GAR NICHTS ENTDECKT, NICHT EINMAL AMERIKA.
ICH HABE DIE WAHL GETROFFEN, DIE KUNST ALS EINE NUTZLOSE ARBEIT
ANZUSEHEN, APOLITISCH UND WENIG MORALISCH. GELEITET VON EINER
SCHÄNDLICHEN INSPIRATION WERDE ICH NICHT ZU KASCHIEREN SUCHEN,
WENN DAS UNRECHT AUF MEINER SEITE IST. ICH WERDE DARÜBER EHER EINE
ART VERGNÜGEN ZUM AUSDRUCK BRINGEN, UND ZWAR EIN SCHULDIGES
VERGNÜGEN, DENN ES FORDERT OPFER – ALL JENE NÄMLICH, DIE GLAUBTEN,
ICH HÄTTE RECHT.

Marcel Broodthaers, »Sein, ein aufrechter Denker, oder nicht. Blind sein« (1975), in: *Marcel Broodthaers –
poetique politique*, Ausst.-Kat. Kunsthalle Wien 2003, S. 79

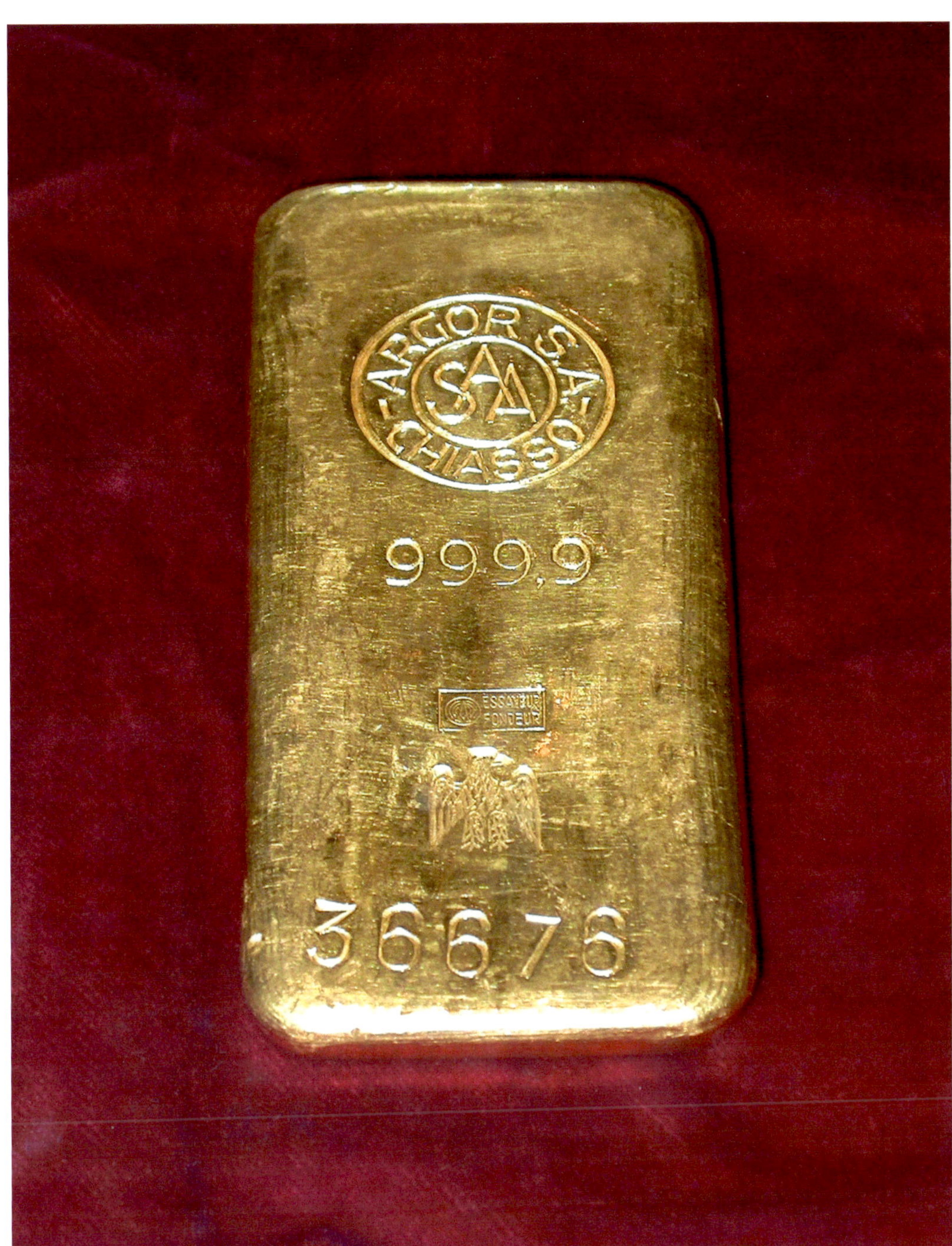

Marcel Broodthaers
*Musée d'Art Moderne, Département
des Aigles, Section Financière/Museum
of Modern Art, Department of Eagles,
Financial Section,* 1970/71
Goldbarren mit Adler-Prägestempel
(Ausstellungskopie)/ Gold bar
stamped with the image of an eagle
(exhibition copy)
Vitrine mit Goldbarren/Display case with
gold bar
119,4 × 49,8 × 49,8 cm
Hort Family Collection

MARCEL BROODTHAERS
1924 Brüssel/Brussels–1976 Köln/Cologne

MUSEE D'ART MODERNE
MUSEUM OF MODERN ART
KUNST MUSEUM

CONTRAT

PROPOSE PAR LE SERVICE FINANCIER DU DEPARTEMENT DES AIGLES

CONTRACT

PROPOSED BY THE FINANCIAL SECTION OF THE DEPARTMENT OF EAGLES

VERTRAG

AUF VORSCHLAG DER FINANZ-VERWALTUNG DER ABTEILUNG DER ADLER

CONTRAT

1. ....
.... *Le premier feuillet du manuscrit est manquant.*

2. ....
.... à titre d'intermédiaire.

3. En cas de refus de perception de ces % par les éditions K ou les intermédiaires, ils seront versés au crédit du Musée d'Art Moderne.

4. Le Kilog. d'or, en barre ou en lingot, en provenance d'une place au choix de l'acheteur — frais de déplacement à sa charge — est proposé en "Tirage Illimité".

5. Le prix est fixé au double du cours du jour. Paiement en devises, au comptant.

6. Chaque kilo d'or est estampillé d'un poinçon à l'aigle, marque du Musée d'Art Moderne, et accompagné d'une lettre manuscrite du conservateur afin d'éviter la fabrication de faux.

7. Il est loisible à l'acheteur de faire fondre son lingot ou sa barre afin d'effacer les marques, de brûler la lettre d'identification afin de jouir pleinement de la pureté de la matière et de la fraîcheur des intentions premières.

8. Un exemplaire du tirage est déposé en banque, dans un coffre au nom du musée d'Art Moderne, Département des Aigles (voir photo).

9. Pour tous renseignements, écrire à : Monsieur le Conservateur du
   Musée d'Art Moderne
   Département des Aigles
   12 Burgplatz - 4 Düsseldorf

CONTRACT

1. ....
.... *The first page of the manuscript is missing.*

2. ....
.... by means of an intermediary.

3. In the event that the publisher K or the intermediaries refuse to accept this percentage, it will be returned to the account of the Museum of Modern Art.

4. The Kilogram of gold, in bar or lingot, from a source at the discretion of the purchaser — cost of transit at his expense — is proposed as an unlimited edition.

5. The price is fixed at double the current rate. Payment in cash.

6. Each kilo of gold is stamped by means of a punch with the eagle, the mark of the Museum of Modern Art, and accompanied by a manuscript letter from the curator in order to prevent the production of fakes.

7. The purchaser is free to have his lingot or bar melted, so as to obliterate the mark, or to burn the letter of identification in order to enjoy fully the purity of the substance and the freshness of the original intention.

8. An example of the edition will be deposited in a bank, in a strong-box in the name of the Museum of Modern Art, Department of Eagles (see photograph).

9. For all information, write to : The Curator
   Musée d'Art Moderne
   Department of Eagles
   12 Burgplatz - 4 Düsseldorf

VERTRAG

1. ....
.... *Die erste Seite des Manuskripts ist verloren.*

2. ....
.... in der Eigenschaft als Vermittler.

3. Im Falle einer Weigerung des Verlages K oder der Vermittler, diese % einzunehmen, werden sie dem Musée d'Art Moderne gutgeschrieben.

4. Das Kilogramm Gold, in Barren oder ungemünzt, dessen Herkunft ein Ort nach Wahl des Käufers ist — Transportkosten zu seinen Lasten — wird als "Unbegrenzte Aüflage" angeboten.

5. Der Preis beträgt das doppelte des Tageskurses. Zahlung in Devisen, in bar.

6. Jedes Kilo Gold wird mit einem Adler-Stempel geprägt, Wahrzeichen des Musée d'Art Moderne, und von einem handgeschriebenen Brief des Konservators begleitet, um die Herstellung von Fälschungen zu vermeiden.

7. Es wird dem Käufer erlaubt, seinen Barren oder sein "Lingot" einschmelzen zu lassen, um die Prägungen auszulöschen, den Identifikationsbrief zu verbrennen, um sich völlig an der Reinheit der Materie und der Frische der ursprünglichen Absichten zu erfreuen.

8. Ein Exemplar der Auflage wird in einem Schließfach hinterlegt auf den Namen des Musée d'Art Moderne, Abteilung Adler (siehe Foto).

9. Für alle Auskünfte, bitte schreiben an : An den Herrn Direktor
   Musée d'Art Moderne
   Abteilung Adler
   12 Burgplatz - 4 Düsseldorf

Marcel Broodthaers
Vertrag auf Vorschlag der Finanzverwaltung der Abteilung der Adler/Contract Proposed by the Financial Section of the Department of Eagles, 1987
Courtesy Konrad Fischer Galerie, Düsseldorf

WHAT IS ART? EVER SINCE THE NINETEENTH CENTURY THE QUESTION HAS BEEN POSED INCESSANTLY TO THE ARTIST, TO THE MUSEUM DIRECTOR, TO THE ART LOVER ALIKE. I DOUBT, IN FACT, THAT IT IS POSSIBLE TO GIVE A SERIOUS DEFINITION OF ART, UNLESS WE EXAMINE THE QUESTION IN TERMS OF A CONSTANT, I MEAN THE TRANSFORMATION OF ART INTO MERCHANDISE. THIS PROCESS IS ACCELERATED NOWADAYS TO THE POINT WHERE ARTISTIC AND COMMERCIAL VALUES HAVE BECOME SUPERIMPOSED. IF WE ARE CON-CERNED WITH THE PHENOMENON OF REIFICATION, THEN ART IS A PARTICULAR REPRESENTATION OF THE PHENOMENON—A FORM OF TAUTOLOGY. WE COULD THEN JUSTIFY IT AS AFFIRMATION, AND AT THE SAME TIME CARVE OUT FOR IT A DUBIOUS EXISTENCE. WE WOULD THEN HAVE TO CONSIDER WHAT SUCH A DEFINITION MIGHT BE WORTH. ONE FACT IS CERTAIN: COMMENTARIES ON ART ARE THE RESULT OF SHIFTS IN THE ECONOMY. IT SEEMS DOUBTFUL TO US THAT SUCH COMMENTARIES CAN BE DESCRIBED AS POLITICAL.

ART IS A PRISONER OF ITS PHANTASMS AND ITS FUNCTION AS MAGIC; IT HANGS ON OUR BOURGEOIS WALLS AS A SIGN OF POWER, IT FLICKERS ALONG THE PERIPETIES OF OUR HISTORY LIKE A SHADOW PLAY—BUT IS IT ARTISTIC? TO READ THE BYZANTINE WRITING ON THE SUBJECT REMINDS US OF THE SEX OF ANGELS, OF RABELAIS, OR OF DEBATES AT THE SORBONNE. AT THE MOMENT, INOPPORTUNE LINGUISTIC INVESTIGATIONS ALL END IN A SINGLE GLOSS, WHICH ITS AUTHORS LIKE TO CALL CRITICISM. ART AND LITERATURE … WHICH OF THE MOON'S FACES IS HIDDEN? AND HOW MANY CLOUDS AND FLEETING VISIONS THERE ARE.

I HAVE DISCOVERED NOTHING HERE, NOT EVEN IN AMERICA. I CHOOSE TO CONSIDER ART AS A USELESS LABOR, APOLITICAL AND OF LITTLE MORAL SIGNIFICANCE. URGED ON BY SOME BASE INSPIRATION, I CONFESS I WOULD EXPERIENCE A KIND OF PLEASURE AT BEING PROVED WRONG. A GUILTY PLEASURE, SINCE IT WOULD BE AT THE EXPENSE OF THE VICTIMS, THOSE WHO THOUGHT I WAS RIGHT.

Marcel Broodthaers, "To Be Bien Pensant … or Not to Be. To Be Blind,"
October 42, "Marcel Broodthaers: Writings, Interviews, Photographs" (Fall 1987), p. 35

Martina Weinhart

The Making of ...Art

»Where do we go from here?«, hatte Marcel Duchamp Anfang der 1960er Jahre in einem Vortrag gefragt, in dem er sich grundsätzliche Gedanken über die Aufgabe der Kunst machte.[1] Tatsächlich gibt es Phasen des Umbruchs, der Neuorientierung und des Wechsels, in denen sich solcherlei Fragen verstärkt stellen, Phasen der Bedeutungsverschiebungen und Phasen, in denen sich die Aufgaben neu verteilen. Augenblicklich scheint wieder eine Zeit der prinzipiellen Überlegungen angebrochen zu sein. Hinter uns liegt eine unglaubliche Blase des Kunstmarktes, die sich in den vergangenen Jahren weiter und weiter aufgebläht hat. Nicht jedem hat das gefallen. Ihr Platzen wurde so oft prognostiziert, dass man beinahe schon eine gewisse Hoffnung auf dieses Ereignis ablesen konnte. Schließlich war die Krise da, und nicht nur auf dem Kunstmarkt. Sicherlich ist das Wort von der »Krise als Chance« ein nicht selten gebrauchtes und mag manchem schon etwas abgenutzt erscheinen, und doch verbirgt sich darin durchaus eine Prise Wahrheit. Die Symptomatik der Dekadenz war mehr als evident. Fotochronisten von Martin Parr bis Jessica Craig-Martin haben sie dokumentiert: die Partypeople auf der Frieze und dem Guggenheim Opening, den gelebten Luxus der Besucher auf der Art Basel Miami Beach, der Messe in Dubai und vieles mehr. Überhaupt schien die Kunstmesse an sich die wichtigste und populärste Plattform, auf der sich das Werk eines Künstlers präsentieren konnte. Ihre Zahl hat so stark zugenommen, dass manch einer bereits von der Ära der Kunstmessen spricht, die mit der Art Fair Art sogar eine spezifische Werkform hervorgebracht hat.[2] Den Begriff prägte Jack Bankowsky in einem Artikel des US-amerikanischen Kunstmagazins *Art Forum* für Kunstwerke, die sich spielerisch bis kritisch mit dem spezifischen Ort respektive der spezifischen Situation Messe befassen.

Aus der Dominanz von Messe und Markt ergab sich als weiteres Symptom die Hegemonie der Privatsammler. Museen konnten kaum mehr bei der oft exorbitanten Preisgestaltung mithalten. Daraus wiederum resultierten unzählige Gründungen von Privatmuseen. »Wer jemand sein will, eröffnet in seinem Innern ein Konto für die Kunst«, hat Peter Sloterdijk Ende der 1980er Jahre treffend bemerkt.[3] Schon Sigmund Freud wusste um die Phantasiebefriedigung, die sich für diejenigen aus dem Genuss von Kunstwerken ergibt, die selbst nicht schöpferisch tätig sind: »Wer für den Einfluss der Kunst empfänglich ist, weiß ihn als Lustquelle und Lebenströstung nicht hoch genug einzuschätzen.«[4] Jörg Immendorff, der Malerstar, hielt 1971 dagegen: »Aber meine Arbeit sollte nicht für Leute sein, die, von der letzten Party und vom Geschäft faselnd, meine Bilder als schicke Dekoration empfanden.«[5] Bruce Nauman hat einst in einem mittlerweile zur Ikone gewordenen Neonschriftzug manifestiert, was in seinen Augen das Verhältnis des modernen Künstlers zu seinem Publikum definierte: »Der wahre Künstler hilft der Welt durch Enthüllung mystischer Wahrheiten«. Heute hat das Künstlerduo Claire Fontaine, das seinen Namen nicht von ungefähr einer großen französischen Marke entliehen hat, diese idealistische Weisheit vor dem Hintergrund der jüngsten Situation zu einem etwas anders lautenden Menetekel umgedichtet: »The True Artist Produces the Most Prestigious Commodity.«

Wen wundert es also, dass der Markt an sich, die Rolle, die der Künstler darin spielt, ebenso wie die Rollen aller anderen Beteiligten am so genannten Kunstbetrieb in unzähligen Arbeiten von Künstlern rund um den Globus thematisiert werden. Doch auch jenseits einer puren Kritik des Marktes kann man feststellen, dass sich die Kunstwelt immer stärker ausdifferenziert hat und sich die Funktionen innerhalb ihres wachsenden Apparates multipliziert haben. Sie gestaltet sich als umfassende Maschinerie, die sich aus einer Vielzahl unterschiedlicher Akteure, Institutionen und Interessen zusammensetzt. Ein für Uneingeweihte bisweilen unüberschaubares System ihrer Agenten – Künstler, Theoretiker, Kritiker, Institutionen, Ausstellungsmacher, Galeristen und Sammler – reflektiert das Verhältnis von Kunst, Gesellschaft und Wirtschaft, das von Vernetzungen und gegenseitigen Abhängigkeiten geprägt ist. Heute stellt sich die Kunst als Produkt dieses vielschichtigen Beziehungsgeflechtes dar, mit spezifischen kulturellen Zusammenhängen, Ritualen und Konventionen. Auf diese Weise bestimmen Erweiterung und Entgrenzung den Kunstbetrieb in einem hochkomplexen System mit zahlreichen Koordinaten, die sich mit den wechselnden Bedeutungen, Funktionszusammenhängen und Aufgaben verschieben. Nicht selten beeinflussen die Beziehungen zwischen Künstler, Sammler,

Galerist, Kurator oder Kritiker den Inhalt der Arbeiten, zunehmend werden diese Aspekte auch abgebildet.

Der Künstler

Kommen wir zunächst zum Hauptakteur des Betriebs: dem Künstler. Mehr als 30 Jahre trennen uns von einer frühen Arbeit von Jörg Immendorff aus dem Jahr 1972, in der er einen naiven Traum beschreibt, den, heute wahrscheinlich mehr denn je, eine Unzahl von Jugendlichen teilt. *Ich wollte Künstler werden*, betitelte er sein Selbstporträt. In einer romantischen Vision zeigt sich Immendorff auf einem Dachboden. Bei Mondlicht und brennender Kerze lagert er in süßer Abgeschiedenheit zwischen weißer Leinwand und bunter Farbpalette, ganz der »Arme Poet« als Maler. Über dem Kopf schwebt als Blase der bildgewordene Wunsch, den er selbst in Worte fasst: »Ich träumte davon, in der Zeitung zu stehen, von vielen Ausstellungen und natürlich wollte ich etwas ›Neues‹ in der Kunst machen. Mein Leitfaden war der Egoismus.«

In dieser vom Künstler wohlbewusst pathosbeladenen und geradezu klischeehaft angelegten Maleridylle begegnen wir nicht wenigen vertrauten Vorstellungen, die das Bild oder besser die Idee vom Künstlersein lange bestimmten: Da ist zunächst der Bohemien: Jenseits der Konventionen und außerhalb der Gesellschaft, folgt er nur seinen eigenen Ideen, zahlt für seine Autonomie aber den Preis der materiellen Armut – siehe unmöblierte Dachkammer. »Wie viele Dramen des Elends für eine Blitzkarriere!« hatte Pierre Restany, der französische Kritiker und Kulturphilosoph ausgerufen.[6] Romantisch erscheint der träumerische Reflex auf die Einsamkeit des unverstanden Schaffenden. Der Wunsch, etwas Neues in der Kunst zu machen, wiederum nährt sich aus dem Avantgardegedanken der Moderne, der den Künstler als Vorreiter definiert, als Seismografen der Gesellschaft. Der Egoismus, dessen Immendorff sich hier geradezu bezichtigt, spiegelt dagegen die moderne Idee der Selbstverwirklichung, oder wie Dieter Hacker, ein Generationsgenosse Immendorffs es formuliert: »In keinem einzigen der Fälle, die ich kenne, hat sich jemand für den Beruf des Malers entschieden, weil er diesen Beruf für besonders notwendig gehalten hätte. In allen Fällen haben sich die Maler von ihrem Beruf etwas versprochen, was ihnen der Beruf des Bäckers oder des Ingenieurs nicht geboten hätte. Was sie sich erwartet haben, das wird landläufig mit dem Wort ›Selbstverwirklichung‹ bezeichnet.«[7]

Die Debatte um die gesellschaftliche Sonderposition des Künstlers blickt inzwischen auf eine lange Geschichte zurück, die ihren Kulminationspunkt in der Moderne gefunden hat und deren Reflexe offensichtlich auf die eine oder andere Art

und Weise noch bis heute ausstrahlen: Künstler ein Traumberuf! Picasso, Warhol und Koons sind die exemplarischen Existenzen, die großen Heroen, die Superstars der Publikumsgunst. Die Allgemeinheit verschafft sich darüber hinaus tiefe Befriedigung im ungefährdeten Nacherleben des aufregenden Künstlerlebens, an dem man aus der geschützten Distanz ungefährdet teilhaben kann. Man sehnt sich nach einem persönlichen Zugang zu exklusiven Erfahrungswelten.

Die Helden bilden die Folie, wenn es um den Erfolg geht. An ihnen arbeiten sich aber auch die jungen Künstler immer wieder ab. In diesem Sinne interessiert sich der New Yorker Zeichner Dan Fischer für die Repräsentation der großen Vorbilder. Gemeinsam mit uns, dem gewöhnlichen Betrachter, nimmt er die Position des staunenden Lesers einer Kunstzeitschrift ein, dem beim Blättern die Porträts der Stars der Kunstwelt entgegentreten: der coole Jeff Koons im Anzug neben Puppy, Andy Warhol als Drag, der früh verstorbene Basquiat, der Shootingstar der 1980er, Matthew Barney in seiner besten Rolle als Satyr-Dandy. All diese Fotos kopiert er akribisch mit dem Zeichenstift, sogar die Gitterlinien sind noch sichtbar. Fischer kreiert die Repräsentation der Repräsentation und lässt uns, die Fans der Ikonen der Kunstgeschichte, die Begeisterung am Mythos und dem besonderen Moment nachfühlen. Sean Landers spielt offensiv mit diesem *Career Ego*. Seit den 1990ern ist er bekannt für seine handgeschriebenen Statements zur Kunstwelt, die er auch als manifest gewordenen Subtext in seine gegenständlichen Bilder einbezogen hat. Er bastelt ein Picasso-Bild nach, indem er das Wort »Genius« aus dem Mobiliar eines Zimmers zusammenstellt. Das ist dann nur noch ein Witz, eine Karikatur. »Warum glauben die Leute, Künstler seien etwas Besonderes? Das ist auch ein Beruf«[8], meint Andy Warhol trocken, während er gleichzeitig als größter Kunststar seit Picasso gefeiert wird.

Auf der anderen Seite hat sich der modellhafte Charakter der Künstlerexistenz mittlerweile auf weite Teile der Gesellschaft ausgebreitet: Jeder Mensch kann sich befreien. Glaubt man neueren soziologischen Studien, so hat eine Demokratisierung der Werte Kreativität, Freiheit und Authentizität längst stattgefunden. Zentrale Merkmale, die bislang die Besonderheiten künstlerischen Lebens, vor allem aber künstlerischer Arbeit charakterisierten, konnten zu einer Blaupause für die moderne Arbeit schlechthin reüssieren. Künstler zu sein wird beispielhaft. Jeder scheint nun Anspruch auf Kreativität zu haben, den Wunsch, sich zu entfalten, etwas Interessantes zu tun, sich selbst zu verwirklichen. Der Literat Max Goldt vermerkt dazu bissig: »Es gibt auch moderne Lokale, die um den Ruf bemüht sind, Treffpunkt von Künstlern zu sein, und dort gibt es freilich Wildreis in rauen Mengen, aber kaum Künstler, sondern Werber, Seriendarsteller und Medienmenschen, und die erzählen sich keine Künstleranekdoten, sondern sprechen über ihre neuesten Elektrogeräte.«[9] Heute will jeder einzigartig sein und innovativ.[10] »Jeder Mensch ist ein Künstler«, hatte in den 1960er Jahren Joseph Beuys ebenso revolutionär wie provokant behauptet und die antikapitalistische Gleichung Kreativität = Kapital aufgestellt. Auf etwas verdrehte Weise scheint sich das inzwischen erfüllt zu haben. »Vorbei ist die Zeit der ewigen Opposition, die Künstler sind dort angekommen, wo sie immer hinwollten: mitten in der Gesellschaft«, konstatiert der Kunstkritiker Hanno Rauterberg.[11]

Hoffnungslos veraltet erscheinen die Etikettierungen, die das Künstlersein bislang gefunden hat: der Erfinder, der geistige Führer, der an seinem Talent christusgleich leidende, das Genie jenseits der Konvention. Diese Vorstellungen wurden zugunsten der Idee vom Künstler als sozialem Wesen innerhalb eines größeren Produktionsprozesses relativiert, wenn nicht gar verabschiedet. Inzwischen hat es unzählige Vorschläge gegeben, was künstlerische Arbeit sein soll, dennoch scheint sich eine gewisse Ambivalenz zwischen den antagonistischen Auffassungen vom Künstler hartnäckig zu halten. Denkt man an den Künstler von heute, so kristallisiert sich im Rahmen eines erweiterten Kunstbegriffs und in der Vielschichtigkeit der künstlerischen Praktiken nicht zuletzt das Bild vom Künstler als Netzwerker heraus. Die Arbeit in Gruppen ist dabei nur eine Möglichkeit unter vielen. Die Modelle der Kooperation sind mannigfaltig: Bei dem polnischen Kollektiv Azorro haben sich vier Künstler zur gemeinsamen Produktion von Filmen zusammengeschlossen. Für andere Projekte arbeiten sie aber auch alleine. Die Chicks on Speed wiederum finden sich in wechselnden Konstellationen zu unterschiedlichen Projekten zusammen, zu denen immer wieder andere Künstler hinzukommen. Für *Art Rules!* arbeiten sie mit Douglas Gordon, dann wieder mit einem DJ aus Barcelona. Das Produkt kann darüber hinaus eine Performance sein, ein Film oder ein Musikstück. Der schottische Konzeptmaler Peter Davies hält dieses »Wer mit wem, wann und warum« in gigantischen, nahezu unüberschaubaren kartografischen Darstellungen fest. In seinem Bild *Bunny Boiler* stellt er Jeff Koons ins Zentrum. Seine Navigation durch das Netzwerk mutet fast wie eine Bewältigungsstrategie für das eigene bessere Verständnis an: Die Linien schießen in alle Richtungen, überall sprießen kleine Wölkchen dicht an dicht, jede einzelne trägt einen Namen, Begriff oder Werktitel: Post Pop, LACMA (Los Angeles County Museum of Art) und Chelsea Studio ist da ebenso zu lesen wie Eli Broad (ein großer Sammler nicht nur von Koons),

Gagosian (die Galerie der Stars), J. Deitch, Warhol Factory, Celebrity, Sex. Ähnliche Karten gibt es zu Warhol und Beuys.

Der Künstler beziehungsweise die Künstlerin von heute jettet um den Globus, spricht die Sprache der internationalen Kunstwelt, klagt über die kaum zu bewältigende E-Mail-Flut. Und das ist am Ende das Bild, das sich nachhaltig einbrennt: Notebook, Blackberry und Produktionsbesprechung statt Selbstausdruck und Selbstdarstellung mit dem Pinsel vor der Staffelei. Tatsächlich steht die zeitgenössische Welt der Kunst mittlerweile der arbeitsteiligen Industrie der Filmwelt näher als dem romantisch-einsamen Atelier des genialisch inspirierten Künstlers, und so mancher Künstler kommt uns als mittelständischer Unternehmer entgegen. Hans Haacke hatte Mitte der 1980er Jahre dafür plädiert, den Begriff »Industrie« für alle Aktivitäten um die Kunstproduktion offensiv zu verwenden, da er mit einem Schlage die irreführenden romantischen Wölkchen vertreibe, die die künstlerische Produktion, den Vertrieb und den Konsum von Kunst mystifizieren, da diese romantischen Vorstellungen sich immer noch bei viel zu vielen der Beteiligten hartnäckig hielten.[12] Das Dreieck aus Künstler, Werk und Betrachter ist längst aufgebrochen und der Künstler zum Teil eines Betriebes geworden. Heute bilden die Arbeiten, die den tatsächlich immer aufwendiger und komplexer werdenden Apparat spiegeln, fast ein eigenes Genre. Die Gründe hierfür mögen vielschichtig sein, die Symptome nähren sich aus unterschiedlichen Quellen. Historisch gesehen hat sich für diese Unternehmungen mittlerweile eine spätmoderne Tradition herausgebildet, die von den Anfängen in den 1960er Jahren bis heute reicht.

Zu viel Genie – zu wenig Genosse

In einer Zeit, in der die gesamte Kunstwelt noch eine geradezu familiäre Szene darstellte, die Kunstmessen sich erst langsam gründeten – die Art Cologne war 1965 die erste – und die Zahl der Galerien im Vergleich zu heute noch überschaubar schien, gab es neben den Vorbehalten gegenüber der Vorstellung vom Werk als (ver)käuflichem Gut bereits starke Einwendungen gegen den doch bereits »klassischen« Vertriebsweg der Kunst. Der große Marcel Duchamp – der 1913 mit dem Readymade einen Alltagsgegenstand zur Kunst erklärt hatte und mit der solcherweise erfolgten Verabschiedung von der Vorstellung des Kunstwerks als handwerklichem Produkt des Künstlers das traditionelle Kunstwerk und mit ihm den Kunstbetrieb als Ganzes in Frage gestellt hatte – hat 1961 die Gründung eines Syndikats vorschlagen, »welches sämtliche den Künstler betreffenden ökonomischen Fragen regeln würde«, in der die künstlerische Produktion ganz den Regeln dieses Syndikats unterworfen ist, der Künstler nicht mehr das Werk signiert und am Ende eine anonymisierte Arbeit steht. » Die Gesamtheit der künstlerischen Produktion, von einem derartigen Syndikat dirigiert, [würde] wohl eine Art epochemachendes Monument darstellen, das mit den anonymen Kathedralen vergleichbar wäre.«[13]

Nur folgerichtig erscheint es dann, dass der Berliner Künstler Dieter Hacker proklamierte »Tötet Euren Galeristen« oder forderte »Alle Macht den Amateuren«, aber auch ganz grundsätzlich fragte »Welchen Sinn hat malen?« Hacker entwickelte seinen eigenen Leitfaden für den politischen Avantgardekünstler, der sich seine eigenen Strukturen und Medien schaffen sollte, denn »ein kleines Medium, das man selber hat, ist besser als ein großes, das die anderen haben. Ein kleines Medium zum Beispiel ist eine eigene Galerie, da der Kunsthandel gerade verhindert, worauf es ankommt – den direkten Kontakt zwischen dem Künstler und seinem Adressaten.«[14] Aus diesen Überlegungen heraus eröffnete Hacker schließlich 1971 die so genannte 7. Produzentengalerie in Berlin. Neben der Produktion eigener Arbeiten kuratierte der Künstler wechselnde Ausstellungen, gab eine Zeitung und Kataloge heraus. In einer seiner Ausstellungen, die regelmäßig kunstbetriebsimmanente Fragestellungen reflektierten, ging er noch einen Schritt über die Galerie hinaus und schlug provokant vor, die Nationalgalerie selber zu machen, würde doch die existierende »betrieben von Kunsthistorikern – Hennen, die brütend auf alten Eiern sitzen«.[15]

Initiativen wie diese, deren Zahl sich bis heute vervielfacht hat, waren symptomatisch für die Zeit: So gründete beispielsweise Piero Manzoni, gemeinsam mit Enrico Castellani, die eigene Galerie Azimut und gab, ebenfalls mit Castellani, die Zeitschrift *Azimuth* heraus. In Nizza unterhielt der Fluxuskünstler Ben Vautier die Galerie Laboratoire 32. Klaus Staeck gründete 1965 die Edition Tangente (heute Edition Staeck). Die eigene Galerie kompensierte ein Defizit an Ausstellungsmöglichkeiten und machte es auf diese Weise möglich, eigene Ideen, Inhalte und Ästhetiken unabhängig vom Markt oder anderen institutionellen Rahmenbedingungen zu verbreiten. Das Werk fand eine autonome Gegenöffentlichkeit, wenn auch wahrscheinlich eine kleinere.

Dem Aktionisten Gustav Metzger ging auch dies nicht weit genug: Während andere Künstler durch Produzentengalerien mit alternativen Vertriebswegen für ihre Kunst experimentierten, rief er seine Künstlerkollegen in einer *Years Without Art* überschriebenen Polemik zu einem Generalstreik auf. Von dem totalen Kunstboykott, der auf drei Jahre angelegt war (von 1977 bis 1980), erhoffte er sich einen Systemwandel in der Kunstwelt. Private Galerien würden zusammenbrechen, Museen und andere Kulturinstitutionen würden schwer getroffen Personal entlassen müssen.[16] Nur durch die komplette Zerschlagung versprach er sich eine neue Chance für die durch den Kapitalismus geschwächte Kunst.

Die sechziger Jahre als Keimzelle der Institutionskritik

Die kritische Befragung der Kunstwelt und ihrer Agenten, wie wir sie heute kennen, ist ohne die radikalen Einwürfe der 1960er Jahre kaum denkbar. Die Forderungen nach Emanzipation in allen Lebensbereichen erfasste nicht zuletzt die jungen Künstler, die sich gemeinsam mit den Studenten und jungen Intellektuellen ähnliche Fragen stellten. Ihr Auflehnen gegen Autorität, ihre Kritik an der Entfremdung, ihre Forderung nach Eigenverantwortlichkeit, nach Selbstverwaltung, aus der sich die grenzenlose Freisetzung menschlicher Kreativität ergeben würde – all das begann sich in den Werken, Ideen und künstlerischen Projekten der späten 1960er Jahre niederzuschlagen.

Nicht nur die Rolle des Künstlers, der im marxistischen Sinne als positive, verändernde Kraft in die Geschichte berufen ist, wurde neu gedacht. Arbeiter sollte er sein an dem großen Projekt Gesellschaft und nicht romantisches Genie. Kollektiv versus Mythos. Am Ende entpuppt sich das bekenntnishafte Selbstporträt Immendorfs, das uns zunächst so konventionell erschienen war, im Kontext der Serie *Das tun, was zu tun ist* als Wegweiser für den politisch engagierten Künstler. Im Vorwort des zugehörigen Kataloges schreibt Immendorff, dass »unter Künstlern und Kunststudenten immer stärker die Diskussion um die gesellschaftliche Bedeutung des Berufes und ihrer Arbeitsprodukte geführt« werde. »*Wo stehst Du mit deiner Kunst, Kollege?*«, fragt er in einem zweiten Selbstporträt als junger Aktivist. Eine weitere Arbeit stellt im Stil einer Wandzeitung die für die Kunstgeschichte zentrale Frage nach dem Betrachter und fordert mittels einer Parole aus dem Off: »Diese Fragen an die Künstler stellen – auf Antwort bestehen!« »*Für Was?*« – »*Für Wen?*« sind die beiden Pfeile beschriftet, die in einer Richtung auf eine Gruppe von dekadenten Kapitalisten zeigen, in die andere auf die Massen, das Volk, auf alle. Der Maler steht in der Mitte und muss sich entscheiden.

Mit den neuen Wegen, die sich die künstlerische Arbeit suchte, dem neuen Werkbegriff jenseits der traditionellen Malerei, sei sie auch noch so politisch, wurden auch Organisationsformen, die um dieses Werk kreisen, seinen Rahmen ausmachten, auf den Prüfstand gestellt: »Sinnvolle künstlerische Arbeit kann sich also nicht mehr auf das Herstellen schöner und intelligenter Bilder beschränken. Alles, was die sinnvolle Arbeit des Künstlers behindert, das Museum, der Kunsthandel, die Kunstkritik, das Medium, das er benutzt – alles dies muß er zum Thema seiner Arbeit machen [...]. Die Kunst muß die Reflexion ihrer eigenen Bedingungen in sich aufnehmen, um diese Bedingungen zu ändern und so wieder zu einem allgemein benutzten Mittel der Verständigung zu werden.«[17]

Mit seinem aus dem Gedanken der Kritik an den unterschiedlichen Wertvermittlungs- und Kommerzialisierungsstrategien geborenen *Musée d'Art Moderne, Département des Aigles* machte sich der Belgier Marcel Broodthaers in dieser Zeit quasi zum Vater eines ganzen Genres. Sein fiktives Museum ist eine der frühesten Manifestationen der Institutionskritik, wie wir sie heute kennen. Dieses Hauptwerk der Konzeptkunst, an dem Broodthaers von 1968 bis 1972 ausschließlich arbeitete, bestand aus unterschiedlichen Sektionen: Mit der *Section du XIVe* inszenierte er die institutionellen Rahmenbedingungen des Kunstwerks in seiner eigenen Wohnung sozusagen als leere Hülle ohne die übliche Substanz, indem er Packkisten und Postkarten ausstellte, nicht etwa Gemälde. Er selbst schlüpfte als Künstler in die Rolle des Direktors mit allen zeremoniellen und rituellen Ehren. In einer weiteren Sektion zeigte er 300 Adlerbilder aus unterschiedlichen historischen Perioden, die alle mit dem Zusatz »Dies ist kein Kunstwerk« versehen waren. Anlässlich des Kölner Kunstmarktes wurde auf dem Stand der Galerie Michael Werner schließlich 1971 die *Section Financière* eröffnet, in der das *Musée d'Art Moderne* wegen Bankrotts zum Verkauf angeboten wurde. Seine posthume Fortsetzung fand es durch den in einem von Broodthaers formulierten Vertrag über den Verkauf eines Goldbarrens. Der mit dem Adlerstempel des Museums geprägte Goldbarren wurde zum doppelten Tageskurs angeboten – der Mehrwert entstand allein aus der »Adelung« durch den Künstler. Mit spielerischem Ernst parodierte Broodthaers den vermeintlichen Garanten eines objektivierbaren Kunstwertes und die Autorität der Institution.

Kein Zweifel, die 1960er Jahre waren die Geburtsjahre des institutionskritischen Kunstwerks. Einerseits entwickelten sich ephemere, vergängliche oder immaterielle Kunstformen wie die Performance, die eine geringere Affinität zu Markt und Museum hatten, andererseits aber auch Interventionen, Werke und Objekte, die das Verhältnis zum eigenen Kontext direkt thematisierten. Im Zuge dieser Umwälzungen opponierten die Werke selbst gegen ihren Warencharakter und die eigene Objekthaftigkeit, was nicht nur das Werk von Broodthaers zeigt. In diesem Sinne hat Piero Manzonis *Merda d'Artista*, wenn man so will die zotige Version des Goldbarrens von Broodthaers, den Status einer dadaistischen Ikone erlangt. Indem Manzoni 90 Konservendosen mit Künstlerscheiße füllte, dehnte er auf ebenso spektakuläre wie anarchische Weise den Begriff des Kunstwerkes ins beinahe Unendliche aus. Am Ende wird auch dieses Werk nur noch durch die Proklamation des Künstlers legitimiert. Die Künstlerscheiße wie der Goldbarren operieren mit der Überhöhung der Rolle des Künstlers – alles was er zur Kunst erhebt, ist Kunst. Bei Manzoni macht der Tabubruch diese Operation jedoch gleichzeitig zur totalen Parodie. Sagt man nicht, »aus Scheiße Gold machen«? Der behauptete Inhalt der Dosen ist natürlich eine Provokation nicht allein in Richtung des bürgerlichen Kunstbegriffs, nicht zuletzt ist er eine subversive Geste gegenüber dem Kunstmarkt. Die Ironie der Geschichte bestätigt die alchimistische Formel, wonach aus Scheiße zumindest Geld gemacht werden kann: Am 22. November 2005 wurde die Seriennummer 57 bei Sotheby's in Mailand für 110.000 Euro versteigert.

Die achtziger Jahre – Legitimationskrise der Institutionen

»From Work to Frame« lautet der Titel eines Aufsatzes des früh verstorbenen amerikanischen Kritikers Craig Owens, der zugleich als Motto der zweiten Generation der Institutionskritik in den späten 1970er und beginnenden 1980er Jahren gelten kann.[18] Mittlerweile ist dies eine absolut zentrale Debatte, ohne die die Kunst seit den 1980er Jahren kaum zu verstehen oder zu erklären ist. Vor der Folie der Dekonstruktivisten und Poststrukturalisten mit ihrer Kritik der Macht, die eine Revision der Autorschaft einschloss, richteten auf theoretischer Ebene vor allem die Gruppe um Rosalind Krauss und die Zeitschrift *October* mit Douglas Crimp und Benjamin Buchloh oder Hal Foster das Augenmerk auf die Umgebung des Kunstwerks. Rahmen, Titel, Signatur, Museum, Archiv, Reproduktion, Diskurs, Markt interessierten Jacques Derrida in seiner Analyse der Malerei.[19] Der Kontext des Kunstwerkes wurde zum zentralen Thema von Arbeiten einer ganzen Reihe von Künstlern und vor allem Künstlerinnen, der Erben der Generation Broodthaers. Ausgehend von der Beobachtung, dass es kein rein ästhetisches Urteil und kein »neutrales« künstlerisches Objekt gibt, seine Präsentation und Interpretation stattdessen untrennbar mit seinem Kontext verwoben sind, erkundeten sie institutionelle Funktionen und Grenzbereiche. Die Debatte um den Tod des Autors hatte bereits die Frage aufgeworfen, wie sich die durch die Entmachtung des Künstlers entstandene Lücke füllen lässt und wer die kulturelle Produktion definieren, beeinflussen und letztlich von ihren Codes und Konventionen profitieren kann. Bereits hier zeichnete sich eine Verteilung auf mehrere Schultern ab, und die Basis verbreitert sich.

Louise Lawler ist Teil dieser Pictures-Generation, der einflussreichen Gruppe um den New Yorker Artists Space, die sich mit den bildgewordenen

Mythen der Moderne auseinandersetzt. Nicht zufällig illustrieren Lawlers Werke Douglas Crimps Streitschrift *Über die Ruinen des Museums*[20], in welcher der Autor die idealisierende kulturelle Nobilitierungsmaschine zur Disposition stellt – eine Vision übrigens, die Crimp mit den russischen Konzeptkünstlern Komar & Melamid zu teilen scheint, die in ihrer Serie *Scenes from the Future* die Überreste des MoMA und des Guggenheim Museum in die pastorale Idylle einer fernen New Yorker Zukunftsutopie kleiden, in der die Institutionen nur noch dem Verfall anheimgegeben sind. Lawlers Fotografien, Interventionen, ihre kuratorische Arbeit verbindet eine zentrale Frage: Was geschieht mit der Kunst, nachdem sie das Atelier verlassen hat? Lawler markiert die unterschiedlichen Milieus des Werkes: das sprichwörtliche Bild über dem Sofa in der Privatsammlung, das Auktionshaus, die Galerie. Sie spürt der Kunst als Dekoration nach, als elegante Raumausstattung. Ihr Thema ist der erweiterte institutionelle Rahmen des Kunstwerks, und so zeigen ihre Fotos das Werk als einen in seine Umgebung eingebundenen Gegenstand, der mit anderen Dingen gemeinsam abgebildet wird. Auch formal steht es nie im Zentrum, wird niemals seiner Bedeutung gemäß in den Mittelpunkt gerückt. Oft wird es angeschnitten, ist nur zum Teil sichtbar. Auf diese Weise fragen Lawlers Arbeiten immer wieder nach der Repräsentation von Kulturgütern.

In Deutschland findet Lawlers Werk Entsprechungen in den Fotografien der Becher-Schülerin Candida Höfer. Seit mehr als 20 Jahren fotografiert sie öffentliche Räume: Bibliotheken, Akademien, Hörsäle, Cafés, Sporthallen und Foyers, die sie leer in der Erwartung der Benutzung oder nach dem Verlassen der Besucher zeigt. Immer wieder hat Höfer auch Museums- und Ausstellungsräume festgehalten. Hinter der Schauseite interessiert sie, ähnlich wie Louise Lawler, die Abseite der Kunstwelt. Ihr Blick geht in die Archive, Nebenräume und Hinterzimmer. Mal fotografiert sie einen wenig spektakulären Flur, dann einen Büchertisch, ein Depot oder eine Vitrine. Dabei bieten ihre Bilder eine wenig dramatische Perspektive. Nüchtern, fast beiläufig protokollieren sie den Befund des Raumes – präzise und in gleichmäßiger Schärfe aus mittlerer Distanz, die Atmosphäre ist von einer gewissen Sachlichkeit bestimmt. Niklas Maak hat einmal ganz treffend geschrieben, Höfers Blick gehe in den »Maschinenraum der Zivilisation«[21], doch man sollte vielleicht hinzufügen, dass dieser Maschinenraum der Kunstwelt sehr ordentlich beleuchtet ist. Meist handelt es sich um helle, großzügige Räume mit heiterem Lichteinfall. Oft wird von der Nacktheit ihrer leeren Innenräume geschrieben. Sieht man jedoch genauer hin, dann löst sich diese Leere auf und die Spuren des Gebrauchs, der Nutzung, der Arbeit werden sichtbar.

Neben einer Installation von Martin Kippenberger bespielte Höfer 2003 mit ihren Fotografien den deutschen Pavillon auf der *50. Biennale* in Venedig, deren Aufbau sie in gewohnt nüchternem Gestus festhält – keine Zeichen von hektischer Betriebsamkeit im Zentrum des westlichen Kulturbetriebs oder vom Theaterdonner der Society, der dieses Ereignis sonst dominiert. Einige Objekte lehnen an der Wand, etwas wurde auf dem Boden ausgerollt. Das Aufbauteam ist vielleicht gerade in die Mittagspause. Candida Höfer verwendet ihren exklusiven Zugang, um eine ungewohnte Perspektive einzunehmen und abzubilden. Das MoMA in New York zeigt sie aus dem Blickwinkel der absoluten Insiderin. Dies ist nicht der Ort der Repräsentation der sublimen Museumskunst. Im Olymp wird gewerkelt. Das mobile Wandsystem wird gerade eingebaut. Die Schreiner gehen gleichzeitig mit den Malern zu Werke – Leitern, Kreissägen, dicke Bohlen, Rigips-Platten. Entzauberung und Entmystifizierung bestimmen auf diese Weise den Blick auf das Museum. Irgendwie sieht es aus wie jeder andere Ort.

Ein solches Gefühl stellt sich auch in einer jüngeren Serie ein, in der Louise Lawler sich ganz dem Museumsraum und den Vorbereitungen einer Ausstellung widmet. Scheinbar achtlos lehnt ein Bild des Großmeisters der zeitgenössischen Kunst – Gerhard Richter, der immer wieder auch die Liste der teuersten Künstler anführt – an der Wand. Schaumgummipolster schützen den Rahmen vor Bestoßung, davor liegen einige Holzleisten. Eine weitere Arbeit zeigt statt eines Werkes, das nur schemenhaft zu erkennen ist, nur noch seine Verpackung. Den Hinweis, dass sich darunter mit einiger Wahrscheinlichkeit ein Kunstwerk verbirgt, erhält der informierte Betrachter durch einen kleinen Streifen Klebeband mit dem Aufdruck einer großen Kunstspedition. Weitere Hinweise ergeben sich aus dem Titel *Given by the Widow*, hinter dem man eine Schenkung, vielleicht an ein Museum, vermuten kann. Die Fotografie ist bewusst als Rätsel inszeniert, das, statt zu zeigen, Fragen aufwirft und letztlich nur Vermutungen zulässt. Was aber über den ästhetischen Genuss der Fotografie selbst hinaus bleibt, ist das Nachdenken über die Funktionszusammenhänge der Kunst schlechthin. In ihren Fotos entmystifiziert Louise Lawler den hehren Raum der Hochkultur, indem sie ihn außerhalb seiner üblichen Funktionsweise als Museumsbetrieb zeigt. Sie blickt hinter die Kulissen. Das Museum erscheint gerade nicht als finite Form, sondern als ein stets im Umbau befindlicher Ort, als ein Kontext unter vielen.

Laut ihrer Kollegin Andrea Fraser, die dem Werk von Louise Lawler einen zentralen Aufsatz gewidmet hatte, zeichnet sich ihre Arbeit besonders durch die Behandlung der Kunstinstitution »als eine Gruppe sozialer Beziehungen [...], nicht als

Architektur« aus – ein Aspekt, der jedoch auch wesentlich für Frasers eigene Arbeit ist.[22] Wenngleich etwas jünger, zeigt sie sich direkt von der Pictures-Gruppe beeinflusst; sie hat ihre Laufbahn buchstäblich im Seminar von Craig Owens begonnen. Fraser wurde Mitte der 1980er Jahre mit ihren »gallery talks« bekannt, für die sie in das graue Kostüm einer Jane Castleton oder auch Mrs. John P. Castleton, einer fiktiven konservativen Dozentin, schlüpfte. Diesen Werken gab sie die Form einer pseudowissenschaftlichen Führung, die sich mit dem Kunstbetrieb, seinen ideologischen Verflechtungen, seinen Präsentationsformen, Hierarchien und Ausschlussmechanismen auseinandersetzte, wobei Fraser alias Castleton jedoch gerne zwischen trockenem Tonfall und hysterischen Ausbrüchen changierte und die Besucher beispielsweise dadurch irritierte, dass in ihren Führungen auch Exkurse zum Museumsshop oder der Überwachungsanlage des Museums Platz fanden. Kurz: Sie gab die Karikatur einer privilegierten Kulturrepräsentantin.

Frasers Stilmittel ist die Peinlichkeit, die auch vor persönlichem Exhibitionismus nicht zurückschreckt, was innerhalb ihres Gesamtœuvres immer wieder in unterschiedlichsten Ausformungen zum Tragen kommt. Häufig nimmt sie die dadaistische Strategie des »épater les bourgeois« auf, wobei sie die Objektwerdung des Künstlers innerhalb des Kunstbetriebes, die aus feministischer Perspektive eine erhöhte Brisanz erhält, selten aus dem Auge verliert. In *Little Frank and His Carp* lässt sich Fraser mit versteckter Kamera in der Eingangshalle des Guggenheim Bilbao filmen, während sie dem enthusiastischen Duktus des Audioführers allzu wörtlich Folge leistet und sich in sexueller Überreaktion an einem Pfosten scheinbar selbst befriedigt.

Frasers Fragen nach dem Verhältnis zwischen Künstler(in) und Markt und nach den dazwischengeschalteten Nuancen und Ritualen kulminierten 2004 in *Untitled*, für das sie ihre Galerie anwies, den Kontakt mit einem Sammler herzustellen, der für ein Auftragswerk der etwas anderen Art zu zahlen bereit war. Aktion und Interaktion innerhalb der sozialen Beziehungen im Kunstkontext werden hier durch einen Vertrag geregelt, wonach die Künstlerin für eine fixierte Summe mit dem Sammler Sex hat. Dies wiederum wird auf Video festgehalten, eine Kopie geht an den Sammler / Auftrageber, über die anderen Kopien verfügt die Künstlerin. Insgesamt ein sehr übliches Verfahren für so genannte Kommissionen, das sich nur in der Zuspitzung dessen, was die Künstlerin üblicherweise für eine Kommission tut, unterscheidet.

In diesem Sinne stellt die Arbeit nicht nur die Frage nach dem Ethos innerhalb der (Vertrags)-verhältnisse des Betriebs. Leidenschaftlicher Kunst- und Kulturkonsum wird hier wörtlich genommen, ebenso wie das gelebte Verhältnis des Sammlers zur Kunst. »Ein noch wichtigeres Statussymbol«, schreibt Hanno Rauterberg, »ist es, zu exklusiven Erfahrungswelten zugelassen zu werden.«[23] In unzähligen Sammlerinterviews kann man immer wieder nachlesen, der Kunstkauf gebe die Chance, mit den Künstlern in Kontakt zu treten. »Der Kunstbetrieb ist ein System der Eifersüchte«, sagt Peter Sloterdijk. »Hat ein Werk Begehren auf sich gezogen, so treten die Rivalen daneben und wollen sich das Verlangen aneignen. In allen Objekten glitzert das Verlangen nach dem Verlangen der anderen. Der Markt macht sinnlich, der Hunger nach Begehren macht schön, der Zwang zum Auffallen erzeugt das Interessante.«[24]

Betrachtet man die Dinge aus der Sicht des Historikers, lassen sich drei Wellen der Institutionskritik beobachten, die sich jedoch nicht wirklich scharf voneinander trennen lassen. Nach den ersten Einwendungen im Zuge der 68er-Bewegung und der zweiten, poststrukturalistischen Phase im Zusammenhang mit der Subjektkritik und dem Neudenken von Autorschaft Ende der 1970er Jahre kristallisiert sich eine jüngere dritte Welle heraus, die sich aus unterschiedlichen Perspektiven vor allem mit dem Markt, dem Erfolg, der Konzentration auf bestimmte Zentren sowie der Marginalität der Peripherie auseinandersetzt.

Die erste Welle befasste sich zunächst vor allem mit dem Objektcharakter des Kunstwerkes und diskutierte anhand dessen die Valorisierungsstrategien des Apparates. Ihr Zentrum befand sich in erster Linie im westlichen Europa. Die zweite fand – wenn man das aus geografischer Perspektive betrachten möchte – ihr Zentrum in den USA, vor allem in New York, auch wenn die Arbeiten ohne den französischen Poststrukturalismus kaum denkbar gewesen wären.

Heute aber sind solche geografischen – wenn auch internationalen – Filter obsolet geworden. Die Kunstwelt scheint tatsächlich globalisiert oder zumindest multizentrisch organisiert zu sein, und so begegnen sich Positionen aus Düsseldorf und Peking, London, Kinshasa, den Philippinen, Zürich, Glasgow und Moskau. Besonders Künstler aus den Ländern des ehemaligen sowjetischen Einzugsbereiches, in denen es weder eine freie Ausübung des Berufes noch einen Markt gab, reagieren mit ihren Werken auf das antagonistische System. Mehr und mehr sind sie seit Anfang der 1990er Jahre auch im Westen zugänglich geworden oder wurden in einigen Fällen auf die eine oder andere Weise integriert. Der in Bukarest arbeitende Dan Perjovschi kontert mit cartoonartigen Wandzeichnungen, die satirisch und stets sehr aktuell auf zeitliche oder lokale Kontexte eingehen. Das macht ihn nicht nur zum eminentesten Künstler Rumäniens. Er ist ebenso auf den Biennalen von Venedig, Sydney und Sharjah vertreten und hat Einzelausstellungen im

MoMA und der Tate. Gleiches gilt für seinen bulgarischen Kollegen Nedko Solakov, der der Kunstwelt so hintergründig wie ironisch auf den Zahn fühlt. Als Star der Szene ironisiert er seinen Erfolg, indem er das eigene Werk zum Überbleibsel – zum *Leftover* – deklariert. Mladen Stilinović spielt mit der Vergeblichkeit der künstlerischen Mühen auf Anerkennung, indem er einerseits das Lob der Faulheit singt und andererseits dem (westlichen) Betrieb plakativ entgegenruft *An Artist Who Cannot Speak English Is No Artist*, um auf die Ausschlussverfahren des Apparates hinzuweisen. Währendessen stellt der Moskauer Konzeptualist Yuri Albert ein kleines Malermännchen schelmisch auf den Kopf und konstatiert: *I am not Baselitz!* Tracey Emins triumphales Bekenntnis: *I've got it all* können nur wenige Künstler mit ihr teilen.

Eine Rhetorik der Krise begegnet uns dagegen bei Goran Trbuljak, der ein kleines Objekt präsentiert, das eine ungeheure Macht auf den Werdegang eines Künstlers auszustrahlen vermag: Einen kleinen Besucherzähler, der die Gesamtanzahl aller Personen anzeigt, die jemals eine seiner Einzelausstellungen besucht haben. Anetta Mona Chişa und Lucia Tkáčova, zwei junge Künstlerinnen aus Tschechien, nehmen den Kampf auf andere Weise auf. Sie schauen sich immer wieder Ausstellungen an. In den großen Metropolen – Paris, London, Wien, Zürich, New York – besuchen sie die glamourösen Galeriepaläste. In unbeobachteten Momenten lassen sie kleine Dinge mitgehen: einen Schraubenzieher, eine Fernbedienung, ein Verlängerungskabel, das Gästebuch. Am Ende sind es vor allem Ironie und Subversion, mit denen sich der Künstler von heute zwischen den Polen von Museum und Markt, Erfolg und Krise, Romantik und Realismus bewegt. »Study Art – For Style or Glory« verkündet ein altertümliches Schild, dessen Design der Künstler John Waters dem eines alten Künstlerbedarfgeschäftes nachempfunden hat, während Tom Sachs festhält: *Creativity is the Enemy*.

1   Marcel Duchamp, »Where do we go from here?« Vortrag am Philadelphia College of Art, 20. März 1961, in: ders., *Schriften. Bd. 1: Zu Lebzeiten veröffentlichte Texte*, hrsg. und übers. von Serge Stauffer, Zürich 1981, S. 241f.
2   Siehe »Tent community: Jack Bankowsky on art fair art«, in: *Art Forum*, Oktober 2005.
3   Peter Sloterdijk, »Die Kunst faltet sich ein«, in: *Kunstforum International*, 104, November / Dezember 1989, S. 178.
4   Sigmund Freud, »Das Unbehagen in der Kultur (1930)«, in: ders., *Das Unbehagen in der Kultur und andere kulturtheoretische Schriften*, Frankfurt 2007, S. 47.
5   Jörg Immendorff, *Hier und jetzt, das tun, was zu tun ist. Materialien zur Diskussion, Kunst im politischen Kampf; auf welcher Seite stehst Du, Kulturschaffender?* Köln und New York 1973, S. 31.
6   Pierre Restany, »Le livre rouge de la révolution picturale, Mailand, Mai 1968«, in: *Um 1968. Konkrete Utopien in Kunst und Gesellschaft*, Ausst.-Kat. Städtische Kunsthalle Düsseldorf 1990, S. 114f.
7   Dieter Hacker, *Welchen Sinn hat malen? Vortrag für Kunststudenten 1974*, 7. Produzentengalerie, Berlin 1974, o. S.
8   Andy Warhol, *Die Philosophie des Andy Warhol von A bis B und zurück*, München 1991, S. 175.
9   Max Goldt, »Ich zog ein elektronisches Goldfischglas hinter mir her, in dem ein Wetter herrschte wie auf der Venus«, in: ders., *Der Krapfen auf dem Sims. Betrachtungen, Essays u. a.*, Reinbek bei Hamburg 2003, S. 107.
10   Siehe Luc Boltanski und Ève Chiapello, *Der neue Geist des Kapitalismus*, Konstanz 2006, passim.
11   Hanno Rauterberg, *Und das ist Kunst! Eine Qualitätsprüfung*, Frankfurt am Main 2007, S. 11.
12   Hans Haacke, »Museums, Managers of Consciousness«, in: *Hans Haacke. Unfinished Business*, Ausst.-Kat. The New Museum of Contemporary Art, New York 1986, S. 60.
13   Duchamp (wie Anm. 1), S. 241f.
14   Dieter Hacker, *Politische Avantgardekunst*, Zeitung der 7. Produzentengalerie, Berlin o. J., o. S.
15   Dieter Hacker, *Unsere Nationalgalerie*, 17. Plakat der 7. Produzentengalerie, Berlin 1973.
16   Siehe Gustav Metzger, »O.T. (Artist engaged in political struggle…)«, in: *Art into Society. Society into Art*, Ausst.-Kat. Institute of Contemporary Arts, London 1974, S. 79.
17   Dieter Hacker, »Welchen Sinn hat malen?«, in: ders., *Die politische Arbeit des Künstlers beginnt bei seiner Arbeit. 7. Produzentengalerie Dieter Hacker, Zwischenbericht 1971–1981*, Ausst.-Kat. daadgalerie Berlin 1981, S. 80.
18   Craig Owens, »From Work to Frame, or, Is There Life After ›The Death of the Author?‹« in: *Beyond Recognition: Representation, Power, and Culture*, Berkeley 1992.
19   Jacques Derrida, *Die Wahrheit in der Malerei*, Wien 1992 (erstmals Paris 1978).
20   Douglas Crimp, *Über die Ruinen des Museums. Das Museum, die Fotografie und die Postmoderne. Mit einem fotografischen Essay von Louise Lawler*, Dresden und Basel 1996.
21   Niklas Maak, »Es sieht so aus, als hätte sie den Fall gelöst«, *FAZ*, 12. Juni 2003.
22   Andrea Fraser, »In and Out of Place«, in: *Art in America*, Juni 1985, S. 128.
23   Rauterberg (wie Anm. 11), S. 26.
24   Sloterdijk (wie Anm. 3), S. 178.

Stefan Brüggemann
DOLLARS (Obliterated Work), 2008
Digitaldruck auf Leinwand, Aluminiumfarbe/
Digital print on canvas, aluminum paint
152 × 117 cm
Courtesy of Sies + Höke, Düsseldorf

STEFAN BRÜGGEMANN
**1975 in Mexiko City*
Lebt und arbeitet in Mexiko City und London/
Lives and works in Mexico City and London

The conceptual artist

He's been shot, crucified and nearly electrocuted

By RICHARD NEMEC

CHRIS BURDEN: ART ON THE FIRING LINE

BY DONALD CAFROLL

CALIFORNIA PROFILES

When first made aware of his art, most people write off Burden as just another "nut" who belongs in a mental, not an art, institution. He accepts this as a normal reaction among the uninformed. To Burden, it's another example of today's wide gap between abstraction and reality. In this case, his reputation as an artist is the abstraction; Chris Burden, the sane American with a dream, is the reality; too many people are unfamiliar with.

Burden places little importance on the amount of risk involved in his art. He equates it with an artist's gamble that the work he does is meaningful and interesting. Chris expresses faith in his art's worth. Therefore, he is willing to accept the consequences of his performances, although he minimizes the risk as much as possible.

Early on the evening of April 22, 1974, a small group of people gathered outside a garage on Market Street in Venice. From inside the garage came the relentless, metallic sound of hammering, and then of an engine being started up. Finally the garage door opened and a blue Volkswagen was rolled out. Its engine was racing at full throttle. Spread-eagled across the back of the car was California's best-known "performance" artist, his hands nailed to the roof. For two minutes he remained motionless while the motor howled underneath him, and then the car was wheeled back into the garage and the door closed again.

End of a typical day in the life and near-death of Chris Burden.

Such performances as the one described above have earned the 28-year-old Burden a reputation as the Evel Knievel of art. It is a reputation he is quick to disown. "I'm not Evel Knievel," he says. "I'm an artist. I'm not about just taking risks." Nonetheless, for someone who is not about just taking risks, he certainly seems to have taken plenty of them: he has repeatedly risked death by fire, by water, by electrocution, and, once, by gunfire.

Why, you ask, does he do it? Well, he says, because he wants to make art. Surely, you think, there must be a better way. If an artist as important and successful as James Rosenquist, for example, is content merely to paint pictures of nails, why does Burden feel he has to drive them through his hands? His answer: "Paintings have ceased to have meaning. They've become meaningless, because it's a form that's been around too long. I can't see putting a mark on canvas that will have any meaning for me."

Instead, his body has become his canvas, so that's where he gets his marks. But what precisely is "the meaning" of being crucified on a used Volkswagen? "It was an intense experience," he says. "People were intensely affected." No doubt. It's not every day, even in Venice, that you see somebody nailed to the back of a car. Still, demands the delegate from Philistia, why is it art? "Because I'm an artist," Burden

explains, "and it's received in an art context. What made it art was that it was thought of aesthetically."

In case you're wondering, one of the reasons that it was thought of aesthetically was the selection of a Volkswagen to serve as a surrogate Cross. As Burden says, "It had to be a Volkswagen." Really? "Yeah, it wouldn't be a strong piece if I was nailed to the hood of a Falcon or something. It just wouldn't be right." I suppose not.

Anyway, Burden continues, "I'd thought about being crucified lots of times. All art starts with an idea. What makes it art is the acting out of the idea, the materialization of the idea. I do it by acting it out; other people do it by making an object. People get it all confused: they think that the painting is the art. The art is when the artist was making the painting. The object is just the residue." In Burden's case, the principal residue of his work, apart from the photographs he commissions, consists of the stories that circulate in the wake of each performance. "The very instant it's made," he says, "it starts to become a myth."

The myth of Chris Burden himself started on April 26, 1971, when he crawled into a small metal locker at the University of California, Irvine. For five consecutive days and nights he remained inside the locker. (There was a five-gallon bottle of water in the locker directly above, and an empty five-gallon bottle in the locker below.) On the fifth day, with a little help from his friends, he rose from the locker and ascended into the firmament of art celebrities.

As unusual as Burden's artistic début was, it was no more unusual than the work being produced at the time by other performance (or "conceptual") artists elsewhere. What made it extraordinary was that it was a first effort, and that it should have come from Chris Burden. The son of a Harvard engineering professor, he was born in Boston in April, 1946, and spent most of his early childhood with his family in Europe. Back in Boston, he attended a private school before coming to Pomona College to study architecture. In his third year at Pomona, after a disillusioning summer working in an

29

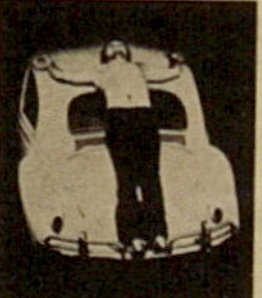

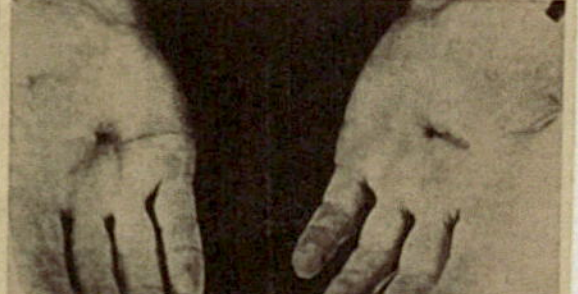

"That piece had a lot of tension," he recalled last fall, sitting comfortably only a few blocks from the crucifixion scene in his Venice studio, a former greasy beachfront hot dog stand whose inside floor and walls now are painted entirely in shimmering white semi-gloss. "I didn't want to screw up my hands, but I wanted to do a piece where the car and me were somehow tied together.

"When a piece is actually happening, I'm really kind of schizoid. I'm two people; one person is observing the whole thing and the other person is going through it. The VW piece took only two minutes, but it seemed like a lot longer to me."

"Hopefully, it is obvious that there is a line of continuity among all of my pieces," Burden says. "If you don't see it, I don't know how I can point it out. Each piece has a similar kind of sensibility in the way it is presented and thought out. I think it's good art—that's why I keep on doing it. I don't think an artist has to justify his work. It's art because I say it is."

"'All of a sudden it seemed right to have somebody shoot me. It seemed a very powerful sculpture.'"

at the back. Then, in his own words,

"... (Two assistants lifted onto each shoulder one end of six-foot sheets of glass. The sheets sloped onto the floor at right angles from my body. The assistants poured gasoline down the sheets of glass. Stepping back, they threw matches to ignite the gasoline. After a few seconds I jumped up, sending the burning glass crashing to the floor. I walked into the back room."

It must have occurred to him, as he went into that back room, that he was turning his back on a potentially exciting new art material in those piles of broken glass. In any event, a few months later Burden devised a piece, entitled "Through the Night Softly," that capitalized splendidly on the special effects that can be obtained with broken glass. Clad only in a swimming suit and lying on his stomach with his hands held behind his back, he wriggled and squirmed painfully through 50 feet of broken glass which had been strewn across a parking lot in downtown Los Angeles.

As usual, the event was witnessed by only a few friends. Shortly, however, it was to be seen by many thousands. Having had a 16mm film made of his self-laceration (in black and white, because in color the blood would be "too distracting"), Burden bought a series of ten-second spots on Channel 9 in Los Angeles. Then, every night for a month, unsuspecting viewers of old movies were given a brief, silent glimpse of a new art form.

While these television spots were being shown, during November of last year, Burden decided to revive one of the earlier motifs of his work, his electrical Russian roulette. Standing shirtless in the doorway of his studio one evening, he took two live electric wires and pushed them into his chest. At the last moment the wires crossed and exploded, burning him. So what else is new?

What's new is that with this piece, for the first time, Burden acknowledged the magnitude of the risk he was taking. It was acknowledged implicitly in the piece's title, "Doorway to Heaven," and explicitly in his admission that it was the crossing of the wires, cutting the circuit-breaker, which saved him from electrocution. In reflecting on the planning that went into his narrow escape, Burden goes even further: "I didn't want to die—but I wanted to come close."

Come close he did, and no doubt he will again, but is it really worth it? Financially, it's not. His wife Barbara supported him "for a long time," and only recently ("now that my name has become a commodity") has he been able to charge fees for his performances at museums and art galleries. He is also beginning to sell "documentation" of his work. He charges $5 for a book of pictures and descriptions of his pieces, and $800 for each of the 50 copies he has issued in a signed, limited edition. Even so, he has to supplement his income by teaching an art course at La Verne College, while Barbara still works part-time.

More to the point, is it all worth it artistically? Is his work made more significant or valuable by the pain he endures, not to mention the scars he has to show for it? Fingering the stigmata on his hands, he shrugs off the seriousness of his many self-inflicted wounds. "They're all minor. My scars are no worse than you'd get falling off a bicycle." On the contrary, they are; but that's beside the point. Falling off a bicycle is not considered particularly artful. Would it suddenly be transformed into a work of art if it were done de-

Artist *(Continued from page 11)*

trying to anticipate what will happen. Nearly always he is surprised at the marked difference between what he expects and what he eventually experiences during a performance.

"I can measure my fantasies against what actually happens," Burden says. "After I complete a piece, I have a tremendous feeling of well-being and accomplishment; I have a feeling I possess a special body of knowledge no one else has."

PAIN AND DISCOMFORT are often ingredients of his art, because "thats what being an artist enables you to do." His events are "only not pleasurable in the immediate sense," he explains. "In the long run they're the only things that do give me any pleasure at all because I'm redefining art."

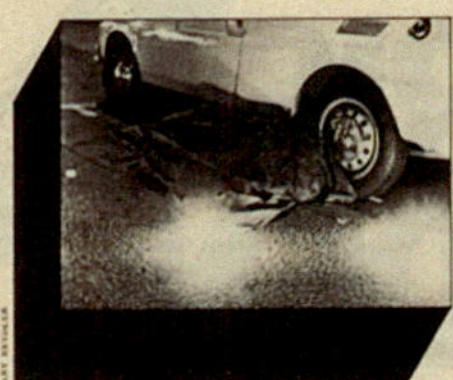
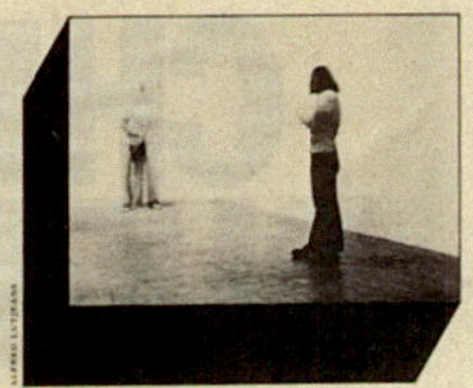

"Deadman," November 12, 1972

"Shoot," November 19, 1971

architect's office, he switched to art. He graduated with a BA from Pomona and then enrolled at Irvine, where he took a Master of Fine Arts degree. It was for his master's show that he curled up in a box for five days.

For his next piece, a week later, he went to the other extreme. A show of young artists was being held in the university gallery at Irvine. Burden went in and laid a narrow, winding path from the front door to the back door, and then for six hours every day during the two weeks of the show he continuously rode a bicycle through the front entrance, along the path, out the back, around the building, back through the front door, along the path, etc. "In a sense this piece was fairly aggressive," he recalls. "I could actually knock somebody down. And I did."

During the summer of 1971, he moved, along with several other artists, into a spacious building (which they dubbed "F Space") in an industrial section of Santa Ana. There, for three nights in early September, he established his reputation as the art world's answer to Evel Knievel. Dressed only in shorts, he had himself strapped to the floor with copper bands bolted into the concrete. Placed on each side of him was a bucket of water into which had been dropped a live 110-volt electric wire. Thus, either a clumsy or a malicious spectator could have put a quick end to his career then and there. Burden, however, insists that in fact the risk was minimal: "It's just an energy situation. People come in and immediately they're aware of the implications. So what happens is that they don't even go near the buckets." But would the energy be there without the risk? "OK," he concedes, "you have a point there."

On November 19, 1971, Burden staged what remains his most famous piece. He had himself shot. While Burden stood against a wall, a friend with a .22 long rifle shot him in the left arm from about 12 feet away. Unfortunately, though, his friend's marksmanship left something to be desired—like, for instance, the slight nick that Burden had planned. "I was supposed to have a grazed wound," he says, "but it didn't work out that way." Instead, the bullet went straight through his arm, and he had to be taken to the hospital for treatment.

No matter, says Burden. It was the idea that counted— "the idea of being shot at to be hit. It's something to experience. How can you know what it feels like to be shot if you don't get shot?" I don't know. It's not, I admit, a question to which I had ever given much thought. Burden had. "For a

30

long time I'd tried to figure out how to get shot in an art context." Did he ever consider giving the job to an art critic? "No," he says with a perfectly straight face, "you couldn't ask a stranger to do something like that. And I'd decided not to shoot myself. Then all of a sudden it seemed right to stand there and have somebody shoot me. It seemed a very powerful sculpture." Why a rifle? Why not a pistol? "I still want to live, to be around to do the next thing."

He lived, and one of the next things he was around to do was something called "Deadman." This piece took place one evening outside the Mizuno Gallery on La Cienega Boulevard. Burden lay down in the street and was completely covered with a tarpaulin, while two 15-minute flares were placed near the "body." The flares were about to burn out when the small crowd of invited spectators was joined by a couple more people who weren't invited—county sheriffs. They arrested Burden and charged him with causing a false emergency to be reported. Although at his trial a number of respected figures in the art world appeared as witnesses in his behalf, Burden nonetheless found the trial "a very frightening experience."

"I figured that obviously I was going to be found guilty," he recalls. "How could a jury sympathize with what I'm doing?" Nine of them didn't. But three were sufficiently confused to cause a hung jury, and the judge was sufficiently exasperated to dismiss the case.

In February of last year Burden decided to start playing with fire. The occasion was a group show at the Museum of Conceptual Art in San Francisco. This is how Burden describes what happened:

"I began the evening watching television, smoking and drinking beer. The other artists were preparing their pieces. People were filling the museum, and my activity went almost unnoticed. After about an hour I got up and went around the room turning off all the lights. I had a pair of old pants which had been passed around by many of my friends. I placed the pants on the floor and saturated them with lighter fluid. I lit the pants on fire and extinguished the flames with my body. I turned the lights on and returned to watching television."

In his next piece, entitled "Icarus," Burden consigned himself again to the flames. At six o'clock on the evening of April 13, 1973, three invited spectators arrived at his beachfront studio in Venice. As soon as they had taken their places, Burden entered the studio, naked, from a small room

liberately? "Well, it could be and it could not be," he says, thinking it over. "It depends. If I called it art, yes, it would be."

So we have come full circle, to use a dreadfully old-fashioned image. Art, we are told, is nothing more than arbitrarily chosen acts performed within a self-defining framework. An artist is someone who makes art, and art is anything which an artist designates as such. Simple.

But wait. There must be some purpose in going to the extremes that Burden does to make art, whether it's to dramatize human vulnerability, or to expose the absurdity of certain social values, or to formulate an aesthetic of violence, or to portray the place of man in a world of objects, or . . . "Art doesn't have a purpose," Burden asserts. "It's a free spot in society, where you can do anything. I don't think my pieces provide answers, they just ask questions. They don't have an end in themselves. But they certainly raise questions."

Indeed they do, and among the questions raised is the ultimate one: Do they do anything apart from raise questions?

"They're disturbing," Burden says, "and that's good." There can be many who will quarrel with the first half of that assessment, but an increasing number of people, including those closest to Burden, find themselves disturbed for reasons other than he intended. Specifically, they are becoming worried by his seemingly obsessive chamber-spinning and trigger-pulling. Barbara Burden is one who shares this concern. Although an eager participant in many of her husband's more bizarre performances, she couldn't sleep the night before the crucifixion piece. And the next day she 'phoned from work in tears to plead with him not to go through with it.

Burden appears puzzled, and slightly pleased, by such reactions. "Oh, everybody was getting very, very upset," he says. "For a while I couldn't find anybody who would hammer the nails through my hands."

Perhaps that's because his friends can no longer decide whether they are being asked to participate in "the last rites of Expressionism," as Time art critic Robert Hughes has called such performance pieces, or the last grimace of masochism. Many artists, once the core of Burden's admirers, are now convinced that it's the latter. Others are bothered by his almost casual approach to the risks involved. Burden himself tacitly concedes this point when he says, "The pieces are about my fantasy about what's going to happen and what actually does, and about my inability, almost always, to figure out what's going to happen."

Sooner or later what's going to happen, in the opinion of some Burden-watchers, is what happened to the young Austrian conceptual artist, Rudolf Schwarzkogler. Schwarzkogler, too, was fascinated by the possibilities of mutilating himself for art's sake. Beginning with a slow, inch-by-inch penile amputation, he finally whittled himself to death at the age of 29. Amateur actuaries in the art world reckon that Burden's chances of living beyond 29 are not much better than 50-50 unless he mends his ways soon.

In the meantime, if you come across a blue Volkswagen in a used car lot, don't check the mileage, check the roof. If it has two nail holes in it, you may have stumbled on a rare bit of art history.

31

Chris Burden does not pretend to be making socially significant, protest statements with his art. He gets genuinely upset by people who want to attach various abstract meanings to his performances instead of seeing them as an idea and act which he alone has transformed into art. At times, this requires seeing the absurdity of his acts. To Burden, an idea and the excution of that idea are true art. They exist apart from any objects that might result from the act or performance. In this context, Picasso's paintings are unimportant; each idea and the act of Picasso putting an idea on canvas were his real art, according to Burden's theory.

...rican with a Dream   Chris Burden   1975

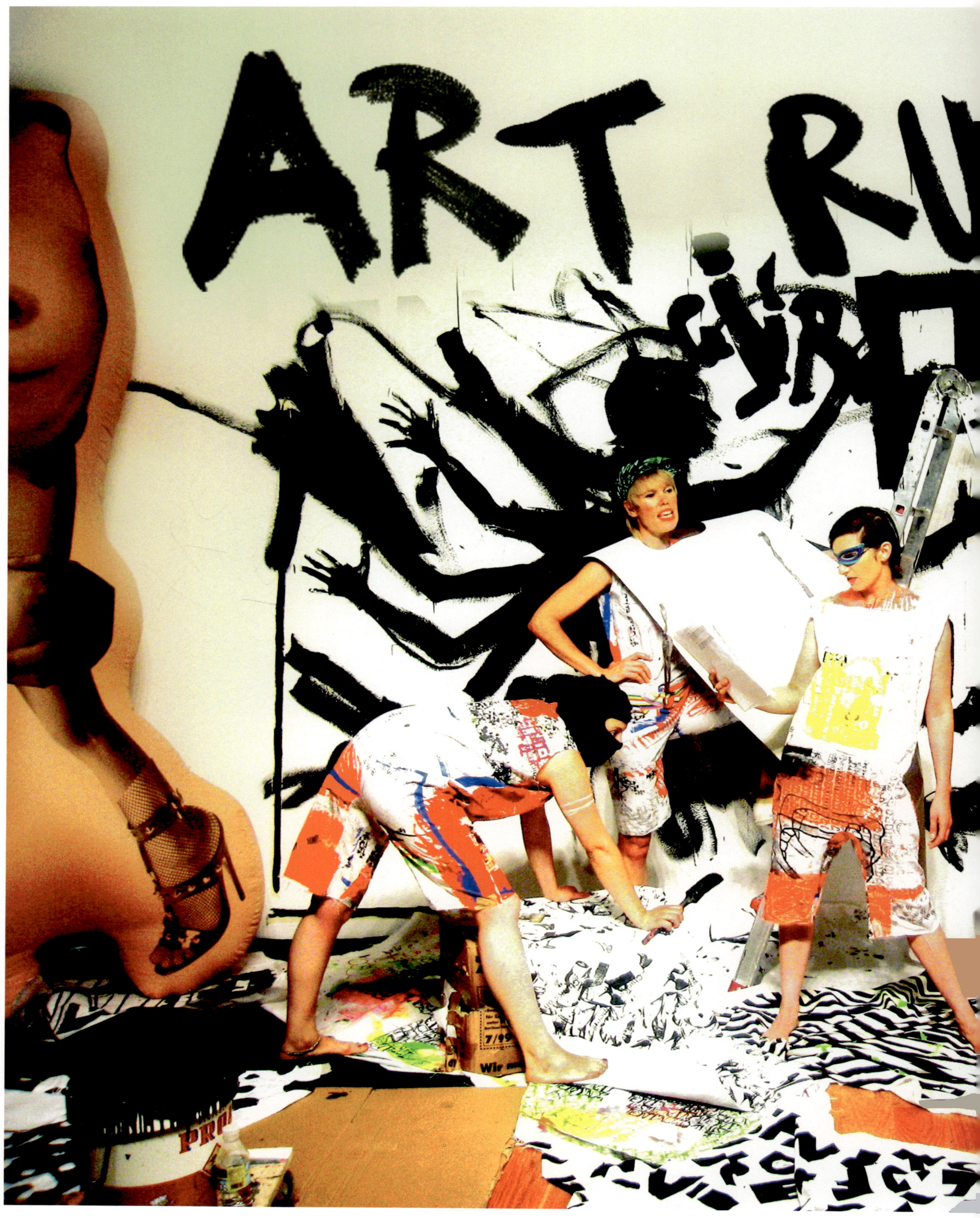

ART
RU

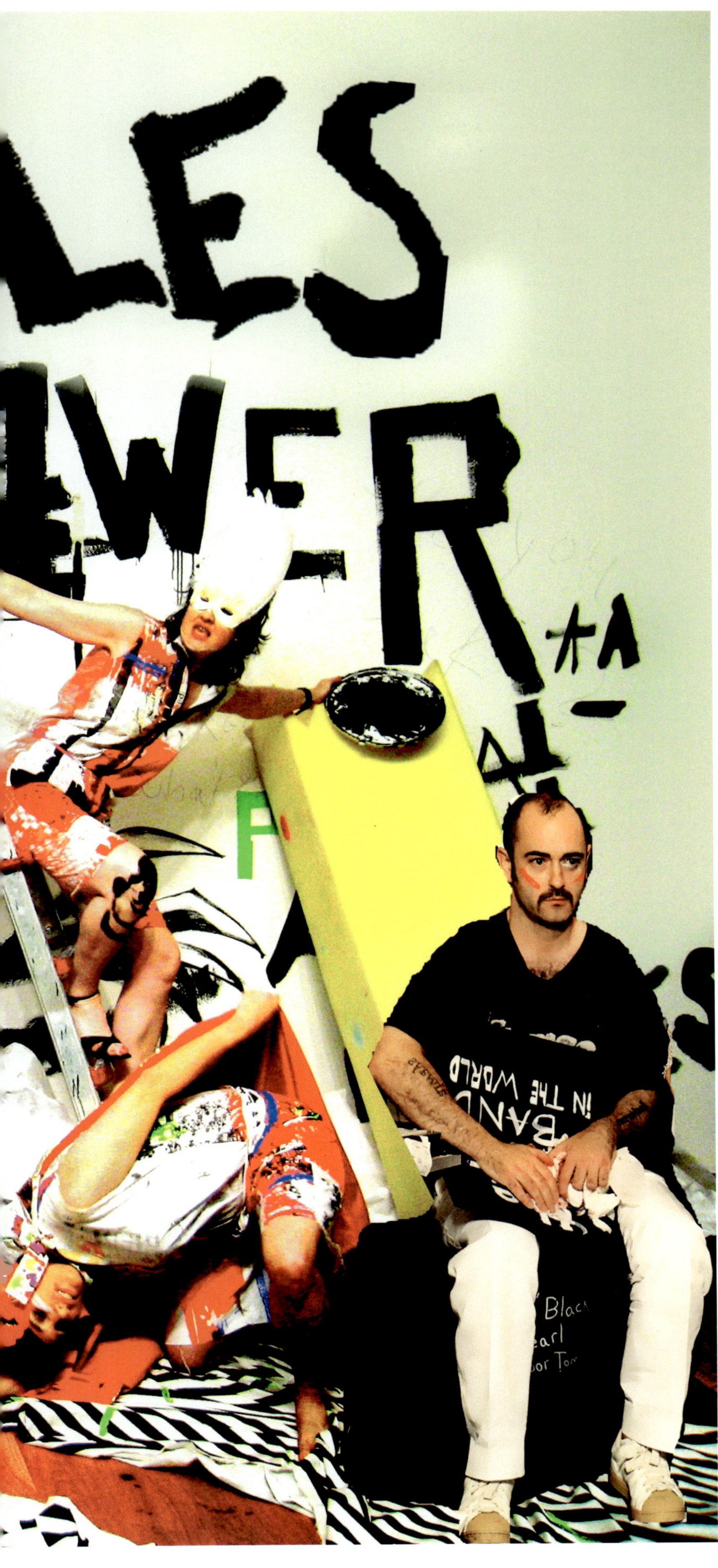

Chicks on Speed
Art Rules!, 2006—09
Performance/Installation an mehreren Orten/
at different venues
This Is My Art, Vigo, Spanien/Spain, 2006
Verschiedene Materialien und Video/
Mixed media and video, 6:27

CHICKS ON SPEED
ALEX MURRAY-LESLIE
MELISSA LOGAN
JENNIFER LACY
MERCHE BLASCO

*Chicks on Speed ist eine Künstlergruppe, die
1997 von Studentinnen der Akademie der Künste in
München gegründet wurde. Sie ist ein großes,
sich immer wieder veränderndes Kollektiv aus Musikern,
Produzenten, Grafikern, Designern, Filmemachern
und vielen anderen.*

*Chicks on Speed is an art group that was founded
in Munich in 1997, after its members had met through
the Academy of Fine Arts there. Grouped around
Chicks on Speed is a large and ever-changing collective
of musicians, producers, graphic artists, designers,
filmmakers, and so on.*

Mit *Art Rules!* legen die Chicks on Speed eine provokante farbenfrohe Demonstration mit Pinsel, Leinwand und Acryl vor. Sie praktizieren ihre Kunst als Lebensstil, und die Produkte ihrer Arbeit scheinen nur materielle Überbleibsel am Rand ihres künstlerischen Weges zu sein. Das um die Frauen gewachsene interdisziplinäre Experimentierfeld, welches neben der Mode besonders in der Musik auffällige Blüten trieb, konzentriert sich nun wieder auf die Kunst und die sie umgebende Welt. Als »einzigartiger Abend mit Douglas Gordon featuring Chicks On Speed« im Juni 2006 in einem der Zentren der Kunstwelt, dem Museum of Modern Art in New York, uraufgeführt, traten die Chicks on Speed mit *Art rules!* eine Rundreise durch die Museen der Welt an. Neben dem Centre Pompidou in Paris statteten sie dem Matadero in Madrid, Thyssen-Bornemisza Art Contemporary in Wien und zuletzt 2008 dem National Museum of Modern Art in Kyoto einen Besuch ab.

Der Song, der die Grundlage der Performance bildet, rechnet mit allgemeinen Klischees ebenso ab wie mit großen Namen des Kunstkosmos. Die eingängige Musik lässt das Publikum den Refrain »Brush it up, rip it down, expensive glorified wallpaper!« (Polier sie auf, reiß' sie runter, die teure, verherrlichte Tapete!) bald mitsingen, und so kriecht die Kritik gegen Kunst als Dekoration als Ohrwurm in die Köpfe.

Art rules! liefert gleich in den ersten Zeilen ein Rezept für den Kunst-Star, dessen Zutatenliste neben wenig anderem zwei Tassen Gelatine und eine Prise Kokain enthält. Auch vor der Gefahr, die eigene Karriere mit einem Pinselstrich zu zerstören, warnen die Chicks. Außerdem besingen sie die Kunstwelt als Spielplatz für Leute, die sowieso schon alles haben, und stellen die rhetorische Frage, wer wohl wichtiger ist — der Künstler oder der Händler. Die Frage nach dem Stellenwert der Frauen im Kunstbetrieb beantworten sie auch gleich selbst: »they're underneath the men«.

Als Fazit über allem steht dennoch: Die Kunst ist das Gesetz!
Art rules! scheint für Chicks on Speed ein Lebensmotto zu sein, und allen Eitelkeiten zum Trotz schluckt auch die Kunstwelt diese dornige Kritik und tanzt dazu.

Elke Neumann

In *Art Rules!,* Chicks on Speed have come up with a provocative, colorful demonstration using paintbrush, canvas, and acrylic. They practice their art as a lifestyle, and the fruits of their labor seem no more than material remnants on the edge of their artistic path. The interdisciplinary experimental ground that has grown up around these women, producing particularly striking results in the fields of both fashion and music, is once again focusing on art and the world around it. The show was first staged in June 2006 as a "unique evening with Douglas Gordon featuring Chicks On Speed" in one of the centers of the art world, the Museum of Modern Art in New York. Chicks On Speed then took *Art rules!* on a tour through the museums of the world. Besides stopping off at the Centre Pompidou in Paris, they paid visits to the Matadero in Madrid, Thyssen-Bornemisza Art Contemporary in Vienna, and, most recently, the National Museum of Modern Art in Kyoto.

The song that forms the basis of the performance settles some scores with widespread clichés and with great names in the art cosmos. The catchy music soon has the audience singing along with the chorus: "Brush it up, rip it down, expensive glorified wallpaper!" In this way, criticism of art as a form of decoration reaches their minds in the shape of a catchy tune.

In its very first lines, *Art rules!* provides a recipe for the art star comprising little more than two cups of gelatin and a pinch of cocaine. The Chicks even warn of the danger of destroying one's own career with the stroke of a brush. Their songs also sing about the art world as a playground for people who already have everything anyway, and they pose the rhetorical question of who is more important—the artist or the dealer. What's more, they respond to the question of the rank of women within the art business: "they're underneath the men."

Nevertheless, more than anything else, one thing remains true: Art is the law!
Art rules! appears to be Chicks on Speed's philosophy of life, and despite all vanities, even the art world swallows this thorny criticism and dances to it.

Elke Neumann

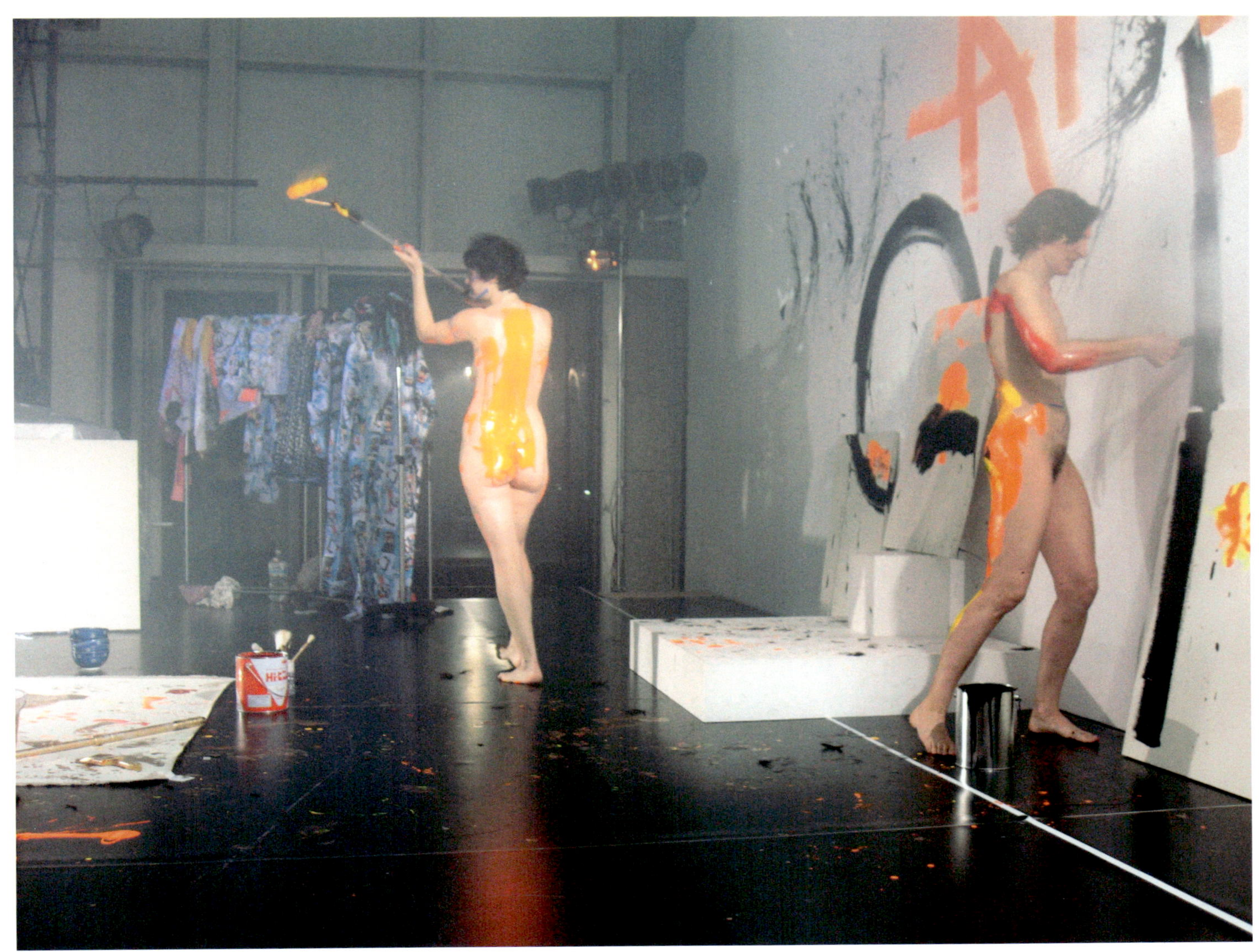

Chicks on Speed
Art Rules!, 2006–09
Performance/Installation, National Museum
of Modern Art, Kyoto, 3. Mai/May 3, 2008
Verschiedene Materialien/Mixed Media

Anetta Mona Chişa & Lucia Tkáčová
Private Collection, fortlaufendes Projekt
seit 2005/ongoing project since 2005
Verschiedene Objekte/Various objects
Größe variable/Dimensions variable
Courtesy of Christine König Gallery,
Vienna

Private Collection ist eine Sammlung
unterschiedlichster Objekte, die wir seit
2005 aus renommierten Galerien
für Gegenwartskunst in Paris, Berlin, London,
Wien, Zürich und New York gestohlen
haben. Dabei konzentrierten wir uns auf
Galerien mit einer wichtigen Markt-
stellung, die an den namhaften Kunstmessen
teilnehmen, im Kunstbetrieb Trends setzen und sich als Vermittler künstlerischer
Qualität verstehen. Doch achteten
wir beim Stehlen darauf, gewöhnliche und
leicht ersetzbare Dinge mitgehen zu
lassen, die sich für eine Sammlung von
Alltagsgegenständen eignen. Die als Akt
der Piraterie (eine gezielte Unterbrechung
der Künstler-Kurator-Sammler-Verwer-
tungskette) konzipierte Arbeit zielt
darauf ab, die kapitalistischen Hierarchien
innerhalb des Kunstmarktes zu unterlaufen.

Anetta Mona Chişa und Lucia Tkáčová

Private Collection is an assembly of various
objects we have been stealing since 2005
from well-known galleries for contemporary art in Paris, Berlin, London, Vienna,
Zurich, and New York. We focus only
on those galleries that have a singular
market position and participate in
important art fairs and events, set the
trends in the art business, and see
themselves as medi-
ators of artistic quality. When stealing, we
concentrate on ordinary and easily
replaceable objects that lend themselves
to a collection of objects of daily use.
Conceived as an act of piracy (a deliberate
disruption of the existing artist-curator-
collector exploitation chain), the work is an
attempt to undermine capitalist hierarchies
within the art market.

Anetta Mona Chişa and Lucia Tkáčová

*ANETTA MONA CHIŞA *in Nadlac,
Rumänien/Romania
LUCIA TKÁČOVÁ *1977
in Banska Stiavnica, Slowakische
Republik/Slovakia
Arbeiten seit 2000 zusammen/
Collaborate since 2000
Leben und arbeiten in Prag und
Bratislava/Live and work in Prague
and Bratislava*

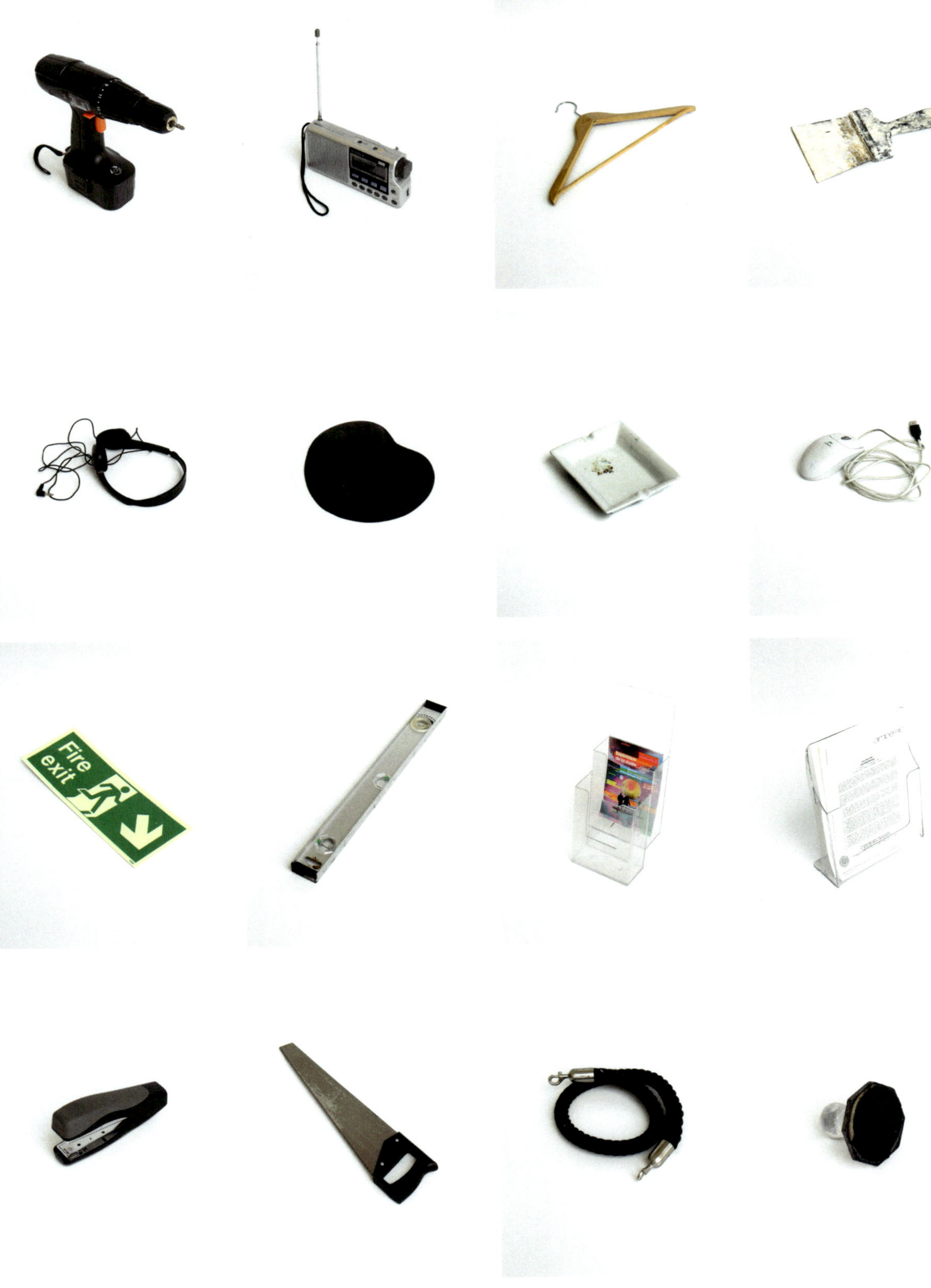

Fire
exit

— Papierklammer/Paper clip
Alexander and Bonin, New York
— Weißes Seil/White rope
Arndt & Partner, Berlin
— Kartenhalter/Card holder
Arndt & Partner, Zürich/Zurich
— Weißes Absperrseil/White rope barrier
Galerie Berinson, Berlin
— Graues Heftgerät/Gray stapler
Peter Blum Gallery, Blumarts Inc., New York
— Pinsel/Paintbrush
Marianne Boesky Gallery, New York
— Farbwanne/Paint tray
Galerie Niels Borch Jensen, Berlin
— Hammer/Hammer
Cynthia Broan Gallery, New York
— Kopfhörer/Headphones
c/o — Atle Gerhardsen, Berlin
— Spachtel/Spatula
Galerie Cent8, Paris
— Grauer Türstopper aus Gummi/Gray rubber door stop
Sadie Coles HQ, London
— Funk-Türklingel/Wireless doorbell
Galerie Crone, Berlin
— Bohrer/Drill
Galerie Chantal Crousel, Paris
— Weißer Aschenbecher/White ashtray
Galerie Valérie Cueto, Paris
— Pioneer-Fernbedienung/Pioneer remote control
Elisabeth Dee Gallery, New York
— Kleiderbügel aus Holz/Wooden hanger
Galerie Deschler, Berlin
— Stempel/Stamp
Galerie les filles du calvaire, Paris
— Handtuch/Towel
Flowers, London
— Messingplättchen/Brass plates
Gagosian Gallery, New York
— Computermaus/Mouse
gb agency, Paris
— Papierhalter/Paper holder
Gimpel Fils, London
— Sicherungen/Fuses
Freymond-Guth & co Fine Arts, Zürich/Zurich
— Gullydeckel/Gully grating
Vilma Gold, London
— Weiße Handschuhe/White gloves
Marian Goodman Gallery, Paris
— Lupe/Magnifying glass
Galerie Bob Gysin, Zürich/Zurich
— USB-Stick/USB flash disc
Häusler contemporary, Zürich/Zurich
— Wasserwaage/Spirit level
Herald St, London
— Akkuschrauber/Electric screwdriver
Nettie Horn, London
— Mauspad/Mouse pad
IBID Projects, London
— Gästebuch/Guest book
Galerie Michael Janssen, Berlin
— Taschenlampe/Flashlight
Jousse Entreprise, Paris
— Bücherständer aus Plastik/Plastic book stand
Nicole Klagsbrun Gallery, New York
— Schwarzes Absperrseil/Black rope barrier
Galerie Meyer Kainer, Wien/Vienna
— Schere/Scissors
Jim Kempner Fine Art, New York
— Aschenbecher aus Metall/Metal ashtray
Kuckei + Kuckei, Berlin

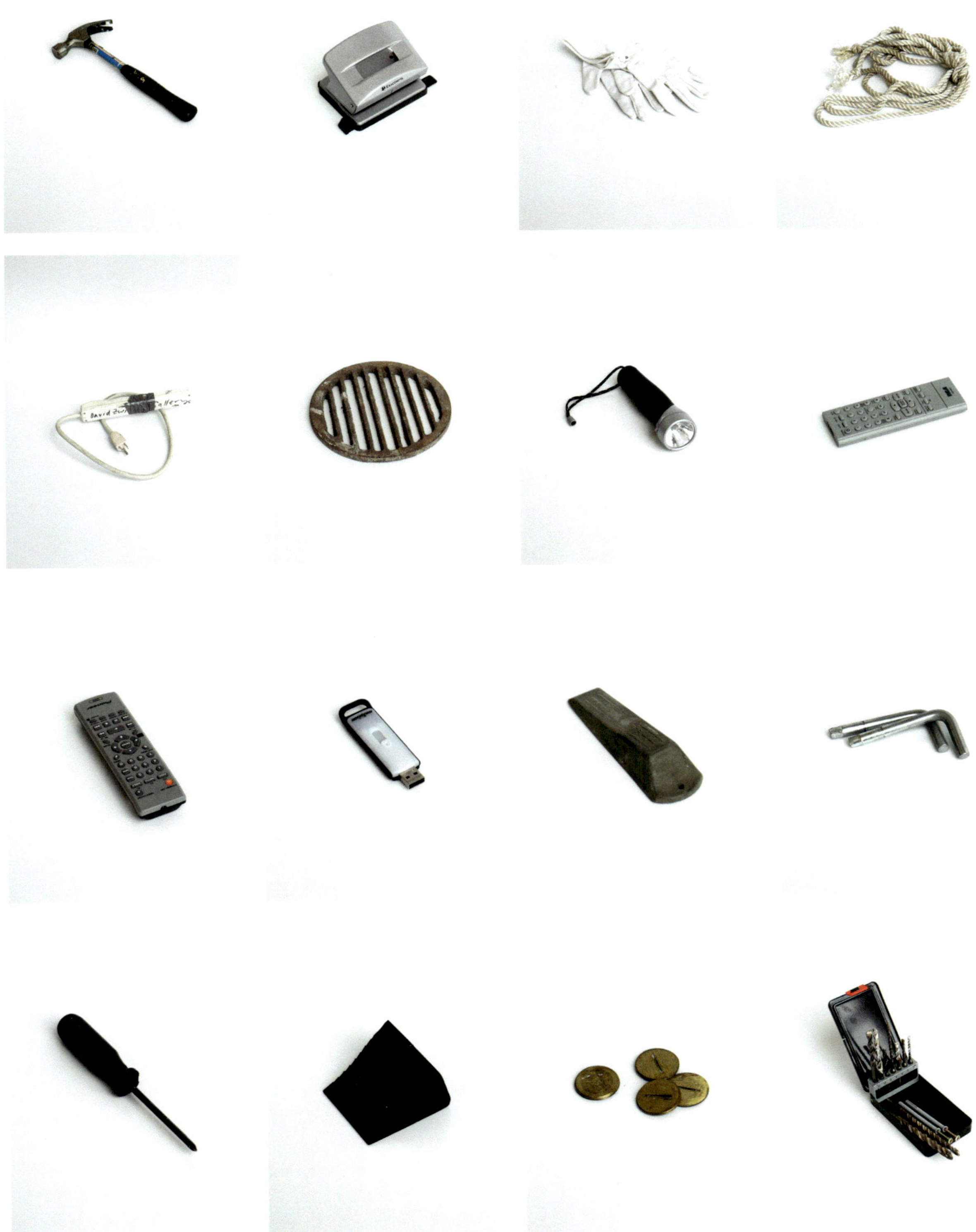

– Ladegerät/Charger
Kunstagenten Gallery, Berlin
– Schwarze Fernbedienung/Black remote control
Lehmann Maupin, New York
– Bücherständer aus Metall/Metal book stand
Yvon Lambert, Paris
– Telefon mit Ladestation/Phone with charger
Maribel López Gallery, Berlin
– Kartenständer/Card stand
Galerie Kamel Mennour, Paris
– Schlüssel/Keys
Victoria Miro Gallery, London
– Taschenrechner/Calculator
Galerie Christian Nagel, Berlin
– Stiftehalter mit Kugelschreiber/Pen stand with ballpoint pen
Galerie Nathalie Obadia, Paris
– Papierklammer/Paper clip
Gallery Bob van Orsouw, Zürich/Zurich
– Türstopper aus Metall/Metal door stop
Maureen Paley Ltd., London
– Schraubenzieher/Screwdriver
Friedrich Petzel Gallery, New York
– Kleiderbügel aus Metall/Metal hanger
Pool Gallery, Berlin
– Sharp-Fernbedienung/Sharp remote control
Praz-Delavallade, Paris
– Blaues Heftgerät/Blue stapler
Galerie Eva Presenhuber, Zürich/Zurich
– Notausgangschild/Fire exit sign
Anthony Reynolds Gallery, London
– Locher/Hole punch
Galerie Thaddaeus Ropac, Paris
– Türgriff/Door knob
Galerie Nicola von Senger AG, Zürich/Zurich
– Graue Fernbedienung/Gray remote control
Michael Steinberg Fine Art, New York
– Sony-Radio/Sony radio
Galerie Suzanne Tarasieve, Paris
– Notizblock/Notepad
Galerie Wilma Tolksdorf, Berlin
– Feuerlöschdecke/Fire blanket
upstairs berlin
– Schlüsselbund/Bunch of keys
Fabian & Claude Walter Galerie, Zürich/Zurich
– Schwarzer Türstopper aus Gummi/Black rubber door stop
Mike Weiss Gallery, New York
– Luftpost-Briefmarken/Air-mail stamps
White Cube/Jay Jopling, London
– Säge/Saw
Max Wigram Gallery, London
– Inbusschlüssel/Allen keys
Wilkinson, London
– Zuckerdose mit Löffel/Sugar-bowl with spoon
Galerie Żak | Branicka, Berlin
– Verlängerungskabel/Extension cord
David Zwirner New York

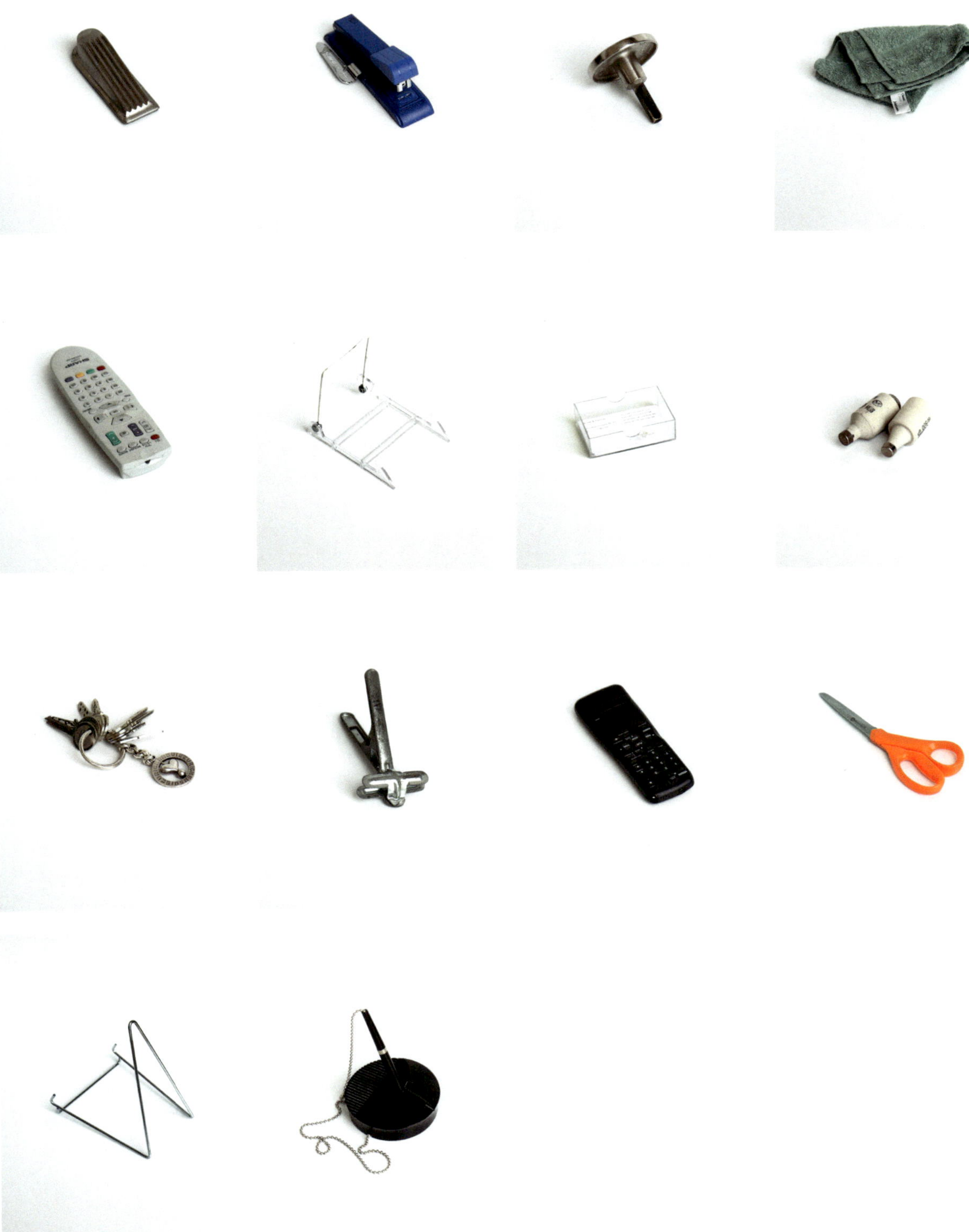

Claire Fontaine
True Artist (Spiral Version), 2004/09
Rauch an der Decke/Smoke on ceiling
Größe variabel/Dimensions variable
Courtesy of the Artist

CLAIRE FONTAINE
2004 in Paris
Leben und arbeiten in Paris/
Live and work in Paris

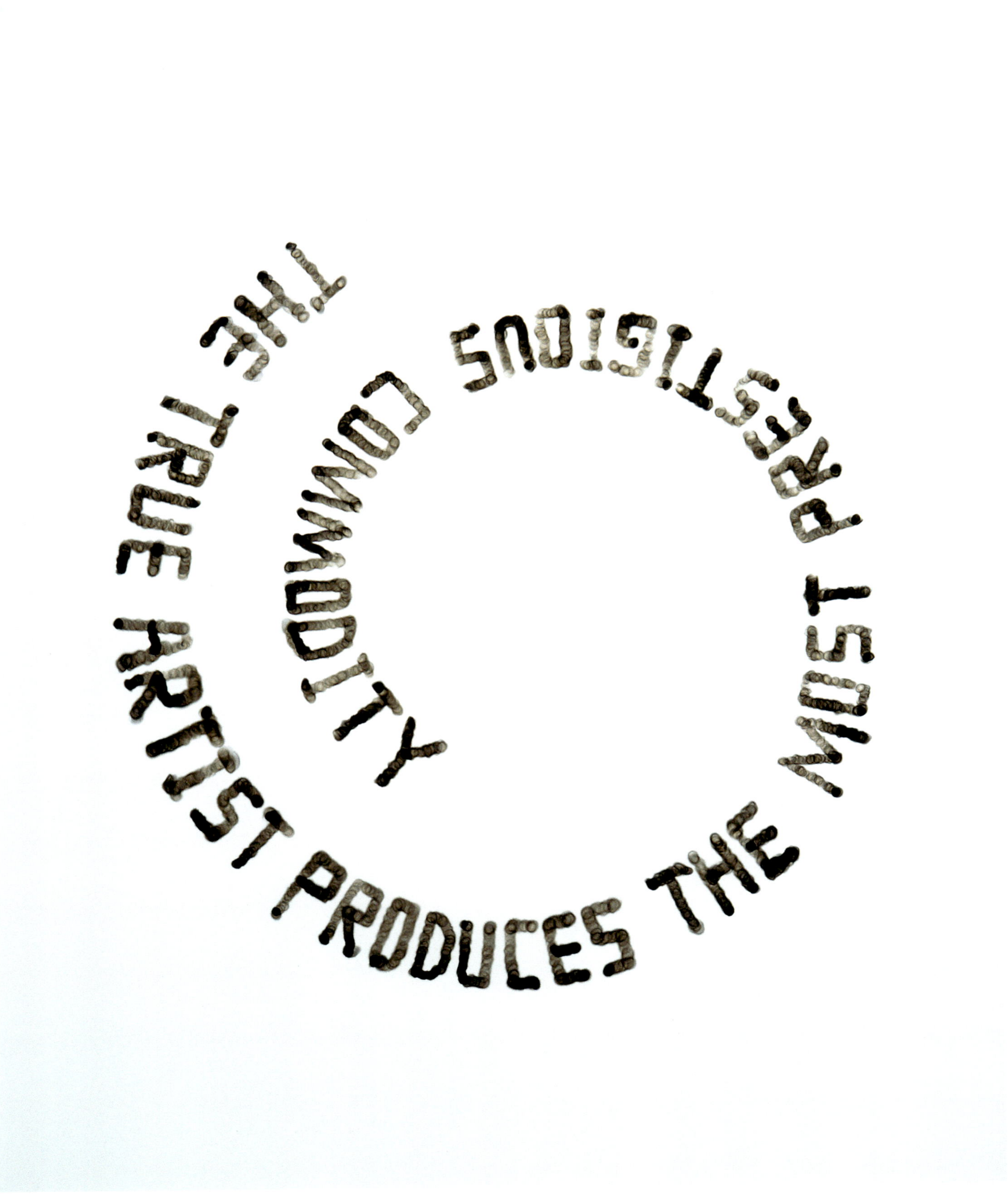

THE TRUE ARTIST PRODUCES THE MOST PRESTIGIOUS COMMODITY THE

Martina Weinhart

The Making of ... Art

"Where do we go from here?" asked Marcel Duchamp in a lecture in the early sixties in which he expressed fundamental ideas about the task of art.[1] There are indeed phases of upheaval, reorientation, and change in which such questions are raised with more greater urgency, phases of shifts in meaning, and phases in which tasks are redistributed. Currently, a period of principal considerations seems to have dawned again. An incredible bubble in the art market lies behind us, having swelled further and further in recent years. Not everyone was pleased by that inflation. Its bursting was predicted so often that you could almost hear a certain hope it would happen. In the end, the crisis came, and not just to the art market. Certainly, the phrase "crisis as opportunity" is frequently heard, and it may therefore seem a little threadbare to some, yet it contains a grain of truth. The symptoms of decadence were more than evident. Photographers from Martin Parr to Jessica Craig-Martin have chronicled it: the party people at the Frieze or Guggenheim openings, the life of luxury of the guests at Art Basel Miami Beach or at the fair in Dubai, and much more. In general, the art fair appears to have been the most important and popular platform to present an artist's work. The number of fairs increased so much that some are already speaking of the era of art fairs, which even produced a specific genre: "Art Fair Art."[2] Jack Bankowsky coined the phrase in an article for the American magazine *Artforum* for works of art concerned, in anything from a playful to a critical way, with the specific site or specific situation of the art fair.

The dominance of the art fair and the market produced another symptom: the hegemony of the private collectors. Museums could barely keep up any longer with the often exorbitant prices. That in turn resulted in the establishment of countless private museums. "Those who want to be someone open an account for art in their souls," Peter Sloterdijk remarked aptly in the late eighties.[3] Sigmund Freud was already aware of the satisfaction for the imagination that enjoying works of art can provide those who are not themselves creatively active: "People who are receptive to the influence of art cannot set too high a value on it as a source of pleasure and consolation in life."[4] In 1971, Jörg Immendorff, the star painter, however, went on: "But I did not want my work to decorate a room where people chatted about a recent party they had attended or talked business."[5] Bruce Nauman once manifested, in a neon sign that has since become an icon, what in his eyes defined the relationship of modern artists to their audience: "The true artist helps the world by revealing mystical truths." These days, the duo of artists known as Claire Fontaine— a name that is, not coincidentally, borrowed from a well-known French brand—revised this idealistic insight to conform to the background of the most recent situation, turning it into a somewhat different message: "The True Artist Produces the Most Prestigious Commodity."

So it comes as no surprise that the market itself, the role that artists play in it, and the roles of all the others involved in the so-called art system are the theme of countless works by artists around the globe. Even beyond a pure critique of the market, it is evident that the art world has become increasingly differentiated and that the functions within its growing apparatus have multiplied. It is designed as a comprehensive machine, composed of many different individuals, institutions, and interests. The system of its agents—artists, theorists, critics, institutions, exhibition organizers, art dealers, and collectors—is sometimes too large for the uninitiated to absorb, and it reflects the relationship between art, society, and business, which is shaped by networks and mutual dependencies. Today, art is presented as the product of this multilayered web of relationships with specific cultural contexts, rituals, and conventions. Thus the expansion of the activities of art and the elimination of its boundaries have characterized it within a highly complex system with numerous coordinates that shift along with the changing meanings, functional contexts, and tasks. It is not rare for the relationships between artists, collectors, dealers, curators, and critics to influence the content of the works; these aspects are also increasingly being displayed.

The Artist

Let's come to the main player in the system: the artist. More than thirty years separate us from an early work by Jörg Immendorff from 1972 in which he described a naïve dream that, probably today more than ever, is shared by countless young people. *Ich wollte Künstler werden* (I wanted to become an artist) was the title of his self-portrait. In a romantic vision, Immendorff portrayed himself in an attic. By moonlight and a burning candle, camped down in sweet seclusion between a blank canvas and a colorful palette, through and through the "impoverished poet" as painter. Floating above his head in a speech balloon is his desire, expressed in his own words: "I dreamed of being in the newspaper, of many exhibitions, and of course I wanted to do something 'new' in art. My leitmotif was egoism."

In this painter's idyll, which the artist surely deliberately presented as charged with pathos and almost clichéd, we encounter ideas familiar to more than a few that have long characterized the image or, more precisely, the idea of being an artist. First, they are bohemians: beyond the conventions and outside of society, they follow only their own ideas, though paying the price for their autonomy with material poverty—see the unfurnished attic. "How many dramas of poverty for one lightning career!" exclaimed Pierre Restany, the French critic and cultural philosopher.[6] The dreamy reflection on the isolation of the misunderstood creative artist seems romantic. The desire to do something new in art, in turn, feeds on modernity's idea of an avant-garde, which defines the artist as a trailblazer, as a seismograph of society. The egoism of which Immendorff accuses himself here reflects, by contrast, the modern idea of self-fulfillment. As Dieter Hacker, another artist of Immendorff's generation, put it: "Not one of the painters I know chose that career because he considered it especially necessary. In every case, painters expected something of their career that the career of a baker or engineer would not have offered. What they expected is commonly called 'self-fulfillment.'"[7]

The debate over the artist's special position in society can in the meanwhile look back on a long history; it culminated in modernity and its reflections clearly radiate into the present, in one form or another: the artist as dream profession! Picasso, Warhol, and Koons are the exemplary existences, the great heroes, the superstars in the public's favor. Moreover, the public at large derives deep satisfaction in the guaranteed afterlife of the exciting artist's life, in which one can participate from a safe distance. People long for personal access to the exclusive worlds of experience.

The heroes represent the backdrop when it comes to success. Even young artists are constantly struggling to come to terms with them. In that spirit, the New York draftsman Dan Fischer is interested in depicting the great role models for artists. Together with us, the ordinary viewers, he adopts the position of the amazed reader leafing through an art magazine and encountering the portraits of the stars of the art world: the cool Jeff Koons in a suit next to *Puppy*, Andy Warhol in drag, Jean-Michel Basquiat—the whiz kid of the eighties, who died an untimely death—Matthew Barney in his best role as a satyr/dandy. He copies all these photographs meticulously with his pencil; even the raster lines remain visible. Fischer creates the representation of the representation and enables us, the fans of the icons of art history, to feel excitement at the myth and the special moment. Sean Landers plays aggressively with this career ego. He has been known since the nineties for his handwritten statements on the art world, which he often integrates into his representational paintings and like a subtext become manifest. He assembles an image of Picasso by spelling out the word "genius" with the furnishings of a room. All that is left then is a joke, a caricature. "Why do people think artists are special? It's just another job,"[8] remarked Andy Warhol dryly, at the very time he was being celebrated as the greatest star in art since Picasso.

On the other side, the exemplary character of the artist's existence has since spread to broad swaths of society: anyone can be liberated. If one believes recent sociological studies, there has long been a democratization of the values of creativity, freedom, and authenticity. Central features that have thus far characterized the special features of the artist's life, and above all of the artist's work, could serve as a blueprint for modern work in general. Being an artist is exemplary. Everyone seems to have a claim to creativity now, the desire to develop, to do something interesting, to realize oneself. The writer Max Goldt comments cuttingly: "There are also modern bars that seek a reputation for being a meeting place for artists, and there of course one finds wild rice in quantity but hardly any artists; rather, one meets advertisers, television actors, and media people, and they don't tell anecdotes about artists but discuss the latest appliances."[9] These days, everyone wants to be unique and innovative.[10] "Everyone is an artist," asserted Joseph Beuys in the sixties, a statement that was as revolutionary as it was provocative, and put forward the anticapitalist equation Creativity = Capital. In a slightly twisted form, it seems to have been fulfilled in the meantime. "The age of eternal opposition is over; the artists have arrived where they always wanted to be: in the midst of society," notes the art critic Hanno Rauterberg.[11]

The labels that being an artist has found until now—inventor, spiritual leader, the Christ-like sufferer due to his talent, the genius beyond convention—seem hopelessly outdated. These ideas have been placed in context, if not dismissed entirely, in favor of the idea of the artist as a social being within a larger process of production. There have been countless proposals for what an artist's work should be; nevertheless, a certain ambivalence between the antagonistic views of the artist seems to stubbornly persist. If we think of the artist today within the framework of an expanded concept of art and the diversity of artistic practices, an image of the artist as networker crystallizes. Working in groups is just one possibility among many. The models for cooperation are manifold: four artists have joined together in the Polish collective Azorro to produce films together. For other projects, however, they also work individually. Chicks on Speed, in turn, come together in different constellations for different projects, for which they are joined by still other artists. For *Art Rules!* they are working with Douglas Gordon and then later with a deejay from Barcelona. The product can be a performance, a film, or a piece of music. The Scottish Conceptual painter Peter Davies captures this "Who with whom, when, and why" in gigantic cartographic depictions that are almost too large to absorb visually. He places Jeff Koons at the center of his painting *Bunny Boiler*. His navigation through the network seems almost like a strategy for grappling with something in order to better understand it: the lines go in all directions; everywhere little clouds shoot out, one beside the other, each with a name, concept, or title: Post Pop, LACMA (Los Angeles County Museum of Art), and Chelsea Studio are there to read along with Eli Broad (a big collector, and not just of Koons), Gagosian (the gallery of the stars), J. Deitch, Warhol Factory, Celebrity, Sex. There are similar maps for Warhol and Beuys.

Today's artists around the globe, speaking the language of the international art world and complaining about the all but unmanageable flood of e-mail. In the end, that is the image that engraves itself: Notebook, Blackberry, and production meeting rather than self-expression and self-presentation with the brush before an easel. In fact, the world of contemporary art is closer to the industry based on the division of labor in the film world than it is to the romantic, isolated studio of the artist inspired by genius, and so some artists come across like small businessmen. In the mid-eighties, Hans Haacke argued for the use of the term "industry" for all activities of artistic production, since with one stroke it drives away the misleading romantic clouds that mystify the production, distribution, and consumption of art, since far too many of those involved still cling stubbornly to these romantic notions.[12] The triangle of the artist, the work, and the viewer has long since broken down, and the artist has become part of a system. Today, works that reflect an apparatus that is indeed becoming ever more elaborate and complex almost represent a separate genre. The reasons for this might be complicated, and the symptoms feed on various sources. Seen historically, a late modern tradition has formed for these enterprises, and it reaches from the early sixties into the present.

Too Much the Genius, Too Little the Comrade

At a time when the entire art world still represented an almost familial scene, when the art fairs were only slowly getting started (Art Cologne was the first, in 1965), and the number of galleries still seemed manageable, compared to today, there were already, alongside reservations about the idea of art as a salable (and purchasable) commodity, strong objections to what had become the "classical" distribution paths for art. In 1961, the great Marcel Duchamp—who in 1913, with his ready-mades, declared everyday objects to be art, and thus taking leave of the idea of the work of art as the artisanal product of the artist, called into question the traditional work of art and with it the whole art world— proposed the creation of a union that "would deal with all the economic questions concerning the artist" and in which artistic production is subject totally to the rules of the union; the artist no longer signs the work, and in the end an anonymous work is produced. "[T]he total artistic output controlled by a union of this kind [would] form a sort of epoch-making monument comparable to the anonymous cathedrals."[13]

So it seems only logical that the Berlin-based artist Dieter Hacker should proclaim "Kill your art dealer" or demand "All power to the amateurs," but also to ask quite fundamentally: "What's the sense of painting?" Hacker developed his own guideline for the political avant-garde artist who was supposed to create his own structures and media, since "a small medium that you have yourself is better than a big one that others have. An example of small medium is your own gallery, since the art business hinders what really matters: the direct contact between artists and their audience."[14] With these things in mind, Hacker finally opened his 7th Produzentengalerie (Producers' Gallery) in Berlin in 1971. In addition to producing his own works, the artist curated temporary exhibitions and published a newspaper and catalogues. In one of his exhibitions, which regularly reflected on questions immanent to the art world, he even took a step beyond the gallery and provocatively proposed running a national gallery himself, since the existing one was "run by art historians—hens who sit brooding on old eggs."[15]

Initiatives like this, whose number has multiplied today, were symptomatic of the day: for example, Piero Manzoni founded his own gallery together with Enrico Castellani, Azimut, and published, also with Castellani, the journal *Azimuth*. In Nice, the Fluxus artist Ben Vautier ran Galerie Laboratoire 32. Klaus Staeck founded Edition Tangente (now Edition Staeck) in 1965. Having one's own gallery compensated for the lack of exhibition opportunities and made it possible to disseminate one's own ideas, subjects, and aesthetics independently of the market or the requirements of other institutions. The work found an autonomous counterpublic, albeit in all likelihood a smaller one.

For the Actionist Gustav Metzger, this did not go far enough: while other artists experimented with producers' galleries and alterative forms of distribution for their art, he called on fellow artists, in a polemic titled "Years without Art," to join a general strike, a three-year (from 1977 to 1980) total boycott of art, which he hoped would lead to systematic change in the art world. Private galleries would collapse, museums and other cultural institutions would be hard hit. Staff would have to be dismissed.[16] He believed that only complete destruction could provide a new opportunity for art, which had been weakened by capitalism.

The Sixties as the Seed of Institutional Critique

The critical questioning of the art world and its agents as we know them today is inconceivable without the radical objections of the sixties. The calls for emancipation in all realms of life affected not least young artists, who, together with students and young intellectuals, raised similar questions. Their rebellion against authority, their critique of alienation, their call for taking responsibility for oneself, for self-management, from which the boundless liberation of human creativity would result—all that began in the works, ideas, and artistic projects of the late sixties.

It was not just the role of the artists—who were, in the Marxist sense, summoned into history as a positive, transformative force—that was rethought. They were supposed to work on the great project of society and not on romantic genius. Collective versus myth. In the end, Immendorff's confession-like self-portrait, which at first seemed so conventional to us, turns out to be, in the context of the series "Das tun, was zu tun ist" (Do what has to be done), a signpost for the politically committed artist. In his preface to the accompanying catalogue, Immendorff wrote that "artists and art students are increasingly discussing the social significance of the profession and the products of their work." "Where Do You Stand with Your Art, Colleague?" he asked in a second self-portrait as a young activist. Another work, in the style of a wall newspaper, raises the question of the viewer, which is central to art history, and calls for, in a slogan from offstage: "Ask these questions of artists—insist on an answer!" "For what?" and "For whom?" are the labels on the two arrows that point in the direction of a group of decadent capitalists, on the one hand, and toward the masses,

the people, everyone, on the other. The painter stands in the center and has to decide.

Along with the new paths sought for artistic work and the new concept of the work beyond traditional painting, however political it might be, came forms of organization revolving around this work, established its framework, and put it under the microscope: "Meaningful artistic work can no longer be limited to producing beautiful and intelligent paintings. Everything that hinders artists' meaningful work—the museum, the art trade, art criticism, the medium they use—all this has to be thematized in their work . ... Art has to take up reflecting on its own conditions in order to change them and thus once again become a generally used means of understanding."[17]

With his *Musée d'art moderne, Département des aigles,* born of the idea of criticizing the various strategies for conveying value and commercializing art, the Belgian artist Marcel Broodthaers essentially became the father of an entire genre at the time. His fictive museum is one of the earliest manifestations of institutional critique as we know it today. This magnum opus of Conceptual Art, on which Broodthaers worked exclusively from 1968 to 1972, consisted of various sections: in *Section du XIVe* he staged the basic institutional conditions of the work of art in his own apartment—as the empty shell, so to speak, without the usual substance—by exhibiting packing crates and postcards, not paintings, say. As an artist, he slipped into the role of the director, with all its ceremonial and ritual honors. In another section he showed three-hundred depictions of eagles from various historical periods, all of them labeled "This is not a work of art." Finally, on the occasion of the art fair in Cologne in 1971, at the Galerie Michael Werner he opened the *Section financière,* at which the *Musée d'art moderne* was offered for sale, having gone bankrupt. It was continued posthumously in a contract Broodthaers drew up for the sale of a bar of gold. The gold bar, imprinted with the museum's eagle stamp, was offered at twice the current rate of exchange—the surplus value derived solely from its "ennoblement" by the artist. With playful seriousness, Broodthaers parodied the supposed guarantees of an objectifiable value of art and of the authority of the institution.

Without a doubt, the sixties marked the birth of the artwork based on institutional critique. On the one hand, ephemeral, transient, or immaterial forms of art—like the performance—emerged that had little affinity with the market and the museum; on the other hand, there were also interventions, works, and objects that directly addressed their relationship to their context. Over the course of these revolutions, the works opposed their own commodity character and their own objecthood;

Broodthaers's oeuvre was not the only example. In that same spirit, Piero Manzoni's *Merda d'artista* (1961)—the dirty version of Broodthaers's gold bar, if you will—acquired the status of a Dada icon. By filling ninety tin cans with artist's shit, Manzoni expanded the concept of the work of art almost to infinity in a way that was as spectacular as it was anarchic. In the end, this work, too, was legitimized by the artist's proclamation. Both the artist's excrement and the gold bar operate with the super-elevation of the role of the artist—everything he or she declares to be art is art. In Manzoni's case, the violation of a taboo makes this operation a total parody. People talk about "turning shit into gold," right? The supposed content of the cans is of course not just a provocation of the bourgeois concept of art but also a subversive gesture directed toward the art market. The irony of history confirms that alchemical formula by which shit can at least be turned into money: on November 22, 2005, the can with serial number 57 was sold by Sotheby's in Milan for 110,000 euros.

The Eighties: A Crisis of Legitimation for Institutions

"From Work to Frame" is the title of an essay by the late American critic Craig Owens, and it can also serve as the motto for the second generation of institutional critique in the late seventies and early eighties.[18] This has in the meantime become an absolutely central debate without which art since the eighties can scarcely be understood or explained. Against the backdrop of the deconstructionist and poststructuralist, with their critique of power, which entailed a revision of authorship, on the theoretical level—above all the group around Rosalind Krauss and *October,* with Douglas Crimp and Benjamin Buchloh or Hal Foster— the focus shifted to the surroundings of the work of art. Frame, title, signature, museum, archive, reproduction, discourse, and market interested Jacques Derrida in his analysis of painting.[19] The context of the work of art became the central theme of the work of a whole series of artists, especially female artists: the inheritors of Broodthaers's generation. Starting out from the observation that there is no pure aesthetic judgment and no "neutral" artistic object, but rather its presentation and interpretation are inseparably intertwined with its context, these writers explored institutional functions and border zones. The debate over the death of the author had already raised the question of how to fill the gap left by the dethronement of the artist, and that of who can define and influence cultural production and ultimately profit from its codes and conventions. A distribution across several shoulders began to emerge, and the foundation spread.

Louise Lawler is a member of this pictures generation, of the influential group around Artists Space in New York, which grappled with a myth of modernity that had become an image. It is no coincidence that Lawler's works illustrated Douglas Crimp's polemical treatise *On the Museum's Ruins,*[20] in which the author made available the idealization, ennobling cultural machine—a vision, by the way, that Crimp appears to share with the Russian Conceptual artists Komar & Melamid, who in their series *Scenes from the Future* dress up the remains of MoMA and the Guggenheim Museum in the pastoral idyll of a utopian New York of the distant future, in which these institutions have sunk into oblivion. Lawler's photographs, interventions, and her curatorial work are linked by a central question: what happens to art after it leaves the studio? Lawler marks the various milieus of the work: the proverbial painting above the sofa in a private collection, the auction house, the gallery. She investigates art as decoration, as elegant interior design. Her theme is the extended institutional framework of the work of art, and so her photographs depict the work as an object integrated into its surroundings, and it is photographed together with these other things. In formal terms, too, it is never in the center; its meaning is never the focus. Often it is cut off, only partially visible. In this way, Lawler's works repeatedly call into question the representation of cultural assets.

Lawler's work finds parallels in Germany in the photographs of Candida Höfer, a member of the Becher School. She has been photographing public spaces for more than twenty years: libraries, academies, auditoriums, cafés, sports arenas, and lobbies, all empty, either in anticipation of being used or after the visitors have gone. Again and again, Höfer has recorded museums and exhibition spaces. Much like Louise Lawler, she is interested in the side of the art world that is not on display. Her gaze enters the archives, the storerooms, and the backrooms. Sometimes she photographs a hallway that is not very spectacular, then a table with books, a storage area, or a display case. Her photographs offer perspectives that are not very dramatic. Soberly, almost casually, they record the holdings of the space—precisely photographed in uniform focus from the middle distance, the atmosphere is characterized by a certain objectivity. Niklas Maak once described it very aptly, saying Höfer's gaze enters the "engine room of civilization";[21] but one should perhaps add that this engine room of the art world is lit in a very orderly way. Usually they are light, spacious rooms with bright lighting. Critics often write of the bareness of these empty interiors. On closer inspection, however, this emptiness dissolves, and the traces of wear, of use, of work become evident.

In 2003, Höfer's photographs were presented at the fiftieth Venice Biennale, alongside an installation by Martin Kippenberger, in the German Pavilion, whose structure she captured in her usual sober gesture—no signs of hectic activity at the center of the Western art world or of the stage thunder of high society that otherwise dominates this event. Several objects lean against the wall; something is being rolled out on the floor. The installation team is perhaps having lunch. Candida Höfer uses her exclusive access to adopt and then illustrate a perspective from the periphery. She shows MoMA in New York from the perspective of an absolute insider. This is not a prestige location of the sublime art of the museum. Someone is pottering about on Olympus. The mobile partition system is being installed. The carpenters are working alongside the painters—ladders, circular saws, thick planks, drywall. Breaking the spell and demystification characterize this look at the museum. It somehow looks like any other place.

A similar feeling sets in on seeing a more recent series in which Louise Lawler devotes herself entirely to the space of a museum and the preparations for an exhibition. A painting by a great master of contemporary art—Gerhard Richter, whose works regularly appears on the list of the most expensive art—rests against the wall, seemingly unheeded. Foam-rubber pads protect the frame from getting bumped; a few strips of wood are lying in front of it. Another photograph does not show a work, which is seen only in outline, but just its packaging. The informed viewer gets a hint that it likely conceals an artwork only from a small strip of tape with the label of a large art shipping company. Another clue is found in the title, *Given by the Widow,* which suggests a donation, perhaps to a museum. The photograph is deliberately presented as a mystery, which rather than showing raises questions and ultimately permits only speculation. What continues beyond the aesthetic pleasure of the photograph is the reflection on the functional connections of art per se. In her photographs, Louise Lawler demystifies the sublime space of high culture by showing it outside its usual function as a museum operation. She looks behind the scenes. The museum is seen not as a finite form but rather as a place that is constantly being rebuilt, as one context among many.

According to her colleague Andrea Fraser, who dedicated a central essay to Louise Lawler's oeuvre, her work is characterized in particular by her treatment of the institution of art "as a set of social relations … not as architecture"—an aspect that is also essential to Fraser's own work.[22] Although somewhat younger, she appears to have been directly influenced by the pictures group; she literally began her career in Craig Owens's seminar.

In the mid-eighties, Fraser became known for her "gallery talks," for which she slipped into the gray suit of a certain Jane Castleton or Mrs. John P. Castleton—a fictional conservative lecturer. She presented these works in the form of a pseudoscholarly tour in which she grappled with the system of art: its ideological entanglements, forms of presentation, hierarchies, and mechanisms of exclusion. Fraser alias Castleton oscillated between a dry tone and hysteric outbursts and perplexed the viewers, for example, by making room on her tours for detours to the museum shop or the museum's closed-circuit security system. In short, she caricatured a privileged representative of culture.

Fraser's stylistic means is the embarrassment that does not even shrink from personal exhibitionism, which is brought to bear repeatedly within her oeuvre in a wide variety of forms. Often she adopts the Dadaist strategy of *épater les bourgeois,* but in the process seldom loses sight of the objectification of the artist within the art world, which is made even more volatile from a feminist perspective. In *Little Frank and His Carp,* Fraser used a hidden camera to film in the lobby of the Guggenheim Bilbao while she all too literally obeys the enthusiastic tone of the audio guide and appears to satisfy herself sexually on a post in overreaction.

Fraser's questions about the relationship between the artist, both male and female, and the market and about the nuances and rituals in between culminated in *Untitled* (2004), for which she asked her gallery to establish contact with a collector who was prepared to pay for a commissioned work of a somewhat different kind. Action and interaction within the social relationships in the context of art were regulated here by a contract in which the artist would have sex with the collector for a specified sum. This was recorded on video; one copy went to the collector who commissioned the work; the artist kept the other copies. On the whole, this was a very common arrangement for so-called commissions, which differs from an ordinary commission only in its exaggeration of what an artist usually does for it.

In that sense, the work not only raises the question of ethos within the (contractual) relationships of the art world. The passionate consumption of art and culture is taken literally, as is the collector's living relationship with art. "An even more important status symbol," writes Hanno Rauterberg, "is being admitted to exclusive worlds of experience."[23] In countless interviews with collectors, one reads that buying art gives them the opportunity to come into contact with artists. "The art world is a system of jealousies," writes Peter Sloterdijk. "If a work has attracted desire, the rivals step up and want to appropriate the craving. All objects glitter with the craving for the craving of others. The market makes things sensual; the hunger for desire makes things beautiful; the compulsion to please produces the interesting."[24]

Seen from the perspective of a historian, three waves of institutional critique can be identified, though they cannot really be sharply distinguished from one another. The first objections in the wake of the movements of the sixties were followed by the second, poststructuralist phase in the context of the critique of the subject and the rethinking of authorship; then in the late seventies, a third wave crystallized which tried to come to terms, from a variety of perspectives, above all with the market, with success, with concentration on certain centers, and with the marginality of the periphery.

The first wave was primarily concerned with the object character of the work of art and discussed strategies for valorizing the apparatus based on that. It was centered largely in western Europe. The second move had its geographical center in the United States, particularly in New York, even though these works would have been all but inconceivable without French poststructuralism.

Today, however, such geographic filters—albeit international—have become obsolete. The art world appears to be truly globalized or is at least organized around a number of centers. Hence artistic positions from Düsseldorf and Beijing, London, Kinshasa, the Philippines, Zurich, Glasgow, and Moscow all meet. In particular, artists from the East Bloc countries, who lacked both a market and the right to freely choose a profession, are reacting to the antagonistic system in their works.

The West has had access to their work since the early nineties, and in several cases they have been integrated in one way or another. Dan Perjovschi, who works in Bucharest, counters with cartoon-like wall drawings that respond satirically to contemporary or local contexts in a way that is always up to date. That has not just made him Romania's most eminent artist. He is also represented at the biennials of Venice, Sydney, and Sharjah and has had solo exhibitions at MoMA and the Tate. The same is true of his Bulgarian colleague Nedko Solakov, who sounds out the art world with subtlety and irony in equal measure. As a star of the scene, he treats his own success with irony, declaring his own work to be a "leftover." Mladen Stilinović plays with the futility of artists' efforts to gain recognition by, on the one hand, singing the praises of laziness and, on the other hand, ostentatiously crying out at the (Western) art world that *An Artist Who Cannot Speak English Is No Artist* in order to call attention to the apparatus's mechanism of exclusion. Meanwhile, the Moscow Conceptualist Yuri Albert roguishly turns a little painter on his head and states: *I Am Not Baselitz!* Tracey Emin's triumphant declaration *I've Got It All* can only be shared with her by a few artists.

We encounter a rhetoric of crisis in the work of Goran Trbuljak, who presents a small object that is capable of imparting extraordinary power on an artist's career: a small counter of visitors, which shows the sum total of everyone who has ever attended one of his solo exhibitions. Anetta Mona Chisa and Lucia Tkáčova, two young artists from

the Czech Republic, take up the struggle in a
different way. They see many exhibitions. They visit
the glamorous palatial galleries in the great art
centers—Paris, London, Vienna, Zurich, New York.
When unobserved, they make off with small
objects: a screwdriver, a remote control, an extension
cord, a guestbook. In the end, it is above all irony
and subversion with which today's artists move between the poles of museum and market, success
and crisis, romanticism and realism. "Study Art—
For Style or Glory" announces an old-fashioned
sign whose design the artist John Waters modeled
on an old art supply store, while Tom Sachs ob-
serves: *Creativity is the Enemy.*

1   Marcel Duchamp, "Where Do We Go from Here?"
lecture at the Philadelphia Museum College of Art, March 20,
1961, trans. Helen Meakins, *Studio International* 189, no. 973
(January–February 1975), p. 28.
2   See "Tent Community: Jack Bankowsky on Art Fair Art,"
Artforum 44, no. 2 (October 2005), pp. 228–32.
3   Peter Sloterdijk, "Die Kunst faltet sich ein," *Kunstforum
International* 104 (November–December 1989), p. 178.
4   Sigmund Freud, 1930, *Civilization and Its Discontents,*
trans. James Strachey (New York: W. W. Norton, 2005), pp. 59–60.
5   Jörg Immendorff, *Hier und jetzt, das tun, was zu tun ist:
Materialien zur Diskussion, Kunst im politischen Kampf; auf
welcher Seite stehst Du, Kulturschaffender?*
(Cologne: König, 1973), p. 208.
6   Pierre Restany, 1968, "Le livre rouge de la révolution
picturale," in *Um 1968: Konkrete Utopien in Kunst und
Gesellschaft,* exh. cat. Städtische Kunsthalle Düsseldorf
(Cologne: DuMont, 1990), pp. 114–15.
7   Dieter Hacker, *Welchen Sinn hat malen? Vortrag für
Kunststudenten* (Berlin: 7. Produzentengalerie, 1974), n.p.
8   Andy Warhol, *The Philosophy of Andy Warhol: From A to B and
Back Again* (New York: Harcourt Brace Jovanovich, 1975), p. 178.
9   Max Goldt, "Ich zog ein elektronisches Goldfischglas hinter
mir her, in dem ein Wetter herrschte wie auf der Venus,"
in id., *Der Krapfen auf dem Sims: Betrachtungen, Essays u. a.*
(Reinbek bei Hamburg: Rowohlt, 2003), p. 107.
10   See Luc Boltanski and Ève Chiapello, *The New Spirit of
Capitalism,* trans. Gregory Elliott (London: Verso, 2005).
11   Hanno Rauterberg, *Und das ist Kunst? Eine Qualitätsprüfung*
(Frankfurt am Main: S. Fischer, 2007), p. 11.
12   Hans Haacke, "Museums, Managers of Consciousness,"
in *Hans Haacke: Unfinished Business,* exh. cat. The New Museum
of Contemporary Art (New York, 1986), p. 60.
13   Duchamp 1975 (see note 1), p. 28.
14   Dieter Hacker, "Politische Avantgardekunst," *Zeitung der
7. Produzentengalerie* (Berlin, n.d), n.p.
15   Dieter Hacker, "Unsere Nationalgalerie," *17. Plakat der
7. Produzentengalerie* (Berlin, 1973).
16   See Gustav Metzger, "O.T. (Artist Engaged in Political
Struggle …)," in *Art into Society, Society into Art,* exh. cat.
Institute of Contemporary Arts (London, 1974), p. 79.
17   Dieter Hacker, "Welchen Sinn hat malen?" in id.,
*Die politische Arbeit des Künstlers beginnt bei seiner Arbeit:
7. Produzentengalerie Dieter Hacker, Zwischenbericht, 1971–1981,*
exh. cat. daadgalerie (Berlin, 1981), p. 80.
18   Craig Owens, "From Work to Frame; or, Is There Life after
'the Death of the Author'?" in id., *Beyond Recognition:
Representation, Power, and Culture* (Berkeley: University of
California Press, 1992).
19   Jacques Derrida, *The Truth in Painting,* trans. Geoff
Bennington and Ian McLeod (Chicago: Univversity of
Chicago Press, 1987).
20   Douglas Crimp, *On the Museum's Ruins* (Cambridge, MA:
MIT Press, 1993).
21   Niklas Maak, "Es sieht so aus, als hätte sie den Fall gelöst,"
Frankfurter Allgemeine Zeitung, June 12, 2003.
22   Andrea Fraser, "In and Out of Place," *Art in America* 73,
no. 6 (June 1985), p. 128.
23   Rauterberg 2007 (see note 11), p. 26.
24   Sloterdijk 1989 (see note 3), p. 178.

Clegg & Guttmann
The Art Collectors, 2008
Cibachrome, Holzrahmen, Plexiglas/
Cibachrome, wooden frame, Plexiglas
Dreiteilig/Three parts
zusammen/total 187 x 318 cm
Sammlung Grässlin, St. Georgen

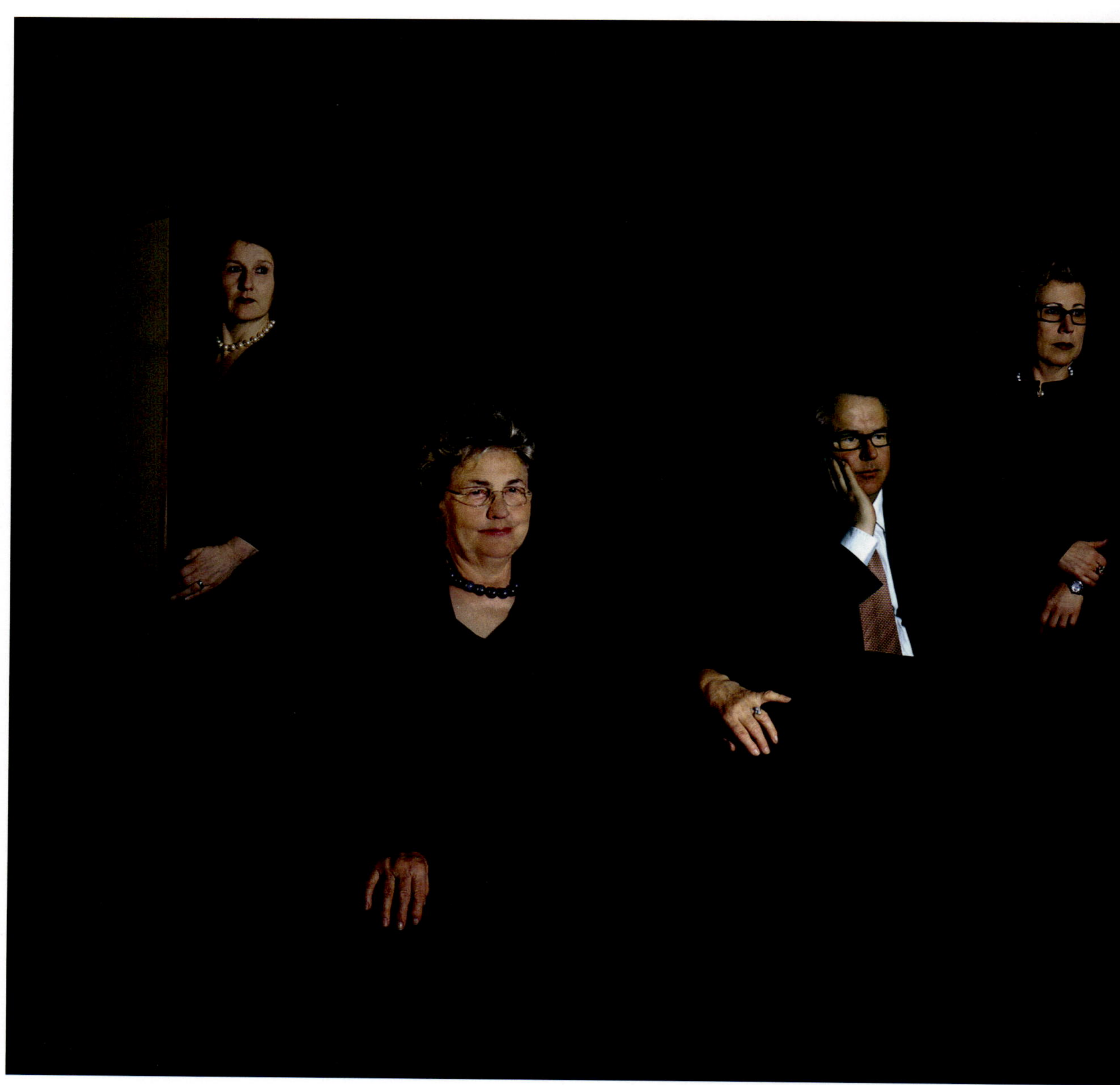

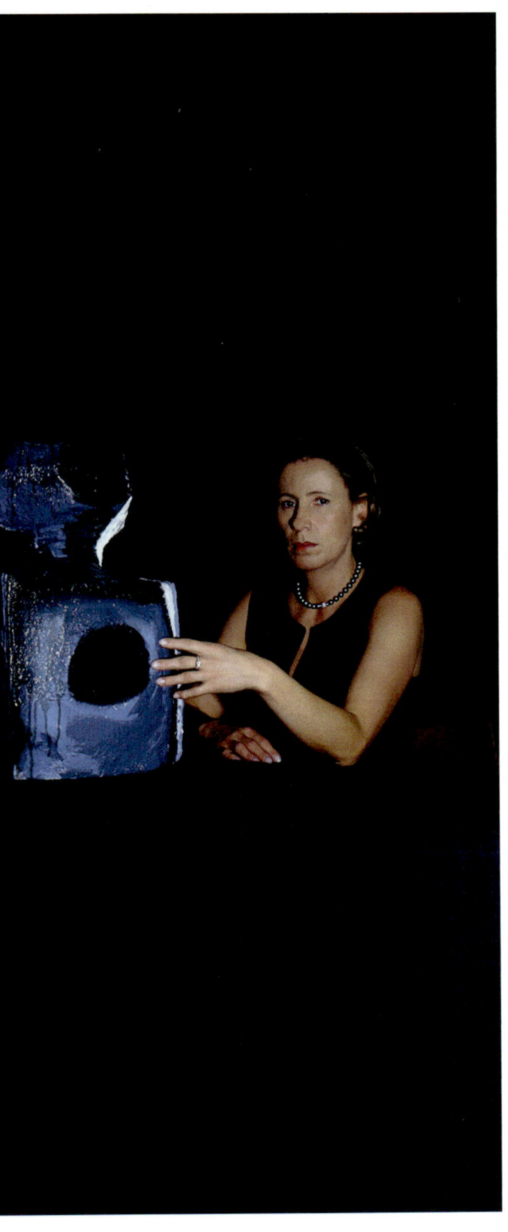

Phil Collins
*you'll never work in this town again
(amanda)*, 2006
Lambda-Print hinter Diasec/Lambda print
reverse-mounted behind Diasec
140 x 100 cm
Courtesy the Artist/
Victoria Miro Gallery, London

PHIL COLLINS
**1970 in Runcorn, UK*
Lebt und arbeitet in Glasgow und Berlin/
Lives and Works in Glasgow and Berlin

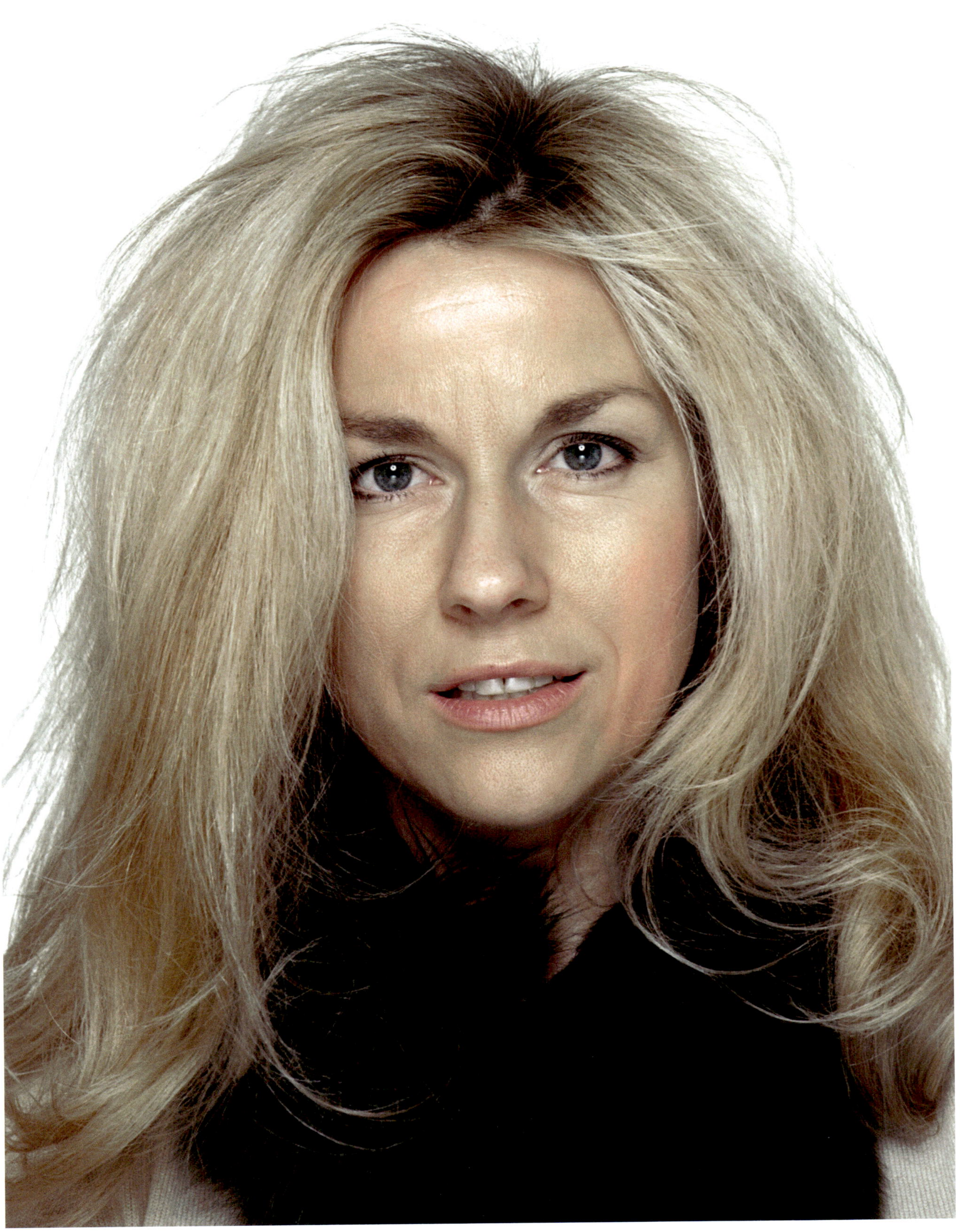

                                                25 Brunswick Rd.
                                                Brighton
                                                BN3 1DG
                                                01273 730072

13th February 2006

Dear Francesco,

Congratulations. You have been selected from hundreds on our
database to be offered a once-in-a-lifetime opportunity to
participate in 'you'll never work in this town again (london)',
a BRAND NEW project by Phil Collins taking place in London
in February.

Do you ever sit at home nights ruefully wondering how, ~~precisely~~
precisely, you might look after being slapped round the face
by an artist? Maybe you already know but would like the
occasion preserved for posterity with a beautiful, glossy,
commemorative print?

For one day in February Mr. Collins will be holding a
photographic session for arts professionals as part of the
illustious Deutsche Borse Photography Prize. Prevoius, highly
succesful outings have taken place in Stockholm, Philadelphia,
and fashionable Belgrade.

So ask yourself three simple questions:

Do you consider yourself an arts professional?
Would~~xxxx~~ you like your portrait taken?
How would you look after being slapped round the face?

Availing yourself of this exclusive offer has never been
easier. Simply call us direct on 01273 730073 or e-mail at
philcollins100@hotmail.com. Appoitments last abound ten
minutes and are b invitation only. Places are strictly
limited so book early to avoid disappoitment. Participation is
ABSOLUTELY FREE and a complimentary glass of ~~xxxxxxxxx~~
champagne is included.

I look forward to hearing from you.

Yours sincerely,

Trudi Jones (on behalf of Phil Collins)

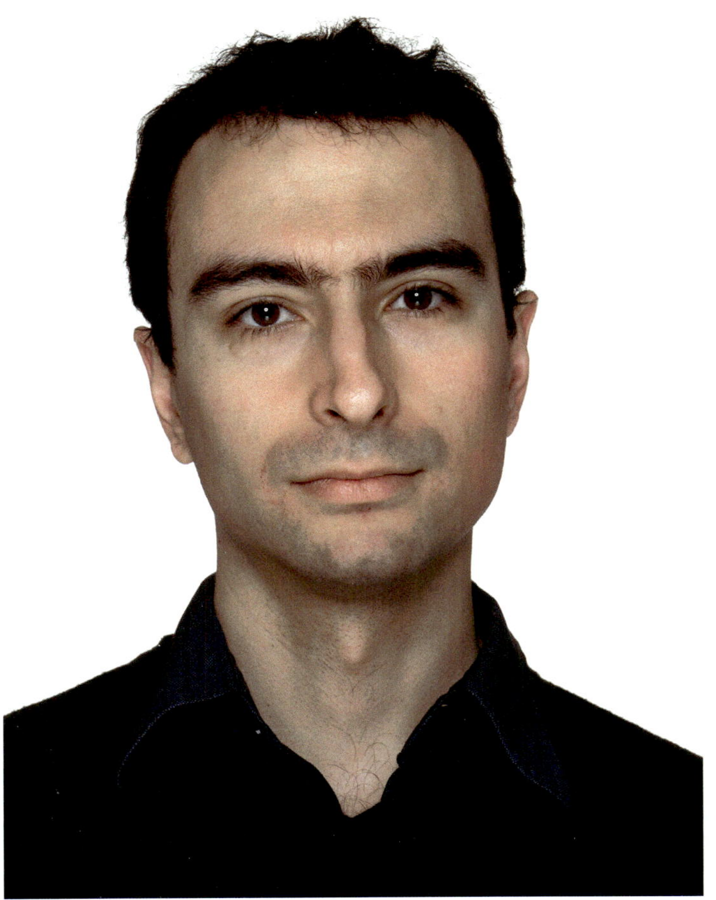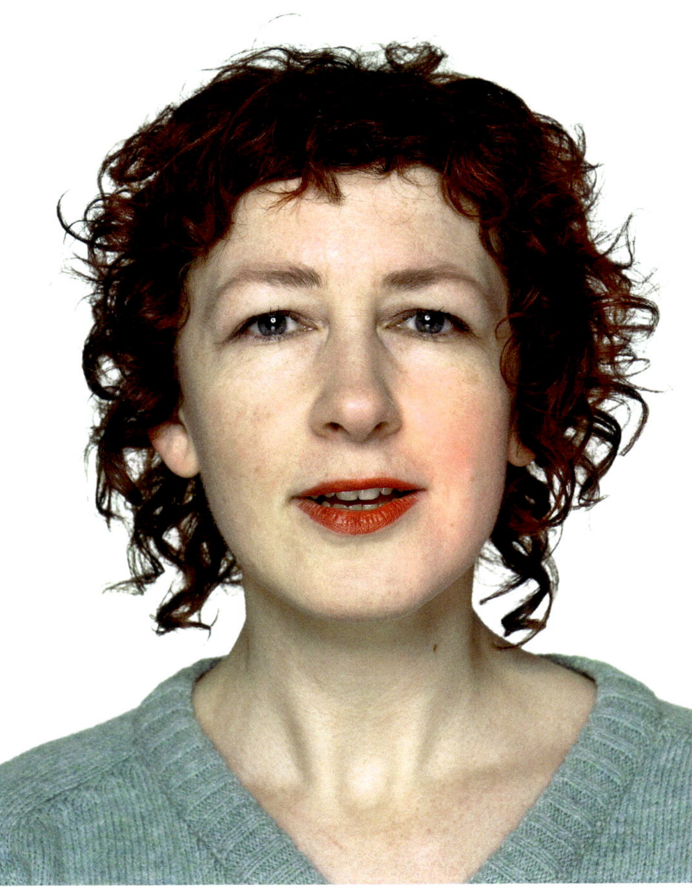

Phil Collins
you'll never work in this town again
(francesco), 2006
Lambda-Print hinter Diasec/Lambda print
reverse-mounted behind Diasec
140 x 100 cm
Courtesy the Artist/Victoria Miro Gallery

Phil Collins
you'll never work in this town again
(claire), 2006
Lambda-Print hinter Diasec/Lambda print
reverse-mounted behind Diasec
140 x 100 cm
Courtesy the Artist/Victoria Miro Gallery

13. Februar 2006

Lieber Francesco,

herzlichen Glückwunsch! Sie wurden aus Hunderten in unserer Datenbank ausgewählt und erhalten hiermit das wirklich einmalige Angebot zur Teilnahme an »You'll never work in this town again (London)« – dem BRANDNEUEN Projekt von Phil Collins, das im Februar in London stattfinden wird.
Sitzen Sie nicht auch manchmal abends zu Hause und überlegen sich, wie Sie aussehen würden, nachdem ein Künstler Sie geohrfeigt hätte? Vielleicht kennen Sie dieses Gefühl ja schon, hätten dieses besondere Ereignis aber auch gern für die Nachwelt festgehalten, am besten auf einem wunderschönen Hochglanzfoto zur Erinnerung?
Im Februar wird Mr. Collins – als Beitrag für den renommierten Deutsche Börse Photography Prize – eine eintägige Foto-Session für in der Kunstwelt Tätige abhalten. In diesem Zusammenhang fanden im Vorfeld bereits sehr erfolgreiche Fotoaufnahmen in Stockholm, Philadelphia sowie im gerade sehr angesagten Belgrad statt.

Stellen Sie sich die drei folgenden einfachen Fragen:

Arbeiten Sie wirklich für die Kunst?
Hätten Sie gern ein Porträtfoto von sich?
Wie würden Sie aussehen, wenn man Sie geohrfeigt hätte?

Wenn Sie dieses exklusive Angebot annehmen möchten, rufen Sie uns einfach unter 01273 730073 direkt an oder schicken Sie eine E-Mail an philcollins100@hotmail.com. Jeder Termin dauert ungefähr zehn Minuten und gilt ausschließlich für geladene Gäste. Die Teilnehmerzahl ist streng begrenzt, darum melden Sie sich rasch an! Ihre Teilnahme ist ABSOLUT KOSTENLOS, und Sie erhalten außerdem ein Glas Champagner.

Ich freue mich auf eine Antwort von Ihnen.
Mit freundlichen Grüßen

Trudi Jones
(im Auftrag von Phil Collins)

                                        Shady Lane Productions
                                        89 Novar Drive
                                        Glasgow
                                        G12 9SS

06 February 2008

Dear Francesco,

I hope this finds you well. February is here again and remains,
for me anyway, the most tiresome of months. Some things,
it seems, never change. How I long for the spring, for the
advent of croci... Having said that, I'm overjoyed to inform
you there's a glimmer of brightness on this relentlessly dull
horizon.

I'm thrilled to be writing to you on the occasion of the
forthcoming exhibition "Double Agent" at the ICA in London.
Phil Collins has been asked to take part in this exhibition
with the series of photographic portraits from his London
session of "you'll never work in this town again" held in 2006.
Mr. Collins will exhibit five portraits, presented as stunning
large-scale prints. The exhibition will preview on 12 February
2008 at 7pm.

I'm delighted to let you know that you have been specially
selected from a long-list to appear in the exhibition and
we hope you can make a visit down to the Mall to enjoy it.
For your information, other portraits to be exhibited include
Claire Bishop and Mark Sladen, curators of "Double Agent",
Vicky Hughes, collector and patron of the arts, and Amanda
Wilkinson, director at Wilkinson Gallery, London.

I look forward to finally meeting you at the ICA, home to
the best new art and culture from Britain and around the world.

Until then I remain

Yours faithfully,

Trudi Jones
(on behalf of Phil Collins)

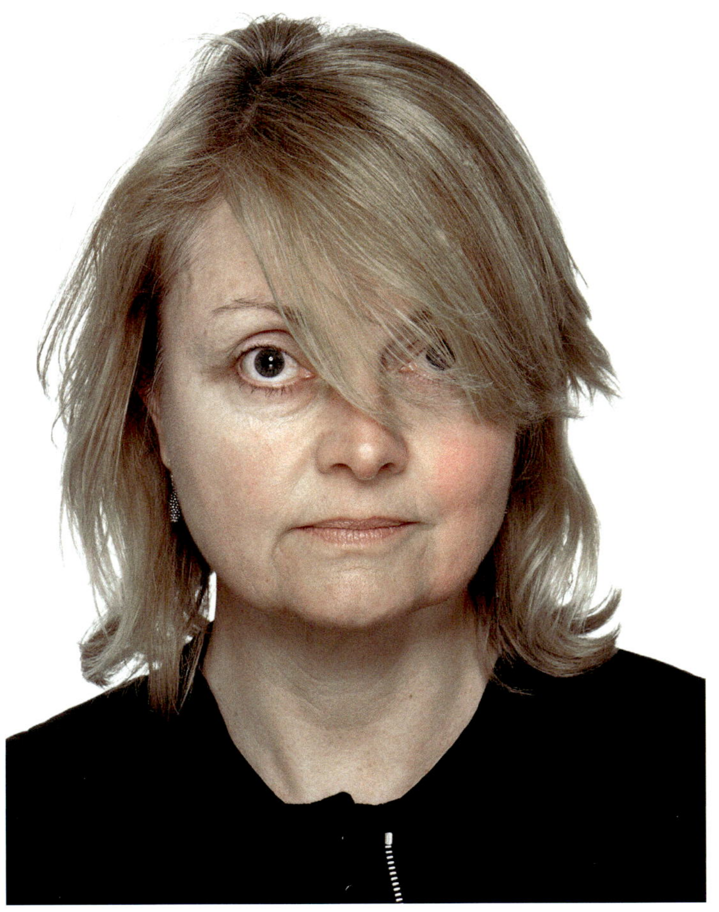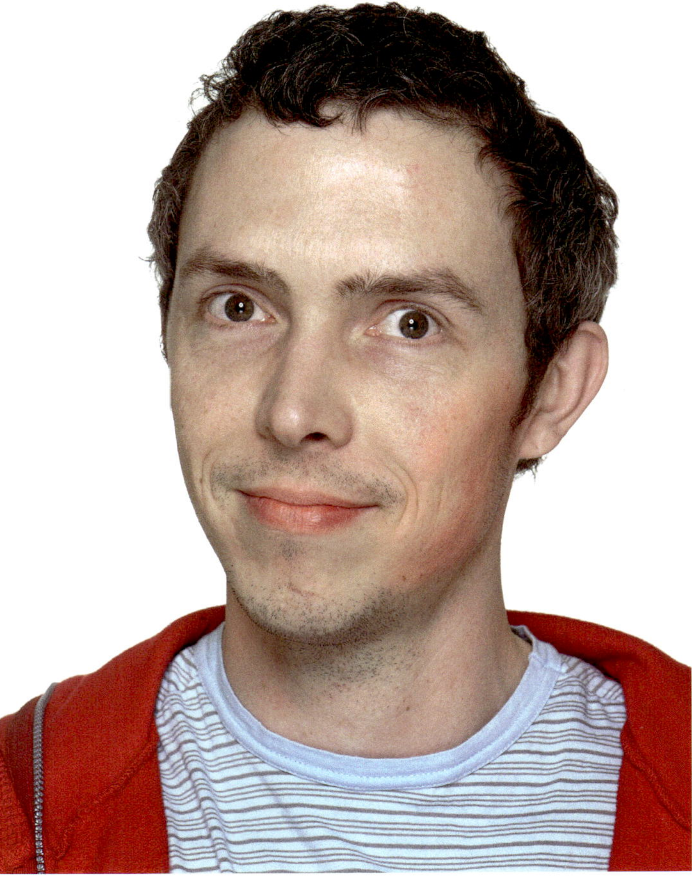

Phil Collins
you'll never work in this town again
(vicky), 2006
Lambda-Print hinter Diasec/Lambda print
reverse-mounted behind Diasec
140 x 100 cm
Courtesy the Artist/Victoria Miro Gallery

Phil Collins
you'll never work in this town again
(mark), 2006
Lambda-Print hinter Diasec/Lambda print
reverse-mounted behind Diasec
140 x 100 cm
Courtesy the Artist/Victoria Miro Gallery

6. Februar 2008

Lieber Francesco,

ich hoffe, es geht Ihnen gut. Wir haben wieder Februar, und
dieser Monat ist für mich der leidigste von allen. Einige
Dinge, so scheint es, ändern sich nie. Wie ich mich nach dem
Frühling sehne, nach den Krokussen … Aber genug davon:
Ich bin überglücklich, Ihnen mitteilen zu können, dass ein
Silberstreifen an diesem so überaus trüben Horizont zu
sehen ist.
Es freut mich außerordentlich, Ihnen aus Anlass der be-
vorstehenden Ausstellung »Double Agent« im ICA in
London schreiben zu können. Man hat Phil Collins gebeten,
sich an der Ausstellung zu beteiligen, und zwar mit einer
Serie von Porträtfotos, die im Rahmen der Londoner
»You'll never work in this town again«-Session im Jahr 2006
entstanden. Mr. Collins wird fünf Porträts ausstellen, die
in Form von faszinierenden Großdrucken präsentiert werden
sollen. Das Preview findet am 12. Februar 2008 um 19.00
Uhr statt.

Ich freue mich sehr, Ihnen mitteilen zu können, dass Sie
aus einer langen Liste für die Teilnahme an der Ausstellung
ausgewählt wurden – und so hoffen wir natürlich, dass es
Ihnen möglich sein wird zu kommen. Zu Ihrer Information:
In der Ausstellung werden auch Porträts von Claire Bishop
und Mark Sladen, den Kuratoren von »Double Agent«, von
Vicky Hughes, Sammlerin und Mäzenin, sowie von Amanda
Wilkinson, der Direktorin der Londoner Wilkinson Gallery,
zu sehen sein.
Ich freue mich darauf, Sie im ICA endlich persönlich
kennenzulernen – der Heimat der besten zeitgenössischen
Kunst und Kultur in England und der ganzen Welt.

Bis dahin verbleibe ich
mit freundlichen Grüßen

Trudi Jones
(im Auftrag von Phil Collins)

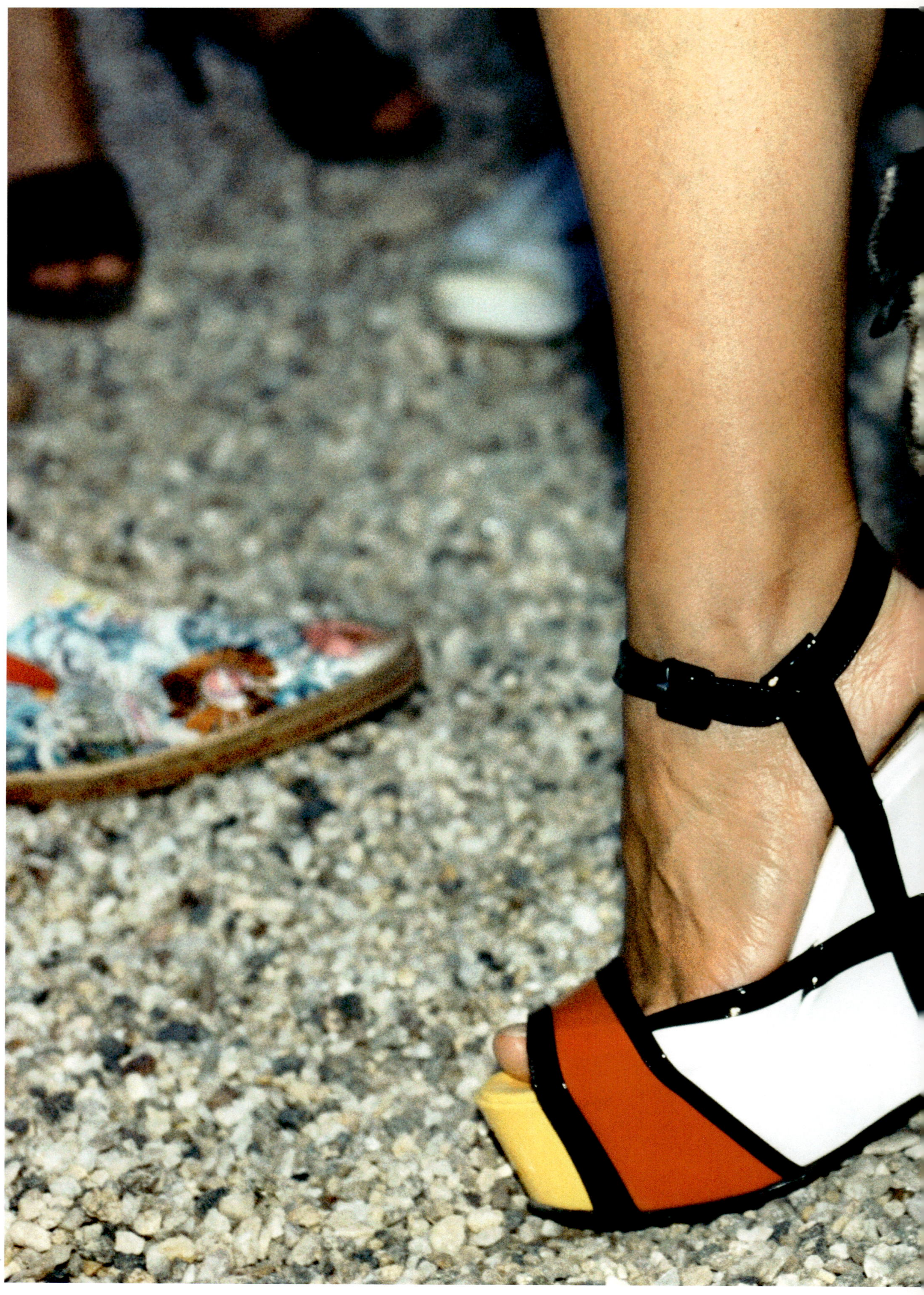

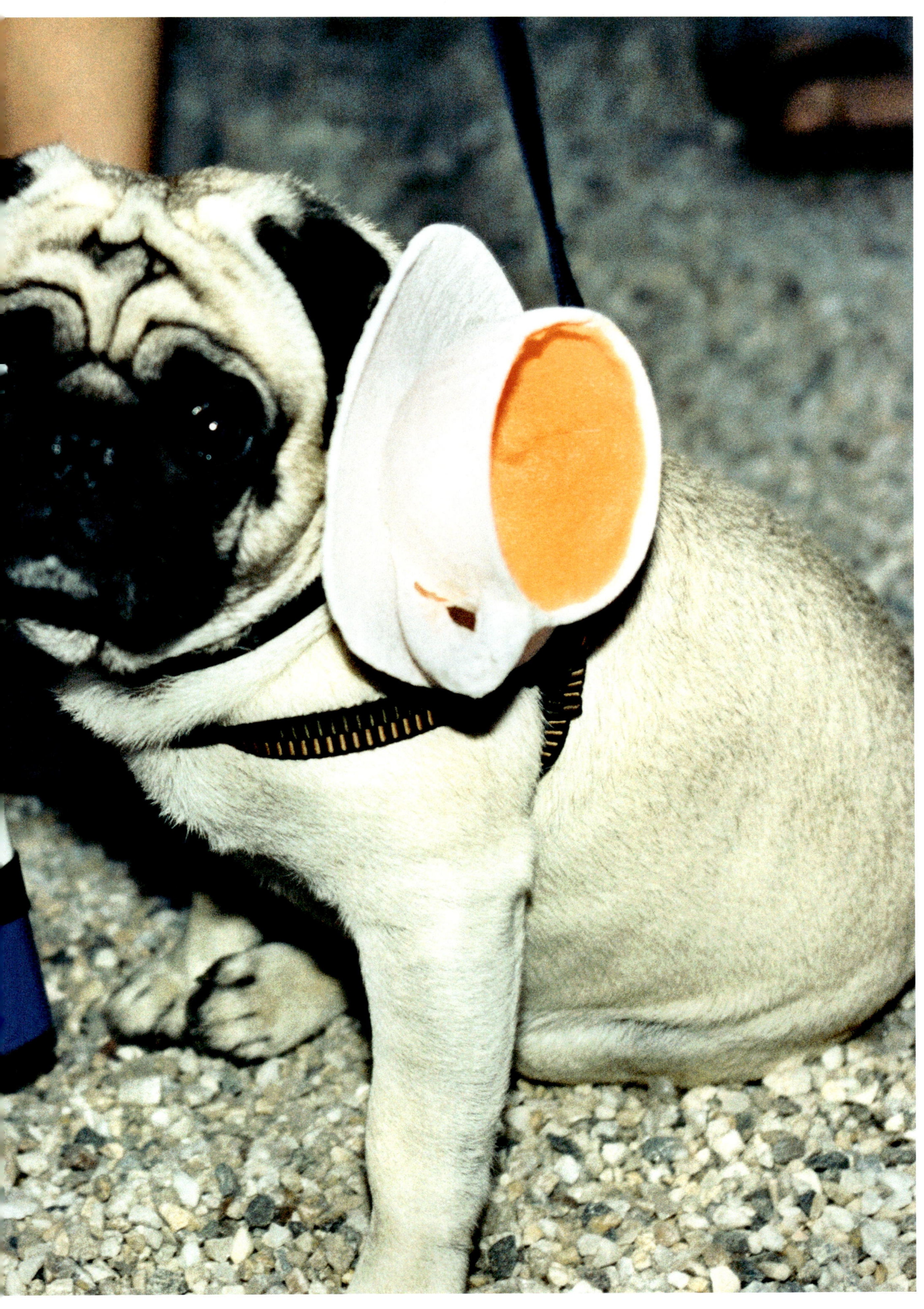

Jessica Craig-Martin
*Watermill Center Benefit Gala 2007
(Teacup Pug)*, 2007
C-Print
94 × 134,6 cm
Courtesy of the Artist and Greenberg
Van Doren Gallery, New York

JESSICA CRAIG-MARTIN
1963 in Hanover, New Hampshire
Lebt und arbeitet in New York/Lives and works in New York

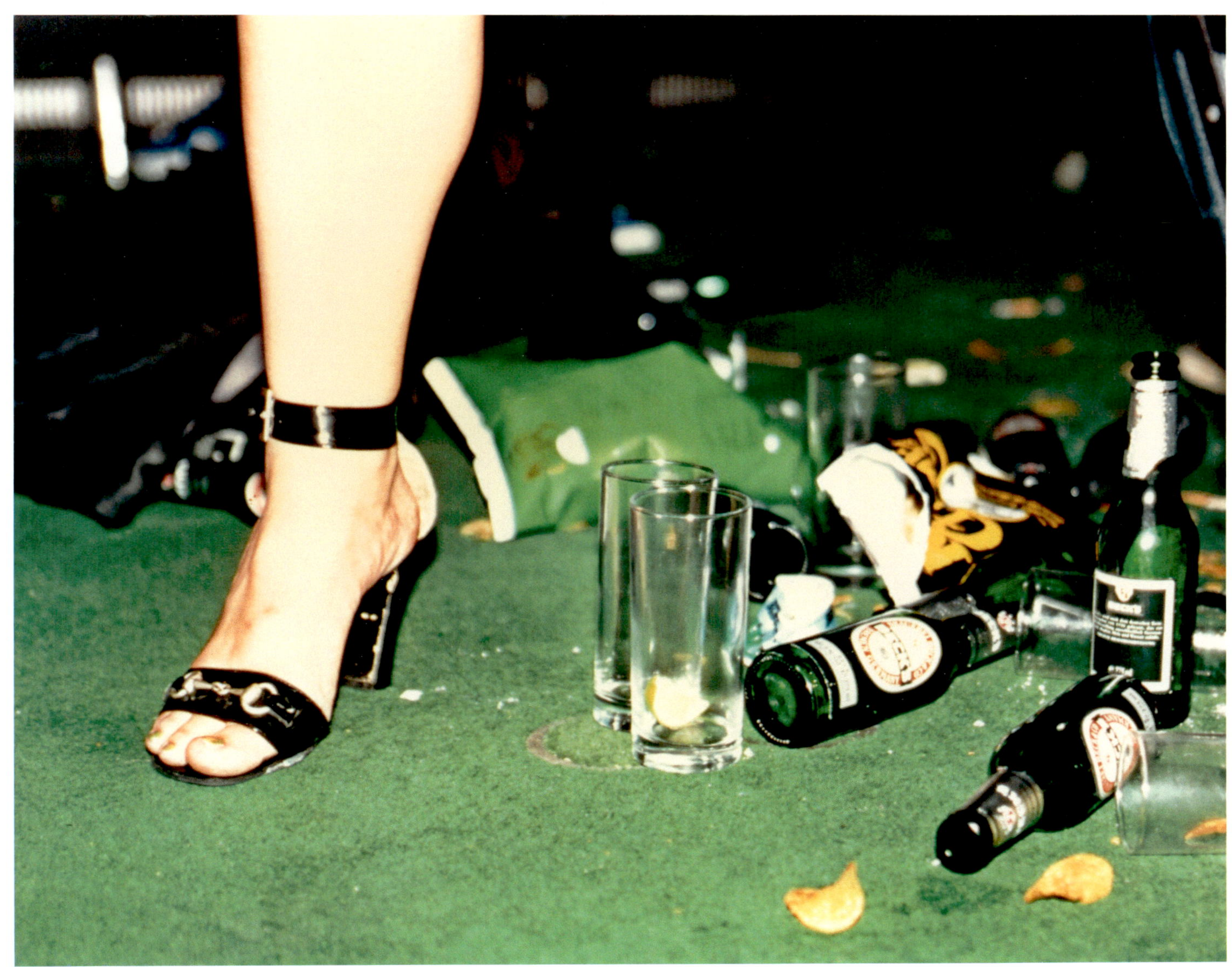

Jessica Craig–Martin
Frieze Party, London, 1998, 1998
C–Print
50,8 x 66 cm
Courtesy of the Artist and Greenberg
Van Doren Gallery, New York

Peter Davies
Bunny Boiler, 2008
Acryl auf Leinwand/Acrylic on canvas
274,5 x 228,5 cm
Privatsammlung/Private Collection,
London

PETER DAVIES
**1970 in Edinburgh*
Lebt und arbeitet in London/
Lives and works in London

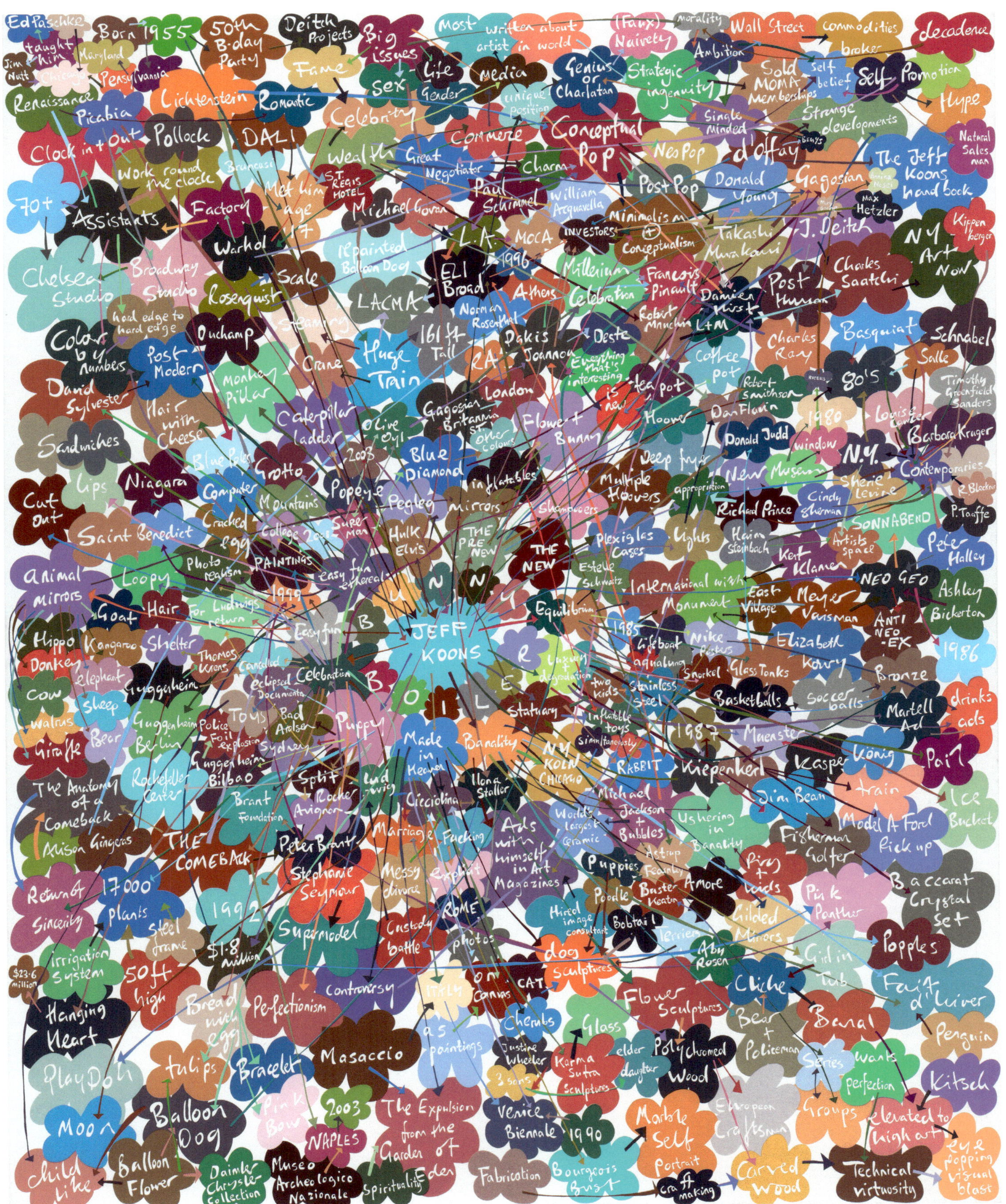

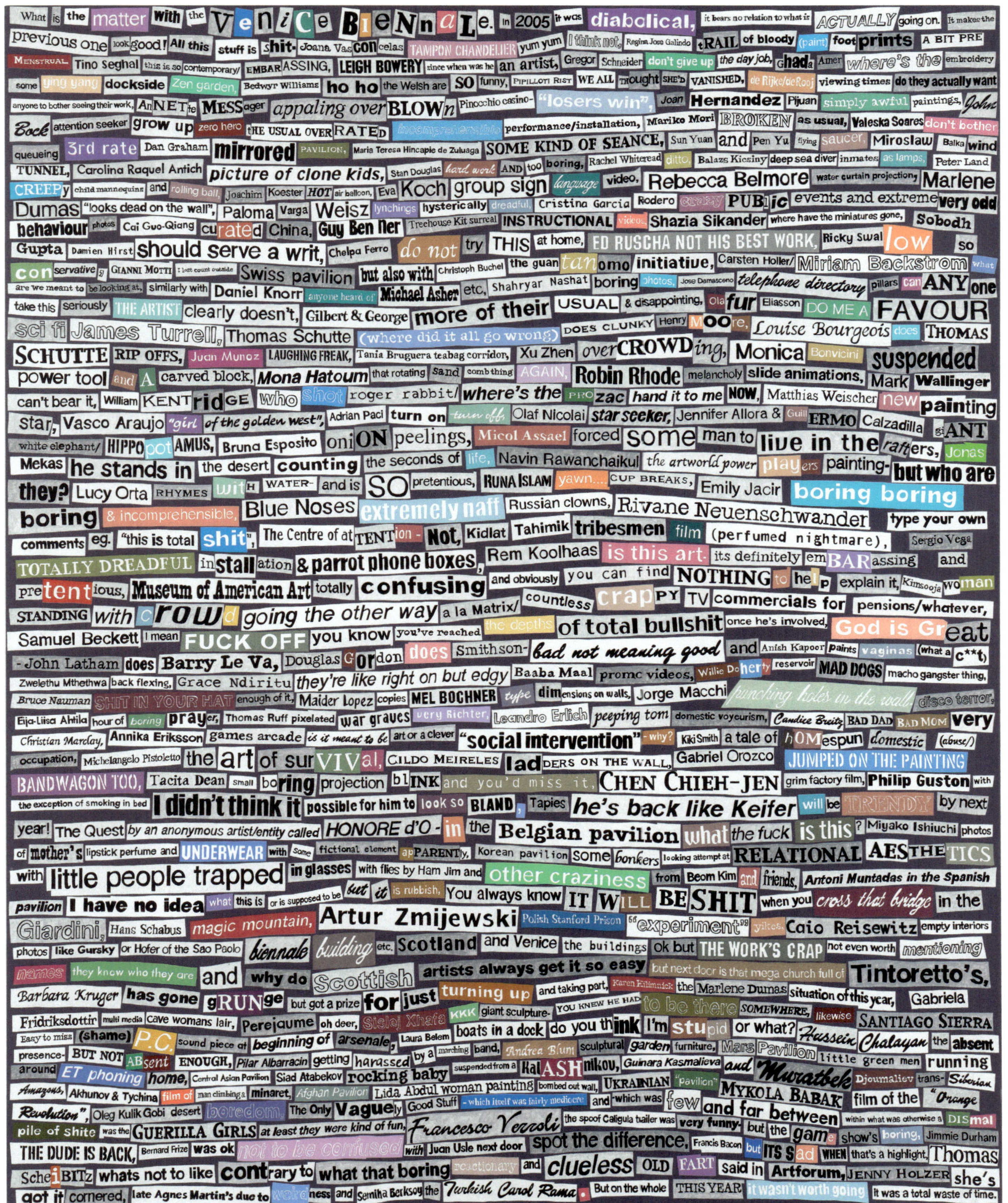

What is the matter with the Venice Biennale. In 2005 it was diabolical, it bears no relation to what is ACTUALLY going on. It makes the previous one look good! All this stuff is shit. Joana Vasconcelas TAMPON CHANDELIER yum yum I think not, Regina Jose Galindo tRAIL of bloody (paint) foot prints A BIT PRE MENSTRUAL, Tino Seghal this is so contemporary/ EMBARASSING, LEIGH BOWERY since when was he an artist, Gregor Schneider don't give up the day job, chad! Amer where's the embroidery some ying yang dockside Zen garden, Bedwyr Williams ho ho the Welsh are SO funny, PIPILOTI RIST WE ALL tHOUGHT SHE'D VANISHED, de Rijke/deRooj viewing times do they actually want anyone to bother seeing their work, ArNETte MESSager appaling over BLOWn Pinocchio casino- "losers win", Joan Hernandez Pijuan simply awful paintings, John Bock attention seeker grow up zero hero THE USUAL OVER RATED performance/installation, Mariko Mori BROKEN as usual, Valeska Soares don't bother queueing 3rd rate Dan Graham mirrored PAVILION, Maria Teresa Hincapie de Zuluaga SOME KIND OF SEANCE, Sun Yuan and Pen Yu flying saucer, Miroslaw Balka wind TUNNEL, Carolina Raquel Antich picture of clone kids, Stan Douglas hard work AND too boring, Rachel Whiteread ditto Balazs Kicsiny deep sea diver inmates as lamps, Peter Land CREEPy child mannequins and rolling ball, Joachim Koester HOT air balloon, Eva Koch group sign language video. Rebecca Belmore water curtain projection, Marlene Dumas! "looks dead on the wall", Paloma Varga Weisz lynchings hysterically dreadful, Cristina Garcia Rodero creepy PUBlic events and extreme very odd behaviour photos Cai Guo-Qiang curated China, Guy Ben Ner Treehouse Kit surreal INSTRUCTIONAL videos, Shazia Sikander where have the miniatures gone, Sobodh Gupta Damien Hirst should serve a writ, Chelpa Ferro do not try THIS at home, ED RUSCHA NOT HIS BEST WORK, Ricky Swal low so conservative y GIANNI MOTTI I lost count outside Swiss pavilion but also with Christoph Buchel the guantanomo initiatiue, Carsten Holler/ Miriam Backstrom what are we meant to be looking at, similarly with Daniel Knorr anyone heard of Michael Asher etc, Shahryar Nashat boring photos, Jose Damasceno telephone directory pillars can ANY one take this seriously THE ARTIST clearly doesn't, Gilbert & George more of their USUAL & disappointing, Ola fur Eliasson DO ME A FAVOUR sci fi James Turrell, Thomas Schutte (where did it all go wrong) DOES CLUNKY Henry MOOre, Louise Bourgeois does THOMAS SCHUTTE RIP OFFS, Juan Munoz LAUGHING FREAK, Tania Bruguera teabag corridor, Xu Zhen overCROWDing, Monica Bonvicini suspended power tool and A carved block, Mona Hatoum that rotating sand comb thing AGAIN, Robin Rhode melancholy slide animations, Mark Wallinger can't bear it, William KENTridge who shot roger rabbit/ where's the PROzac hand it to me NOW, Matthias Weischer new painting star, Vasco Araujo "girl of the golden west", Adrian Paci turn on turn off, Olaf Nicolai star seeker, Jennifer Allora & Guillermo Calzadilla giANT white elephant/ HIPPOpotAMUS, Bruna Esposito oniON peelings, Micol Assael forced SOME man to live in the rafters, Jonas Mekas he stands in the desert counting the seconds of life, Navin Rawanchaikul the artworld power players painting, but who are they? Lucy Orta RHYMES witH WATER- and is SO pretentious, RUNA ISLAM yawn... CUP BREAKS, Emily Jacir boring boring boring & incomprehensible, Blue Noses extremely naff Russian clowns, Rivane Neuenschwander type your own comments eg. "this is total shit", The Centre of atTENTion- Not, Kidlat Tahimik tribesmen film (perfumed nightmare), Sergio Vega TOTALLY DREADFUL install ation & parrot phone boxes, Rem Koolhaas is this art its definitely emBARassing and pretentious, Museum of American Art totally confusing and obviously you can find NOTHING to help explain it, Kimsooja woman STANDING with crowd going the other way a la Matrix/ countless crappY TV commercials for pensions/whatever, Samuel Beckett I mean FUCK OFF you know you've reached the depths of total bullshit once he's involved, God is Great - John Latham does Barry Le Va, Douglas Gordon does Smithson- bad not meaning good and Anish Kapoor paints vaginas (what a c**t) Zwelethu Mthethwa back flexing, Grace Ndiritu they're like right on but edgy Baaba Maal promo videos, Willie Doherty reservoir MAD DOGS macho gangster thing, Bruce Nauman SHIT IN YOUR HAT enough of it, Maider Lopez copies MEL BOCHNER type dimensions on walls, Jorge Macchi punching holes in the wall disco terror. Eija-Liisa Ahtila hour of boring prayer, Thomas Ruff pixelated war graves very Richter, Leandro Erlich peeping tom domestic voyeurism, Candice Breitz BAD DAD BAD MOM very Christian Marclay, Annika Eriksson games arcade is it meant to be art or a clever "social intervention" - why? KiKi Smith a tale of hOMEspun domestic (abuse/) occupation, Michelangelo Pistoletto the art of surVIVal, CILDO MEIRELES lad DERS ON THE WALL, Gabriel Orozco JUMPED ON THE PAINTING BANDWAGON TOO, Tacita Dean small boring projection blINK and you'd miss it, CHEN CHIEH-JEN grim factory film, Philip Guston with the exception of smoking in bed I didn't think it possible for him to look so BLAND, Tapies he's back like Keifer will be TRENDY by next year! The Quest by an anonymous artist/entity called HONORE d'O - in the Belgian pavilion what the fuck is this? Miyako Ishiuchi photos of mother's lipstick perfume and UNDERWEAR with some fictional element apPARENTly, Korean pavilion some bonkers looking attempt at RELATIONAL AESTHETICS with little people trapped in glasses with flies by Ham Jim and other craziness from Beom Kim and friends, Antoni Muntadas in the Spanish pavilion I have no idea what this is or is supposed to be but it is rubbish, You always know IT WILL BE SHIT when you cross that bridge in the Giardini, Hans Schabus magic mountain, Artur Zmijewski Polish Stanford Prison "experiment" yikes, Caio Reisewitz empty interiors photos like Gursky or Hofer of the Sao Paolo biennale building etc, Scotland and Venice the buildings ok but THE WORK'S CRAP not even worth mentioning names they know who they are and why do Scottish artists always get it so easy but next door is that mega church full of Tintoretto's, Barbara Kruger has gone gRUNge but got a prize for just turning up and taking part, Karen Kilimnik the Marlene Dumas situation of this year, Gabriela Fridriksdottir multi media cave womans lair, Perejaume oh deer, Sislej Xhafa KKK giant sculpture, YOU KNEW HE HAD to be there SOMEWHERE, likewise SANTIAGO SIERRA Easy to miss (shame) P.C. sound piece at beginning of arsenale, Laura Belem boats in a dock do you think I'm stupid or what? Hussein Chalayan the absent presence- BUT NOT ABsent ENOUGH, Pilar Albarracin getting harassed by a marching band, Andrea Blum sculptural garden furniture, Mars Pavilion little green men running around ET phoning home, Central Asian Pavilion Siad Atabekov rocking baby suspended from a KalASHnikou, Guinara Kasmalieva and Muratbek Djoumaliev trans-Siberian Amazons, Akhunov & Tychina film of man climbing a minaret, Afghan Pavilion Lida Abdul woman painting bombed out wall, UKRAINIAN "pavilion" MYKOLA BABAK film of the "Orange Revolution", Oleg Kulik Gobi desert boredom, The Only Vaguely Good Stuff - which itself was fairly mediocre- and which was few and far between within what was otherwise a DISmal pile of shite was the GUERILLA GIRLS at least they were kind of fun, Francesco Vezzoli the spoof Caligula trailer was very funny. but the game show's boring, Jimmie Durham THE DUDE IS BACK, Bernard Frize was ok not to be confused with Juan Usle next door spot the difference, Francis Bacon but ITS sad WHEN that's a highlight, Thomas ScheiBITz whats not to like contrary to what that boring reactionary and clueless OLD FART said in Artforum, JENNY HOLZER she's got it cornered, late Agnes Martin's due to wateriness and Semiha Berksoy the Turkish Carol Rama. But on the whole THIS YEAR it wasn't worth going it was a total waste of time.

Peter Davies
The Hot One Hundred, 1997
Acryl auf Leinwand/Acrylic on canvas
254 x 203,2 cm
The Saatchi Gallery, London

THE HOT ONE HUNDRED

#	Artist	Work
1	BRUCE NAUMAN	ALMOST all of it (90-95%)
2	SIGMAR POLKE	Paganini
3	MIKE KELLEY	More Love Hours than can ever....
4	RICHARD PRINCE	Biker Girls / Jokes / Hoods
5	ANDY WARHOL	Brillo boxes - Jackie O
6	DONALD JUDD	Perspex + Metal Wall Pieces
7	J.M.W. TURNER	little boat in storm at sea
8	BRIDGET RILEY	B+W Op Art lines
9	KASIMIR MALEVICH	Monochromes
10	MARCEL DUCHAMP	Fountain
11	JOSEPH ALBERS	Homage to square - colours
12	AGNES MARTIN	Small rectangles - subtle colours
13	PIET MONDRIAN	severest Hardedge stuff
14	JASPER JOHNS	Flags + Alphabets
15	SOL LE WITT	Wall drawings
16	ELLSWORTH KELLY	V. big squares of colour together
17	THOS. GAINSBOROUGH	Bad early Portraits
18	MARK ROTHKO	Seagram Murals
19	ROBERT RYMAN	white on white !!
20	FRANK STELLA	Grey line paintings
21	GILBERT + GEORGE	As themselves - shittcunt
22	SEAN LANDERS	Text
23	WILLIAM HOGARTH	Paintings not etchings
24	JACKSON POLLOCK	Long brown 'skilful' ones
25	BARNETT NEWMAN	v. Big e.g. Voice of Fire
26	GERHARD RICHTER	Baader Meinhof
27	JEAN-MICHEL BASQUIAT	Miles Davis Play List
28	DAMIEN HIRST	shark + Dots
29	EL GRECO	Light on Face of Monkey
30	JULIAN SCHNABEL	Plates + Sail Cloths
31	HOWARD HODGKIN	Frames
32	NIELE TORONI	Dabs on wall installations
33	CY TWOMBLY	scribbles (Lot of it the same)
34	WILLEM DE KOONING	More abstracted less figurative stuff
35	JONATHAN LASKER	When doodle's big on plain background
36	LEON KOSSOFF	Swimming Pools
37	CHRISTOPHER WOOL	Text with swearing or single words
38	JOHN BALDESSARI	Hand Pointing + Instructions
39	GEORG BASELITZ	Upside down - white + yellow checks
40	PHILIP TAAFFE	More B+W / B+ Colours Op Art ones
41	JOSEPH BEUYS	Talking to Hare / Rabbit ?
42	BRICE MARDEN	Earlier Hard Edge strips of colour
43	PETER HALLEY	More the conduits than cells
44	CLAES OLDENBURG	Soft Sculpture + bedroom
45	JEFF WALL	Steves Farm + Nosebleed
46	ROY LICHTENSTEIN	Brush strokes
47	MORRIS LOUIS	Corner Drips
48	JULIAN OPIE	sculpture + wall drawing together
49	JOHN McCRACKEN	Planks
50	CHUCK CLOSE	Recent Big Portraits (Not realist)
51	TITIAN	Any featuring monsters / dragons
52	JEAN DUBUFFET	Grungier ones
53	DAVID SALLE	Porno ones
54	FIONA RAE	Whatever she's just done
55	KAREN KILLIMNICK	TV Film Bad portraits
56	RICHARD ARTSCHWAGGER	Formica Furniture
57	JEFF KOONS	V. Big Sculpture, New paintings
58	ANDREAS GURSKY	MONTPARNASSE
59	LARRY CLARK	Tulsa
60	ROSS BLECKNER	concentric circle white dots on black
61	MICHAEL CRAIG-MARTIN	Biggest, brightest wall drawing
62	DANIEL BUREN	stripe constructions
63	RACHEL WHITEREAD	House
64	B+K BECHER	Water Towers
65	LAWRENCE WEINER	Letters carved into wall
66	GARY HUME	Both Figurative + Doors
67	ROBERT SMITHSON	Hotel Tape / slide
68	NAN GOLDIN	Transvestite photos
69	DUANE HANSEN	Jogger + tourist
70	C. INDY SHERMAN	Pigs snout
71	FELIX GONZALEZ-TORRES	Dancing Queen + light bulbs
72	ED RUSCHA	Funky word Paintings
73	FISCHLI + WEISS	Carved studio junk
74	ANDRES SERRANO	Ku Klux Klan Pics
75	DAN FLAVIN	Circular Striplight arrangements
76	CHARLES RAY	Mannequins + Firetruck
77	RICHARD DEACON	Varnished cardboard with triangles
78	KIKI SMITH	Wax one from 'Some Went Mad....'
79	JOHN CHAMBERLAIN	Car Crash Sculptures
80	THOMAS RUFF	Single Portraits Head + shoulders
81	ANISH KAPOOR	Shiny Metal + Disney Mountains
82	RICHARD SERRA	heavy Metal
83	VICTOR VASARELY	Circle + Square coloured OP
84	LOUISE BOURGEOIS	Shiny bronze phallic stuff
85	ED KEINHOLZ	That bar you could walk into
86	RENE MAGRITTE	Not a Pipe
87	RICHARD PATTERSON	Thomson shagging + Motocross escort
88	NAM JUN PAIK	T.V. Pyramid with J. Beuys
89	ALLAN McCOLLUM	Plaster Surrogates
90	ALEX KATZ	V. big womens heads
91	PAUL McARTHY	Bossie Burger
92	MARTIN KIPPENBERGER	As a whole
93	EVA HESSE	Transluscent Wall hang / lean thing
94	FRANCIS PICABIA	Realist nude women
95	STEPHAN BALKENHOL	Tall Figures with carved plinth
96	JESSICA STOCKHOLDER	When wall is ripped out
97	MILTON AVERY	Coastal scenes
98	SARAH LUCAS	Sod You Gits, eggs, kebabs et al
99	IAN DAVENPORT	Fine Line bright colour ones
100	IVAN HITCHENS	Bigger bolder brush marks (touching)

JIŘÍ GEORG DOKOUPIL
**1954 in Krnov, Tschechoslowakei/ Czechoslovakia*
Lebt und arbeitet in Berlin, Prag, Madrid und
in Santa Cruz de Tenerife/Lives and works in Berlin,
Prague, Madrid, and Santa Cruz de Tenerife

Jiří Georg Dokoupil
Bonjour Mr. Gauguin, 1989
Kerzenruß auf Leinwand/Soot on canvas
200 x 240 cm
Privatsammlung/Private Collection,
New York
Courtesy of Galerie Bruno Bischofberger,
Zürich/Zurich

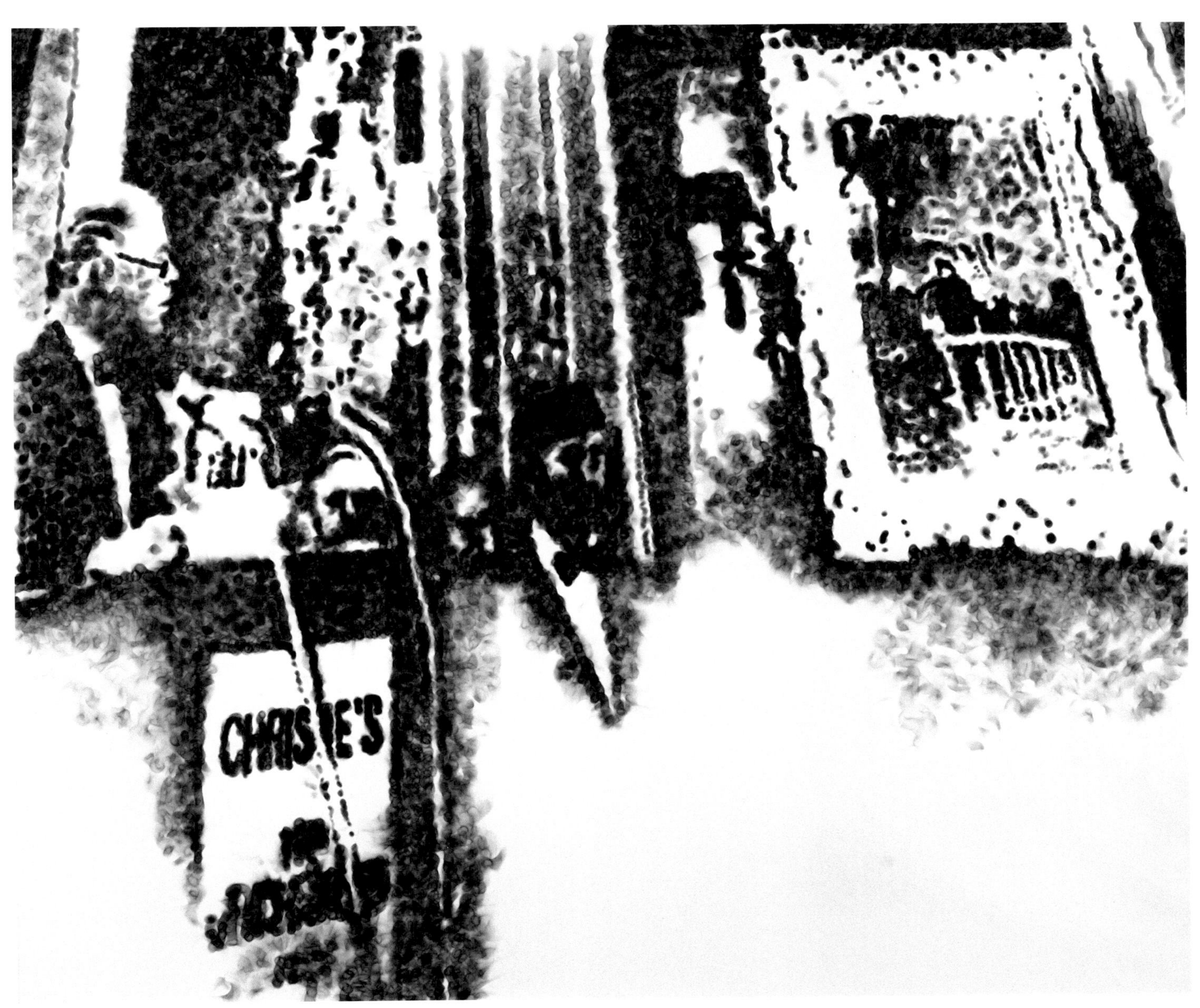
CHRISTIE'S

Wolfgang Ullrich

Kunst als Kunst-soziologie

Vom White Cube zum Making of

Arthur C. Danto erregte 1986 Aufsehen mit der These, die Kunst sei durch die Philosophie entmündigt worden. Für ihn folgte das aus der Beobachtung, dass sich in der Moderne keine spezifischen Eigenschaften mehr nennen lassen, die eine Sache als Kunst ausweisen. Damit müsse jeweils erst diskutiert werden, ob etwa einem Readymade, Zufallsbild oder Schnappschuss der Status eines Kunstwerks zuerkannt werde; die Differenz zwischen Kunst und Nicht-Kunst sei nur philosophisch zu bestimmen. Für Danto besteht die Arbeit vieler Künstler des 20. Jahrhunderts vornehmlich aus Experimenten, unter welchen Bedingungen etwas als Kunst gelten kann. Das »Hauptanliegen der Kunst« sei »die Auseinandersetzung mit der Frage nach ihrer eigenen Identität« geworden.[1] Tatsächlich sind Künstler wie Marcel Duchamp, Jasper Johns, Helène Sturtevant, Thomas Ruff oder Tino Sehgal mit Arbeiten berühmt geworden, die die philosophische Frage »Was ist Kunst?« neu aufgeworfen haben. Der Ertrag der Kunst bestehe daher, so Danto, in der Philosophie der Kunst.

Es scheint an der Zeit, Dantos These durch eine andere These zu ersetzen. Zwar mag es immer noch zahlreiche Künstler geben, die ausloten, was als Kunst Anerkennung findet, doch viele interessiert etwas anderes viel mehr. Statt sich damit zu begnügen, verschiedenste Formen von Werken zu produzieren, machen sie die Werkprozesse selbst zum Thema; sie legen offen, in welchen Schritten sich eine Arbeit entwickelt hat, wer alles daran beteiligt war oder wie sie ihre eigene Rolle im Kunstbetrieb einschätzen. Künstler wie Olafur Eliasson, Damien Hirst oder Christian Jankowski kümmern sich also um die Darstellung ihrer Arbeiten genauso wie um diese selbst. Zum Teil ist die Aufbereitung eines Making of sogar Teil ihres Œuvres geworden.

Im Jahr 2007 präsentierte Thomas Demand in der Fondazione Prada in Venedig nicht nur sein Foto *Grotte* (2006), sondern stellte auch das Modell, das ihm als Fotografiervorlage diente, sowie zahlreiche Dokumente aus, die Recherchen und das Umfeld der Werkentstehung festhalten.[2] Eine solche Installation schien bis dahin Kuratoren mit kunstsoziologischem Interesse vorbehalten zu sein. So fand im selben Jahr in Madrid in der Fundación Juan March die Ausstellung *Roy Lichtenstein. Beginning to End* statt, die, anders als eine übliche Retrospektive, neben den Werken genauso ihre Genese zum Thema hatte, also Skizzen und Atelierfotos, aber auch Interviews mit ehemaligen Mitarbeitern Lichtensteins zeigte.[3] Gab man hier den einzelnen Werken eine Geschichte, ja bediente man die Neugier des Publikums nach Blicken hinter die Kulissen, so nutzte Demand das erzählerische Potential seiner Arbeitsweise selbst aus und legte offen, mit Hilfe welcher wissenschaftlicher Quellen und technischer Gerätschaften er sein Foto machte. Ähnlich betätigen sich heutzutage viele Künstler als Soziologen in eigener Sache, und statt zur Reflexion des Kunstbegriffs beizutragen, analysieren sie den Kunstbetrieb. Deshalb lässt sich diagnostizieren: Der Ertrag der Kunst besteht mittlerweile in der Soziologie der Kunst.

Oft werden auch Kataloge dazu genutzt, ein »Making of« einzelner Werke in Szene zu setzen.[4] So reproduzierte Leni Hoffmann sogar die Pläne eines Ingenieurbüros für Tragwerksplanung, um offenzulegen, wie Einbauten in einen Ausstellungsraum vorgenommen wurden.[5] Tobias Rehberger führte in einem Katalog zugleich dessen eigene Entstehung vor, hielt also Layout-Ideen und Korrekturen in den Texten fest. So wurde transparenter, wer alles mitarbeitete.[6] Damien Hirst stellte ein ganzes Buch zusammen, das die Arbeit an *For the Love of God* (2007) dokumentiert und darlegt, welche Fachleute im Zuge der Planung und Herstellung des diamantenbesetzten Schädels herangezogen wurden.[7] Wer derartige Publikationen durchblättert, stimmt dem an Akademien kursierenden Bonmot zu, wonach man im Lauf eines Kunststudiums doch vor allem lernen sollte, wie das Branchentelefonbuch benutzt wird.

Zwar ist es kaum noch eine Überraschung, dass die meisten Künstler nicht für sich alleine tätig sind, aber Einblicke in die Arbeitsverhältnisse in einem Atelier oder in die Genese eines Werks haben immer wieder Neuigkeitswert. Was bisher das Metier von Kunstwissenschaftlern und Kunstsoziologen war, haben viele Künstler somit als eigene Aufgabe entdeckt. Sie entwickeln eine erstaunliche Findigkeit darin, Arbeiten, die für sich genommen vielleicht sogar schwer zugänglich sind, spannend aufzubereiten. Statt sich am meisten davon zu versprechen, ihre Werke im White Cube zu isolieren, ja sie durch Freistellung ihrer Bezüge zu entheben und damit hermetisch zu machen, ziehen sie es vor, die Zusammenhänge und Kausalitäten darzustellen, in denen die Arbeiten entstehen. War der White Cube das Symbol für die Verwandlung der Kunst in Philosophie, da alles in ihm ein Werk zu sein behauptet und damit oft erst die Frage nach dem Wesen der Kunst aufwirft, so ist Making of das Paradigma der Kunst, die sich ihrer eigenen Soziologie annimmt.

Der Künstler als Kunde des Kunstbetriebs

So sehr sich Kunstsoziologen über viel neues Material freuen, so sehr verstört sie aber auch, dass das, was sie früher eigens erforschen mussten, nun schon von Künstlerseite aufbereitet geliefert wird. Rekonstruierten Kunsthistoriker bisher in oft mühsamer Quellenarbeit, wie etwa der Atelierbetrieb bei Alten Meistern organisiert war, so engagieren deren heutige Nachfolger gleich selbst einen Kunstwissenschaftler, der über ihre Arbeitsabläufe schreibt. Olafur Eliasson beispielsweise hat Philip Ursprung beauftragt, für einen opulenten Band über sein Studio einen Text über die Teamarbeit zu verfassen, in der seine Werke entstehen. Sachliche Informationen zur Arbeitsbiografie des Künstlers verbinden sich hierbei mit Elementen einer Homestory, die den Eindruck eines lockeren Arbeitsklimas erzeugen sollen. Der Künstler selbst erscheint als Konzept- und Ideengeber, der Architekten, Handwerker, Naturwissenschaftler und sogar andere Künstler in seinem Team hat. Er tritt »innerhalb seines eigenen Studios wie ein Kunde« auf. Damit ist er, so wird berichtet, nicht der »ganz auf sich gestellte Urheber, der alle Phasen eines Projekts, von der ersten Entwurfsskizze bis zur fertigen Realisierung, selber in der Hand haben will«, sondern jemand, der den »einzelnen Mitarbeiter[n] viel freien Raum für ihre eigene Kreativität« zugesteht, also von dem profitiert, was sie entwickeln.[8] In einem Interview, das Ursprung mit Eliasson im selben Band führt, bekräftigt dieser, dass die »Leistung« seiner Mitarbeiter »Inspiration für mich« sei.[9]

Berichte von Atelierbesuchen lancieren auch andere Künstler, weshalb man schon von einem neuen Textgenre sprechen kann.[10] Dessen primärer Zweck besteht darin, einen Künstler imagefördernd als Schaltstelle eines größeren Betriebs darzustellen: Wie viele Mitarbeiter das Atelier bevölkern, wie viele Flugmeilen pro Jahr anfallen, wie viele Arbeitsstunden in einem Werk stecken, wie viele Ausstellungen vorzubereiten sind – diese Sujets werden in solchen Texten bevorzugt behandelt. Je stärker das Selbstverständnis eines Künstlers dabei von traditionellen Autonomie-Vorstellungen abweicht, desto eher scheint er auch geneigt zu sein, das eigens mitzuteilen. Thema ist dann sogar oft seine Abhängigkeit von den Kompetenzen anderer Menschen – und die Auflistung all dessen, was er nicht selbst macht oder auch gar nicht kann.

Ein Artikel über Dominique Gonzalez-Foerster, in der *ZEIT* anlässlich ihres Beitrags zu den *Skulptur. Projekten* in Münster 2007 veröffentlicht, zeichnete das Bild einer Künstlerin, der viele Fähigkeiten gerade abgehen. Wird sie zuerst mit dem Satz zitiert, sie könne »nicht so gut schreiben«, weshalb eine erste Projektidee habe verworfen werden müssen, ist später davon die Rede, sie sei beim Entstehungsprozess ihrer Arbeiten »oft sogar gar nicht« beteiligt, doch »noch trifft sie alle Entscheidungen selbst«. Erscheint sie damit, wie Eliasson, lediglich als Kundin eines Teams, das für sie arbeitet, so gipfelt der Artikel in einer Selbstaussage der Künstlerin, die sie handwerklich als völlig unbeleckt darstellt: »Ich kann auch helfen, aber ich bin keine gute Bildhauerin.« Dass sie überhaupt auf die Idee kommt, einem versierten Handwerker bei einer kleinen Buddha-Figur aus Neurofix zu assistieren, ist also nur Ausdruck eines sentimentalen Gefühls, doch einmal selbst in die Werkproduktion einzugreifen. Aber eigentlich behindert sie diese damit nur.[11]

Der Beitrag über Gonzalez-Foerster ist jedoch keineswegs in kritischer Absicht verfasst. Vielmehr wird sie als höchst erfolgreiche Künstlerin porträtiert, die zwischen den Schauplätzen ihrer Ausstellungen hin und her jettet und in der Lage ist, verschiedene Projekte gleichzeitig zu realisieren, da sie sich Fachleute für jedes beliebige Material und Medium sucht, ja die Entscheidungen über solche Fragen delegiert. So ernüchternd solche Darstellungen für diejenigen sein mögen, die romantisch-expressiven Kunstbegriffen nachhängen, so sehr können sie doch zugleich eine neue Form von Künstlermythos befördern: Wenn zwar ausführlich erwähnt ist, wer mit welchem Know-how an einem Werkprozess mitwirkt, vom Künstler aber vor allem gesagt wird, was er alles nicht macht, dann erscheint seine Tätigkeit als geheimnisvolle Leerstelle. Er wird zur einzigen unbestimmten Größe inmitten des weit verzweigten und geschäftigen Kunstbetriebs, und je genauer die einzelnen Knotenpunkte des Netzwerks beschrieben werden, desto merkwürdiger nimmt sich im Kontrast dazu seine Rolle aus. Gerade das, was über das Organisieren und Ausführen hinausgeht und die »differentia specifica« eines Kunstwerks gegenüber anderen Artefakten auszumachen verspricht, bleibt also im Dunkeln.

Allerdings könnte man genauso den Schluss ziehen, dass es eine Besonderheit der Kunst gar nicht gibt. Das Kunstmachen wäre dann eine Tätigkeit wie jede andere, für die man kein Genie braucht, sondern Managementqualitäten unter Beweis stellen muss. So wie sich früher Künstlerfürsten in ihrem Auftreten an den Herrschenden ihrer Zeit orientierten, hat man es heute mit Künstlerunternehmern zu tun, die sich als Macher und Networker in Szene setzen, ja sich in Mimikry gegenüber Repräsentanten des Business als dem mittlerweile einflussreichsten Role model für gesellschaftliche Macht üben. Dazu passt, dass Künstler wie Takashi Murakami eigene Firmen gründen, die auf ihrer Website zahlreiche Produkte und Dienstleistungen offerieren. Und wenn jemand wie Damien Hirst Mitarbeiter seiner Firma entlässt, ist es sogar eine Zeitungsmeldung wert.

Doch gleichgültig, ob der Künstler als jemand erscheint, der so viel delegiert, dass rätselhaft bleibt, was er eigentlich noch selbst macht, oder ob er sich als Führungsfigur und Organisator darstellt, lässt sich darin eine Abkehr vom Ideal der Autonomie erkennen. In beiden Fällen versteht er sich nämlich nicht mehr als unabhängig, sondern sieht sich fest eingebunden in ein komplexes System. Als Kunde des Kunstbetriebs reagiert er auf Angebote und bestehende Verhältnisse. Damit wird er zu einem Konsumenten, der auswählt statt selbst alles vorzugeben.

Making of als Prominenzpostulat

Zwar haben Künstler schon seit den 1960er Jahren einzelne Faktoren des Kunstbetriebs zum Thema gemacht, doch diente, was unter dem Namen Institutionskritik bekannt wurde, vor allem ihrer Selbstbehauptung. Das Offenlegen von Strukturen sollte auf Abhängigkeiten aufmerksam machen, und dort, wo die Reinheit des »White Cube« etwa durch ökonomische Interessen einzelner Akteure des Kunstbetriebs gefährdet schien, traten Künstler wie Hans Haacke oder Andrea Fraser als Wächter auf, die gerade die Unabhängigkeit – Autonomie – der Kunst zu wahren oder zu vervollkommnen suchten.

Dieses Motiv spielt mittlerweile keine nennenswerte Rolle mehr. Im Gegenteil scheint es, als empfänden einige Künstler die Abläufe im weit verzweigten Kunstsystem sogar als erhaben und kokettierten damit, darin eingebunden zu sein. Nicht nur die Zahl der Mitarbeiter und Atelierquadratmeter, sondern ebenso das Verhältnis zu Kuratoren, Galeristen oder Sammlern wird gerne angesprochen, weil jede Kausalität, in der man steht, auch ein Zeichen eigener Wichtigkeit ist. Je dichter vernetzt sich ein Künstler zeigt, je vielfältiger er seine Arbeit herleiten und beziehen kann, desto eher wird man ihn auch für erfolgreich halten. So geht es bei der Darstellung von Vernetzungen nicht nur um »neue Legitimationsstrategien [...] der zeitgenössischen Kunst«, wie Julia Gelshorn und Tristan Weddigen bemerken[12], sondern man darf darin auch ein Statussymbol sehen. Immerhin hätte ein erfolgloser Künstler gar nicht die Möglichkeit, als Kunde des Kunstbetriebs aufzutreten, also andere für sich arbeiten zu lassen, und es eigens zum Thema zu machen, mit welchen Institutionen er zu tun hat oder welche Marktstrategien er verfolgt. Er müsste dann schon sehr gut schreiben können, um das Making of seiner Werke spannend aufzubereiten.

Ist die Präsentation aufwendiger Arbeitsprozesse aber zugleich eine Demonstration ihres Erfolgs, dann verraten die Künstler, dass sie nach denselben Kriterien gemessen werden wollen wie andere Berufsgruppen: Man soll sie dafür bewundern, dass sie das Geld haben, um sich große Räume und Angestellte zu leisten, ja soll sehen, mit welch umfangreicher Infrastruktur sie agieren und wie umfassend sie als Kunden tätig werden. Sich so stark über materielle Statussymbole darzustellen, ist sonst eher für Stars wie Sportler oder Schauspieler üblich. Diese betreiben oder beauftragen ihrerseits oft Unternehmen, die ihre Erfolge vermarkten und mehren. Über ihren Lebensstil sowie ihre Arbeit wird in den Homestorys der einschlägigen Magazine, in Fernsehfeatures oder Filmen

breit berichtet, ja man befriedigt die Neugier des
Publikums mit Backstage-Informationen. Wenn
Künstler von sich aus so viel über ihre Arbeit preis-
geben, erheben sie damit also zugleich ein Postulat
auf Prominenz: Sie suggerieren, genauso wichtig –
von allgemeinem öffentlichen Interesse – zu sein
wie ein VIP aus einer anderen Branche.

Für Vertreter der Avantgarde – Mondrian,
Beckmann oder Newman – wäre es hingegen noch
undenkbar gewesen, die Genese einzelner Werke
in Büchern oder Filmen offenzulegen und Interes-
sierte an ihrer Arbeitsweise teilhaben zu lassen.
Damit wäre der hehre Anspruch, als Künstler das
gänzlich Andere gegenüber dem Vertrauten und
Alltäglichen zu machen, ja Ausnahmezustände, Pro-
vokationen und Schocks auszulösen, unterlaufen
worden, ist doch die Essenz wohl jedes Making of-
Reports, dass überall mit Wasser gekocht wird.
Allein Artisten wie Picasso störte es nicht, als Stars
auch Unterhaltungsbedürfnisse eines breiteren
Publikums zu befriedigen und sich etwa beim Malen
filmen zu lassen. Heute hingegen, in einer nach-
avantgardistischen Zeit, ist fast jeder Künstler eifrig
darum bemüht, abwechslungsreich-lebensnahe
Zugänge zur Kunst und daher gerade Making of-
Geschichten zu bieten. Damit also etwa abstrakte
Gemälde Gerhard Richters nicht länger spröde wir-
ken, bereitet man sie im Bildband entsprechend
auf: Fotos verschiedener Entwicklungsstadien und
zusätzliche Fotos von der jeweiligen Ateliersituation
dienen vor allem der Befriedigung von Neugier.[13]

Künstler sind somit nicht länger Außenseiter
oder Instanzen, die Gegenentwürfe zu herrschenden Verhältnissen entwickeln. Vielmehr ge-
hören sie in die glamouröse Welt des Starkults,
wobei sie es oft besser als die Vertreter anderer
Berufsgruppen verstehen, ihre eigene Tätigkeit
wirkungsvoll in Szene zu setzen. Dass in vielen
Werken, erst recht aber in deren Aufbereitung und
Darstellung, sei es durch die Künstler selbst oder

aber durch ihnen nahestehende Autoren, Redak-
teure und Kuratoren, kaum etwas so beliebt ist
wie Making of-Strategien, ist ebenso Grund wie Beweis für eine neue Popularität der Kunst. Und
wenn Künstler zu ihren eigenen Soziologen werden,
zeugt das weniger von wissenschaftlichem Impetus
als von der Einsicht, damit am meisten Interesse
wecken zu können. Als kreative Unternehmer,
flexible Organisatoren, kosmopolitane Multitasker
oder findige Kompetenzkonsumenten mutieren
die Künstler zur vermeintlich edelsten Spezies von
Geschäftsleuten – und damit zu von vielen bewun-
derten Vorbildern.

1   Arthur C. Danto, *The Philosophical Disenfranchisement of
Art*, New York 1986, deutsch unter dem Titel *Die philosophische
Entmündigung der Kunst*, München 1993, S. 139.
2   Siehe dazu *Thomas Demand: Processo grottesco*, Ausst.-Kat.
Fondazione Prada, Mailand 2007.
3   Siehe dazu *Roy Lichtenstein. Beginning to End*, Ausst.-Kat.
Fundación Juan March, Madrid 2007.
4   Siehe Wolfgang Ullrich, »›Erwin anrufen‹ – oder wie wird
künstlerische Kreativität (mit)geteilt?«, in: ders., *Gesucht: Kunst!
Phantombild eines Jokers*, Berlin 2007, S. 134–169, hier S. 152ff.
5   Leni Hoffmann, *beautiful one day – perfect the next.
Arbeiten 1997–2004*, Ausst.-Kat. Kunstverein Hannover 2004.
6   Siehe *Tobias Rehberger: Geläut – bis ich's hör*, Aust.-Kat.
Museum für Neue Kunst | ZKM Karlsruhe 2002.
7   Damien Hirst und Jason Beard (Hrsg.), *For the Love of God.
The Making of the Diamond Scull*, London 2007.
8   Philip Ursprung, »Vom Beobachter zum Teilnehmer.
In Olafur Eliassons Atelier«, in: *Studio Olafur Eliasson. An
Encyclopedia*, Köln 2008, S. 20–31, hier S. 20, 22.
9   Olafur Eliasson, in: ebd., S. 367.
10   Siehe z. B. Robert Rosenblum: »Dream Machine«, in: *Jeff
Koons. Easyfun – Etheral*, Ausst.-Kat. Deutsche Guggenheim
Berlin 2000, S. 46–56; Scott Rothkopf, »Takashi Murakami:
Firmenmensch«, in: © *Murakami*, Ausst.-Kat. Museum für
Moderne Kunst, Frankfurt am Main 2008, S. 79–96.
11   Ulrich Stock, »Die Wiese der Kunst«, in: *DIE ZEIT* vom
7. Juni 2007.
12   Julia Gelshorn und Tristan Weddigen: »Das Netzwerk. Zu einem Denkbild in Kunst und Wissenschaft«, in: Hubert Locher und
Peter J. Schneemann (Hrsg.): *Grammatik der Kunstgeschichte. Oskar
Bätschmann zum 65. Geburtstag*, Zürich 2008, S. 54–77, hier S. 60f.
13   Siehe Robert Storr, *Gerhard Richter. Die Cage-Bilder*,
Köln 2009.

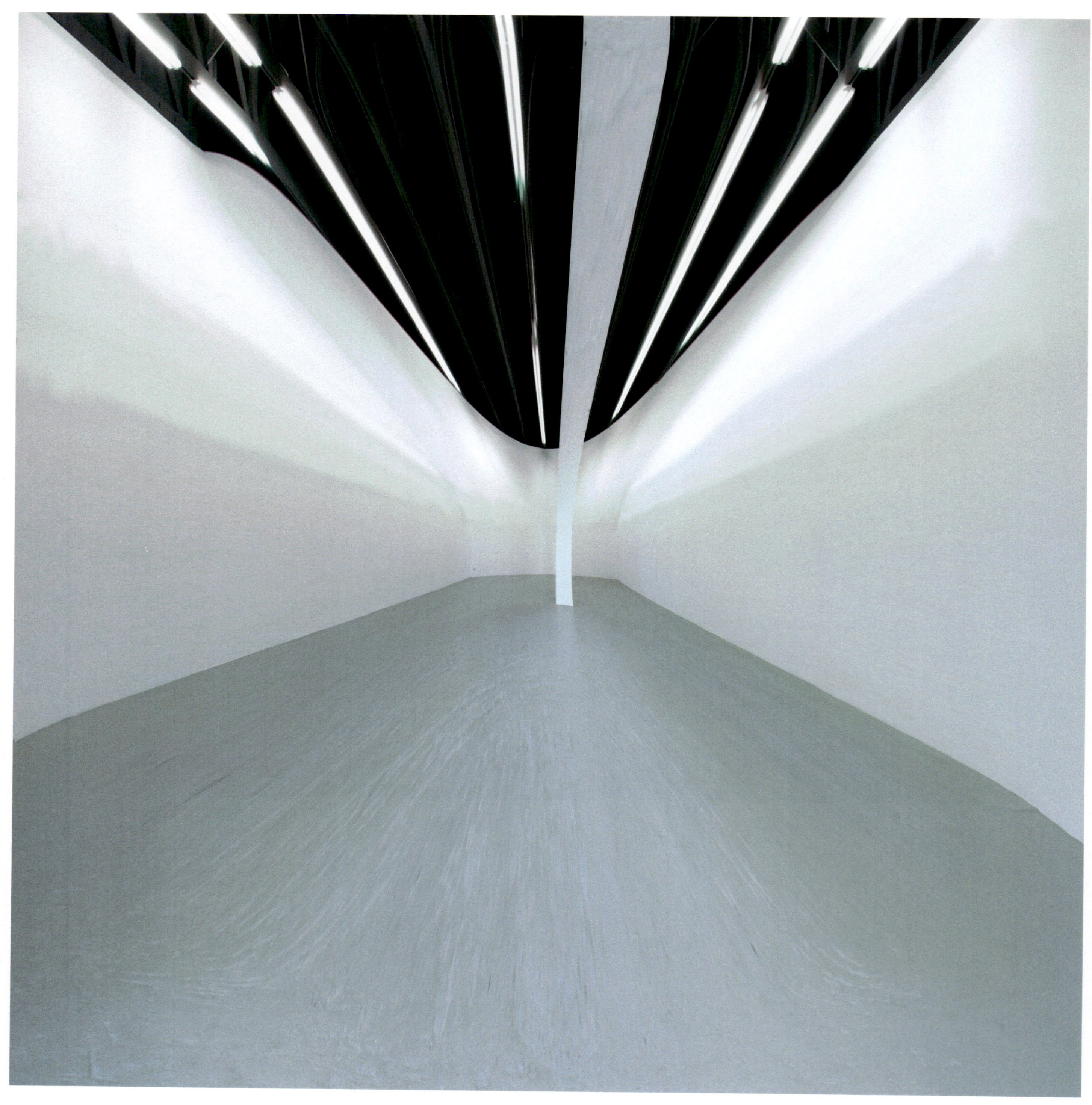

Michael Elmgreen/Ingar Dragset
Copenhagen–New York–Milan–Berlin, 2003
Vier/Four C-Prints
Je 60 x 60 cm each
DekaBank-Kunstsammlung

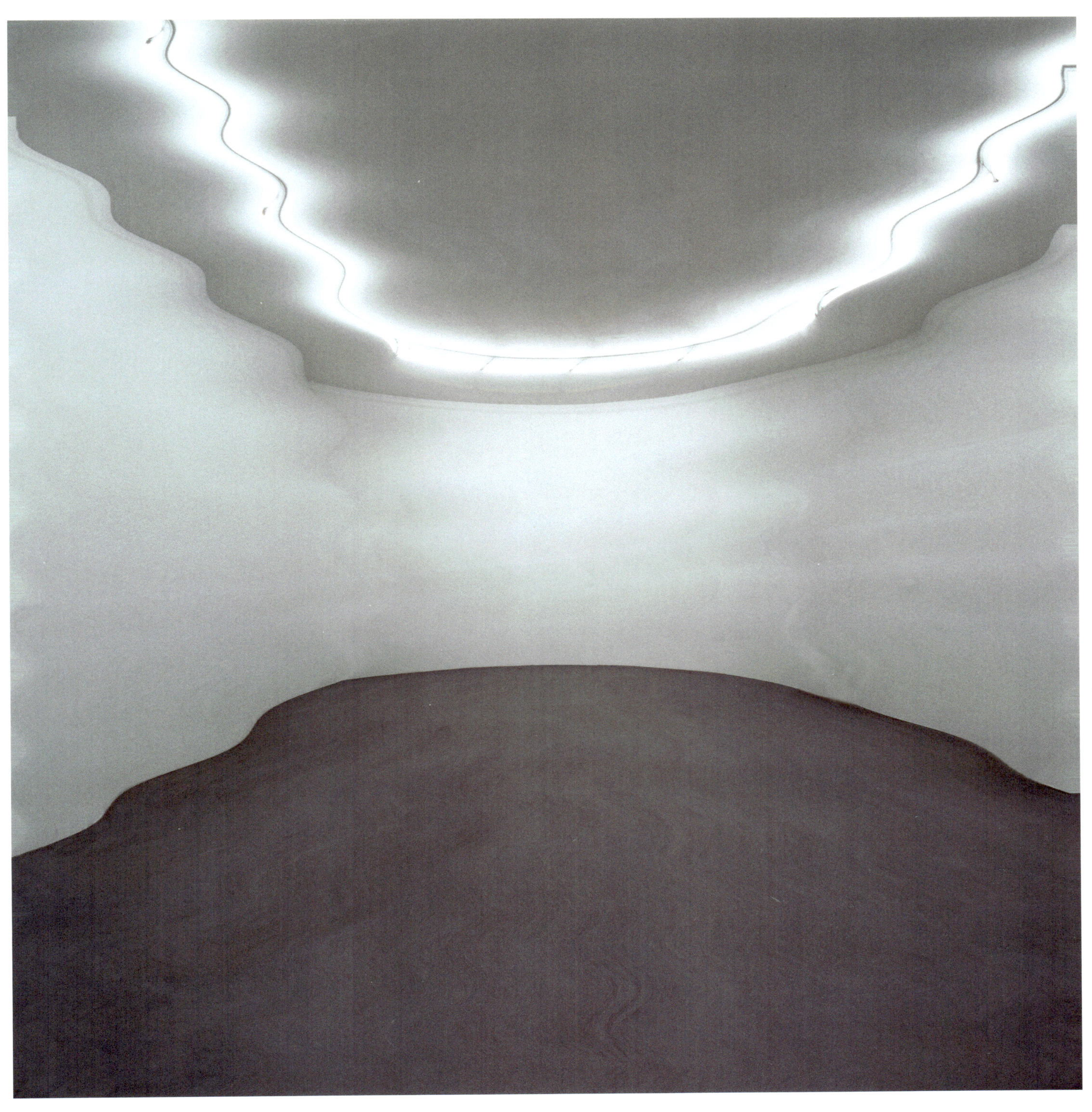

ELMGREEN/DRAGSET
MICHAEL ELMGREEN *1961
in Dänemark/Denmark
INGAR DRAGSET *1969
in Norwegen/Norway
Leben und arbeiten in Berlin/Live and
work in Berlin

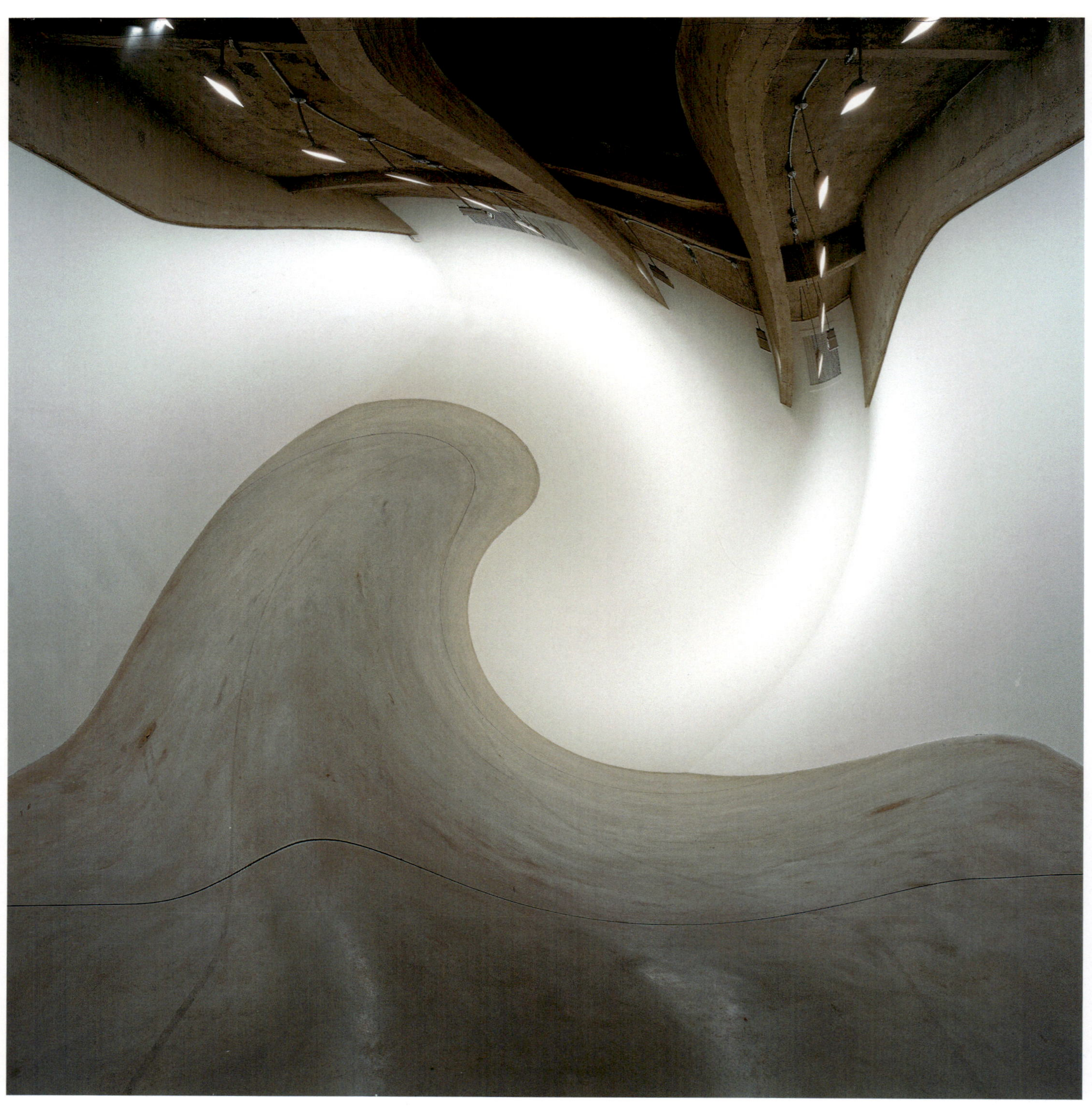

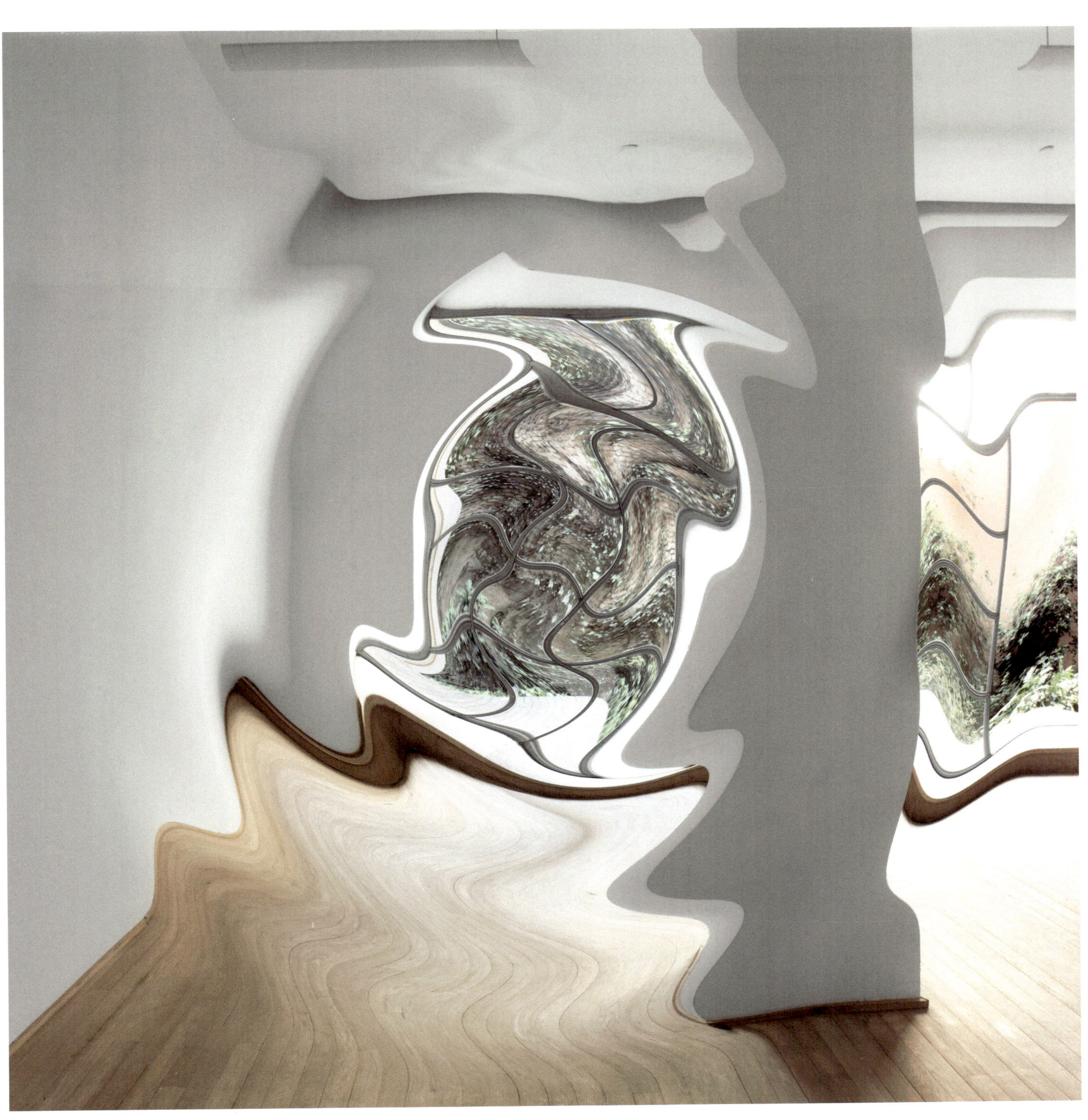

Tracey Emin 1997.

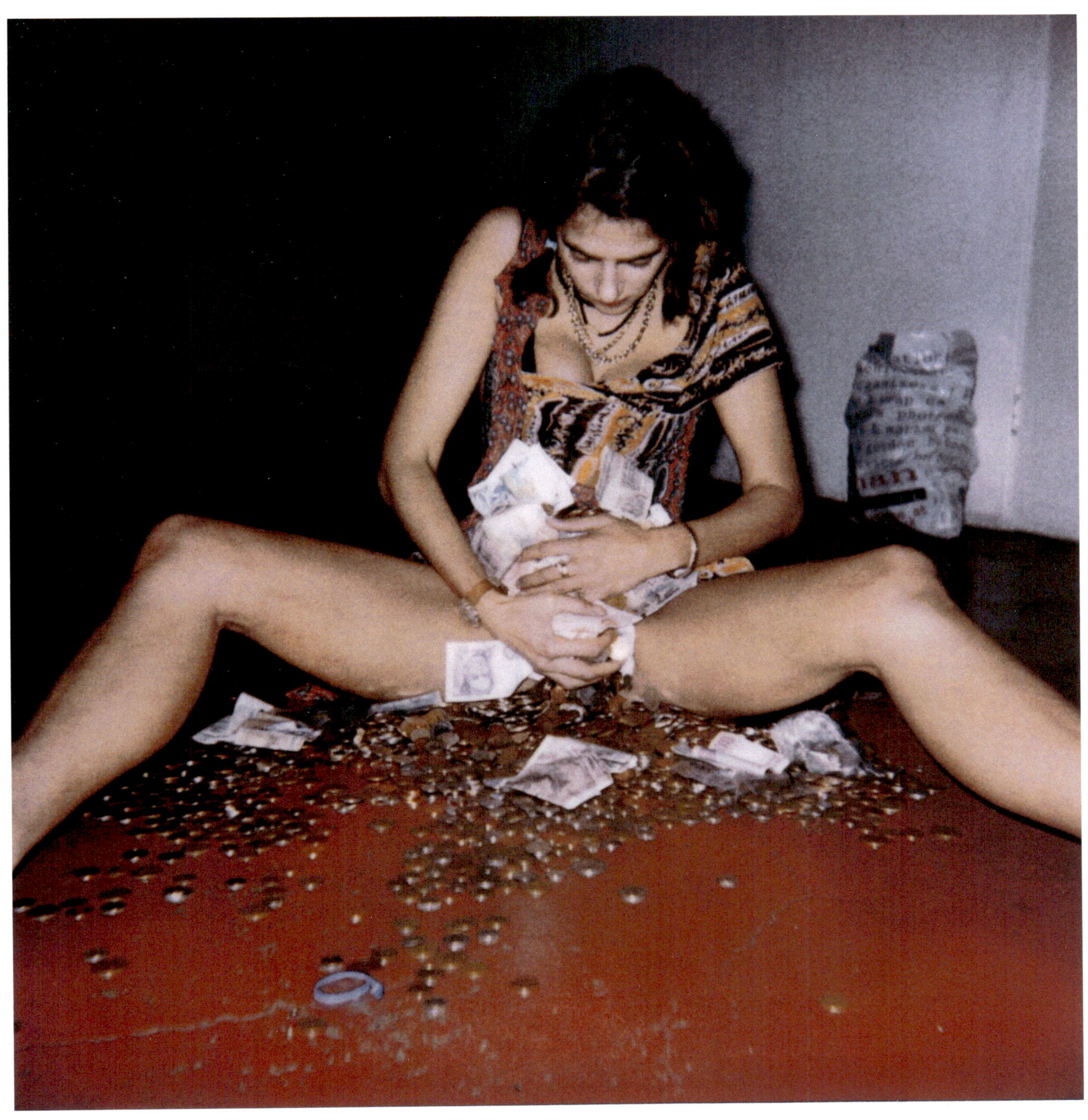

Tracey Emin
I Need Art like I Need God, 1997
Monoprint auf Papier/
Monoprint on paper
42 x 29,5 cm
Sammlung Boros, Berlin

Tracey Emin
I've Got it All, 2000
Ink-jet print
124 x 109 cm
The Saatchi Gallery, London

TRACEY EMIN
**1963 in London*
Lebt und arbeitet in London/
Lives and works in London

DAN FISCHER
**1977 in New York*
Lebt und arbeitet in Bay Shore,
New York/Lives and works in
Bay Shore, New York

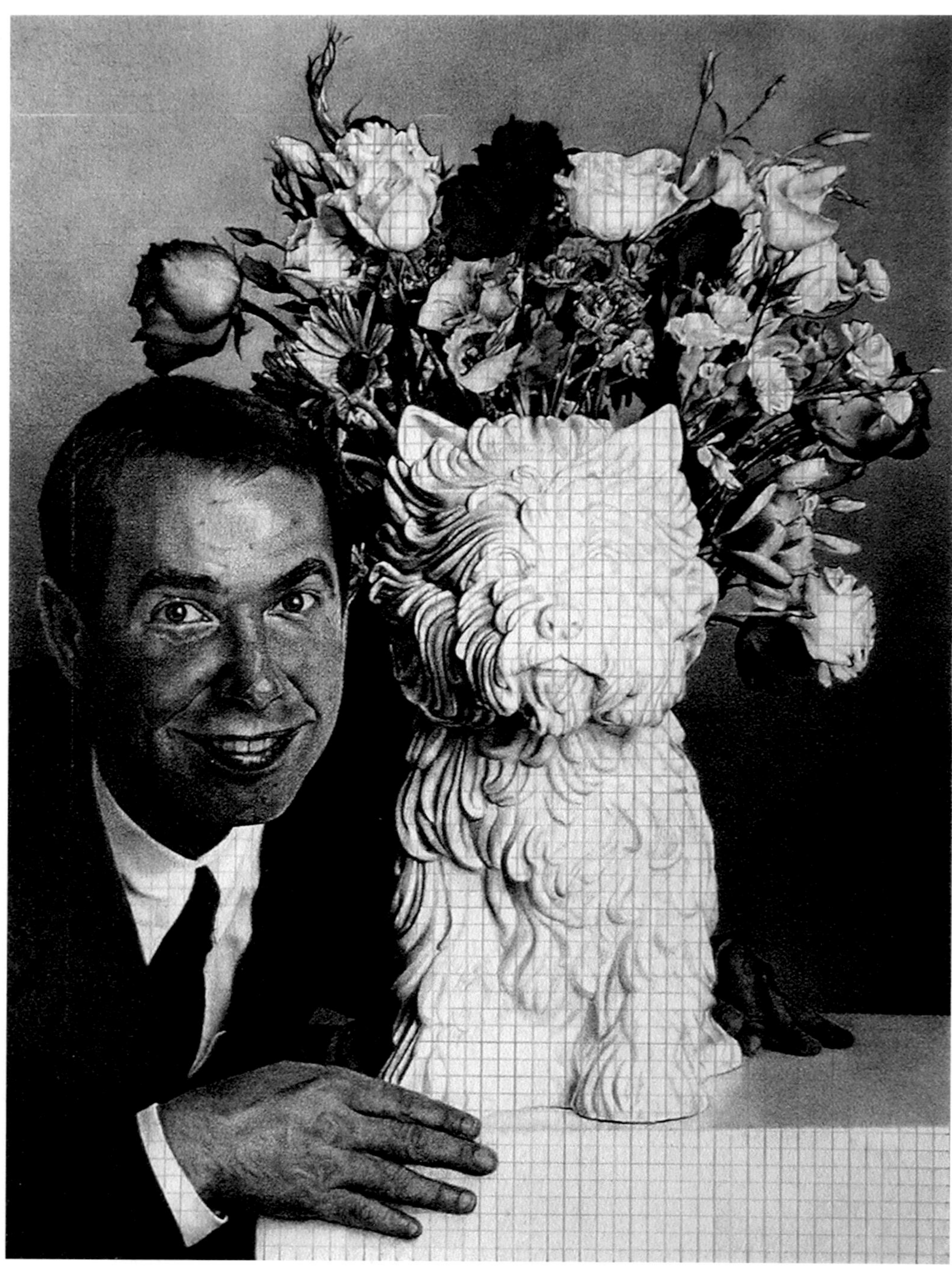

Dan Fischer
Jeff Koons, 2002
Grafit auf Papier/Graphite on paper
56,8 × 38,4 cm
Collection of AG Rosen, Courtesy of the
Derek Eller Gallery, New York

Dan Fischer
Hannah Wilke, 2005
Grafit auf Papier/Graphite on paper
38,1 × 28,5 cm
Collection Glenn Fuhrman, New York,
Courtesy of The FLAG Art Foundation

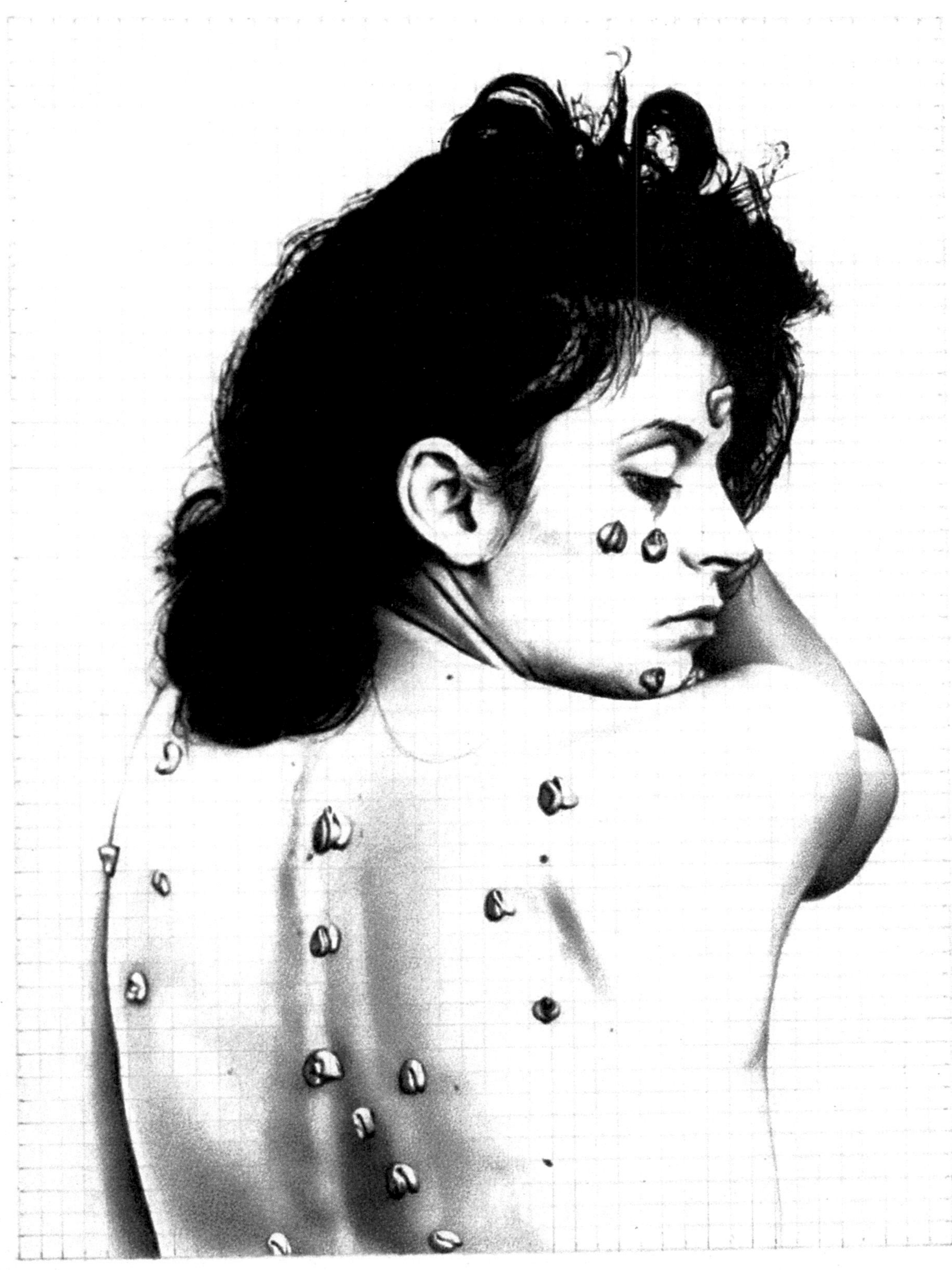

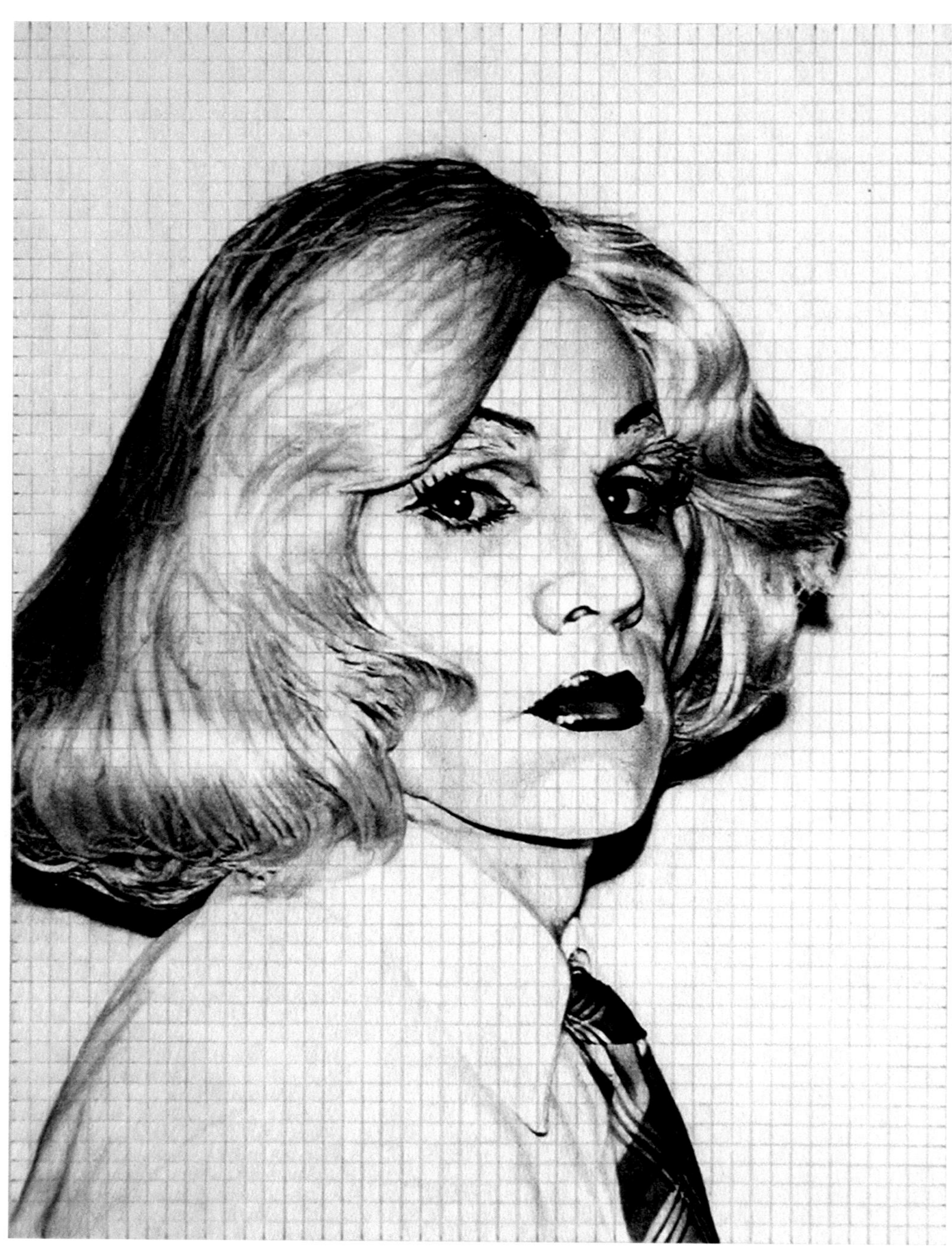

Dan Fischer
Andy Warhol in Wig, 2004
Grafit auf Papier/Graphite on paper
45,7 x 35,6 cm
Collection Paul Morris, New York

Dan Fischer
Jean-Michel Basquiat, 2003
Grafit auf Papier/Graphite on paper
56,8 x 45,1 cm
Courtesy of the Derek Eller Gallery,
New York

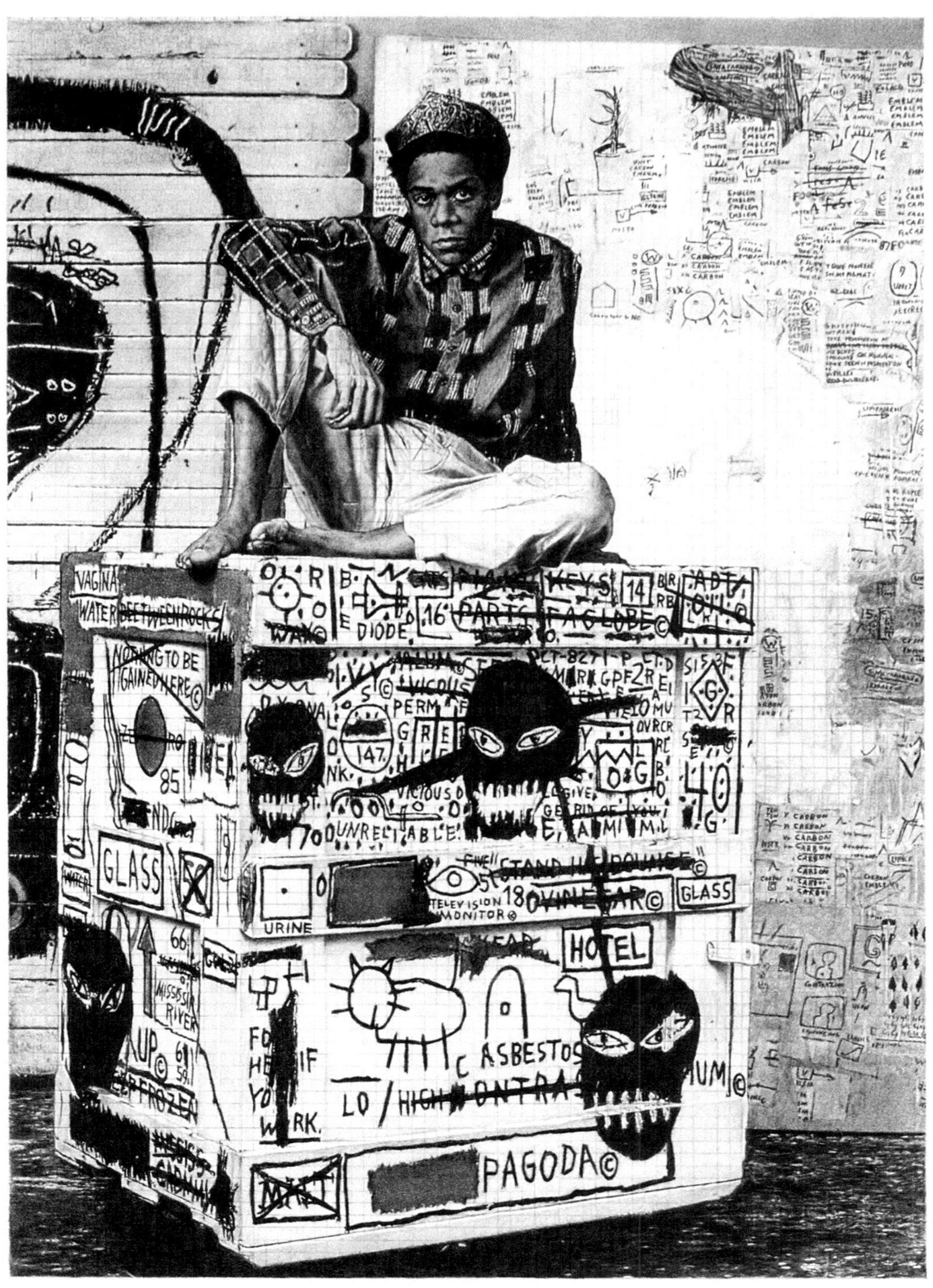

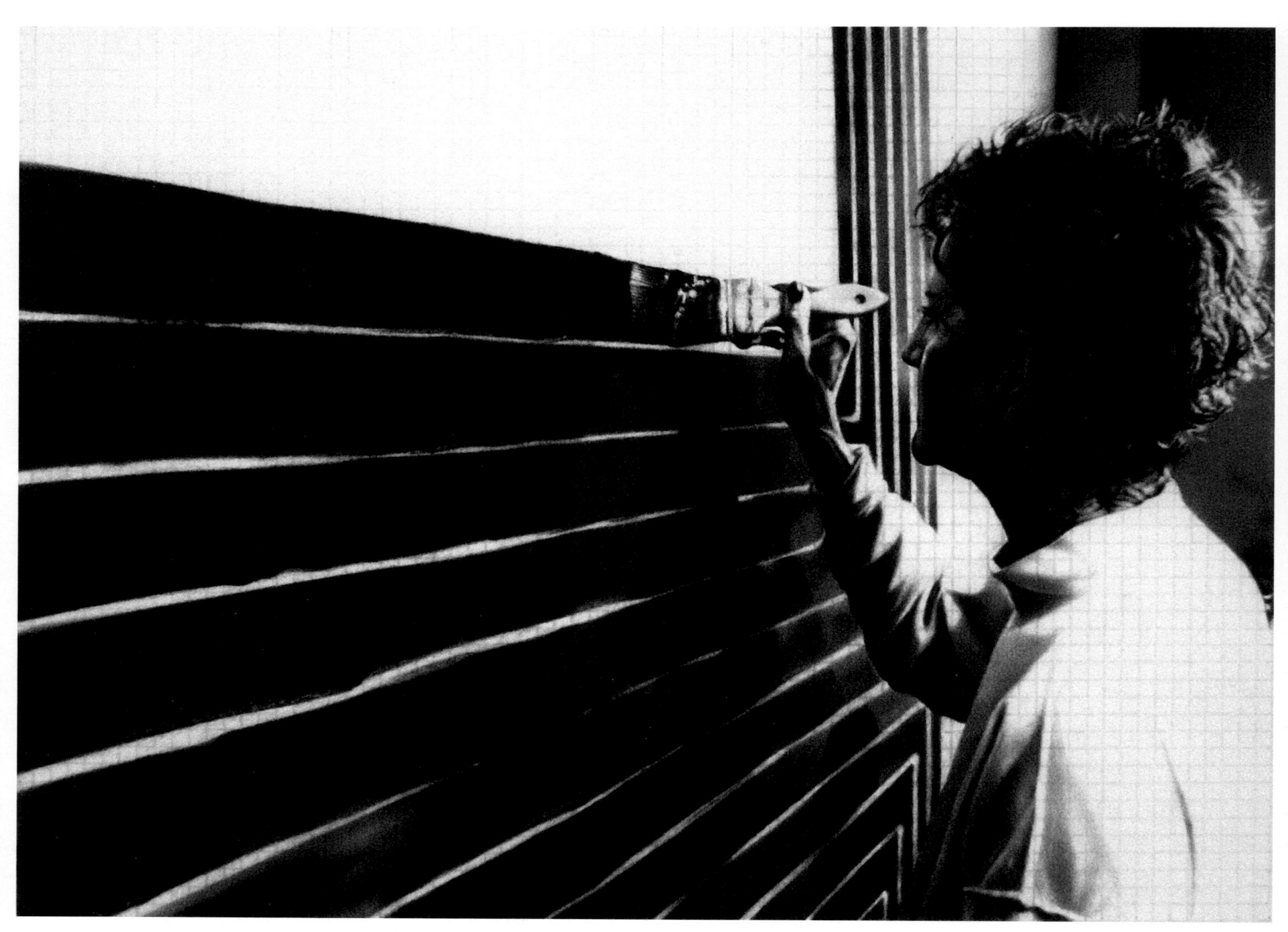

Dan Fischer
Elaine Sturtevant, 2006
Grafit auf Papier/Graphite on paper
43,2 x 47,6 cm
Collection Glenn Fuhrman, New York,
Courtesy of The FLAG Art Foundation

Dan Fischer
Vito Acconci, 2006
Grafit auf Papier/Graphite on paper
45,1 cm x 31,8 cm
Collection Glenn Fuhrman, New York,
Courtesy of The FLAG Art Foundation

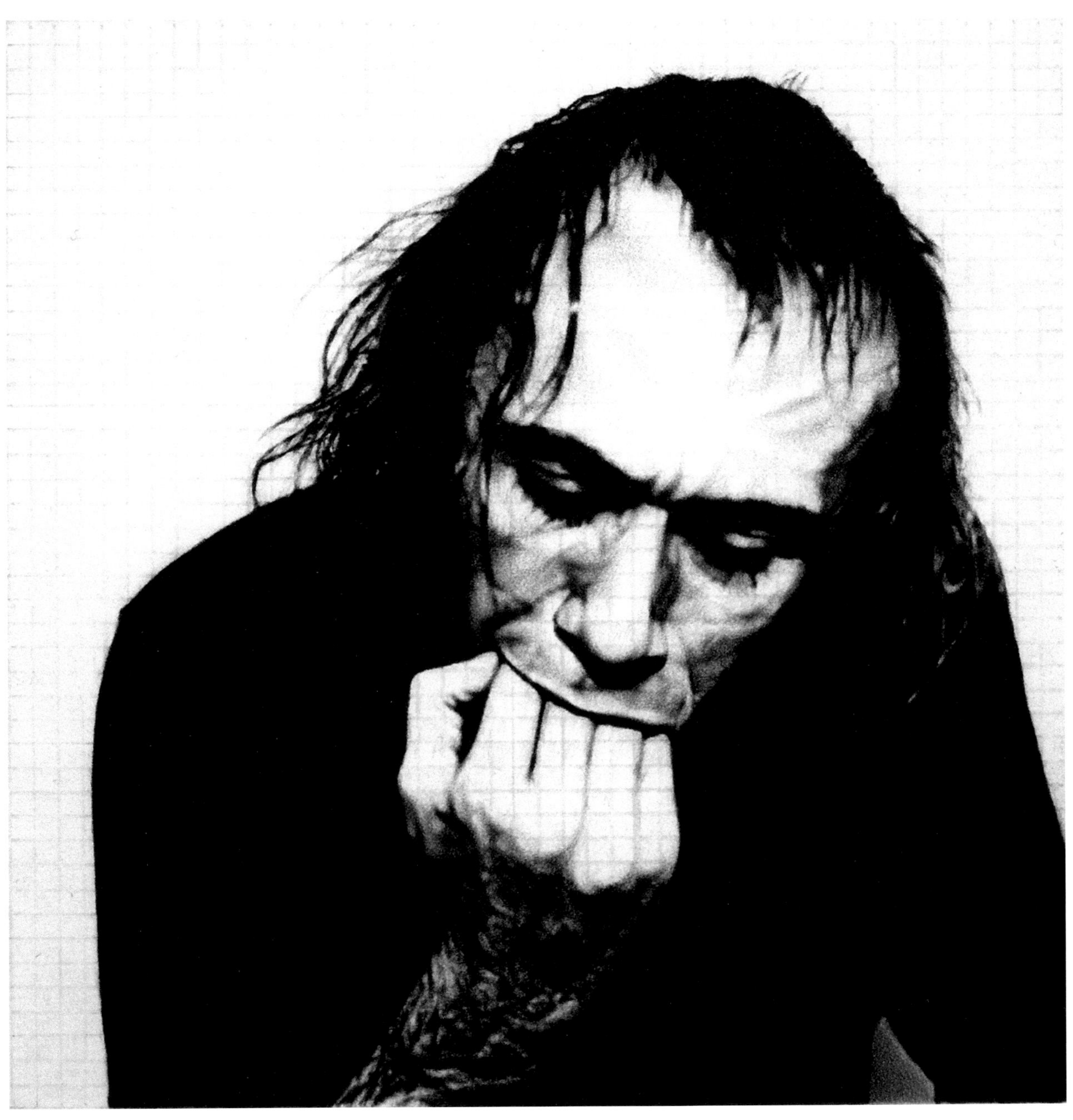

Wolfgang Ullrich

Art as the Sociology of Art

From the White Cube to the Making-of

In 1986, Arthur C. Danto created a stir with his thesis that art had been disenfranchised by philosophy. For him, this followed from the observation that in modernity it is no longer possible to name specific qualities that identify something as art. Hence it has to be first discussed whether, say, a ready-made, a chance image, or a snapshot will be granted the status of a work of art; the difference between art and non-art can only be determined philosophically. For Danto, the work of many twentieth-century artists consists primarily of experiments to determine the conditions under which something can be considered art. The "whole main point of art" has become "pursu[ing] the question of its own identity."[1] Artists such as Marcel Duchamp, Jasper Johns, Helène Sturtevant, Thomas Ruff, and Tino Sehgal have indeed become famous for works that raise the philosophical question "What is art?" in new ways. The fruits of art thus consist, according to Danto, in the philosophy of art.

It seems time to replace Danto's thesis with a different one. Although there may still be numerous artists exploring what is considered art, many are much more interested in something else. Rather than being satisfied with producing many different forms of works, they take the very process of working as their theme; they reveal the steps in which a work was produced, who took part in it, or how they see their own role in the art business. Artists such as Olafur Eliasson, Damien Hirst, and Christian Jankowski are just as concerned with the presentation of their works as with the works themselves. In some cases, the production of a making-of has even become part of their oeuvre.

In 2007, Thomas Demand not only presented his photograph *Grotte* (Grotto, 2006) at the Fondazione Prada in Venice, he also exhibited the model on which his photograph was based as well as numerous documents recording his research and the circumstances surrounding the origin of the work.[2] Previously, this kind of installation would have been the preserve of curators with an interest in the sociology of art. That same year, for example, the exhibition *Roy Lichtenstein: Beginning to End* was held at the Fundación Juan March in Madrid. Unlike a typical retrospective, it treated not only the works but also their genesis—that is, sketches, photographs of his studio, as well as interviews with Lichtenstein's former assistants.[3] Whereas the latter exhibition provided a story for the individual works and appealed to the audience's curiosity to look behind the scenes, Demand himself exploited the narrative potential of his way of working and revealed the scientific sources and technical equipment that helped him produce his photograph. Similarly, many artists today are active as sociologists on their own behalf; rather than contributing to reflection on the concept of art, they analyze the art world. This suggests the diagnosis that the fruits of art now lie in the sociology of art.

Catalogues are often used to present a making-of about a specific work.[4] For example, Leni Hoffmann even reproduced the plans that an engineer's office submitted for the supporting structures to illustrate how the built-ins were installed in an exhibition space.[5] In another catalogue, Tobias Rehberger presented the production of the catalogue itself, commenting in the texts on the ideas for the layout and the proofreading. This made more transparent who had worked on it.[6] Damien Hirst assembled an entire book documenting the work on *For the Love of God* (2007) and presented the experts who were called on during the planning and production of this diamond-studded skull.[7] Anyone leafing through such publications would agree with the *bon mot* currently circulating at art academies: that the most important thing to learn when studying art is how to use the local business directory.

Although it hardly comes as a surprise that most artists are not active for themselves alone, insights into the working conditions in a studio or the genesis of a work sometimes have novelty value. Many artists have thus taken on a task that was previously the métier of art historians and sociologists of art. They are developing an astonishing resourcefulness in making works exciting that by themselves might even be difficult to approach. Rather than expecting the most from isolating their works in the white cube—indeed, relieving them by dissolving all their references and thereby making them hermetic—they prefer to present the contexts and causalities in which their works were created. If the white cube was the symbol of art's transformation into philosophy, since everything in it claimed to be a work of art and therefore often raised the question of the essence of art in the first place, the making-of is the paradigm for art that does its own sociology.

The Artist as a Client of the Art World

As much as sociologists of art enjoy having lots of new material, they are also disturbed to see the things they previously had to research themselves being provided in finished form by artists. Whereas art historians once had to do tedious source research in order to reconstruct, say, the activities in an old master's studio, the latter's present-day successors hire scholars to write about the production process. Olafur Eliasson, for example, commissioned Philip Ursprung to write an essay for an opulent volume about his studio in order to detail the teamwork with which his works are produced. Factual information concerning the artist's biography is combined with elements of a human-interest story intended to give the impression of a relaxed working atmosphere. The artist appears to be "someone who provide[s] concepts and ideas," who has architects, artisans, scientists, and even other artists on his team. He seems "like a client in his own studio." Hence, Ursprung reports, he is not the "totally independent creator demanding full control at every stage of a project, from first sketches to finished product," but rather someone who grants "individual members of the team … plenty of room for their own creativity," that is, who profits from what they develop.[8] In an interview Ursprung conducted with Eliasson and published in the same volume, the artist confirms that the "performance" of his coworkers "will inspire me in return."[9]

Reports on studio visits have also been circulated by other artists, which is why one can already speak of a new genre of writing.[10] Its primary objective is to promote an artist's image by portraying him or her as being at the wheel of a larger operation: how many workers populate the studio, how many miles a year they fly, how many hours a week they work, how many exhibitions they have to prepare—such texts like to cover these topics. The more an artist's self-image deviates from traditional conceptions of autonomy, the more likely he or she will be inclined to say so. There is frequently even talk of depending on the skills of other people— and a list of all the things one does not, or even cannot, do.

An article on Dominique Gonzalez-Foerster, published in *Die Zeit* in 2007 on the occasion of her contribution to *Skulptur. Projekten 2007,* sketches a portrait of an artist who lacks many skills. First she is quoted saying she "can't write so well," which is why her first project proposal was rejected; later it is said she participates "often not at all" in the creation of her works, "nor does she make all the decisions herself." If this makes her appear, like

Eliasson, to be a client of a team that works for her, the article culminates in a statement by the artist that represents her as completely clueless: "I can help as well, but I'm not a good sculptor." That it even occurs to her to assist a skilled artisan in fashioning a small Buddha out of Neurofix is merely the expression of a sentimental emotion to indeed for once get personally involved in the production process. But in fact, she would only get in the way.[11]

The piece on Gonzalez-Foerster was by no means written with critical intent. Rather, she is portrayed as a highly successful artist who jets back and forth between her exhibition venues and is in a position to pursue various projects simultaneously, since she seeks out experts for every possible material and medium, even delegating decisions made in this respect. As sobering as such portraits might be for those who cling to romantic, expressive concepts of art, they can also encourage a new kind of myth about the artist: if there are lengthy discussions about who is contributing what kind of know-how to a given process, but most of what is said is about what the artists do not do, then their activity is seen as a mysterious void. They become the only undefined quantity amid the wide-ranging and bustling art world. The more precisely the individual nodes of the network are described, the stranger their role seems by contrast. We remain in the dark about the very thing that goes beyond organization and execution and promises to constitute the *differentia specifica* of a work of art in comparison with other artifacts.

One could, however, equally well conclude that art has no unique quality. Making art would then be an activity like any other for which it is not necessary to demonstrate genius, but only management skills. Just as artist-princes once modeled their comportment on the rulers of the day, today we have artist-entrepreneurs who present themselves as dynamic networkers and practice mimicking representatives of the business world, who have since become the most influential "role models" for power in our society. It is fitting that artists such as Takashi Murakami found their own companies to offer numerous products and services via their Web sites. And when someone like Damien Hirst lets employees go, it is considered newsworthy.

But no matter whether artists appear to delegate so much that it remains a mystery what they actually do themselves, or whether they depict themselves as leaders and organizers, it is clear there has been a turn away from the ideal of autonomy. In both cases, artists no longer see themselves as independent but rather as solidly integrated into a complex system. As clients of the art world, they respond to offers and existing relationships. Thus they become consumers who make selections instead of stipulating everything themselves.

The Making-of as a Claim to Celebrity

Although artists have addressed specific factors of the art world since as early as the sixties, what came to be known as "institutional critique" was above all a form of self-assertion. Exposing structures was supposed to draw attention to dependencies, and where the purity of the white cube appeared to be threatened by the economic interests of specific players in the art business, artists such as Hans Haacke and Andrea Fraser emerged as monitors who tried to preserve or perfect the independence—autonomy—of art.

In the meanwhile, this motif no longer plays an appreciable role. On the contrary, it seems that several artists perceived the goings-on in the widely ramified system of art to even be lofty and flirted with being part of it. They enjoy talking about not only the number of their assistants and the size of their studios but also about their relationships to curators, dealers, and collectors, since every causality to which one is subject is also a sign of importance. The more elaborate an artist's network, the more diverse the derivations and connections of the work, the more likely he or she is to be considered successful. Presenting one's networks is not just one of the "new strategies of legitimation … in contemporary art," as Julia Gelshorn and Tristan Weddigen remark,[12] but can also be seen as a status symbol. After all, unsuccessful artists would not even have the opportunity to be clients of the art world—that is, to have people working for them and to state explicitly which institutions they deal with or which marketing strategies they pursue. Then the production of an exciting making-of about their works would necessitate that they can write very well indeed.

But if the presentation of elaborate working methods is at the same time a demonstration of their success, then artists reveal that they want to be judged by the same criteria that other professions are: we are supposed to admire the fact that they have the money to afford employees and large spaces, are supposed to appreciate the elaborate infrastructure with which they operate, and how extensively they operate as clients. Presenting oneself by means of material status symbols to such a degree is otherwise more common among stars such as athletes and actors. They often operate or hire companies to market and augment their success. Their lifestyles and their work are widely reported in human-interest stories in trade journals, in television features, or in films. The public's curiosity is satisfied with behind-the-scenes information. When artists volunteer so much about their work, they assert a claim to celebrity: they suggest they are just as important—of interest to the general public—as a VIP from any other sphere.

For representatives of the avant-garde— Mondrian, Beckmann, or Newman, say—it would have been unthinkable to disclose the genesis of individual works in books or films and to share with interested parties their approach to their work. That would have undercut the noble ambition of artists to make themselves the complete opposite of the familiar and quotidian—indeed to cause states of emergency, provocation, and shock—since the essence of every making-of is that everyone puts on his or her pants one leg at a time. Only artists like Picasso were not bothered by the star's obligation to satisfy a broader audience's desire for entertainment by allowing themselves to be filmed. Today, by contrast, in a post–avant-garde era, nearly every artist is busily striving to provide eventful, realistic approaches to art and thus offering making-of stories in particular. To ensure Gerhard Richter's abstract paintings no longer seem aloof, they are presented suitably in copiously illustrated volumes; photographs of various stages of development and additional photographs of the state of the studio at the time primarily serve to satisfy curiosity.[13]

Artists are thus no longer outsiders or authorities who provide alternatives to dominant circumstances. Rather, they are part of the glamorous world of the cult of the star. They are often better able to present their activity effectively than the representatives of other professional groups are. The fact that in many works—but especially in their dissemination and depiction, either by the artists themselves or by authors, editors, and curators close to them—nothing is as popular as making-of strategies is both the reason for and proof of art's new popularity. And if artists become their own sociologists, that is not so much testimony to a scholarly impulse as it is to the realization that is the way to attract the most interest. As creative entrepreneurs, flexible organizers, cosmopolitan multitaskers, or inventive consumers of skills, artists are mutating into the supposedly most noble species of businesspeople—and hence into much-admired role models.

1   Arthur C. Danto, *The Philosophical Disenfranchisement of Art* (New York: Columbia Univ. Press, 1986), p. 110.
2   On this, see *Thomas Demand: Processo grottesco,* exh. cat. Fondazione Prada (Milan, 2007).
3   On this, see *Roy Lichtenstein: Beginning to End,* exh. cat. Fundación Juan March (Madrid, 2007).
4   See Wolfgang Ullrich, "'Erwin anrufen'—or wie wird künstlerische Kreativität (mit)geteilt?" in id., *Gesucht: Kunst! Phantombild eines Jokers* (Berlin: Wagenbach, 2007), pp. 134–69, esp. pp. 152ff.
5   Leni Hoffmann, *beautiful one day—perfect the next: Arbeiten, 1997–2004,* exh. cat. Kunstverein Hannover (Freiburg im Breisgau: Modo, 2004).
6   See Tobias Rehberger, *Geläut—bis ich's hör,* exh. cat. Museum für Neue Kunst / ZKM Karlsruhe (Cologne: DuMont, 2002).
7   Damien Hirst and Jason Beard, eds., *For the Love of God: The Making of the Diamond Skull,* exh. cat. White Cube, London (London: Other Criteria / White Cube, 2007).
8   Philip Ursprung, "From Observer to Co-worker: In Olafur Eliasson's Studio," in *Studio Olafur Eliasson: An Encyclopedia* (Cologne: Taschen, 2008), pp. 10–19, esp. p. 10.
9   Olafur Eliasson, in ibid., p. 366.
10   See, for example, Robert Rosenblum, "Dream Machine," in *Jeff Koons: Easyfun—Ethereal,* exh. cat. Deutsche Guggenheim Berlin (New York: Harry N. Abrams, Inc., 2001), pp. 46–56; Scott Rothkopf, "Takashi Murakami: Company Man," in *©Murakami,* exh. cat. Museum of Contemporary Art (Los Angeles, 2007), pp. 128–59.
11   Ulrich Stock, "Die Wiese der Kunst," *Die Zeit* 24, June 7, 2007.
12   Julia Gelshorn and Tristan Weddigen, "Das Netzwerk: Zu einem Denkbild in Kunst und Wissenschaft," in Hubert Locher and Peter J. Schneemann, eds., *Grammatik der Kunstgeschichte: Sprachproblem und Regelwerk im "Bild-Diskurs"; Oskar Bätschmann zum 65. Geburtstag* (Zurich: Edition Imorde, 2008), pp. 54–77, esp. pp. 60–61.
13   See Robert Storr, *Gerhard Richter: The Cage Paintings* (London: Tate Publishing, 2009).

Peter Fischli/David Weiss
How to Work Better, 1991
Siebdruck auf Papier/
Silkscreen on paper
69,8 x 49,8 cm
Courtesy of Sprüth Magers,
Berlin/London

FISCHLI/WEISS
*PETER FISCHLI *1952 in Zürich/Zurich*
*DAVID WEISS *1946 in Zürich/Zurich*
Leben und arbeiten in Zürich/
Live and work in Zurich

HOW TO WORK BETTER.

1 DO ONE THING
      AT A TIME
2 KNOW THE PROBLEM
3 LEARN TO LISTEN
4 LEARN TO ASK
      QUESTIONS

5 DISTINGUISH SENSE
   FROM NONSENSE

6 ACCEPT CHANGE
      AS INEVITABLE
7 ADMIT MISTAKES
8 SAY IT SIMPLE
9 BE CALM
10 SMILE

Der geringste Widerstand

Fischli/Weiss drehen ihren Film *Der geringste Widerstand* in Los Angeles. Er entsteht in den Jahren 1980 und 1981, wenn man die Zeit der Vorbereitung mit einbezieht. Los Angeles wird als Drehort gewählt, weil David Weiss, der bereits 1967 Kalifornien bereiste, von 1979 bis 1981 dort lebt.

Im Jahr 1980 beschließen sie, gemeinsam einen kurzen Spielfilm zu drehen. David Weiss' Beobachtung vom kalifornischen Alltag mit Sonne, Helikoptern und endlosen Autofahrten bieten wichtige Hinweise für den Erstlingsfilm. Schließlich wird die Nähe zu Hollywood ein Auslöser für den *Geringsten Widerstand* gewesen sein.

Fischli/Weiss bedienen sich der amerikanischen Klischees sowie der lokalen Situation und mischen Tierparabel, Road-movie und Film Noir zu einer eigenen Geschichte. Mit dem halbstündigen Farbfilm versuchen sie sich von der selbstbezogenen Performance- und Videokunst der 70er-Jahre-Mythologien abzusetzen, wie sie in einem Interview mit Christian Pfluger äußern. Da keine Schauspieler zur Verfügung stehen und das Budget ohnehin sehr begrenzt ist, spielen sie die Hauptrollen selbst. Da Fischli/Weiss hierin aber nicht geübt sind, greifen sie zur Verkleidung. Im Kostümverleih wählen sie zwei Tierkostüme aus: Peter Fischli geht als Ratte und David Weiss als Bär. Aus Geldmangel stellen sie auch ihre Requisiten selbst her und benutzen die Drehorte nur für kurze Zeit, so dass der Film relativ schnell fertig gestellt wird. Als Filmmusik wählen sie eine Mixtur aus Schlagern und experimenteller Musik von Stephan Wittwer. Fischli/Weiss geht es im *Geringsten Widerstand* darum, eine durchgängige Handlung zu zeigen und eine fortlaufende Geschichte zu erzählen. Alle Zitate der kommenden Beschreibung sind dem Film entnommen.

Der geringste Widerstand zeigt Ratte und Bär, die in Los Angeles die Kunstwelt erkunden wollen, um das große Geld zu machen. Am Anfang fährt die Kamera durch gebastelte Straßenschluchten mit Hochhäusern aus Eierkartons und Autos aus Würstchen, wie man sie aus der *Wurstserie* kennt. Plötzlich befindet man sich im Zimmer des Bären, wo — nicht ohne Ironie — das Foto *Der Unfall* an der Wand hängt. Wie ein Helikopter kreist eine riesige Spinne über dem schlafenden Bären. Die Ratte weckt ihn durch einen Anruf und liest ihm aus der Zeitung vor: »Hör mal, was hier steht: Zunehmende Gewalt in der Kunstwelt! Bandenkrieg, Prügeleien. — Verdächtigt wird N.G. aus R., dessen Werke zu astronomischen Summen gehandelt werden und dessen aufwendiger Lebensstil schon viele arme

Leute geärgert hat.« Auf die Frage des Bären, was dieses Geschwätz denn soll, antwortet die Ratte: »Aber verstehst du nicht? Da scheint was los zu sein: Action, Kultur, Geld!« Beide verabreden sich auf einer Highwaybrücke. »Gibt es Arbeit?« fragt der Bär. »Nein, Geld«, sagt die Ratte und auf den Zweifel des Bären reagierend: »Verschiedene Quellen schieben die Schuld der schlechten Stimmung zwischen Maler und Betrachter zu. Und daraus machen wir einen Riesenwirbel und kassieren grausam wie die anderen. Wir steigen ganz groß ein, und zwar vorne, und starten senkrecht. Wir verstehen zwar nichts davon, aber das wird sich schnell und gründlich ändern. Wir machen eine Informations- und Bildungsreise.«

Voller Tatendrang besuchen sie eine schicke Galerie, wo sie zwischen (von Fischli/Weiss ironischerweise selbstgemachten) abstrakten Skulpturen — »sehr geschmackvoll, mir gefällt dieser Stil, ebenso harmonisch wie ausgewogen, so von sichtlicher Heftigkeit, zart, streng dekorativ« — plötzlich einen Toten entdecken. Nach anfänglichem nachdenklichem Zögern des Bären nehmen sie die Leiche schließlich mit, und die Ratte konstatiert: »Toter, Täter und Motiv ist die Welt vom Detektiv.«

Ihre Suche nach dem Täter führt Ratte und Bär in die Welt der reichen Oberschicht. Am Swimmingpool einer verlassenen Villa — »die Schweine sind verduftet« — liegen zwischen dem Kunstmagazin *Flash Art* und Büchern über David Hockney, Piet Mondrian und Paul Klee Dollarscheine verstreut herum. Plötzlich hören Ratte und Bär eine erotische Frauenstimme, von Pianomusik untermalt, die zu ihnen spricht: »Hallo, ist jemand da? Ich bin das gepflegte Leben, die Eleganz, du kennst mich gut. Ich bin der Tanz und die Ekstase, aber auch das Ausschlafen und Liegenbleiben. Ich bin die Schönheit und der Stil, ich bin die nicht enden wollende Gartenparty. Ich bin der Champagner aus dem Damenschuh, der Napf, aus dem du frisst, ich bin die Freiheit, mit der du spielst, ich bin das Vergnügen ohne Grund. Ich bin die Zeit, die zur Verfügung steht. Ich bin der geringste Widerstand.«

Inspiriert durch diese Worte, möchten sie nun selbst Künstler werden und halluzinieren bei der Fahrt auf dem Boulevard eine Flucht von psychedelischen Farben, kleinen Tonskulpturen und Bildern. Die skurrile Bildstrecke ist gleichzeitig Höhe- und Wendepunkt des Films. Plötzlich fällt ihnen ein Detail zum Mordfall in der Galerie ein: Die Tatwaffe ist ausgerechnet eine der abstrakten Skulpturen in der Galerie. Doch als sie dorthin zurückfahren, ist sie bereits verschwunden. Es entbrennt ein Streit über die richtige Methode zur Aufklärung des Falls, denn

der Bär möchte Kunst und Kriminalistik trennen, die Ratte jedoch möchte Künstler und Detektiv zugleich sein: »Zuallererst bin ich ein großer Romantiker, und zweitens geht das bestens zusammen. Ich glaube an die Schönheit und Wahrheit. Auf der Leinwand des Lebens ist der Polizist der Pinsel. Ein ungelöster Fall ist wie eine leere Leinwand, und die Justiz ist der gute Geschmack des Polizisten.« »Schönheit und Gerechtigkeit haben nichts miteinander zu tun. Auf Nimmerwiedersehen, Wichser«, verabschiedet sich der erzürnte Bär. Die Ratte tippt dagegen in ihre Schreibmaschine: »Schönheit und Wahrheit, Doppelpunkt, Schönheit ist nicht immer wahr und Wahrheit nicht immer schön, Komma leider.«

Ein fehlgeschlagener Mordanschlag auf die Ratte führt die beiden wieder zusammen. Nach einiger Zeit verabreden sie sich zu einem Ausflug. Treffpunkt ist der Garten des Bären, der dort aufmerksam Rosen studiert. Während der Fahrt trällert der Refrain »Ja du, du, du — ja ich, ich, ich, bald sind wir ein Paar« aus dem Radio. Nach einem Blick in den Motor machen sie gemeinsam ein Päuschen. Beim Picknick mit Sonnenuntergang und fernöstlicher Musik räsonieren sie über Chaos und die Schattenseiten des Lebens. Die Leinwand erscheint in totaler Finsternis, und ihre Stimmen aus dem Off verkünden, dass es für alles eine Erklärung gibt.

Als nächstes fällt der Blick auf selbstgemalte Diagramme. Sie stammen von Ratte und Bär, die sich im Halbdunkeln an einem Tisch gegenübersitzen und ihre philosophischen Betrachtungen austauschen. »Plötzlich diese Übersicht! — Die Wahrheit kommt ans Tageslicht, wenn man sich den Kopf zerbricht. — Ach, ein Genuss, diese Klarheit! — Ordnung ist Schönheit! — Nur bedingt, so weit würde ich noch nicht gehen. — Wie einfach im Grunde alles ist. — Nur sehen das die wenigsten. — Keine verbreitete Ansicht. — Die armen Verwirrten haben keine Ahnung. — Die reichen auch nicht. — Wir bringen Licht ins Dunkel.« Unter dem Titel *Ordnung und Reinlichkeit* fassen sie ihre »Meisterwerke« zusammen und packen sie — wie eine erbeutete Geldsumme — in einen Koffer. Mit diesem fliegen Ratte und Bär in einem Hubschrauber schließlich davon. Nach dem Abspann sind die beiden noch einmal kurz zu sehen, wie sie vergnügt miteinander tanzen. Nach Ende der Filmvorführung konnten die Zuschauer die »Weisheiten« erwerben und die kopierten Heftchen *Ordnung und Reinlichkeit* für fünf Franken an der Kinokasse kaufen.

Unterhaltsam, treffend und hintergründig schildert *Der geringste Widerstand* die herrschenden Lebensumstände, das Künstlerdasein und die komplexe Realität

des Kunstbetriebs um 1980. Damit
werden zugleich die Produktionsbedin-
gungen der Zusammenarbeit von Fischli/
Weiss offengelegt. Die schlitzohrige Ratte
und der verträumte Bär sind auf die
glamouröse Kunstwelt neugierig, die
alsbald schon skrupellos und oberflächlich
erscheint. Mit deutlichen Worten ziehen
sie gängige Vorstellungen von Malerei
und Skulptur sowie die dekadente
Kunstszene ins Lächerliche, spötteln über
Schönheitssinn und Wahrheitsfindung.
Am Anfang und am Ende entlarven sie das
Geheimnis des Kunstschaffens auf sehr
persönliche Weise: Aus dem mysteriösen
Mordfall entwickelt sich eine spannend
erzählte Entdeckungsreise, die zu einem
ironischen Lebensratgeber mit vielen
Fragezeichen wird. »Der B-Film wird zur
Allegorie von fragwürdigen Legitimie-
rungsstrategien und Machtspielen«,
kommentiert Philip Ursprung, »und enthält
mehr Sprengkraft angesichts des wirk-
lichen Zynismus der ›Szene‹ als manche
krampfhaft an überlieferten Formen
festhaltende Ideologiekritik.«

Renate Goldmann, *Peter Fischli, David
Weiss, Ausflüge, Arbeiten, Ausstellungen.
Ein offener Index*, Köln 2007, S. 76-79

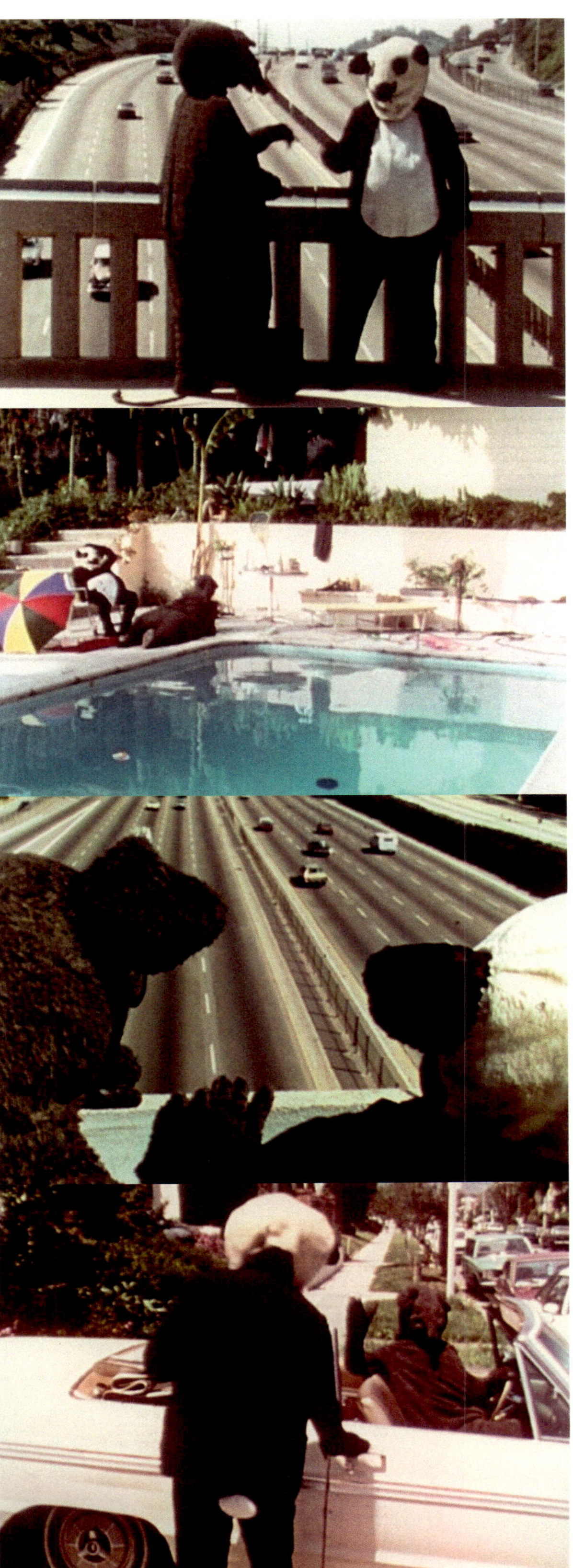

Peter Fischli/David Weiss
Der geringste Widerstand, 1981
S-8 blow-up 16 mm/DVD, 29:00
Courtesy of Sprüth Magers,
Berlin/London

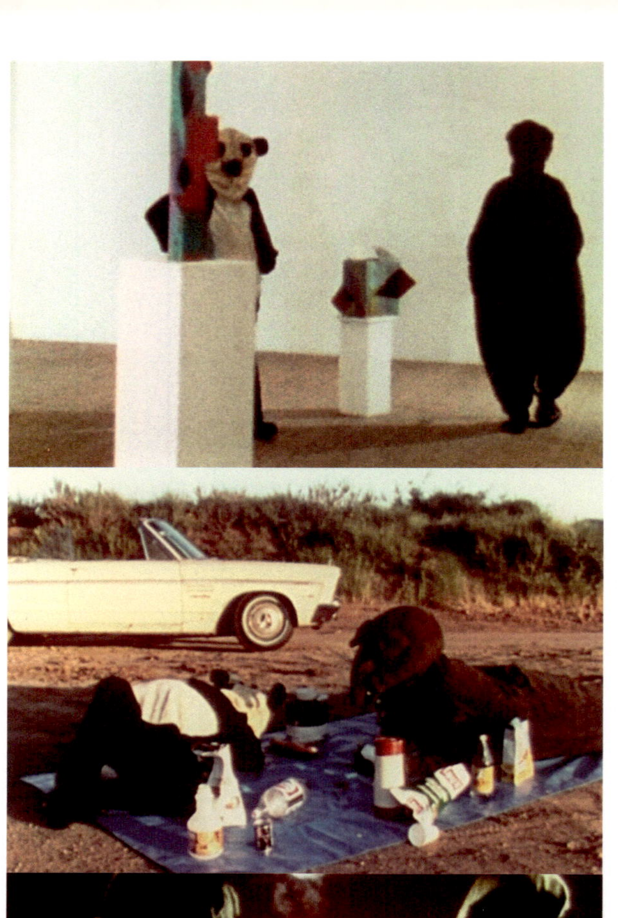

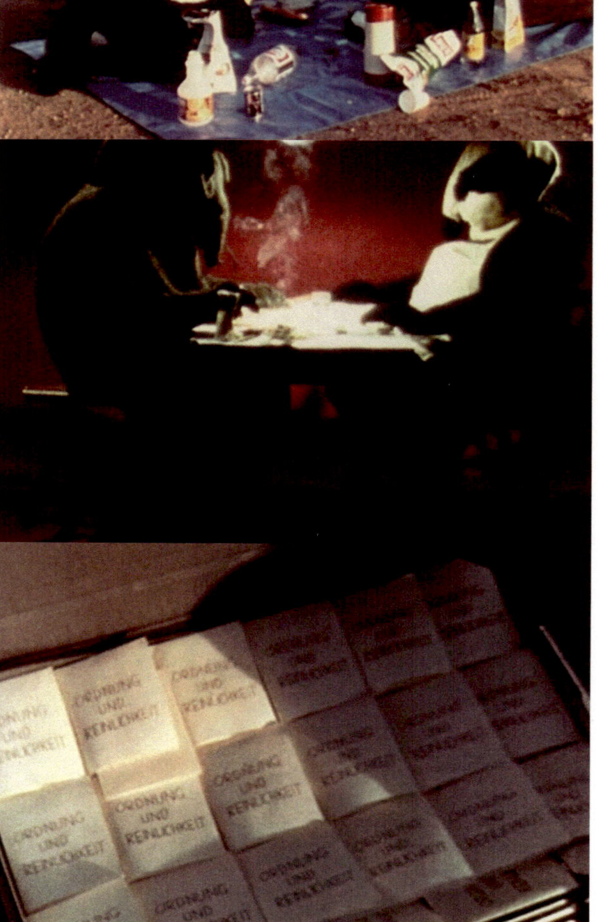

Der geringste Widerstand

Fischli/Weiss shoot their film *Der geringste Widerstand* (The Least Resistance) in Los Angeles in 1980 and 1981 (including preparation time). L.A. is selected as the location because David Weiss, who had already traveled through California in 1967, lives there from 1979 to 1981.

The two decide in 1980 to shoot a short film together. The details featuring in their debut movie—the sun, the helicopters, and the never-ending drives— are drawn from David Weiss's impression of the Californian way of life. After all, the close proximity to Hollywood will have been the catalyst for making *Der geringste Widerstand*.

Availing themselves of American clichés as well as the locale, Fischli/Weiss combine the genres of animal allegory, road movie, and *film noir* to create their own story. As they state in an interview with Christian Pfluger, the color film, only about half an hour long, is their attempt to break away from the egocentric performance and video art that prevailed in the mythologies of the seventies. Due to a lack of actors and a very tight budget, they play the leading parts themselves. To compensate for their insufficient acting experience, Fischli/ Weiss resort to wearing animal costumes. At the rental place, Peter Fischli chooses a rat suit, while David Weiss decides to be a bear. Strapped for cash, they also create the props themselves. Using each location for a short time only, the film does not take long to complete. A mixture of hit songs and experimental music by Stephan Wittwer feature in the soundtrack. In *Der geringste Widerstand*, Fischli/Weiss are concerned with creating a consistent plot that tells a continuous story. All of the quotes in the following description are taken from the film.

Der geringste Widerstand depicts a rat and a bear who, in their attempt to make big money, have set out to explore the art world in Los Angeles. At the beginning of the film, the camera moves through self-crafted urban canyons featuring skyscrapers made of egg cartons and cars made of sausages—familiar to us from the *Wurstserie* (Sausage Series). Suddenly, we enter the bear's room, in which—and this is quite ironic—the photograph *Der Unfall* (The Accident) hangs on the wall. Like a helicopter, a giant spider whirls above the sleeping bear. He is woken up by the rat, who calls him up to tell him about a news story: "Listen to what is says here: Surge in Violence in the Art World! Gang Wars, Fights.—N. G. from R., whose artworks are selling for an astronomical price and whose expensive lifestyle has outraged the poor, is thought to be behind all this." Asked by the bear what this baloney is all about, the rat replies: "But don't you understand? There seems to be something happening here: action, culture, money!" So the two arrange to meet up on a highway bridge. "You mean work?" the bear asks. "No, money," the rat replies, and, seeing that the bear is still in doubt, he says: "Different sources are blaming the bad atmosphere between painters and spectators for this. So if we make a big fuss about it, we'll rake in the cash just like everybody else. We'll get into this big time, right at the beginning, and we'll take off like a shot. Even if we don't have a clue about this business, don't worry, we'll get there. We're going on an educational trip."

Ready for action, the two visit a swank gallery where, studying the abstract sculptures (ironically, created by Fischli/Weiss themselves)—"very tasteful, I like this style, harmonious as well as balanced; of such very obvious intensity; delicate, strictly decorative"—they suddenly discover a corpse. After the initial shock and pensive hesitation on the part of the bear, they finally decide to take the body with them. The rat declares: "Corpse, murderer, and motive—the world of the detective."

In their hunt for the culprit, the rat and the bear arrive in the world of the wealthy upper class. At the swimming pool of a deserted villa—"the bastards have left"—they find dollar bills scattered among the art magazine *Flash Art* and books on David Hockney, Piet Mondrian, and Paul Klee. Suddenly, the rat and the bear hear the erotic voice of a woman, accompanied by the soft sounds of a piano, who says to them: "Hello, is there anybody here? I am sophisticated life and elegance, you know me well. I am dance and ecstasy, but I am also rest and relaxation. I am beauty and style, I am the garden party that never ends. I am champagne in a slipper, the bowl from which you eat. I am the freedom with which you play, I am joy without reason. I am the time you have at your command, I am the least resistance."

Inspired by these words, they now want to become artists themselves, hallucinating a surge of psychedelic colors, small clay sculptures, and images while driving along the boulevard. This bizarre screen sequence is both the film's climax and its turning point. Suddenly, they remember a small detail of the murder case in the gallery: of all things, one of the abstract sculptures in the gallery is the murder weapon. But by the time they return, it has already disappeared.

Then an argument ensues between the two about the right way to solve the case. The bear wants to separate art from criminalistics, while the rat wants to be both an artist and detective: "First and foremost, I am a great romantic, and second, the two things are in perfect harmony. I believe in both beauty and truth. On the canvas of life, the police officer is the paintbrush. An unsolved murder case is like a blank canvas, while justice is the good taste of the police officer." "Beauty and justice have nothing to do with each other. Good-bye, I never want to see you again, you motherfucker," the bear says angrily and leaves, whereas the rat sits at a typewriter and writes: "Beauty and truth, colon, beauty is not always true, and the truth is not always nice, comma, unfortunately."

Then a failed murder attempt on the rat reunites the two. Some time passes before they arrange to go on an outing together. They meet in the bear's yard, where he is absorbed in admiring his roses. During the drive, he hums a tune from the radio: "Yes you, you, you, you—yes me, me, me, me, we will be soon together." After checking the engine, the two of them take a little break. During the picnic—set against the sunset and with Oriental music playing in the background—they argue about chaos and the dark sides of life. As the screen goes completely dark, their voices, which can be heard from off-camera, announce that there is an explanation for everything.

Next we see diagrams drawn by the rat and the bear. Facing each other at a table in semidarkness, they exchange philosophical points of view. "Suddenly this overview!—The truth is brought to light when you rack your brains.—Ah, this clarity is sheer pleasure!—Order is beauty!—Only to an extent: I wouldn't go as far as that yet.—Basically, everything is simple.—But not very many see it that way.—Not a common view shared by many.—Those poor confused souls don't have a clue.—The rich don't either.—We will shed light on the dark." Subsuming their "masterpieces" under the title *Ordnung und Reinlichkeit* (Order and Cleanliness), they put them in a suitcase as if they were looted money. The rat and the bear finally fly off with the suitcase in a helicopter.

When the credits are over, they briefly appear on the screen, dancing together happily. At the end of the screening, moviegoers could purchase these "words of wisdom" at the box office for five Swiss francs in the form of copies of the booklet *Ordnung und Reinlichkeit*.

Entertaining, to the point, and enigmatic, *Der geringste Widerstand* depicts the prevailing living conditions, their lives as artists, and the complex reality of the art business around 1980, while at the same time revealing the production conditions of the Fischli/Weiss collaboration. The cunning rat and the dream-struck bear are curious about the glamorous art world, which, however, soon turns out to be ruthless and superficial. They very clearly ridicule the common clichés about art and sculpture as well as the decadent art scene of the time, sneering at the sense of beauty and the pursuit of truth. At the beginning and end of the film, they uncover the secret of artistic creation in a very personal way: a grippingly told story about an expedition develops out of the mysterious murder case that turns into an ironic guidebook on life that leaves many questions unanswered. "The B-movie becomes an allegory of dubious legitimizing strategies and power games," writes Philip Ursprung. "In light of the real cynicism that exists in the 'scene,' it contains far more explosive power than many a ideological critique that frantically tries to cling to traditional forms."

Renate Goldmann, *Peter Fischli, David Weiss, Ausflüge, Arbeiten, Ausstellungen: Ein offener Index*, (Cologne: König, 2007), pp. 76-79

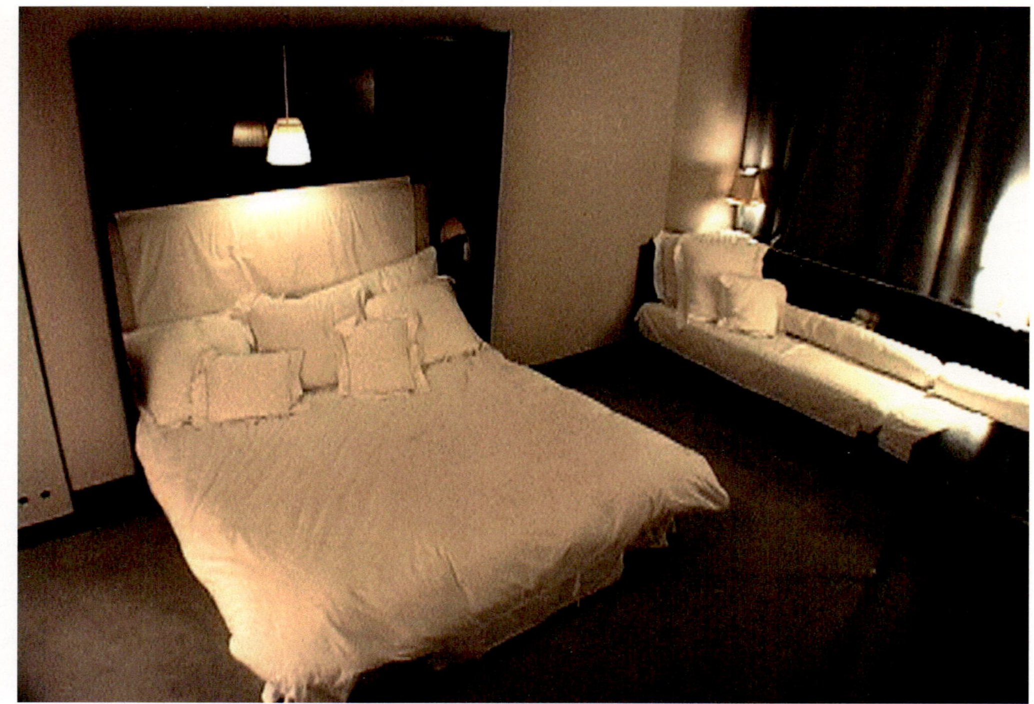

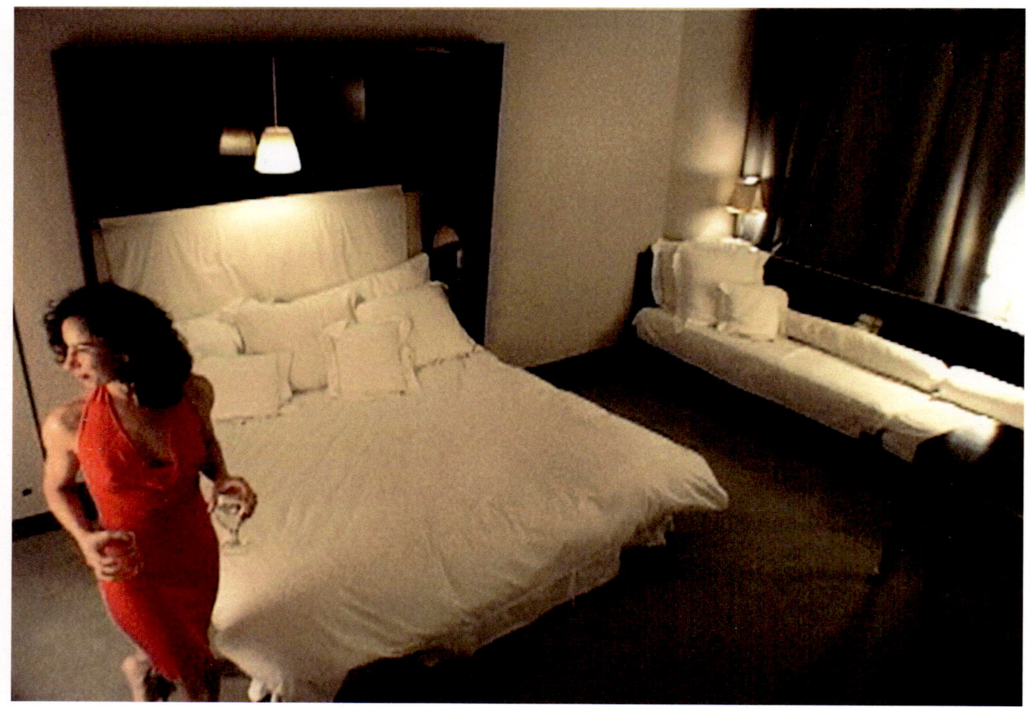

Andrea Fraser
Untitled, 2003
Digitaldruck von Videostills, Kopie des
Pressetextes
Digital print of video stills, a copy of the
press release
73,7 x 127 cm, 20,3 x 28 cm
Courtesy of the Artist and the Friedrich
Petzel Gallery, New York

ANDREA FRASER
**1965 in Billings, Montana*
Lebt und arbeitet in Los Angeles/Lives and
works in Los Angeles

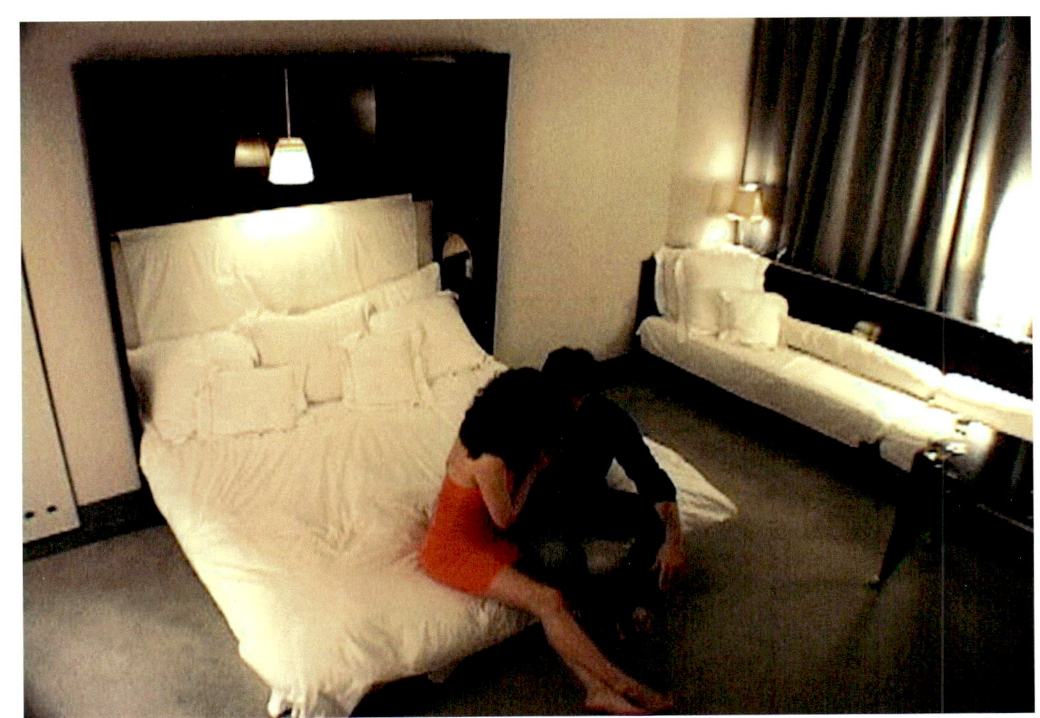

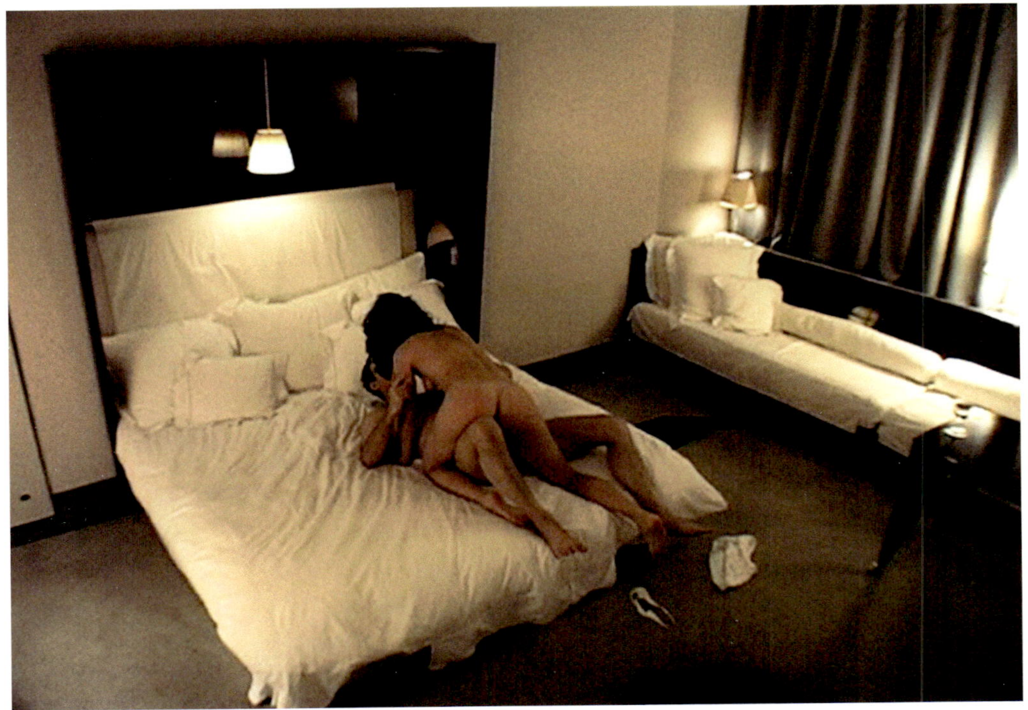

ANDREA FRASER
Untitled

10. Juni–23. Juli 2004
VERNISSAGE: DONNERSTAG, 10. JUNI, 18–20 Uhr

Die Friedrich Petzel Gallery freut sich, die Einzelausstellung *Untitled* der in New York lebenden Künstlerin Andrea Fraser präsentieren zu können. Diese Ausstellung setzt sich aus zwei Werken zusammen – *Untitled* (2003) und *Don't Postpone Joy, or Collecting Can Be Fun* (1993).

Die Vorgeschichte von *Untitled* reicht in das Jahr 2002 zurück, als Andrea Fraser Kontakt zur Friedrich Petzel Gallery aufnahm, um in ihrem Namen einen Privatsammler für eine bestimmte Kommission zu suchen. Zu den Spezifikationen dieses Auftrags gehörte ein sexueller Kontakt zwischen Fraser und dem Sammler, der auf Video aufgezeichnet werden sollte – wobei das erste Exemplar dieses Videos an den mitwirkenden Sammler ging. Bei dem auf diese Weise entstandenen Videoband handelt es sich um eine ungeschnittene, 60-minütige Dokumentation ohne Ton, die in einem Hotelzimmer mit einer stationären Kamera und ohne besondere Ausleuchtung aufgenommen wurde.

Untitled ist eine neue Arbeit in der Reihe ihrer seit 20 Jahren entstehenden Untersuchungen zum Verhältnis zwischen Künstler und Mäzen. Fraser, die durch ihre Performances in Form von Führungen durch Galerien und durch Analysen, in denen sie sich mit der Sammlungstätigkeit von Museen, Firmen und Privatsammlern auseinandersetzt, bekannt geworden ist, verlegt mit *Untitled* den Schwerpunkt ihrer Untersuchungen von den sozialen und ökonomischen Rahmenbedingungen der Kunst in ein wesentlich persönlicheres Terrain. Diese Arbeit setzt sich mit Fragen der Ethik und Einvernehmlichkeit zwischenmenschlicher Beziehungen ebenso auseinander wie mit den vertraglichen Bedingungen des ökonomischen Austauschs.

Untitled wird im Rahmen dieser Ausstellung erstmals in den Vereinigten Staaten zu sehen sein. Die eigentliche Premiere fand im Rahmen von *Andrea Fraser, Works: 1984–2003* statt, einer vom Kunstverein Hamburg im Herbst 2003 organisierten Retrospektive ihrer bisherigen Arbeiten. Zurzeit ist *Untitled* am zweiten Ausstellungsort der Fraser-Retrospektive zu sehen, dem Dunkers Kulturhus in Helsingborg.

Die Ausstellung wird am 10. Juni von 18 bis 20 Uhr mit einer Vernissage eröffnet und bis zum 9. Juli zu sehen sein. Gleichzeitig findet bei American Fine Arts. Co, 530 West 22nd Street, eine Einzelausstellung neuer Arbeiten von Fraser statt. Weitere Informationen erhalten Sie bei der Friedrich Petzel Gallery, telefonisch unter 212-680-9467 oder per E-Mail an info@petzel.com.

FOR IMMEDIATE RELEASE

ANDREA FRASER
Untitled

JUNE 10 – JULY 23, 2004
OPENING RECEPTION: THURSDAY, JUNE 10, 6-8 PM

Friedrich Petzel Gallery is pleased to announce *Untitled*, a solo exhibition by New York-based artist Andrea Fraser. The exhibition will be comprised of two works, *Untitled*, 2003, and *Don't Postpone Joy, or Collecting Can Be Fun*, 1993.

Untitled, 2003 was initiated in 2002 when Andrea Fraser approached Friedrich Petzel Gallery to arrange a commission with a private collector on her behalf. The requirements for the commission were to include a sexual encounter between Fraser and a collector, which would be recorded on videotape, with the first exemplar of the edition going to the participating collector. The resulting videotape is a silent, unedited, sixty-minute document shot in a hotel room with a stationary camera and existing lighting.

Untitled is a continuation of Fraser's twenty-year examination of the relationships between artists and their patrons. Known for her performances in the form of gallery tours and analyses of collecting by museums, corporate art institutions, and private collectors, *Untitled* shifts the focus of this investigation from the social and economic conditions of art to a much more personal terrain. The work raises issues regarding the ethical and consensual terms of interpersonal relationships as well as the contractual terms of economic exchange.

This exhibition is the United States premiere of *Untitled*. It was first presented publicly in *Andrea Fraser, Works: 1984-2003*, a mid-career retrospective organized by the Kunstverein in Hamburg, in the fall of 2003. It is currently on view at the second venue of Fraser's retrospective, the Dunkers Kulturhus in Helsingborg Sweden.

....

The exhibition will open on June 10, with a reception from 6 - 8 p.m., and will remain on view through July 9. A concurrent solo exhibition of new work by Fraser will be on view at American Fine Arts. Co, 530 West 22nd Street. For further information, please contact Friedrich Petzel Gallery at 212.680.9467 or info@petzel.com.

Der Klingone runzelt die Stirn und antwortet »Tut mir leid, ich versteh dich nicht«, 2008[1]

Kommt ein Künstler in eine Kneipe und bestellt ein Bier. Im Laufe des Abends stellt ein Freund ihm einem klingonischen[2] Bekannten vor. Das erste, was der Klingone den Künstler fragt, ist: »nuq ta' SoH ta'?«[3] Der Künstler zögert, nicht sicher, was er darauf antworten soll. In diesem Moment gehen ihm alle möglichen Antworten durch den Kopf, wie: »Ich arbeite in einer Kneipe«, »Ich bin Barkeeper«, »Ich befinde mich gerade in einer Übergangsphase zwischen zwei Jobs« und »Ich bin arbeitslos«. Doch was er am liebsten sagen würde, ist: »Ich bin Künstler.« Schließlich ist er ja regelmäßig in seinem Atelier und verbindet das Wort »Kunst« mit all den Dingen, die er dort produziert. Aber da er nie wirklich eine Ausstellung außerhalb der Studentenausstellungen seiner Kunstakademie hatte, beschließt er, dass die Behauptung, ein Künstler zu sein, doch irgendwie vermessen ist. Außerdem ist er sich sicher, dass wahrscheinlich fast jeder Gast in dieser Bar sagen würde, dass er Künstler sei. Er entscheidet sich also für die Variante: »Ich arbeite in einer Kneipe ...« und schließt höflich an: » ... und was machst Du so?« Der Klingone hebt selbstgefällig den Kopf und antwortet ohne Bescheidenheit: »nuq taHvIp jIH 'oH tlhIngan vetlh chen

Dochmey.«[4] Der Künstler ist aufgebracht und beschließt innerlich, in Zukunft nie mehr nach der Arbeit eines neuen Bekannten zu fragen, sondern besser die Formulierung zu gebrauchen: »Und — wie finanzierst Du Dich so?«[5] In diesem Moment kommt ein Kobold herein und setzt sich neben die beiden. Er schaut den Klingonen an und sagt: »Malia ten' yulna?«[6] Der Klingone runzelt die Stirn und antwortet: »Tut mir leid, ich versteh Dich nicht.«[7]

1 Das, was die Geschichte so unvergesslich macht, ist eigentlich nicht der Witz, sondern dass es wortwörtlich das war, was Mutter über die Lippen brachte, wenn sie versuchte, die Frage von Freunden der Familie »Also, was macht er denn nun eigentlich genau?« irgendwie zu beantworten. Die Phrase wurde zu ihrer Ausflucht. Die Menschen lassen sich von Stephen Hawking nicht einschüchtern, man erwartet ja auch nicht, dass sie ihn verstehen. Aber anders als bei den Naturwissenschaften gehört die Kunst dem Volk, und um sie steuern zu können, müssen die Menschen sich erst mit ihr bekannt machen. Die Angst vor dem Unverstehbaren ist da unvermeidlich.
2 Klingonisch ist eine Sprache, die 1992 von dem Sprachwissenschaftler Dr. Marc Okrand erfunden wurde. Sie wurde von Paramount Pictures für die beliebte Fernsehserie *Star Trek* in Auftrag gegeben.
3 »Was machst Du so?«

4 »Oh Schreck, ich bin ein Klingone, der Sachen ins Laufen bringt« (logischerweise gibt es im Klingonischen keine Wörter für »Mitleid« und »Kunst«. »Mitleid« wurde hier durch das Wort »Schreck« ersetzt, und das Wort »Sachen« wurde an Stelle des Wortes »Kunst« verwendet).
5 Die Idee, dass ein Künstler sich dafür entscheidet, einen Künstler »Künstler« zu nennen, und das in einer Geschichte, in der es darum geht, die Merkmale zu definieren, die einen Künstler ausmachen, ist sehr bezeichnend. Dein Mantel hängt gleich neben der Tür, geh einfach und behalte Deine eigene Weltanschauung.
6 »Wie wär's mit 'nem Drink?«
7 In ähnlicher Weise kommuniziert der Künstler in seiner eigenen, ihm spezifischen Sprache — eine visuelle Sprache, die, wie jede gesprochene Sprache, komplex und raffiniert ist. Da der Künstler diese Sprache entwickelt hat, ist er auch derjenige, der sie vollkommen beherrscht. Für ihn ist sie überzeugend und im genau richtigen Tonfall, doch soll das nicht heißen, dass alle einander verstehen. Aber das ist doch in Ordnung, oder nicht?

Ryan Gander

The Klingon frowns and simply replies, "Sorry, I don't understand you," 2008[1]

An artist walks into a bar and orders a pint ofbeer. During the course of the evening, a friend introduces him to a Klingon[2] acquaintance that he has not yet met. The first thing the Klingon asks the artist is "nuq ta' SoH ta'?"[3] The artist pauses, not quite knowing how to reply. In this momentary lapse, he considers all the possible answers he could give to such a question. They include "I work in a bar," "I am a bartender," "I am between jobs right now," and "I am unemployed." However, the answer he would really like to give is "I am an artist." After all, he regularly attends his studio and does in fact associate the word 'art' with all the objects that he produces, but because he has never had an exhibition outside of the paddings and trappings of his art-school degree show, he decides such an answer would be too pretentious. Besides, he is sure that in this particular bar this would be the most common reply of most of the other patrons. He opts for the "I work in a bar ..." variation, courteously followed by "... why, what do you do?" The Klingon lifts his

head smugly and with no humility replies: "nuq taHvIp jIH ,oH tlhIngan vetlh chen Dochmey."[4] This upsets the artist, and he makes a pact with himself that in the future, when meeting a new person he shall no longer enquire, "What do you do?" but instead he shall adopt the phrase "How are you funded?"[5] At that moment, an elf walks into the bar and sits down next to the pair. He looks at the Klingon and says "Malia ten' yulna?"[6]

1 It wasn't the tutor's telling of this story that made it memorable, but the same words coming from the mother's mouth on every occasion after that attempting to explain her way out of the "So, what is it he actually does?" question from friends of the family. It had become her scapegoat. People aren't intimidated by or even expected to understand Stephen Hawkins, but unlike the sciences, art belongs to the people, and for the people to take control of it, they must first know it. Fear of the incomprehensible is inescapable.
2 Klingon is a language devised by the linguist Dr. Marc Okrand in 1992 and was commissioned by Paramount Pictures

for use in the popular TV series *Star Trek*.
3 "What do you do?"
4 "What fear, I am a Klingon that makes things" (quite sensibly there is no direct translation in the Klingon language for the words 'pity' and 'art'; 'pity' is replaced here by the word 'fear,' and the word 'art' is replaced by the word 'things').
5 The idea that an artist chooses to call the artist 'artist' during a story that's meant to identify the characteristics that make up an artist is very telling. Your coat is on the hook by the door, leave with your own Ideologies.
6 "Care for a drink?"
7 Similarly, the artist communicates in his own idiosyncratic language vernacular to him—a visual language as complex and subtle as any spoken. Because the artist developed the language, he is in complete control of it. For him it is articulated and pitched to perfection, but that is not to say everyone will understand each other, but that's ok, isn't it?

Ryan Gander

Ryan Gander
*The Klingon frowns and simply replies,
"Sorry, I don't understand you"*, 2008
Spruch aus einem Glückskeks und
Exponatbeschriftung/Discarded Christmas
cracker joke and plaque
Papier/Paper
Courtesy of Annet Gelink Gallery,
Amsterdam

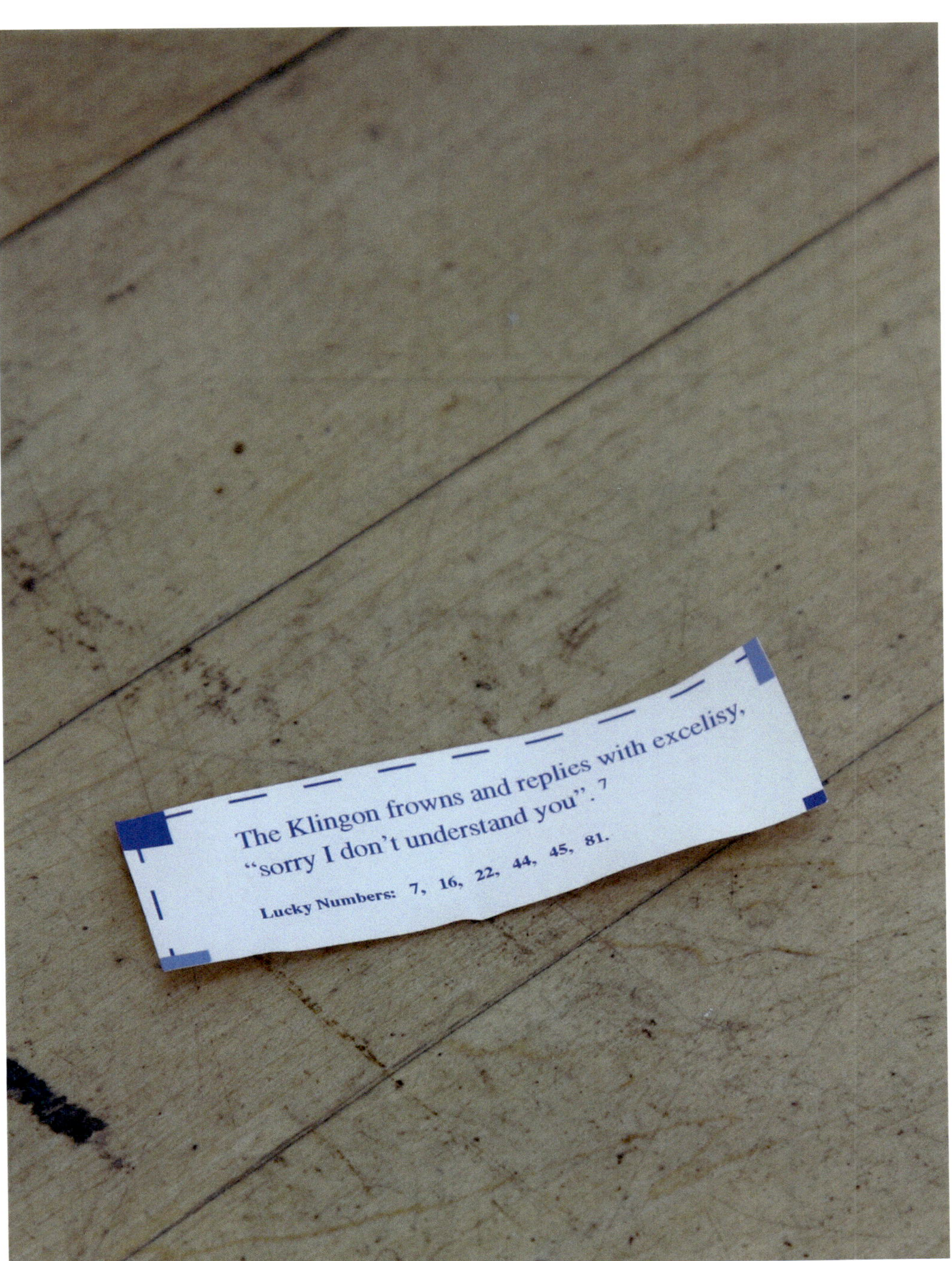

RYAN GANDER
**1976 Chester, UK*
Lebt und arbeitet in London und Amsterdam/
Lives and works in London and Amsterdam

Ryan Gander
*Things that mean things and things
that look like they mean things
(The magic and the meaning)*, 2008
16 mm-Film transferiert zu digitalem
Videoformat auf DVD/16-mm film
transferred to digital video format on
DVD, 26:48
Courtesy of Annet Gelink Gallery,
Amsterdam

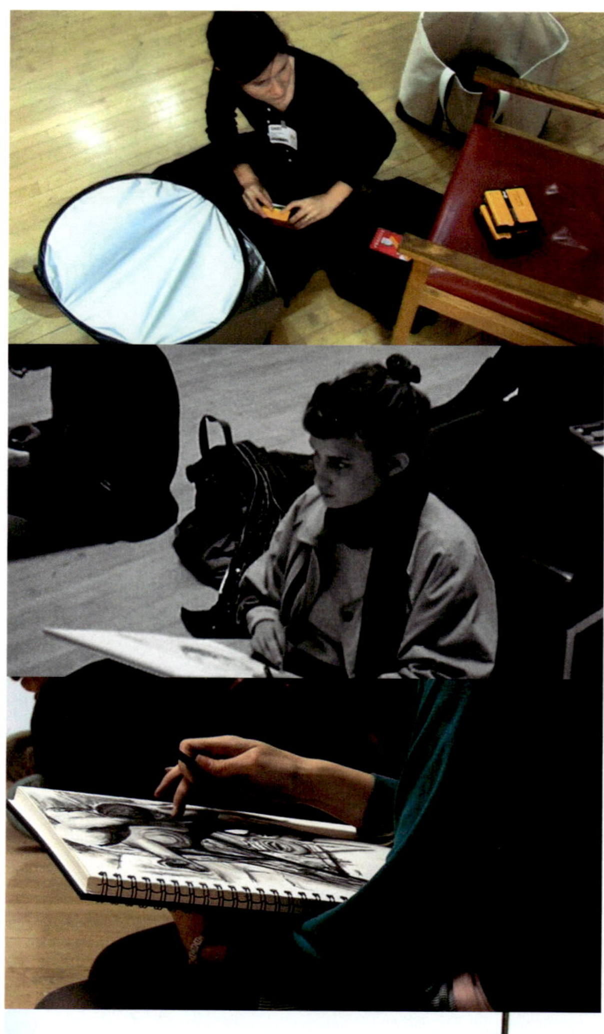

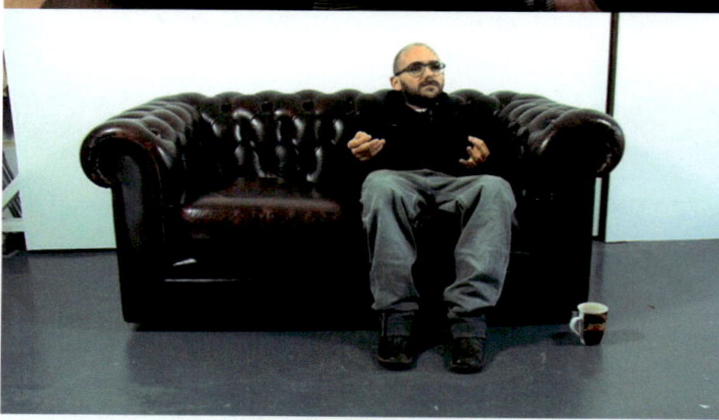

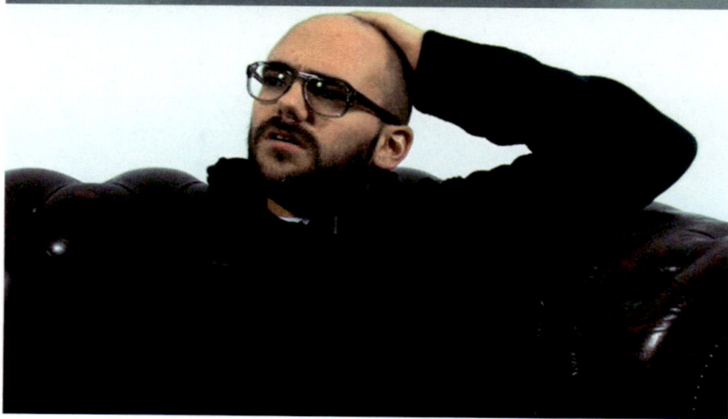

Dieses Werk zeigt ein Werk innerhalb
eines Werkes. Auf einem großen
Flachbildschirm sehen wir einen Dokumen-
tarfilm über die Produktion eines nicht-
existenten Films, ein Auftragswerk mit
dem Titel *The magic and the meaning*.

Die imaginäre Arbeit *The magic and the
meaning* beschreibt allein dieser Doku-
mentarfilm. Er zeichnet bestimmte Phasen
des Drehs nach und enthält zudem
Kommentare des Autors und Filmemachers
Dan Fox, ein Interview mit dem Künstler
Ryan Gander und kurze Zeitlupensequen-
zen aus dem nicht existierenden Film.

Der als filmische Studie beschriebene
16mm-Schwarzweißfilm *The magic and
the meaning* beobachtet junge Kunststudenten in einer Museumsausstellung. Er
dokumentiert, wie diese die Bilder
an den Wänden in ihren Skizzenblöcken
festhalten – ein Akt der Romantisierung
durch Identifikation.

Ryan Gander

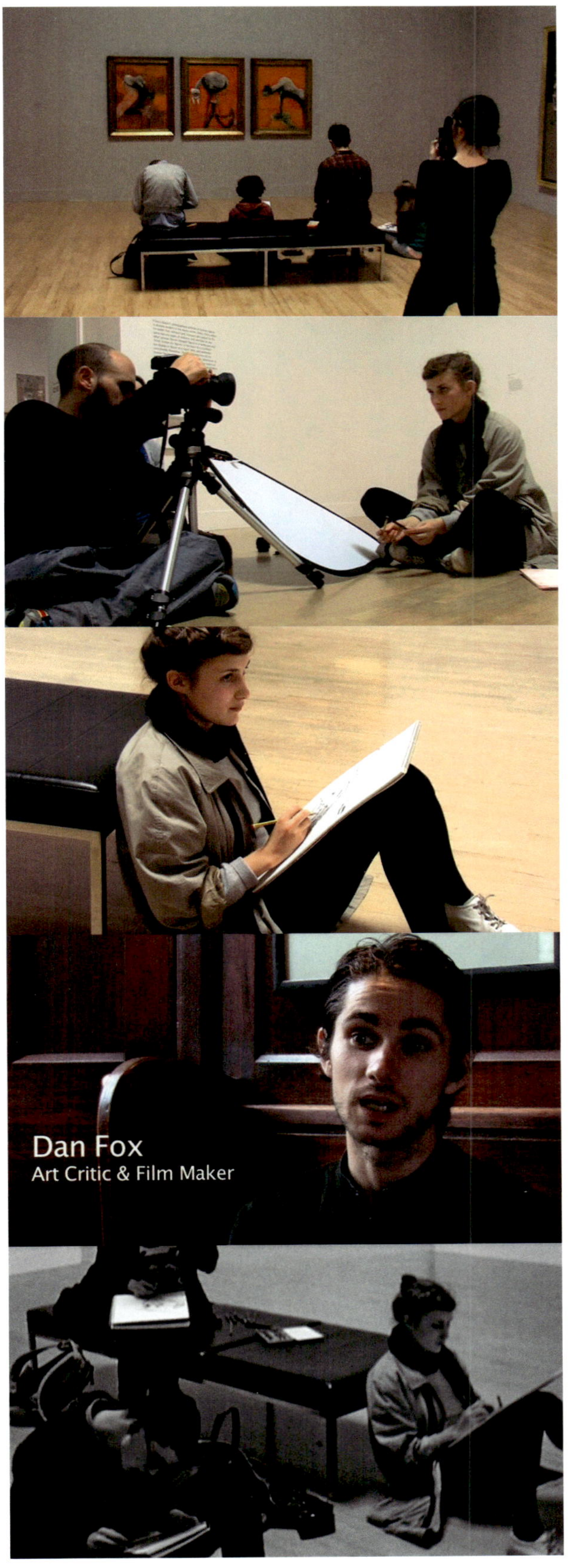

The work consists of a work inside a work. We see a commissioned documentary on a wide flatscreen television in a gallery entrance hall. The subject of the production is the making of a nonexistent film entitled *The magic and the meaning*.

The imaginary work *The magic and the meaning* is described only within the documentary, which follows parts of the film's making and contains a discussion with and comments by Dan Fox (art writer and filmmaker), an interview with the artist Ryan Gander, as well as short slow-motion sections of the film that does not exist.

The magic and the meaning is described as taking the form of a 16mm black-and-white film study of young art students at a museum exhibition of paintings. It documents the students drawing and sketching the pictures they see on the walls in their sketchbooks, an act of Romanticism through association.

Ryan Gander

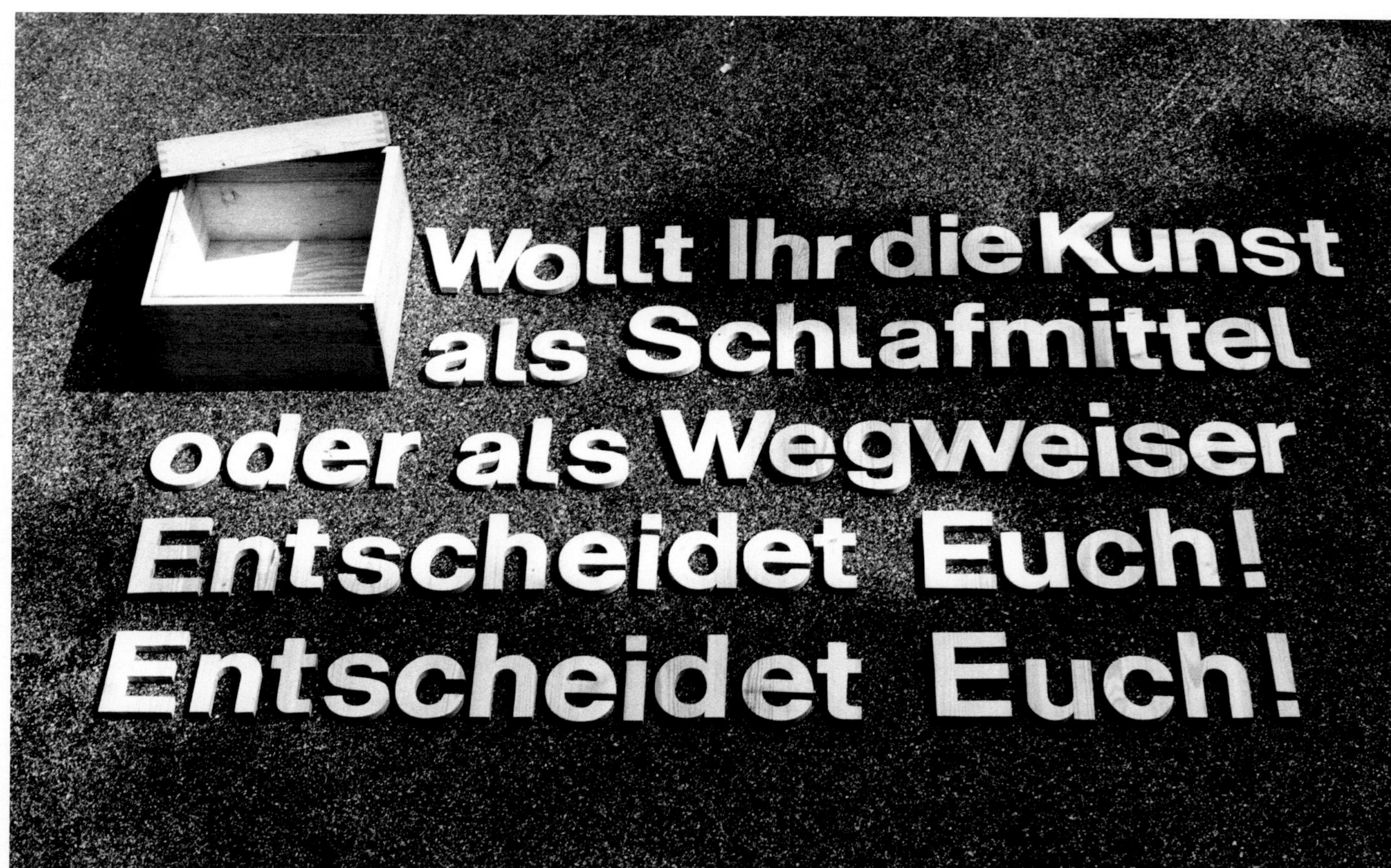

Dieter Hacker
Wollt Ihr die Kunst als Schlafmittel
oder als Wegweiser? Entscheidet Euch!
Entscheidet Euch!, 1970
Holz/Wood
50 x 50 x 35 cm (Textlänge/
Text length ca. 5 m)
ZKM | Zentrum für Kunst und
Medientechnologie Karlsruhe

DIETER HACKER
**1942 in Augsburg*
Lebt und arbeitet in Berlin/
Lives and works in Berlin

70 ZOG ICH VON MÜNCHEN NACH BERLIN UM. 1971 ERÖFFNETE ICH DIE 7. PRODU-
ZENTENGALERIE. DIESER ENTSCHLUSS WURDE DURCH MEHRERE ERFAHRUNGEN AUS-
GELÖST: DIE POLITISIERUNG DES DENKENS – AUCH IN DER KUNST – SEIT ETWA 1968,
SCHLECHTE ERFAHRUNGEN, DIE ICH MIT GALERISTEN GEMACHT HATTE, UND DAS BEISPIEL
EINES FREUNDES BERNHARD SANDFORT, DER IN BERLIN-KREUZBERG 1969 SEINE
GALERIE FÜR KOLLEKTIVE KUNST ERÖFFNET HATTE, DIE ER SO BESCHRIEB: »EIN LADEN
MIT SCHAUFENSTER, IN DEM ICH ARBEITEND LEBE. ICH SCHAUE AUS DEM FENSTER,
MEINE NACHBARN SCHAUEN REIN – WIR BEGEGNEN UNS. ICH MALE MEINE BILDER,
BAUE AUSSTELLUNGEN AUF UND AB UND DENKE ÖFFENTLICH.«

PRODUZENTENGALERIE, DAS HIESS NICHT, DASS ES SCHON SECHS WEITERE GAB. DIE
PRODUZENTENGALERIE WAR ALS MODELL FÜR MÖGLICHST VIELE KÜNSTLER GEDACHT,
IHRE EIGENEN PRODUKTIONSMITTEL ZU ENTWICKELN UND AUF DIESE WEISE GRÖSSERE
UNABHÄNGIGKEIT ZU GEWINNEN – SOWOHL GEISTIG ALS AUCH ÖKONOMISCH. IN
DER AUSSTELLUNG KUNST IM POLITISCHEN KAMPF IM KUNSTVEREIN HANNOVER, 1973,
HABE ICH VERSUCHT, DIE IDEE DER PRODUZENTENGALERIE FOLGENDERMASSEN ZU
BESCHREIBEN: WENN WIR KÜNSTLER GESELLSCHAFTLICH RELEVANTE ARBEIT MACHEN
WOLLEN, DANN MÜSSEN WIR VERSUCHEN, DEN HEUTIGEN BEGRIFF VON KUNST SO
ZU VERÄNDERN, DASS SIE ZU EINEM ALLGEMEIN AKZEPTIERTEN UND BENUTZTEN MITTEL
DER VERSTÄNDIGUNG WIRD. ZIELGERICHTET VERÄNDERN KANN MAN NUR, WAS MAN
KENNT. EIN SCHRITT ZUR ENTWICKLUNG POLITISCHEN BEWUSSTSEINS WÄRE ALSO, DIE
REFLEXION DER EIGENEN ARBEIT IN SICH AUFZUNEHMEN.

DIE POLITISCHE ARBEIT DES KÜNSTLERS BEGINNT BEI SEINER ARBEIT. PRODUZENTEN-
GALERIEN WERDEN VON PRODUZIERENDEN BETRIEBEN, NICHT VON KAUFMÄNNERN.
PRODUZENTENGALERIEN SIND EIN NEUES MEDIUM, DAS KÜNSTLER ENTWICKELN, UM
IHR GESTÖRTES VERHÄLTNIS ZU IHREM PUBLIKUM UND UNTEREINANDER ZU ENTSTÖREN.
PRODUZENTENGALERIEN SIND ÖFFENTLICH UND LIEGEN AN DER STRASSE. DURCH
SEINE EIGENE GALERIE IST DER KÜNSTLER MIT SEINEM PUBLIKUM NICHT MEHR DURCH
EINEN KUNSTHANDEL VERBUNDEN, DER DARAUF ACHTEN MUSS, DASS BEIDE VONEIN-
ANDER GETRENNT BLEIBEN. DURCH SEINE EIGENE GALERIE LERNT DER KÜNSTLER DIE
ADRESSATEN SEINER ARBEIT UND IHRE INTERESSEN KENNEN. DAS VERÄNDERT IHN,
SEINE ARBEIT UND SEIN PUBLIKUM.

DAS PRINZIP DER VERMITTLUNG DER EIGENEN KÜNSTLERISCHEN ARBEIT HAT TRADITION.
BESONDERS DIE KÜNSTLER DES BERLINER DADA FANDEN NEUE VERANSTALTUNGSORTE
UND VERANSTALTUNGSFORMEN, DA SIE VON DEN ETABLIERTEN GALERIEN UND MUSEEN
KAUM BEACHTET WURDEN. BEN VAUTIER BESASS VON 1958 BIS 1972 IN NIZZA
EINEN EIGENEN LADEN, DER URSPRÜNGLICH LABORATOIRE 32 HIESS. JOSEPH BEUYS
ENGAGIERTE SICH SEIT BEGINN DER 60ER JAHRE FÜR DIE ENTWICKLUNG NEUER
FOREN (DEUTSCHE STUDENTENPARTEI, 1967; ORGANISATION FÜR DIREKTE DEMOKRATIE
DURCH VOLKSABSTIMMUNG, 1971; INITIATIVE DER FREE INTERNATIONAL UNIVERSITY,
1973), DIE UNTER ANDEREM DAS ZIEL HATTEN, EINEN HERMETISCH SICH ABSCHLIES-
SENDEN KUNSTBEGRIFF ZU ATTACKIEREN.

MEINE 7. PRODUZENTENGALERIE ERÖFFNETE ICH MIT DEM PLAKAT »TÖTET EUREN
GALERISTEN. KOLLEGEN! GRÜNDET EURE EIGENE GALERIE. GRÜNDET EINE PRODUZENTEN-
GALERIE.« UND SCHLOSS SIE 14 JAHRE SPÄTER UND NACH 56 AUSSTELLUNGEN MIT
DER AUSSTELLUNG AUS LIEBE, AUF DEREN PLAKAT UNTER ANDEREM ZU LESEN WAR:
»AUS LIEBE, WIE JEDER WEISS, WERDEN KINDER GEZEUGT, GEDICHTE GESCHRIEBEN
UND MORDE BEGANGEN. WENN DIE MENSCHEN REICH WERDEN WOLLEN, BERÜHMT ODER
HEILIG, WENN SIE HASSEN ODER LIEBEN, ENTWICKELN SIE EINE BESONDERE KRAFT.
DIES IST DIE KRAFT, DIE DIE WELT BEWEGT.« DIE DINGE IN UNSERER AUSSTELLUNG, DIE
ALLE AUS LIEBE ENTSTANDEN SIND, BEWEGEN VIELLEICHT NICHT DIE WELT, ABER SIE
HABEN ZUMINDEST EINEN ANDEREN MENSCHEN BEWEGT. UND DAMIT FÄNGT ALLES AN.

DER KATALOG DER THEMEN GLIEDERT SICH AUF ZWISCHEN ZWEI POLEN: KRITISCH-
ANALYTISCHEN AUSSTELLUNGEN ÜBER KUNST- UND VERMITTLUNGSPROBLEME UND
AUSSTELLUNGEN, IN DENEN BEISPIELE NEUER FORMEN VON VOLKSKUNST GEZEIGT
UND DISKUTIERT WERDEN. VOLKSKUNST IN DIESEM SINN IST ZU VERSTEHEN ALS DENK-
BARE ALTERNATIVE ZUM HOCH SPEZIALISIERTEN UND PROFESSIONALISIERTEN KUNST-
BEGRIFF, MIT DEM WIR HEUTE ARBEITEN. DENN NICHT NUR DIE GELERNTEN KÜNSTLER
SIND SCHÖPFERISCH. SCHÄRFT MAN DEN BLICK FÜR DIE ERSCHEINUNGSFORMEN
INDIVIDUELLEN AUSDRUCKS, FINDET MAN EIN ÜBERRASCHEND GROSSES SPEKTRUM, IN
DEM DIE MERKMALE PERSÖNLICHER UNVERWECHSELBARKEIT NUR DIE EINFACHSTEN
FORMEN DARSTELLEN. VON DIESEN BIS ZU PHANTASIEVOLLEN, AUF DIE EMANZIPATION
DER INDIVIDUEN GERICHTETEN FORMEN ORGANISIERTEN POLITISCHEN HANDELNS
REICHT DER SPIELRAUM, DER DIE GRUNDLAGE EINER NEUEN VOLKSKUNST SEIN KÖNNTE.
DIE ZUKUNFT DER KUNST IST VERBUNDEN MIT DER ENTWICKLUNG EINER VERBREI-
TETEN ÄSTHETISCHEN ARTIKULATIONSFÄHIGKEIT. OHNE DIESE SOLIDE BASIS IST SIE
VERURTEILT, IN ESOTERISCHEN ZIRKELN ZU VERKÜMMERN UND ZUM KONSUMGUT
ABZUSINKEN.

BEIDE KOMPLEXE, AUSSTELLUNGEN ÜBER KUNST- UND VERMITTLUNGSPROBLEME SOWIE
VOLKSKUNST, HABEN MITEINANDER ZU TUN UND WURDEN BEWUSST DURCH DIE REIHEN-
FOLGE DER AUSSTELLUNGEN ANEINANDER GERIEBEN. BEISPIELE AUS DEM KOMPLEX
DER KRITISCH-ANALYTISCHEN AUSSTELLUNGEN SIND: KUNSTKRITIK IST EIN STUMPFES
MESSER, 1971; KRITIK DES KONSTRUKTIVISMUS, 1972; UNSERE NATIONALGALERIE,
1973; WELCHEN SINN HAT MALEN, 1974; AUFKLÄRUNG UND AGITATION IN DER KUNST
DER BUNDESREPUBLIK, 1976; DUMME BILDER, 1978. [...]

1984 BEENDETE ICH DIE ARBEIT IN DER 7. PRODUZENTENGALERIE. WARUM? MEIN
KLEINES LÄDCHEN, DIE 7. PRODUZENTENGALERIE, SCHIEN MIR ZUNEHMEND SO KLEIN,
ZU KLEIN, UM DIE WELT, DIE SO GROSS UND BUNT WAR, AUFZUNEHMEN. UND FÜR
DIE MALEREI, DIE SICH ZU MEINEM BEVORZUGTEN MEDIUM ENTWICKELTE, WAR DIE
PRODUZENTENGALERIE NICHT DER RICHTIGE VERMITTLUNGSORT.

Dieter Hacker. Der rechte Winkel in mir, Ausst.-Kat. Museum für Konkrete Kunst,
Ingolstadt 2007/08 (Auszug S. 26–29)

Tötet Euren Galeristen.

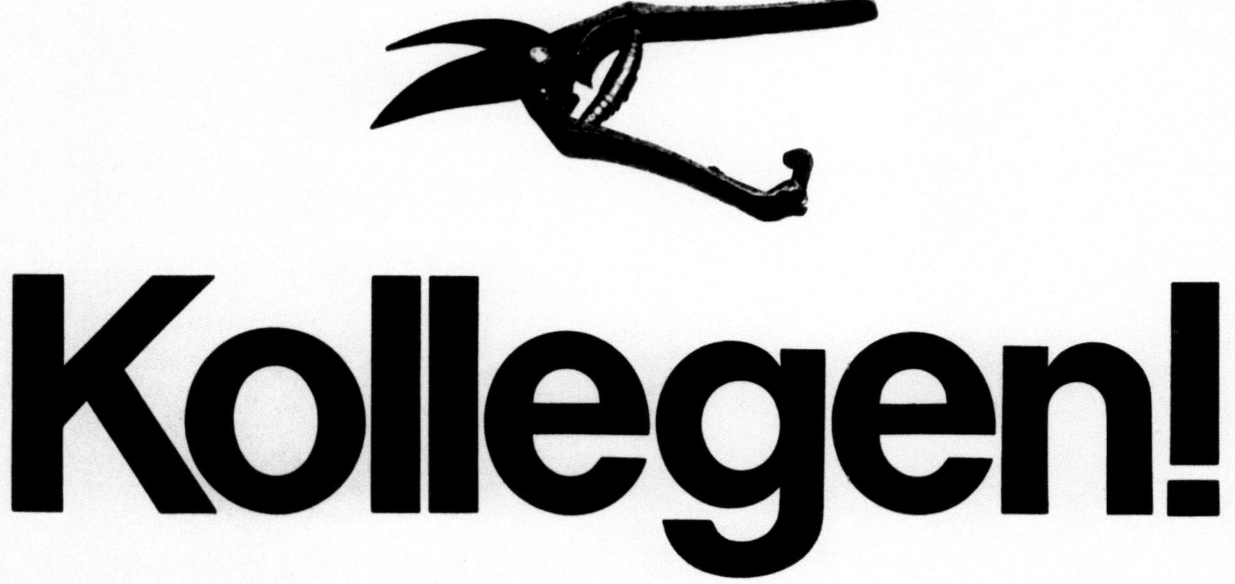

Kollegen!

Gründet Eure eigene Galerie.
Gründet eine Produzentengalerie.

7. Produzentengalerie (Dieter Hacker)
1 Berlin 30 Grainauerstrasse 12

Dieter Hacker
Plakate der 7. Produzentengalerie/
Posters for the 7. Produzentengalerie,
1970–84
Je 61,5 × 44 cm each

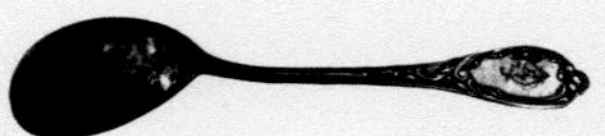

Kunstkri-
tik ist ein
stumpfes
Messer.
Eine Ausstellung vom 25.11.–18.12.71

7. Produzenten-
galerie   (Dieter Hacker)
1 Berlin 30   Grainauerstrasse 12

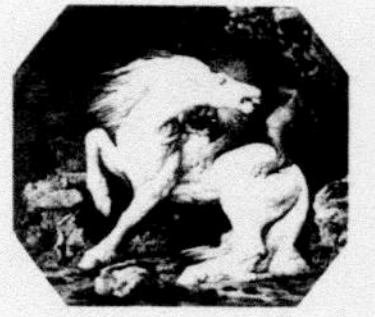

Die politische
Arbeit des
Künstlers beginnt
bei seiner Arbeit

Ein Modell: Die 7. Produzentengalerie

Eine Ausstellung vom 6.10.75 – 24.10.75   Mo – Fr 17 – 19 Uhr Sa 10 – 14 Uhr

Die Kunst muß dem Bürger im Nacken sitzen, wie der Löwe dem Gaul. Sie hat nicht die schlaffen Genußbedürfnisse der Müßiggänger zu befriedigen, sondern sie spitzt unser Bewußtsein an und sie erschließt uns einen ungeheuren Bereich von sinnlich Erfahrbarem.

Kunst ist tätige Selbstbestimmung des Menschen.

Die Kunst ist der Treibsatz der Geschichte - nicht das schöne Bild und die wohlgerundete Plastik - sondern die Fähigkeit der Menschen, ihr Leben zu bestimmen, ihre Bedürfnisse zu erkennen und durchzusetzen, ihre Interessen zu artikulieren, möglichst wirksam und deshalb möglichst unkonvetionell, möglichst fantasievoll, möglichst intelligent.

Aber diese Kunst, diese Kunst sehe ich bis jetzt nirgendwo.

Die politische Arbeit des Künstlers beginnt bei seiner Arbeit. Der erste Schritt zur Aufhebung unserer Isolation ist die Herstellung von Bedingungen, unter denen wir eine wechselseitige Beziehung zu unserem Publikum aufnehmen können. Weder die alten kulturellen Institutionen, die Museen, die kommerziellen Galerien, die Kunstmagazine, liefern diese Bedingungen, noch die modernen Massenmedien.

Ein kleines Medium, das man selber hat, ist besser, als ein großes, das die anderen haben. Wir entwickeln deshalb unsere eigenen Medien und wir entwickeln uns in unseren Medien. Denn das ist entscheidend: Nicht einfach für die alten Kunstprodukte einen neuen Verteilungs- und Vermittlungsapparat aufzubauen, sondern Bedingungen herzustellen, die eine veränderte - sinnvollere - Kunstproduktion ermöglichen.

Produzentengalerien werden von Produzierenden betrieben, nicht von Kaufmännern. Produzentengalerien sind ein neues Medium, das Künstler entwickeln, um ihr gestörtes Verhältnis zu ihrem Publikum und untereinander zu entstören. Produzentengalerien sind öffentlich und liegen an der Straße. Durch seine eigene Galerie ist der Künstler mit seinem Publikum nicht mehr durch einen Kunsthandel verbunden, der darauf achten muß, daß beide voneinander getrennt bleiben. Durch seine eigene Galerie lernt der Künstler die Adressaten seiner Arbeit und ihre Interessen kennen. Das verändert ihn, seine Arbeit und sein Publikum.

Zielgerichtet verändern kann man nur, was man kennt. Die Produzentengalerie ist ein geeignetes Mittel, die eigenen Arbeitsbedingungen zu reflektieren, Alternativen zu überdenken, die Ergebnisse zu veröffentlichen und die Reaktion auf die Veröffentlichung in der zukünftigen Arbeit zu verwerten.

7. Produzentengalerie
Dieter Hacker
1 Berlin 15   Schaperstr. 19

Anatomie einer Sammlung.

$$\varphi(x) = y$$

1.6. – 25.6.71
Di – Fr 16 – 20 Uhr   Sa 10 – 14 Uhr

7. Produzentengalerie   (Dieter Hacker)

1 Berlin 30   Grainauerstrasse 12
(Spichernstrasse)

Eine Ausstellung vom
22.5. – 9.6.73
Mo – Fr 17 – 19
Sa 11 – 14 Uhr

Kunstzeitungen der Welt.

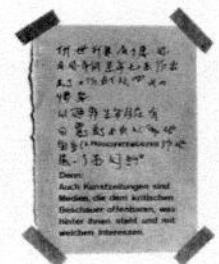

7. Produzentengalerie
Dieter Hacker
1 Berlin 15   Schaperstr. 10

Kooperative:
Paramedia
7. Produzentengalerie
Berlin 15
Schaperstrasse 10

Alternativen zur Avantgarde

Eine Ausstellung vom 17.1.75 – 8.2.75
Montag – Freitag 17 – 19 Uhr, Samstag 10 – 14 Uhr

In Zusammenarbeit mit:
Ulrike Boljahn, Christel Burmeier, Matthias Brandes, Michael Diers, Stephan Drube, Helga Eibl, Matthias Knüttel, Eva Köchling, Klaus Müller, Hilka Nordhausen, Sibylle Patzig, Roland Pinkert, Rainer Puck, Hajo Schiff, Irene Schneider, Thomas Weigt, Andreas Wigand

Allseits Verwirrung.

Künstler überblicken nur noch das eigene Spezialgebiet. Kritikern verheddern sich noch die spärlichsten Gedanken zur Besprechung. Der Laie versteht nur noch Bahnhof.

Aber unermüdlich wird dazuproduziert. Ständig überschwemmen uns die Neuigkeiten, obwohl wir das gerade Vergangene schon nicht verstanden haben. Da fragt man sich doch mal: Ist das überhaupt ein so hoher Wert – das Neue? Ist die gesellschaftliche Rolle des Künstlers schon gerechtfertigt, wenn er der Welt etwas hinzufügt, was bisher nicht da war?

Vielleicht ist im Augenblick viel wichtiger, das ungeheure Repertoire an Einsichten, Techniken, sinnlichen Reizen und unterschiedlichen Zielvorstellungen der Benutzung zugänglich zu machen. Denn wozu werden eigentlich noch Kunstwerke gemacht, wenn niemand mehr einen Nutzen daraus ziehen kann.

Deshalb haben wir versucht, die unterschiedlichen Kunstauffassungen kennenzulernen. Wir glaubten vier – in wesentlichen Punkten verschiedene – Kunstbegriffe feststellen zu können: 1. Avantgardekunst
2. Politische Avantgardekunst
3. Sozialistische realistische Kunst
4. Kunst im antiimperialistischen Kampf

Daß unser Arbeitsansatz problematisch ist, wissen wir. Aber im Balanceakt, fremde Standpunkte pro forma einzunehmen, um sie möglichst unverfälscht darstellen zu können und trotzdem die Widersprüche und Schwierigkeiten, die man entdeckt, nicht gewaltsam zu verdrängen, sehen wir im Rahmen unserer Aufgabenstellung die einzige Möglichkeit. Denn durch eine parteiliche Darstellung der verschiedenen Standpunkte würden wir bei unseren Adressaten sofort wieder die vorfabrizierten Gegenargumente provozieren.

Unsere Darstellung jedes der vier Kunstbegriffe ist grobrasterig. Mit Absicht. Denn wir wollen keine wissenschaftliche Arbeit machen – detailreich, perfektionsbesessen und nicht unmittelbar zu gebrauchen für den nur Gutwilligen – sondern wir haben uns einfach unsere Gedanken gemacht über unsere Arbeit und über die von Kollegen und wir haben uns das Recht genommen, unsere Gedanken zu veröffentlichen.

7. Produzentengalerie
Dieter Hacker
Berlin 15   Schaperstr. 19

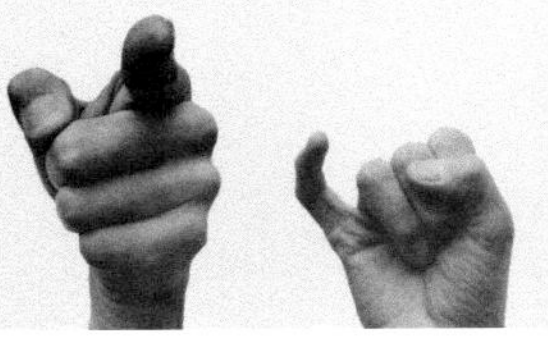
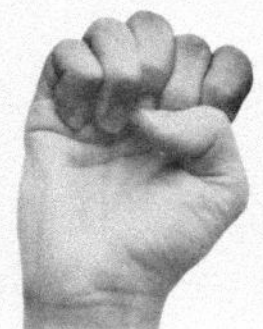
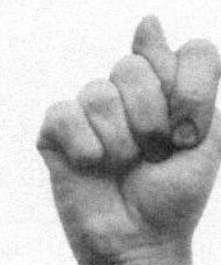

Der Künstler als Amokläufer

Zeichnungen von Dieter Hacker

21. Februar – 29. März 81   Mo – Fr 17–19 Uhr   Sa 10 – 14 Uhr

Was haben die widersprüchlichen Elemente eines Lebens miteinander zu tun? Wie erscheinen sie in den Lebensäußerungen eines Menschen – auch, um sich ihrer bewußt werden zu können?

Die wesentlichen Lebensäußerungen des Künstlers sind seine Kunstwerke. Durch die professionelle Spezialisierung aber, in der die Kunst heute überwiegend erscheint, artikulieren die Künstler nur noch Fragmente ihres Bewußtseins in ihren Kunstwerken. Auch ihr Leben zerfällt in disparate Teile. Der politische Künstler arbeitet gesellschaftlich – der Egokünstler gräbt in seinem schwarzen Inneren. Beides zu tun, verstößt gegen die guten Sitten der Branche.

Ich nehme mir jetzt die Freiheit, die Seiten meines Ich in meine Arbeit einzubeziehen, die bisher unterrepräsentiert waren. Die Zeichnung ist dafür das ideale Mittel.

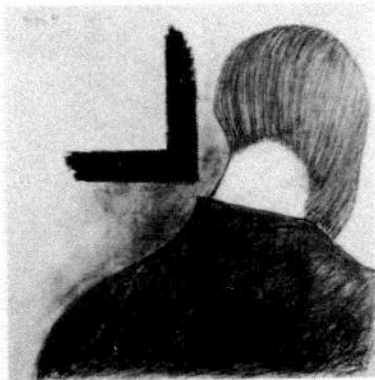

7. Produzentengalerie
Dieter Hacker
1 Berlin 15   Schaperstr. 19   Tel. 881 74 31

I MOVED FROM MUNICH TO BERLIN IN 1970. IN 1971, I OPENED THE 7TH PRODUZEN-TENGALERIE [PRODUCERS' GALLERY]. THE DECISION WAS PROMPTED BY SEVERAL FACTORS: THE POLITICIZING OF THINKING—IN ART AS WELL—BEGINNING IN ABOUT 1968, BAD EXPERIENCES I HAD HAD WITH GALLERISTS, AND THE EXAMPLE OF MY FRIEND BERNHARD SANDFORT, WHO IN 1969 HAD OPENED HIS OWN GALERIE FÜR KOLLEKTIVE KUNST [GALLERY OF COLLECTIVE ART] IN THE KREUZBERG DISTRICT OF BERLIN, WHICH HE DESCRIBED AS FOLLOWS: "A STORE WITH A DISPLAY WINDOW IN WHICH I LIVE AND WORK. I LOOK OUT OF THE WINDOW, MY NEIGHBORS LOOK IN—WE MEET EACH OTHER. I PAINT MY PAINTINGS, SET UP EXHIBITIONS, AND THINK IN PUBLIC."

THE 7TH PRODUZENTENGALERIE DOESN'T MEAN THERE WERE SIX OTHERS. IT WAS CONCEIVED AS A MODEL FOR AS MANY ARTISTS AS POSSIBLE TO DEVELOP THEIR OWN MEANS OF PRODUCTION AND THEREBY ACHIEVE GREATER INDEPENDENCE—BOTH INTELLECTUALLY AND ECONOMICALLY. IN THE EXHIBITION "KUNST IM POLITISCHEN KAMPF" [ART IN THE POLITICAL STRUGGLE] AT THE KUNSTVEREIN HANNOVER IN 1973 I TRIED TO DESCRIBE THE IDEA OF THE PRODUCERS' GALLERY IN THE FOLLOWING WAY: IF WE ARTISTS WANT TO DO SOCIALLY RELEVANT WORK, THEN WE HAVE TO TRY TO CHANGE THE PRESENT CONCEPT OF ART IN SUCH A WAY THAT IT BECOMES A GENERALLY ACCEPTED AND APPLIED MEANS OF UNDERSTANDING. ONLY THAT WHICH ONE IS FAMILIAR WITH CAN BE PURPOSEFULLY ALTERED. REFLECTING ON ONE'S OWN WORK WOULD THUS BE A STEP IN THE DIRECTION OF DEVELOPING POLITICAL AWARENESS.

THE POLITICAL WORK OF THE ARTIST BEGINS WITH HIS ARTISTIC WORK. PRODUCERS' GALLERIES WILL BE RUN BY THOSE WHO PRODUCE, NOT BY SALESPEOPLE. PRODUCERS' GALLERIES ARE A NEW MEDIUM THAT ARTISTS DEVELOP TO REBALANCE THEIR UN-BALANCED RELATIONSHIP WITH THEIR AUDIENCE AND WITH ONE ANOTHER. PRODUCERS' GALLERIES ARE PUBLIC AND ARE LOCATED ON THE STREET. ARTISTS WHO HAVE THEIR OWN GALLERY ARE NO LONGER LINKED TO THEIR AUDIENCE VIA THE ART TRADE, WHICH HAS TO TAKE CARE THAT THESE TWO GROUPS REMAIN SEPARATE. THROUGH THEIR OWN GALLERIES, ARTISTS GET TO KNOW THE RECIPIENTS OF THEIR WORK AND WHAT INTERESTS THEM. THAT CHANGES THEM, THEIR WORK, AND THEIR AUDIENCE.

THE PRINCIPLE OF PRESENTING ONE'S OWN ARTISTIC WORK HAS A LONG TRADITION. THE BERLIN DADA ARTISTS IN PARTICULAR FOUND NEW VENUES AND FORMS OF EXHIB-ITING, SINCE THEY WERE SCARCELY RECOGNIZED BY ESTABLISHED GALLERIES AND MUSEUMS. FROM 1958 TO 1970, BEN VAUTIER HAD HIS OWN STORE IN NICE, WHICH WAS ORIGINALLY CALLED LABORATOIRE 32. FROM THE EARLY SIXTIES, JOSEPH BEUYS WAS ACTIVE IN DEVELOPING NEW FORUMS (DEUTSCHE STUDENTENPARTEI [PARTY OF GERMAN STUDENTS], 1967; ORGANISATION FÜR DIREKTE DEMOKRATIE DURCH VOLKSABSTIMMUNG [ORGANIZATION FOR DIRECT DEMOCRACY THROUGH REFERENDUM], 1971; INITIATIVE DER FREE INTERNATIONAL UNIVERSITY [INITIATIVE OF THE FREE INTERNATIONAL UNIVERSITY], 1973), ONE OF WHOSE GOALS WAS TO ATTACK A HER-METICALLY SEALED CONCEPT OF ART.

I OPENED MY 7TH PRODUZENTENGALERIE WITH A POSTER READING "KILL YOUR GALLERY OWNERS, COLLEAGUES! START YOUR OWN GALLERY. START A PRODUCERS' GALLERY." THEN, FOURTEEN YEARS AND FIFTY-SIX EXHIBITIONS LATER, I CLOSED IT WITH THE EXHIBITION "AUS LIEBE" [OUT OF LOVE], THE POSTER FOR WHICH STATED, AMONG OTHER THINGS: "OUT OF LOVE, AS EVERYONE KNOWS, CHILDREN ARE PRODUCED, POEMS WRITTEN, AND MURDERS COMMITTED. IF PEOPLE WANT TO BE RICH, FAMOUS, OR SAINTLY, IF THEY HATE OR LOVE, THEY DEVELOP A SPECIAL POWER. THAT IS THE POWER THAT MOVES THE WORLD." THE THINGS IN OUR EXHIBITION, ALL OF WHICH WERE CREATED OUT OF LOVE, MAY PERHAPS NOT MOVE THE WORLD, BUT AT LEAST THEY HAVE MOVED ANOTHER HUMAN BEING. AND THAT IS THE BEGINNING OF EVERYTHING.

THE CATALOGUE OF THEMES IS DIVIDED BETWEEN TWO POLES: CRITICAL, ANALYTICAL EXHIBITIONS ON PROBLEMS RELATED TO ART AND ITS COMMUNICATION, AND EXHIBITIONS IN WHICH EXAMPLES OF NEW FORMS OF FOLK ART ARE PRESENTED AND DISCUSSED. FOLK ART SHOULD BE UNDERSTOOD HERE TO MEAN CONCEIVABLE ALTERNATIVES TO THE HIGHLY SPECIALIZED AND PROFESSIONALIZED CONCEPT OF ART WITH WHICH WE WORK TODAY. FOR IT IS NOT ONLY TRAINED ARTISTS WHO ARE CREATIVE. IF WE FOCUS OUR GAZE ON THE FORMS IN WHICH INDIVIDUAL EXPRESSION IS MANIFESTED, WE WILL FIND AN ASTONISHINGLY BROAD SPECTRUM IN WHICH THE FEATURES OF PERSONAL DISTINCTION REPRESENT ONLY THE SIMPLEST FORMS. THE LATITUDE THAT COULD PROVIDE THE FOUNDATION FOR A NEW FOLK ART RANGES FROM THESE TO THE IMAGINATIVE FORMS OF ORGANIZED POLITICAL ACTION THAT ARE AIMED AT EMANCIPATING INDIVIDUALS. THE FUTURE OF ART IS LINKED TO DEVELOPING A WIDESPREAD POWER OF AESTHETIC ARTICULATION. WITHOUT THIS SOLID BASIS, ART IS CONDEMNED TO ATROPHY IN ESOTERIC CIRCLES AND TO DEGENERATE INTO CONSUMER GOODS.

BOTH THESE COMPLEXES—EXHIBITIONS ON PROBLEMS RELATED TO ART AND ITS COMMUNICATION AND FOLK ART—ARE RELATED AND WERE DELIBERATELY RUN UP AGAINST EACH OTHER IN A SERIES OF EXHIBITIONS. EXAMPLES FROM THE COMPLEX OF THESE CRITICAL, ANALYTICAL EXHIBITIONS ARE: "KUNSTKRITIK IST EIN STUMPFES MESSER" [ART CRITICISM IS A DULL KNIFE], 1971; "KRITIK DES KONSTRUKTIVISMUS" [CRITIQUE OF CONSTRUCTIVISM], 1972; "UNSERE NATIONALGALERIE" [OUR NATIONAL GALLERY], 1973; "WELCHEN SINN HAT MALEN" [WHAT'S THE SENSE OF PAINTING], 1974; "AUFKLÄRUNG UND AGITATION IN DER KUNST DER BUNDESREPUBLIK" [ENLIGHTENMENT AND AGITATION IN ART IN THE FEDERAL REPUBLIC], 1976; "DUMME BILDER" [DUMB PAINTINGS], 1978… .

I ENDED MY WORK AT THE 7TH PRODUZENTENGALERIE IN 1984. WHY? MY LITTLE STORE, THE 7TH PRODUZENTENGALERIE, SEEMED SMALLER AND SMALLER, TOO SMALL TO RECEIVE THE WORLD, WHICH WAS SO BIG AND COLORFUL. AND THE PRODUCERS' GALLERY WAS NO LONGER THE RIGHT PLACE TO PRESENT PAINTING, WHICH HAD DEVELOPED INTO MY PREFERRED MEDIUM.

Dieter Hacker, in *Dieter Hacker: Der rechte Winkel in mir,* exh. cat. Museum für Konkrete Kunst (Ingolstadt, 2007/08), pp. 21–29, here pp. 26–29

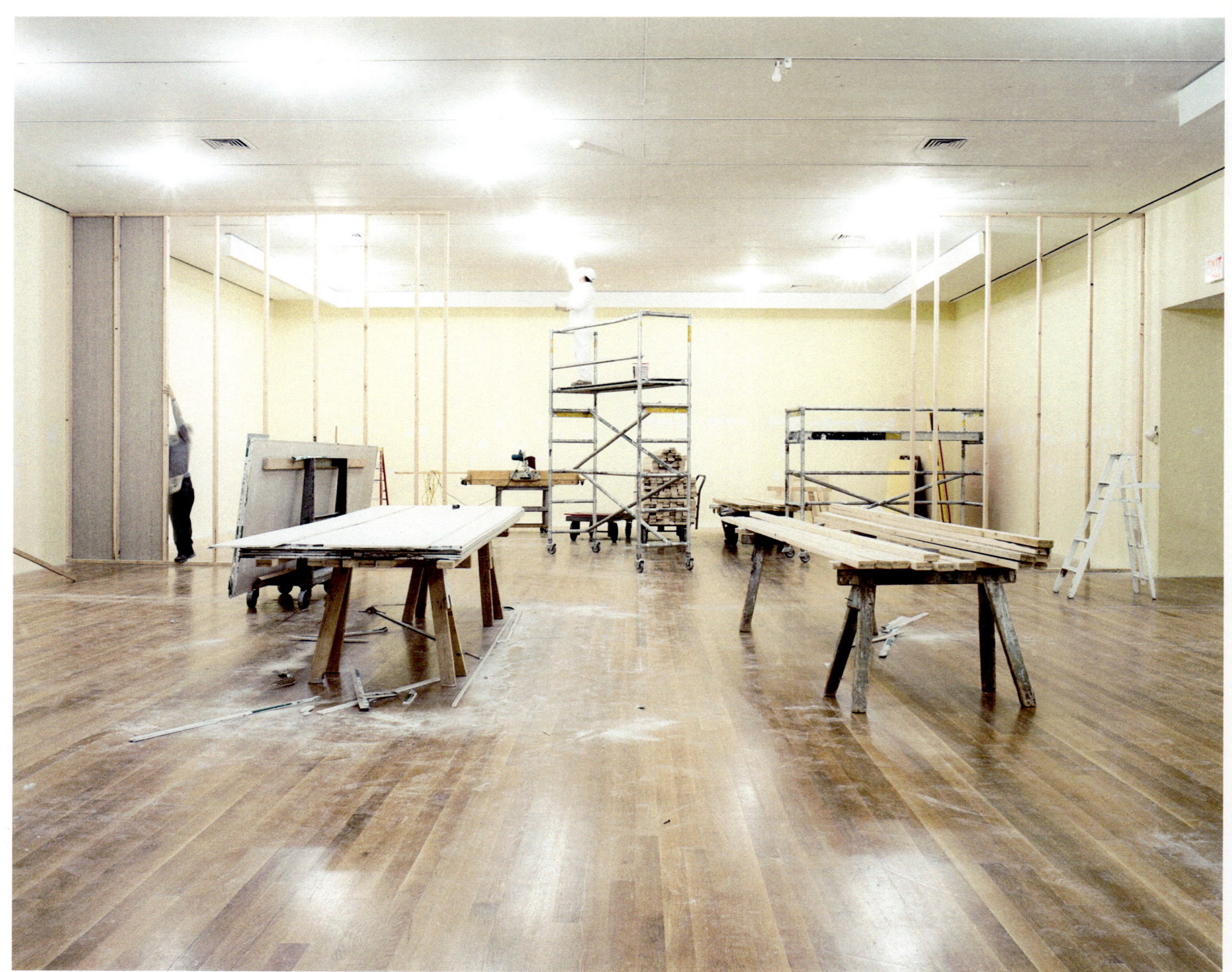

Candida Höfer
Museum of Modern Art New York VI,
2001
C-Print
120 x 152 cm
Courtesy die Künstlerin und Johnen
Galerie, Berlin

CANDIDA HÖFER
**1944 Eberswalde*
Lebt und arbeitet in Köln/Lives and
works in Cologne

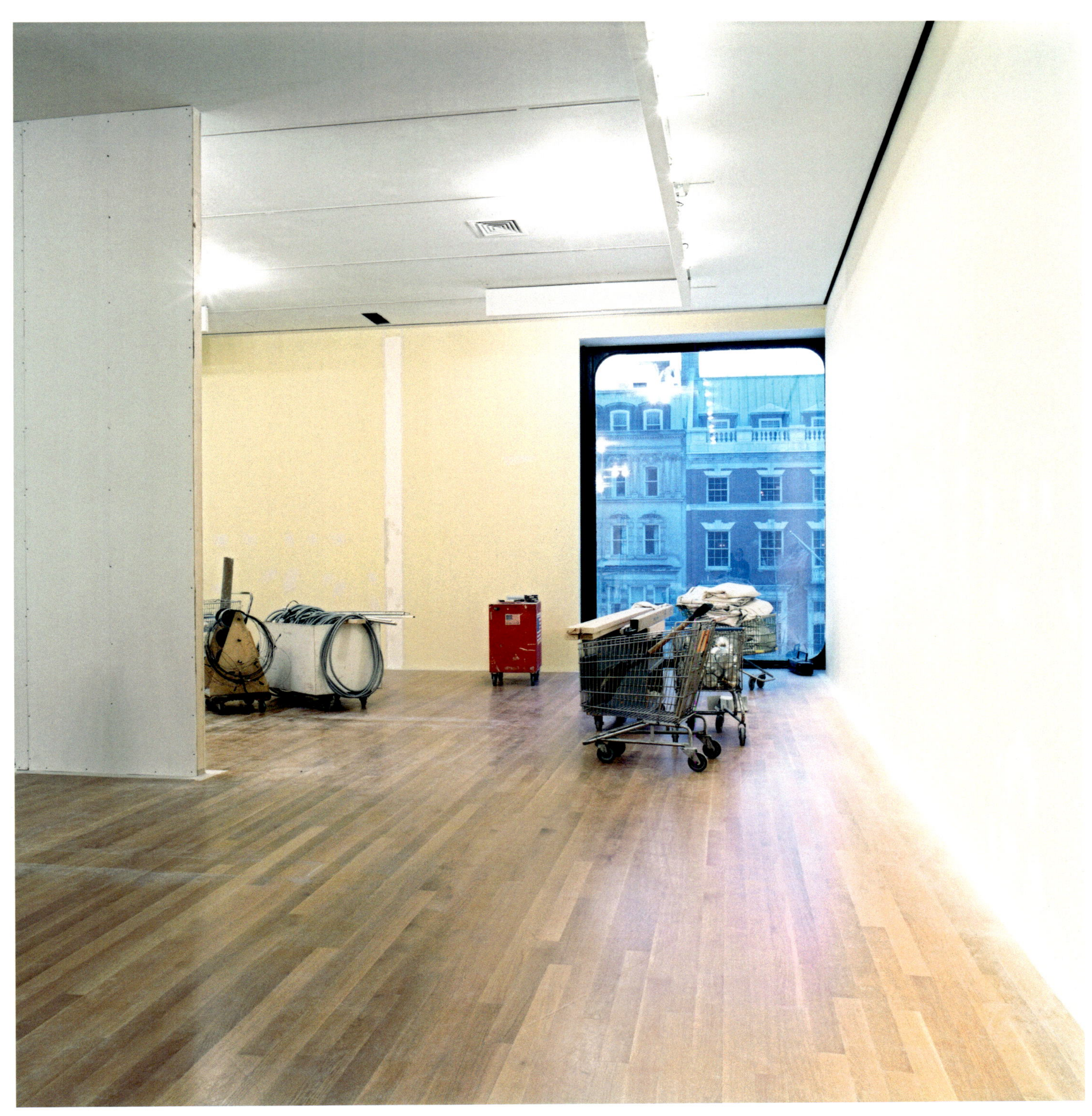

Candida Höfer
Museum of Modern Art New York VII,
2001
C-Print
152 × 152 cm
Courtesy die Künstlerin und Johnen
Galerie, Berlin

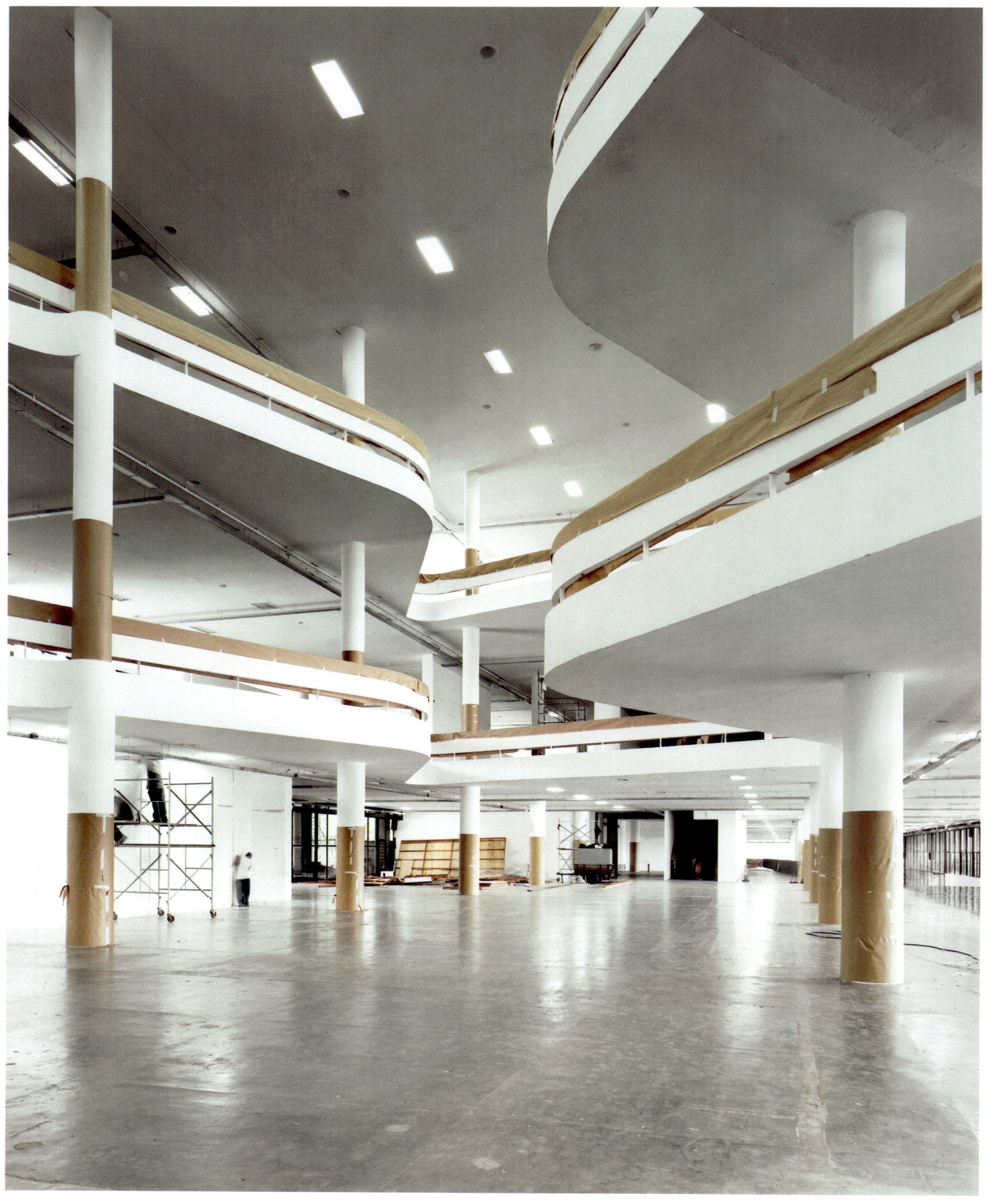

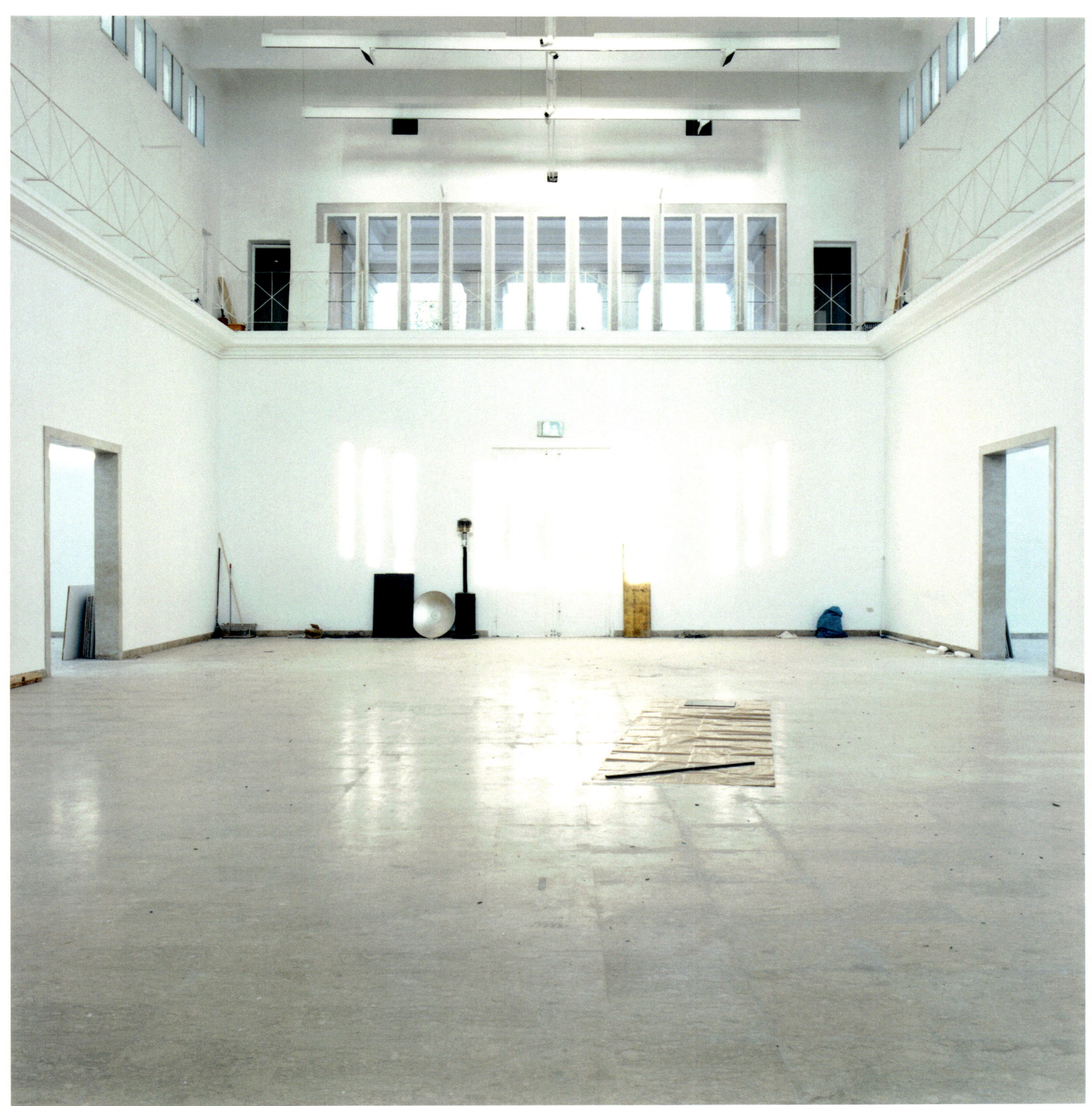

Candida Höfer
Fundação Bienal de São Paulo I, 2005
C-Print
208,6 × 180 cm
Courtesy die Künstlerin und Johnen
Galerie, Berlin

Candida Höfer
Deutscher Pavillon Venezia I, 2003
C-Print
152 × 152 cm
DekaBank-Kunstsammlung

Bethan Huws
Untitled (Social Problems within the Artworld), 2004–06
Aluminium, Glas, Gummi, Plastikbuchstaben/
Aluminium, glass, rubber, and plastic letters
75 x 50 x 4,5 cm
Courtesy of the Artist and Yvon Lambert,
Paris–New York–London
Collection Friedrich, Basel &
Privatsammlung, Schweiz/
Private Collection, Switzerland

Bethan Huws
Untitled (Quoi de Neuf?), 2008
Aluminium, Glas, Gummi, Plastikbuchstaben/
Aluminium, glass, rubber, and plastic letters
75 x 50 x 4,5 cm
Courtesy of the Artist and Yvon Lambert,
Paris–New York–London

BETHAN HUWS
**1961 in Bangor, UK*
Lebt und arbeitet in Paris/Lives and
works in Paris

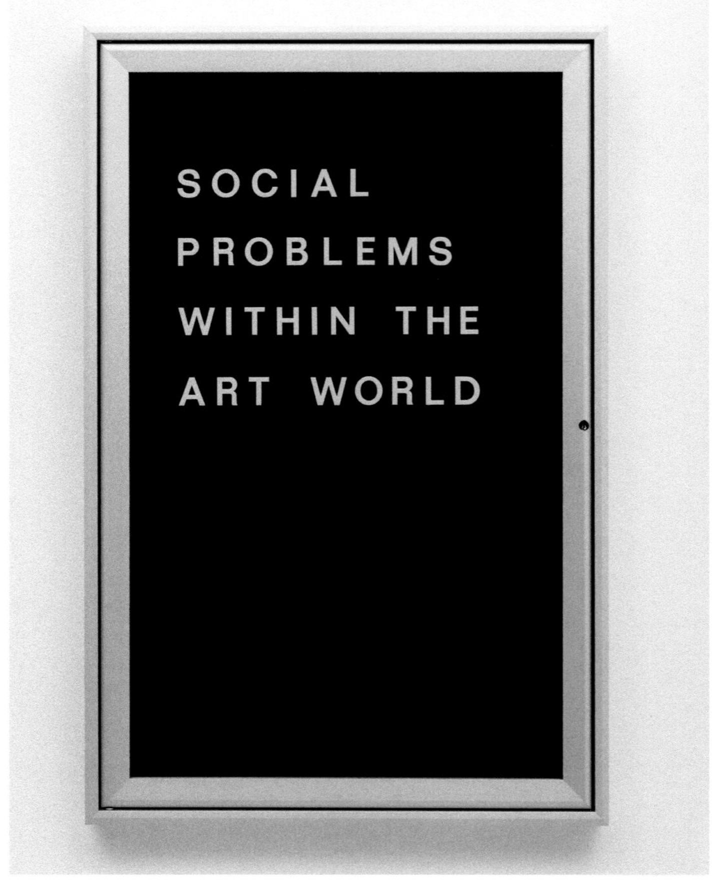

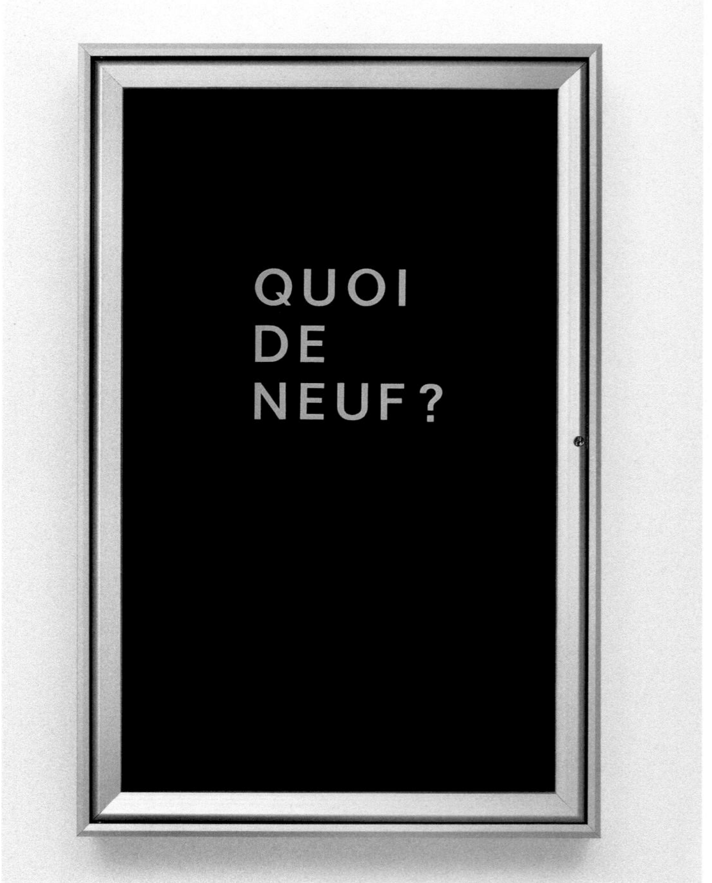

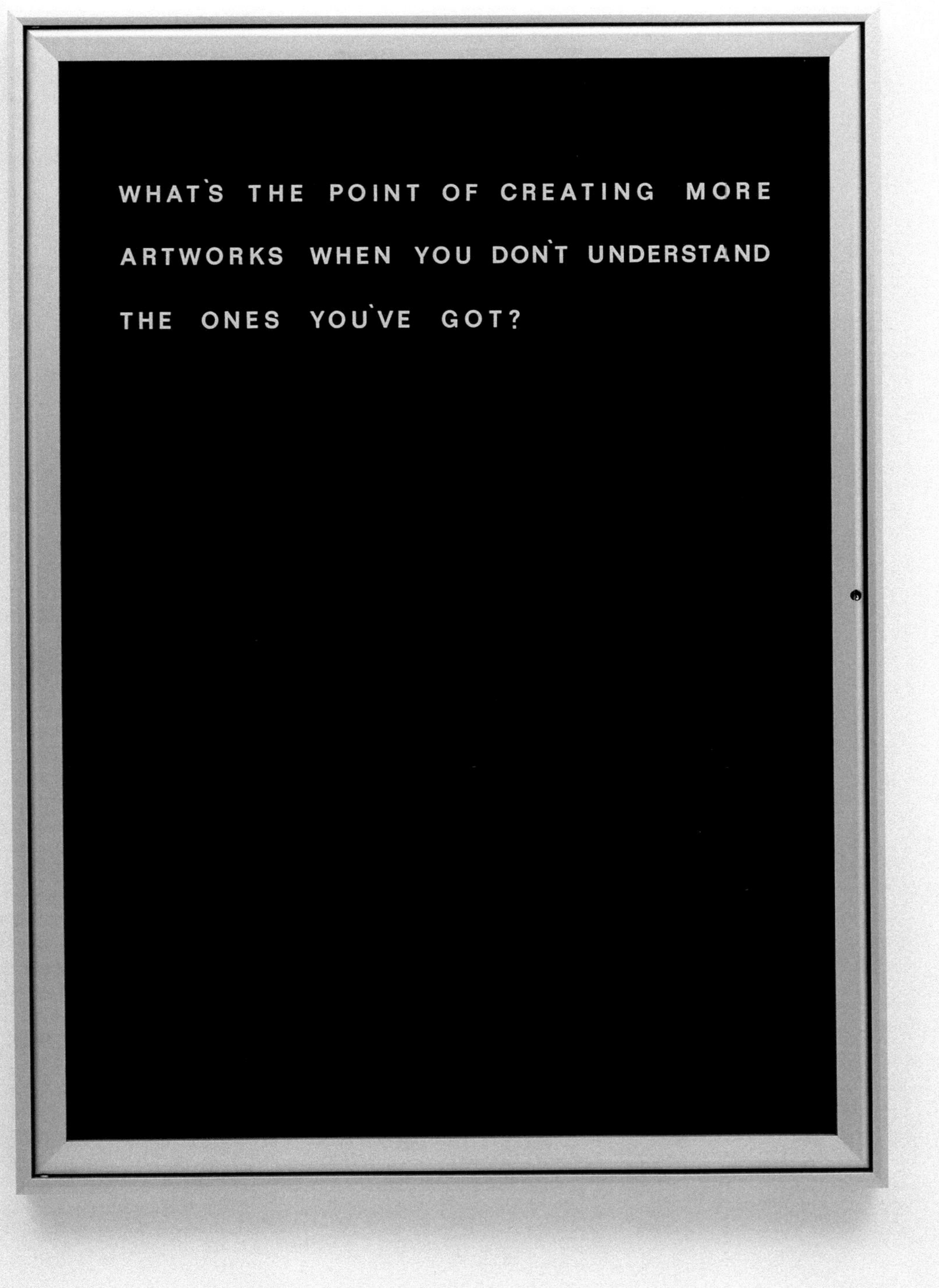

Bethan Huws
Untitled (What's the Point of Creating More Artworks when You
Don't Understand the Ones You've Got?), 2006
Aluminium, Glas, Gummi, Plastikbuchstaben/
Aluminium, glass, rubber, and plastic letters, 100 x 75 x 4,5 cm
Courtesy of the Artist and Yvon Lambert, Paris–New York–London,
Privatsammlung, Russland/Private Collection, Russia

Ich wollte Künstler werden:

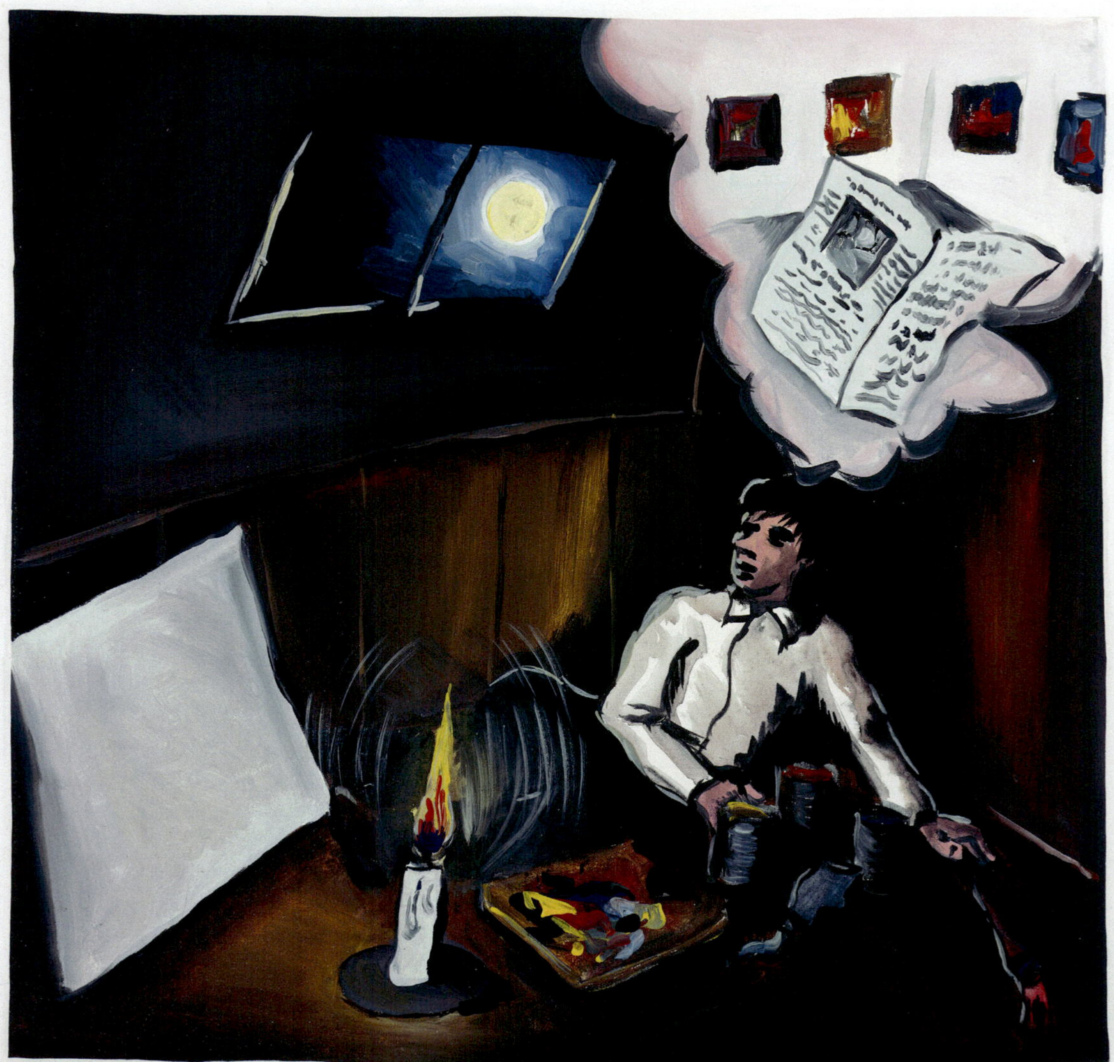

Jörg Immendorff
Ich wollte Künstler werden: ..., 1972
Kunstharz auf Leinwand/
Synthetic resin on canvas
90 x 80 cm
Privatsammlung/Private Collection
Courtesy of Galerie Michael Werner,
Berlin, Köln/Cologne, New York

JÖRG IMMENDORFF
1945 Bleckede–2007 Düsseldorf

SO GING ES LOS:
ICH ZEICHNETE UND MALTE SEHR GERN.
ES MACHTE MIR SPASS, DINGE ABZUBILDEN ODER
BILDER AUS DER PHANTASIE ZU ERFINDEN.
ICH DACHTE MIR NICHTS BÖSES DABEI. ZUERST MACHTE
ES EINFACH SPASS, DOCH MIT DER »UNTERSTÜTZUNG«
EINES GYMNASIALZEICHENLEHRERS BEGANN ES ERNST
ZU WERDEN!

DER EINSTAND:
ANLÄSSLICH EINES SCHULJUBILÄUMS FAND EINE
SCHÜLERAUSSTELLUNG STATT. DER DICHTER STEFAN
ANDRES KAUFTE VOR DEN STOLZEN AUGEN MEINES
REKTORS ZWEI KLEINE BILDER. VIER LEHRER VON MIR
SCHLOSSEN SICH DEM DICHTER AN.

ICH FÜHLTE MICH SCHON RICHTIG ALS KÜNSTLER UND
WOLLTE SOFORT DIE SCHULE VERLASSEN. MEIN
ZEICHENLEHRER GAB MIR EIN JAHR SPÄTER DEN RAT
MIT AUF DEN WEG: »JUNGE, DU HAST TALENT, GLAUBE
DARAN UND FOLGE IMMER DEINER INNEREN STIMME.«
SO WURDE ICH BESTÄRKT!

DER WUNSCH IST ERFÜLLT!
ICH WURDE AN DER KUNSTAKADEMIE ANGENOMMEN.
MIT ALLEM EIFER UND EHRGEIZ MACHTE ICH MICH ANS
»SCHAFFEN«. RIVALITÄT UND NEID BEHERRSCHTEN
DIE ATMOSPHÄRE IN DEN KLASSEN. JEDER WAR AUF DER
SUCHE NACH EINEM »EIGENEN STIL«. JEDER PASSTE
AUF WIE EIN WACHHUND, DASS IHM DER MITSTUDENT
NICHT »SEINE IDEEN« STAHL. VON DEM EINEN PROFES-
SOR HÖRTE MAN: »MENSCH, DAS BILD IST PRIMA!«
VON DEM ANDEREN PROFESSOR HÖRTE MAN: »SO EINE

SCHEISSE, DER KERL IST TOTAL UNBEGABT!« MASS-
STÄBE WURDEN NICHT GENANNT. MAN KLAMMERTE
SICH AN DAS LOB UND VERACHTETE AUS ANGST DIE
KRITIK. DIE ARBEIT DER KOLLEGEN WURDE GERING
GESCHÄTZT, UM DIE EIGENE ARBEIT UMSO HÖHER ZU
SCHÄTZEN. SOLIDARITÄT WAR VON BEGINN AN EIN
FREMDWORT!

NACHWUCHSSCHAU
ALLE ZWEI SEMESTER GAB ES EINEN RUNDGANG, DAS
HEISST DIE STUDENTEN ZEIGTEN DER ÖFFENTLICHKEIT
IHRE ARBEITEN. GALERISTEN KAMEN IN DIE AKADEMIE
UND SPÄHTEN NACH NACHWUCHS FÜR IHREN PROFIT.
SO LERNTE ICH DEN KUNSTHÄNDLER SCHMELA KENNEN,
DER KURZ MEINTE: »NOCH 20 VON SOLCHEN BILDERN
UND ICH MACHE EINE AUSSTELLUNG MIT IHNEN.« JA,
SO LIEF DAS! WAS ABER EIGENTLICH GUT SEIN SOLLTE
UND WARUM – ICH ERFUHR ES WEDER VON BEUYS
NOCH VON SCHMELA!

ICH WOLLTE KÜNSTLER WERDEN:
ABER MEINE ARBEIT SOLLTE NICHT FÜR LEUTE SEIN, DIE,
VON DER LETZTEN PARTY UND VOM GESCHÄFT
FASELND, MEINE BILDER ALS SCHICKE DEKORATION
EMPFANDEN. STELLTE ABER NICHT DIE FRAGE NACH DEM
WARUM! ICH SAH DEN GRUND FÜR DIESES VERHALTEN
NICHT IN MEINER ARBEIT, FÜHLTE MICH VERKANNT UND
SCHOB NUR ANDEREN DIE SCHULD ZU. ICH STELLTE
MIR NICHT DIE FRAGE:
FÜR WAS UND FÜR WEN ARBEITEST DU?

Jörg Immendorff, *Hier und jetzt, das tun, was zu tun ist. Materialien zur Diskussion, Kunst im politischen Kampf; auf welcher Seite stehst Du, Kulturschaffender?* Köln und New York 1973, S. 2–4, 15, 30, 32

Jörg Immendorff
Für was? – Für wen?, 1972
Gouache, Collage auf Karton/Gouache,
collage on cardbord
19,5 x 32,8 cm
Privatsammlung/Private Collection
Courtesy of Galerie Michael Werner,
Berlin, Köln/Cologne, New York

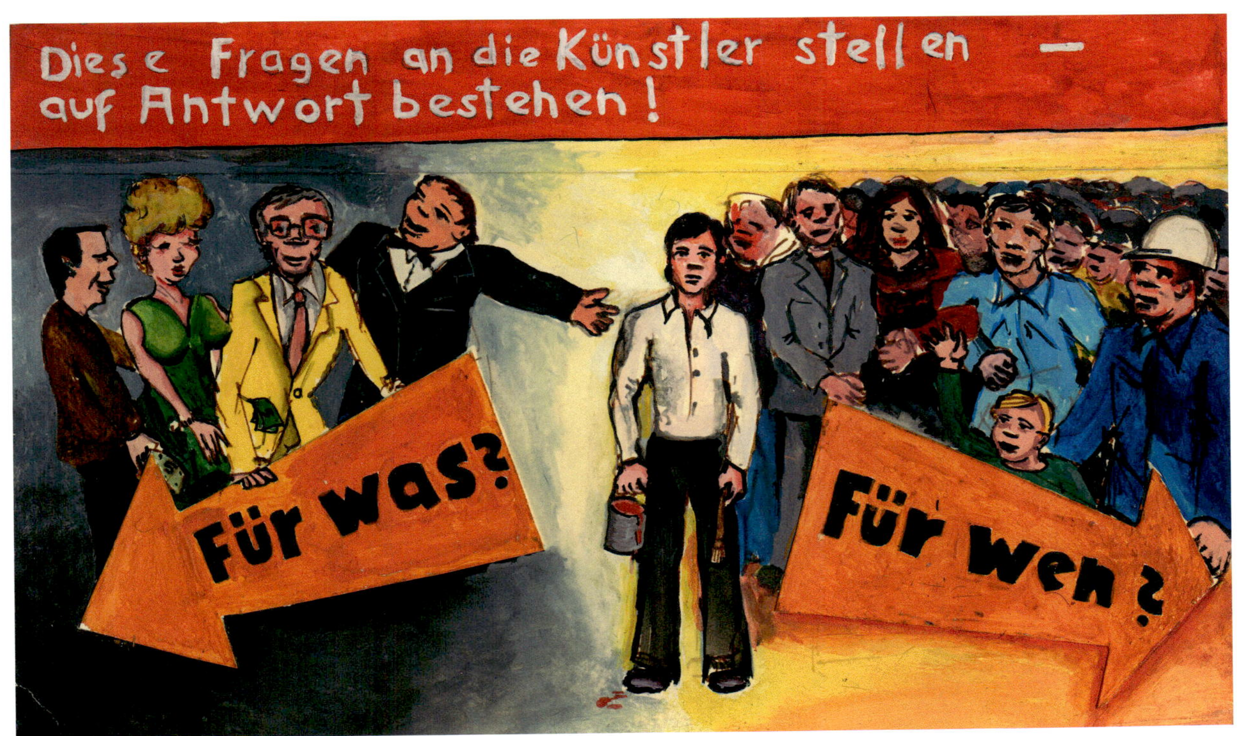

WHEN I STARTED ...
I ENJOYED DRAWING AND PAINTING VERY MUCH. I LIKED
TO REPRODUCE OBJECTS OR USE MY IMAGINATION TO
INVENT NEW ONES. I DID NOT TAKE IT TOO SERIOUSLY, I
JUST ENJOYED DOING IT. BUT WITH THE SUPPORT AND
HELP OF MY TEACHER, IT STARTED TO BECOME SERIOUS.

THE INITIATION
DURING AN EXHIBITION AT SCHOOL, THE POET STEFAN
ANDRES BOUGHT TWO SMALL DRAWINGS OF MINE. FOUR
TEACHERS FOLLOWED SUIT.
I BEGAN FEELING LIKE A REAL ARTIST AND WANTED TO
LEAVE SCHOOL IMMEDIATELY. WHEN I LEFT A YEAR
LATER, MY TEACHER TOLD ME: "YOU'VE GOT A LOT OF
TALENT, BOY. REMAIN CONFIDENT AND ALWAYS LISTEN
TO YOUR INNER VOICE."
SO THIS WAS MY CONFIRMATION.

MY WISHES CAME TRUE
I WAS ACCEPTED AS A STUDENT AT THE ACADEMY OF
ARTS AND STARTED WORKING WITH AMBITION AND
ENTHUSIASM.
RIVALRY AND ENVY DOMINATED THE CLASSROOM. EVERY-
ONE WAS LOOKING FOR HIS OR HER 'OWN STYLE.'
LIKE WATCH DOGS, EVERYONE PROTECTED THEIR 'OWN
IDEAS' FROM BEING STOLEN.
WHILE ONE PROFESSOR TOLD YOU, "THIS IS A GOOD,
STRONG PAINTING," THE OTHER ONE WOULD SAY, "WHAT
YOU'RE DOING IS A LOT OF BULLSHIT. YOU DON'T HAVE
ANY TALENT AT ALL!"
NO ONE EXPLAINED PRINCIPLES OR CRITERIA, SO YOU
IDENTIFIED WITH PRAISE AND FEARED CRITICISM. YOU
CONSIDERED THE WORK PRODUCED BY YOUR FELLOW

STUDENTS INFERIOR IN ORDER TO RAISE THE VALUE
OF YOUR OWN. THE WORD SOLIDARITY WAS UNKNOWN
FROM THE BEGINNING.
INSECURITY WAS VEILED BY ARROGANCE.

THE NEW-GENERATION SHOW
EVERY TWO TERMS, STUDENTS AT THE ACADEMY OR-
GANIZED A PUBLIC EXHIBITION OF THEIR WORKS. ART
DEALERS WOULD COME TO LOOK OUT FOR PROFITABLE
SUCCESSORS FOR THE MARKET. THIS IS HOW I GOT TO
KNOW THE ART DEALER ALFRED SCHMELA, WHO SIMPLY
SAID: "PRODUCE ANOTHER TWENTY PAINTINGS OF
THAT TYPE AND QUALITY AND I WILL ARRANGE A SHOW
FOR YOU."
THAT WAS THE WAY THINGS HAPPENED. BUT WHY MY
PAINTINGS WERE THOUGHT TO BE GOOD AND WHAT
PURPOSE THEY SERVED—NEITHER BEUYS NOR SCHMELA
COULD TELL ME.

I WANTED TO BECOME AN ARTIST
BUT I DID NOT WANT MY WORK TO DECORATE A ROOM
WHERE PEOPLE CHATTED ABOUT A RECENT PARTY
THEY HAD ATTENDED OR TALKED BUSINESS. BUT I DID
NOT ASK WHY. WHY?! I FOUND NO REASON FOR THIS
ATTITUDE IN MY WORK, YET I FELT MISUNDERSTOOD
AND CONSIDERED THE OTHERS TO BE THE GUILTY ONES.
I DID NOT ASK 'WHY DO YOU WORK AND FOR WHOM?'

Jörg Immendorff, in *Hier und jetzt, das tun, was zu tun ist: Materialien zur Diskussion, Kunst im politischen Kampf; auf welcher Seite stehst Du, Kulturschaffender?* (Cologne and New York: König, 1973, pp. 207–08.

Jörg Immendorff
*Wo stehst Du mit Deiner Kunst,
Kollege?*, 1973
Acryl auf Leinwand /Acrylic on canvas
Zweiteilig/Two parts, 130 x 210 cm
Privatsammlung/Private Collection
Courtesy of Galerie Michael Werner,
Berlin, Köln/Cologne, New York

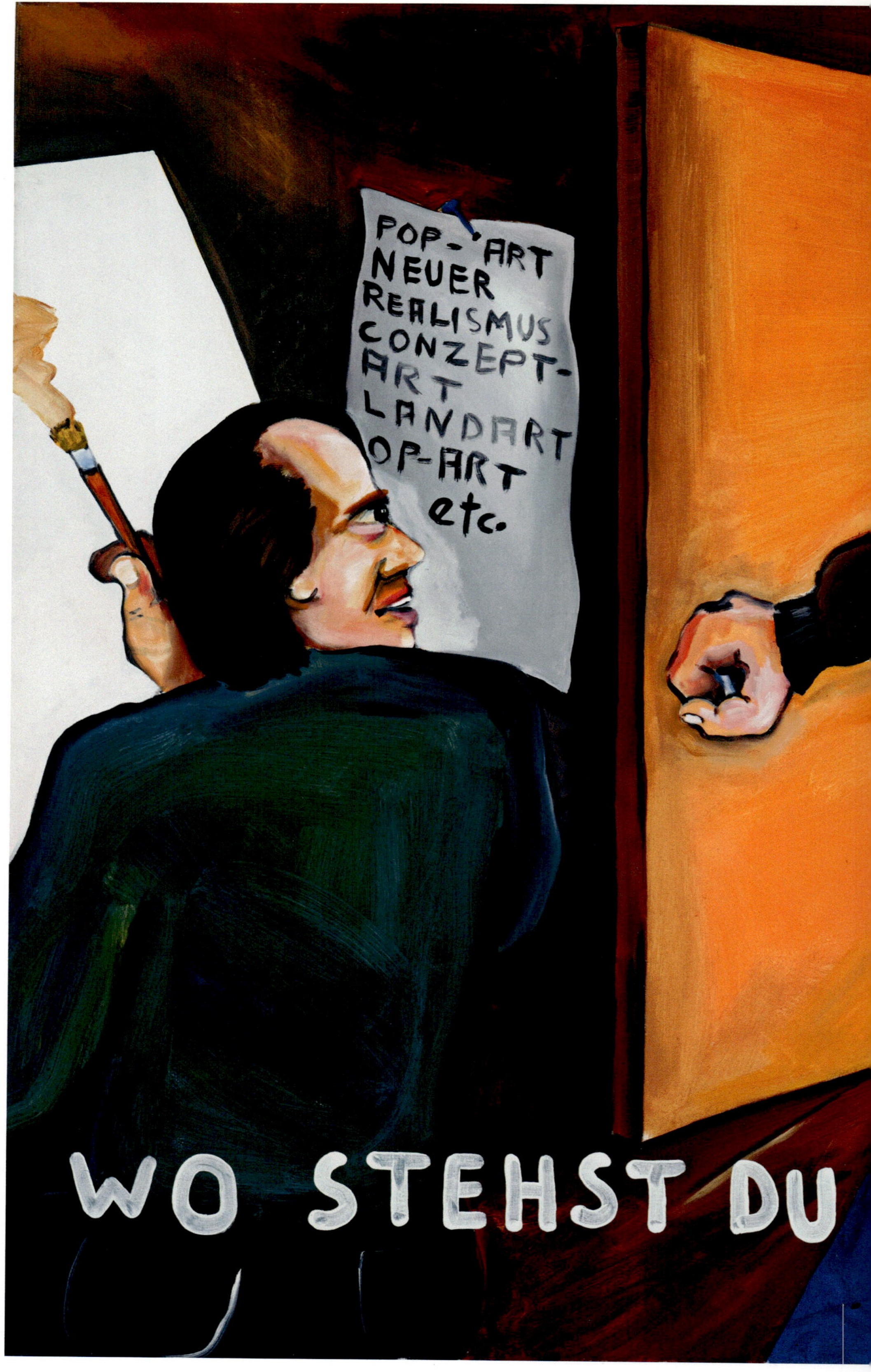

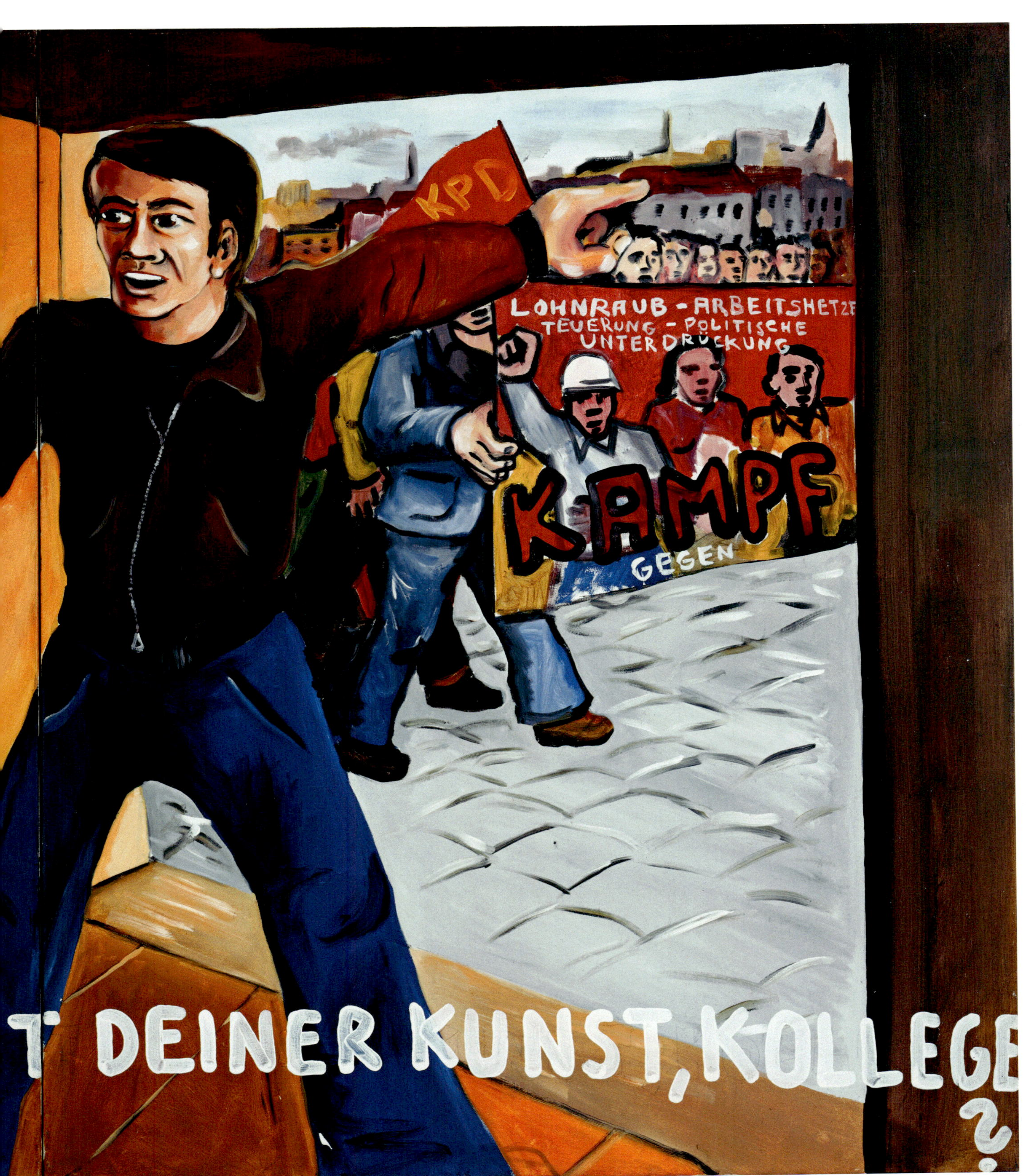

KPD
LOHNRAUB - ARBEITSHETZE
TEUERUNG - POLITISCHE
UNTERDRÜCKUNG
KAMPF
GEGEN
T DEINER KUNST, KOLLEGE?

Groteske des Verkaufens

Auf der Art Cologne testet Christian Jankowski das Teleshopping-Potential der Kunst

Der Moderator hält blaukarierte Styropor-Köpfe an dünnem Draht in die Kamera, schwankend stoßen sie im Bild gegen den gelben Streifen mit der Nummer der Hotline und das kleine Signet „livestream" in der rechten oberen Ecke. Unten laufen in weißen Versalien die handelsüblichen Informationen durch: „Heimo Zobernig, O.T. 2002, Papierklebeband, Styropor, Draht, 40 x 40 x 40 cm 14 000 Euro". Auf die österreichische Konzeptkunst folgt ein Original-Pappteller, leuchtende Ölfarbe, dick aufgetragen, modelliert unter anderem eine Wespe: „Das hier ist mein Lieblingsstück, es ist von Stefan Lenk, Schüler von Professor Umberg, der dafür bekannt ist, dass er nur Schwarz malt – lass uns den Künstler dazuholen", heißt es. Die Kamera schwenkt auf den Studiogast. „Waren Sie ein schlechter Schüler, wo Ihr Lehrer doch nur schwarz malt?", geht es in die Diskussion, während die Assistentin anmerkt, das Werk würde starke Gefühle in ihr auslösen: „Da kriege ich Hunger".

Khadra Sufi mit ihren lackierten Locken und der Anzugträger John Dalke sind Profis aus dem Bereich des Tele-Marketing, routiniert preisen sie während der Vernissage der Art Cologne dreimal eine Stunde lang Kunst an, wie sonst Süßwasserperlen oder Küchengeräte. Einlieferer sind die Galerien der Messe oder der sie umgebenden Sonderschau Open Space, gesendet wird im Internet, denn „Kunstmarkt TV" ist eine Inszenierung von Christian Jankowski, dessen Performances sich gerne in den Formaten der zeitgenössischen Kommunikationstechnologie einnisten. Er warf sich einem US-Fernsehprediger in der Studiokirche zu Füßen und bat für die Biennale von Venedig die Wahrsagerinnen im italienischen Fernsehen um individuelle Erfolgsprognosen. Es geht Jankowski nicht um Klamauk, sondern um Kommunikation über Kunst, die schmale Grenze zwischen routinierter Versiertheit und Peinlichkeit. Seine Verschiebungen versetzen weniger die Grenzpfosten zwischen Kunst und Realität, sondern spielen lieber kollaborativ Gate-Crashing, bei dem die Grenzer salutieren.

Inzwischen wird „Untitled" angepriesen, eine Arbeit von Clegg & Guttman, ein Foto von Rinderknochen auf spiegelnd ausgeleuchteter Alufolie. John Dalke lobt die „Hochqualität des Abzugs, besser als C-Print". Es folgt eine konzeptuelle Collage, bei der von einer Anzeigenseite nur das Wort „GOD" bleibt, schnell ist man im Verkaufsgespräch beim Glauben, jedoch: „Wir wollen nicht alles zerreden." Weiter geht es mit einer Fünf-Liter-Flasche voll algengrüner Schliere von Tue Greenfort, „Biosphere II", abgefüllt und verkorkt im Jahr 2003, „seither ist dort Leben drin". Der Clou kommt zum Schluss der Sendung: Khadra Sufi hält eine kleine Scheibe hoch, signiert von Christian Jankowski selbst, eine Aufzeichnung der Sendung als Edition von fünf Stück, zum „einmaligen Preis von 20 000 Euro".

„Ein Kunstwerk ist nur halb so viel wert, wenn man die Geschichte nicht kennt", weiß John Dalke und hilft nach: „Der 1968 geborene Christian Jankowski ist in der Konzeptkunst zu Hause, die er als Rollenspiele inszeniert." John Dalkes Rhetorik ist berufsbedingt aufdringlich, aber der TV-Verkäufer verhaspelt sich nicht und hat sich in die Szene und ihre Reizwörter eingearbeitet. So wirkt die Groteske tautologisch - „Kunstmarkt-TV" zeigt nur im verzerrten Spiegel, was alle anderen auf einer Messe auch tun.

Leider klingelt die Hotline selten durch, live-Verkäufe bleiben aus. Doch im Gegensatz zu Galeristen, denen man in diesem Fall ihre Unzufriedenheit schon einmal anmerkt, bleibt der „Kunstmarkt-TV"-Verkäufer charmant, vielleicht, weil für den Profi neben der Performance eben auch die Einschaltquote zählt. „Ich hoffe, Sie sind verzaubert und inspiriert, um 16 und um 18 Uhr sehen wir uns wieder."

CATRIN LORCH

Süddeutsche Zeitung, 18. April 2008, S. 16

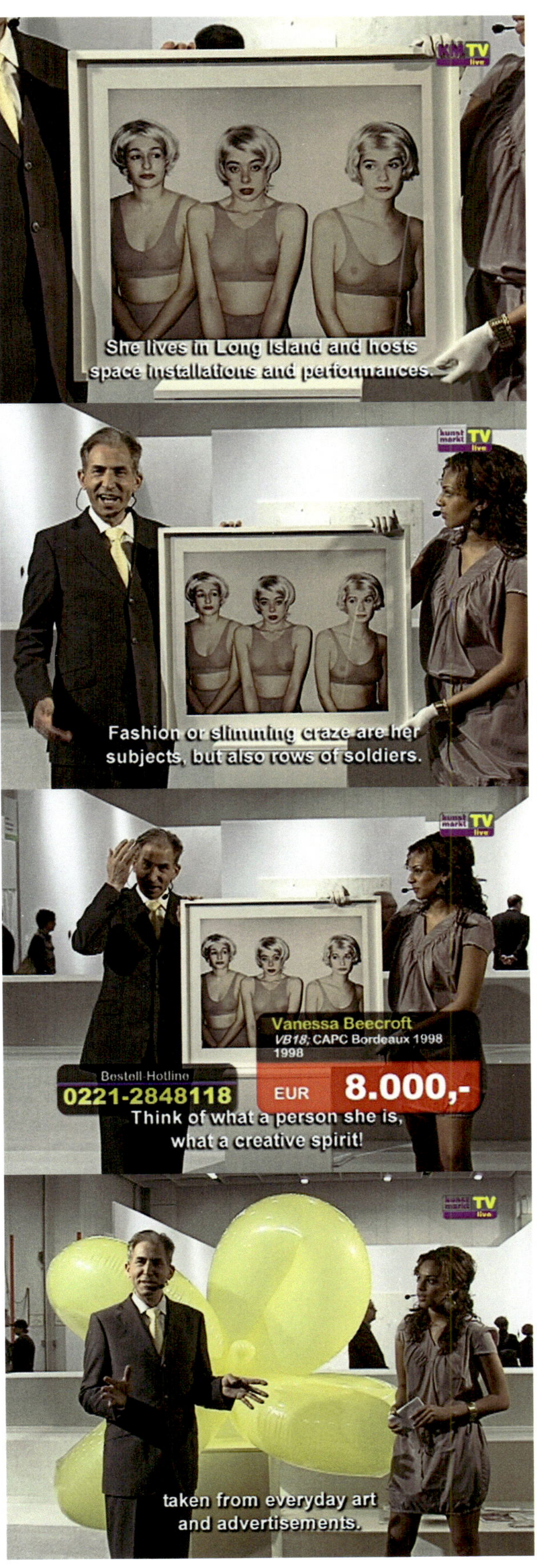

Christian Jankowski
Kunstmarkt TV, 2008
Digital Betacam und/and DVD, 45:15
Klosterfelde, Berlin/Galerie Meyer Kainer,
Wien/Vienna/Lisson Gallery, London

CHRISTIAN JANKOWSKI
**1968 in Göttingen*
Lebt und arbeitet in Berlin, Hamburg
und New York/Lives and works in
Berlin, Hamburg, and New York

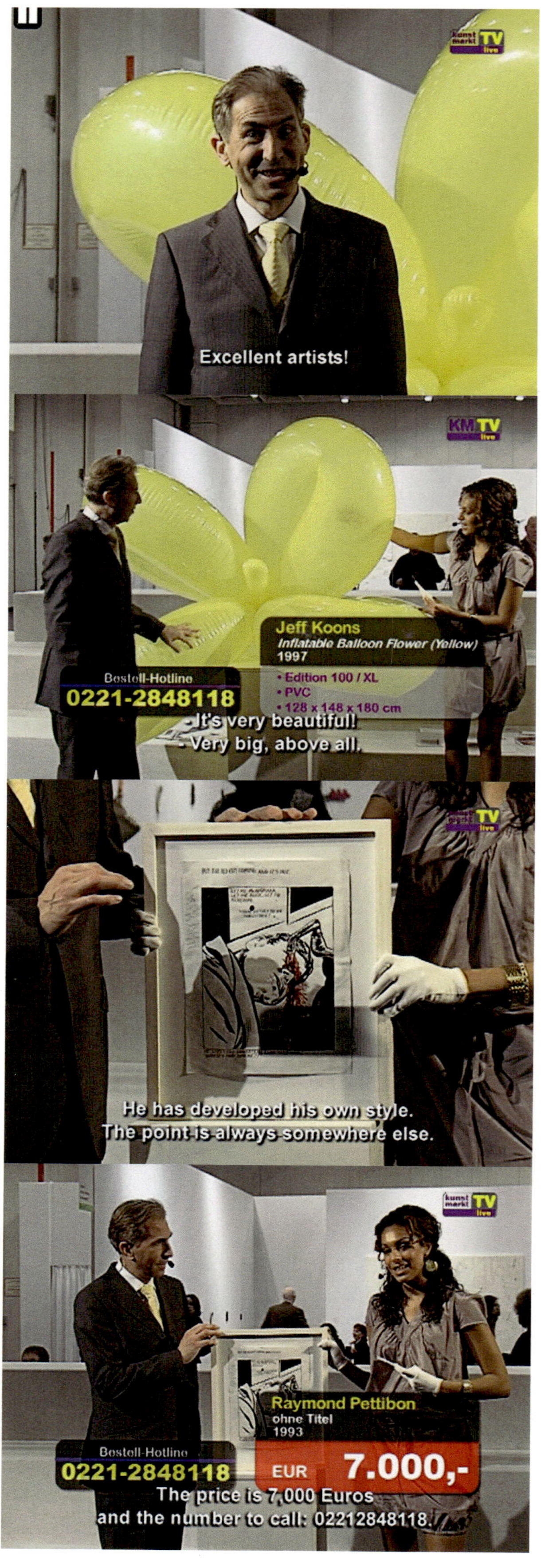

Excellent artists!

Jeff Koons
Inflatable Balloon Flower (Yellow)
1997
• Edition 100 / XL
• PVC
• 128 x 148 x 180 cm
Bestell-Hotline
0221-2848118
It's very beautiful!
Very big, above all.

He has developed his own style.
The point is always somewhere else.

Raymond Pettibon
ohne Titel
1993
Bestell-Hotline
0221-2848118
EUR   7.000,-
The price is 7,000 Euros
and the number to call: 02212848118.

The Grotesque Aspect of Selling

Christian Jankowski Tests the
Teleshopping Potential of Art at the
Art Cologne

The moderator is holding blue-checkered Styrofoam heads on thin wire up to the camera. In the image, they erratically knock against the yellow stripe with the number of the hotline and the small "live stream" insignia in the upper right corner. The standard commercial information crawls along the bottom of the screen in white capital letters: "Heimo Zobernig, Untitled 2002, adhesive tape, Styrofoam, wire, 40 x 40 x 40 cm, 14,000 euros." This piece of Austrian Conceptual Art is followed by an original paper plate with bright oil paint, applied thickly, shaped, among other things, like a wasp: "This one is my favorite; it's by Stefan Lenk, a student of Professor Umberg, who is known for painting only in black—let's bring the artist in," he says. The camera pans to the studio guest. "Were you a bad student, since your teacher painted only in black?" begins the discussion, while the assistant remarks that the work triggers strong feelings in her: "It makes me hungry."

Khadra Sufi, with her lacquered locks, and the man in a suit, John Dalke, are professionals from the world of tele-marketing; for three hours during the opening of Art Cologne, they praise the art with the same professionalism they usually apply to freshwater pearls or kitchen gadgets. The consigners are the galleries at the fair or its ambient special show, *Open Space. Kunstmarkt-TV* (Art Market TV) by Christian Jankowski, who likes to present his performances in the formats of contemporary communication technologies, is being transmitted via the Internet. He threw himself at the feet of a television preacher in the United States and asked a fortune teller on Italian television about her prediction for his personal success at the Venice Biennale. Jankowski is not interested in slapstick, but rather in communicating art, the thin line between practiced skill and embarrassment. His displacements do not so much move the boundary posts between art and reality, but prefer to play collaborative gate-crashing while the border guards salute.

In the meantime, *Untitled,* a work by Clegg & Guttman, is being praised: a photograph of beef bones on reflectively illuminated aluminum foil. John Dalke lauds the "high quality of the print, better than a C-print." It is followed by a Conceptual collage: a page from an advertisement with only the word "GOD" remaining. Soon the sales pitch moves to the subject of faith, but: "We don't want to talk everything to death." It continues with a five-liter bottle full of algae-green streaks by Tue Greenfort, *Biosphere II,* filled and corked in 2003, "and there has been life in it ever since." The highlight comes at the end of the program: Khadra Sufi holds up a little disk, signed by Christian Jankowski himself, a recording of the show in a limited edition of five for the "one-time only price of 20,000 euros."

"A work of art is worth only half as much if you don't know its history," John Dalke opines and helps things along: "Christian Jankowski, born in 1968, is at home in Conceptual Art, which he presents as role plays." In keeping with his job, John Dalke's rhetoric is insistent, but the TV salesman does not stumble over words and has familiarized himself with the scene and its emotive keywords. This grotesque aspect seems tautological: *Kunstmarkt-TV* merely reflects in a funhouse mirror what everyone else also does at an art fair.

Unfortunately, the hotline rarely rings; there are no live sales. In contrast to the art dealers, whose unhappiness with this fact is evident, the *Kunstmarkt-TV* salesman remains charming, perhaps because for the professional, it is not just the performance but also the ratings that count. "I hope you are charmed and inspired enough to watch us at four and again a six o'clock."

Catrin Lorch, *Süddeutsche Zeitung,*
April 18, 2008, p. 16

DIE AUSSTELLUNG IST FÜR DIE KUNST BZW. DEN KÜNSTLER DER »RUNNING GAG«. MEHR NICHT. ABER AUCH »RUNNING GAG« IST IM WÖRTLICHEN SINNE ZU VERSTEHEN! SICH BEWEGEN, WEITER-LAUFEN, DURCHHALTEN ... FÜR MICH IST SIE AUCH EINE GUTE AUSREDE DAFÜR, DASS ICH – WEIL ICH MICH IMMER BEWEGEN MUSS – IMMER WIEDER UMZIEHE, IN VERSCHIEDENEN STÄDTEN LEBEN KANN. OBWOHL DER WILLE, HÄNGEN ZU BLEIBEN, NACH WIE VOR VORHANDEN IST. ICH RICHTE JA JEDES MAL KOMPLETTE WOHNUNGEN EIN. ALSO WIRD GELD AUSGEGEBEN. UM DIE NEUE SITUATION AUSZUFORSCHEN UND UM DAS GELD FÜR DIE WOHNUNG WIEDER REINZUBEKOMMEN, WERDEN DANN AUSSTELLUNGEN GEMACHT.

Martin Kippenberger, in: Angelika Taschen und Burkhard Riemschneider (Hrsg.), *Kippenberger*, Köln 2003, S. 64

THE EXHIBITION IS A RUNNING GAG FOR BOTH ART AND THE ARTIST. NOTHING MORE. HOWEVER, THE EXPRESSION "RUNNING GAG" SHOULD BE TAKEN LITERALLY, PLEASE! MOVING, CONTINUING ON, KEEPING UP THE PACE . ... THIS DEFINITION IS ALSO A GOOD EXCUSE FOR ME TO KEEP MOVING FROM CITY TO CITY—BECAUSE I NEED TO BE ON THE MOVE. STILL, PART OF ME WOULD LIKE TO STAY PUT. EVERY TIME I MOVE, I FURNISH AN ENTIRE APARTMENT. SO I SPEND MONEY. IN ORDER TO EXPLORE THE NEW SITUATION AND TO EARN BACK THE MONEY SPENT ON THE NEW APARTMENT, I PUT ON SOME EXHIBITIONS.

Martin Kippenberger, in Angelika Taschen and Burkhard Riemschneider, eds., *Kippenberger*, trans. Janis Mink et al. (Cologne: Taschen, 2003), p. 64

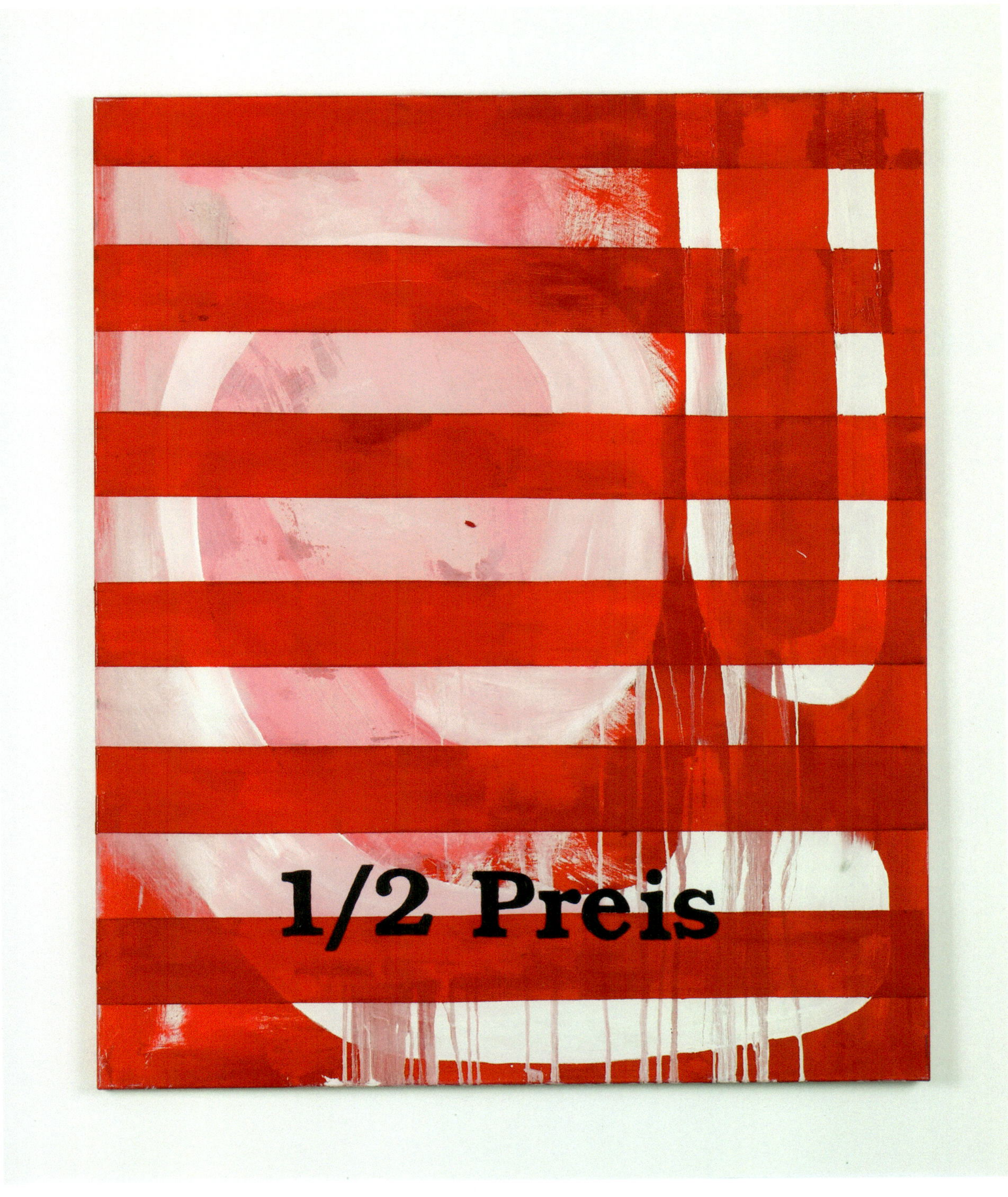

Martin Kippenberger
1/2 Preis, 1994
Ol auf Leinwand/Oil on canvas
120 x 100 cm
Privatsammlung/Private Collection

MARTIN KIPPENBERGER
**1953 Dortmund–1997 Wien/Vienna*

143

ICH WÜRDE SAGEN, 20 JAHRE IST DER ZEITRAUM. DANACH STELLT MAN DANN FEST, WIE DAS WERK, DER KÜNSTLER EIGENTLICH GEWIRKT HABEN. WAS DANN DIE LEUTE NOCH VON MIR ERZÄHLEN WERDEN, ENTSCHEIDET.

UND DIE ALTE BEHAUPTUNG VON ALBERT [OEHLEN] UND MIR, DASS MAN ENTWEDER ALS KÜNSTLER GEBOREN ODER KEIN KÜNSTLER IST, BESTÄTIGT SICH. REICHLICH.

MAN KANN NICHT EINFACH PROVOKANT SEIN, ABER AUCH NICHT EINFACH LIEBLICH WERDEN. MEINE EIGENEN REGELN, DIESES ZIEL ZU ERREICHEN, SIND: ICH SOLLTE NICHTS FÜR ZAHNÄRZTE SEIN, UND ES SOLLTE MIR NICHT PASSIEREN, DASS MAN MICH FÜR EINEN NEHMEN KANN, DESSEN BILDER MAN ÜBERS WOHNZIMMERSOFA HÄNGT. ICH GEBE ALLERDINGS ZU, ICH MACHE AUCH KLEINE BILDER, DAMIT ICH MEINE KÜCHE BEZAHLEN KANN, DIE EINFACH RICHTIG SCHISSGUT NACH »ÜBERS-WOHN-ZIMMERSOFA-HÄNGEN« AUSSEHEN. DIE ABER SOLLTEN AUSNAHME SEIN. ZWEI PROZENT MEINER PRODUKTION IST SO. DAS ERLAUBE ICH MIR EINFACH. DAS IST MEIN LUXUS. WAS HOFFENTLICH DARAUF HINAUSLÄUFT, DASS AUCH WIEDER MEHR EINIGE BILDER RICHTIG MISS-VERSTANDEN WERDEN DÜRFEN IN DER ÖFFENTLICHKEIT. ICH MUSS FÜR DEN MOMENT ARBEITEN WEGEN DIESES KURZEN ZEITRAUMS, DEN MAN ALS EINZELNER HAT. ICH NUTZE ALLE MÖGLICHKEITEN, UM ETWAS AUFZUBAUEN, WAS SICH SELBST HÄLT, FÜR SICH SPRICHT, DENN BEVOR ICH DIE ANDEREN »ANERKENNUNGEN« BEKOMME, WIE »IM-MUSEUM-HÄNGEN«, SEHE ICH EHER DIE MUSEUMS-DIREKTOREN HÄNGEN. UND DAS WIRD NICHT GESCHEHEN.

UND BEIM KIND IST ES SO: ES GIBT EINEN TEDDY UND ANSONSTEN DIE WILDNIS, WIE ASCHENBECHER, VASEN,

STECKNADELN. IN DER KUNST IST ES AUCH SO, DASS
ALLES ANDERE, DAS »WER-MIT-WEM« UND DIE FRAGEN
ÜBER DIE KUNST UND DIE GUTEN UND SCHLECHTEN
UNTERHALTUNGEN GENAUSO ZÄHLEN WIE DAS WILDNIS-
SPIELZEUG. EINFACH EIN BILD AN DIE WAND HÄNGEN
UND SAGEN, DAS SEI KUNST, IST SCHEUSSLICH. DAS GANZE
GEFLECHT IST WICHTIG!

GUTE KÜNSTLER, DIE NETT AUSSEHEN UND NETT MALEN,
SIND GANZ EINFACHE MENSCHEN. AUCH HIER WIEDER
LEUCHTET DAS BEISPIEL LÜPERTZ ODER BASELITZ AUF.
DER HAT SICH ALLES ANGEEIGNET, WAS ES AN INFOR-
MATIONEN GIBT ÜBER MÖBEL, MALTECHNIK, STICHE-SAM-
MELN UND AUF-DEM-SCHLÖSSCHEN-LEBEN, UND DIE
FRAU TRÄGT DEN GANZEN TAG CHANEL. MAN KANN ALLES
DAZULERNEN, JA MAN KANN JEDE TECHNIK LERNEN.
ABER ALLES ANDERE MUSS SICH AUS DEM EIGENEN LEBEN
ENTWICKELN. UND DIESE ANSICHT »SICH-ÜBER-DIE-
BILDER-AUSDRÜCKEN«, DIE GILT EIGENTLICH NICHT, DAS
IST NICHT MÖGLICH, DENN IMMER STECKT WAS DAHINTER
UND DANEBEN. OBWOHL ES IMMER NOCH LEUTE GEBEN
SOLL, DIE DENKEN, MAN KÖNNTE SO ARBEITEN WIE
BRANCUSI GEARBEITET HAT. NEIN, NEIN, MAN MUSS SICH
IN DIESEM NUDELAUFLAUF DER WISSENSCHAFT BEWEGEN,
WENN MAN MEHR ALS »LAUWARM« HABEN WILL. DANN
WIEDER: ZU SCHLAU DARF MAN AUCH NICHT WERDEN!

DAS MACHT EINE ZEIT LANG SEHR VIEL SPASS, GELD ZU
VERDIENEN UND MEHR GELD ZU VERDIENEN, UND WENN
DU DA EINEN ERZÄHLST VON: ICH HABE ERFOLG! DAS
STIMMT JA GAR NICHT. DAS IST NUR GELD!

Martin Kippenberger, in: *B – Gespräche mit Martin Kippenberger,* Ostfildern bei Stuttgart 1994, S. 14, 16, 20, 22, 159

I WOULD SAY TWENTY YEARS IS THE TIME FRAME. AFTER THAT, YOU NOTICE WHAT INFLUENCE THE WORK, THE ARTIST REALLY HAD. WHAT MATTERS IS WHAT PEOPLE STILL SAY ABOUT ME THEN.

AND THE OLD ASSERTION BY ALBERT [OEHLEN] AND ME THAT YOU ARE EITHER BORN TO BE AN ARTIST OR ARE NOT AN ARTIST IS CONFIRMED. AMPLY.

YOU CAN'T JUST BE PROVOCATIVE, BUT YOU CAN'T JUST BE SWEET EITHER. MY OWN RULES TO ACHIEVE THIS GOAL ARE: I SHOULDN'T BE ANYTHING FOR DENTISTS, AND IT SHOULDN'T HAPPEN TO ME THAT PEOPLE TAKE ME FOR SOMEONE WHOSE PAINTINGS CAN BE HUNG ABOVE THE LIVING ROOM SOFA. I ADMIT THAT IN ORDER TO PAY FOR MY KITCHEN, I ALSO DO SMALL PAINTINGS THAT SIMPLY LOOK A DAMNED LOT LIKE "HANGING ABOVE THE LIVING ROOM SOFA." THEY ARE SUPPOSED TO BE THE EXCEPTION, HOWEVER. THAT ACCOUNTS FOR TWO PERCENT OF MY PRODUCTION. I SIMPLY ALLOW MYSELF THAT. THAT'S MY LUXURY. WHICH HOPEFULLY ENDS UP WITH SEVERAL PAINTINGS BEING PROPERLY MISUNDERSTOOD BY THE PUBLIC ONCE AGAIN. I HAVE TO WORK FOR THE MOMENT BECAUSE OF THIS BRIEF TIME YOU HAVE AS AN INDIVI-DUAL. I USE ALL OPPORTUNITIES TO DEVELOP SOMETHING THAT HOLDS UP, THAT SPEAKS FOR ITSELF, BECAUSE BEFORE I GET THE OTHER FORMS OF "RECOGNITION," LIKE "HANGING IN A MUSEUM," I WOULD PREFER TO SEE THE MUSEUM DIRECTORS HANG. BUT THAT WON'T HAPPEN.

AND WITH A CHILD IT'S LIKE THIS: THERE'S A TEDDY BEAR, AND EVERYTHING ELSE IS WILDERNESS, SUCH AS ASHTRAYS, VASES, PINS. IT'S LIKE THAT IN ART, TOO, THAT EVERYTHING ELSE, THE "WHO WITH WHOM" AND

THE QUESTIONS ABOUT ART AND THE GOOD AND BAD
CONVERSATIONS COUNT JUST AS MUCH AS THE WILDER-
NESS TOY. SIMPLY HANGING A PAINTING ON THE WALL
AND SAYING IT'S ART IS TERRIBLE. THE WHOLE NETWORK
IS IMPORTANT!

GOOD ARTISTS WHO LOOK NICE AND PAINT NICE ARE VERY
SIMPLE PEOPLE. HERE, TOO, LÜPERTZ OR BASELITZ
COME TO MIND. HE ACQUIRED ALL THE AVAILABLE INFOR-
MATION ON FURNITURE, PAINTING TECHNIQUE, COLLECTING
ENGRAVINGS, AND LIVING IN A CASTLE, AND HIS WIFE
WEARS CHANEL ALL DAY LONG. YOU CAN LEARN EVERY-
THING; YOU CAN EVEN LEARN TECHNIQUE. BUT EVERY-
THING ELSE HAS TO EVOLVE OUT OF YOUR OWN LIFE. AND
THIS VIEW OF "EXPRESSING YOURSELF VIA PAINTINGS"
ISN'T REALLY VALID; IT ISN'T POSSIBLE, BECAUSE THERE'S
ALWAYS SOMETHING BEHIND IT OR BESIDE IT. ALTHOUGH
THERE ARE SUPPOSEDLY STILL PEOPLE WHO THINK
YOU CAN WORK LIKE BRANCUSI DID. NO, NO, YOU HAVE TO
MOVE WITHIN THIS PASTA BAKE OF SCHOLARSHIP IF YOU
WANT MORE THAN "LUKEWARM." THEN AGAIN: YOU CAN'T
GET TOO CLEVER!

FOR A WHILE, IT'S A LOT OF FUN TO EARN MONEY AND
THEN EARN MORE MONEY, AND WHEN YOU TELL SOMEBODY:
"I'M SUCCESSFUL!" IT'S NOT TRUE. IT'S ONLY MONEY!

Martin Kippenberger, in *B—Gespräche mit Martin Kippenberger* (Ostfildern: Cantz, 1996), pp. 14, 16, 20, 22, 159

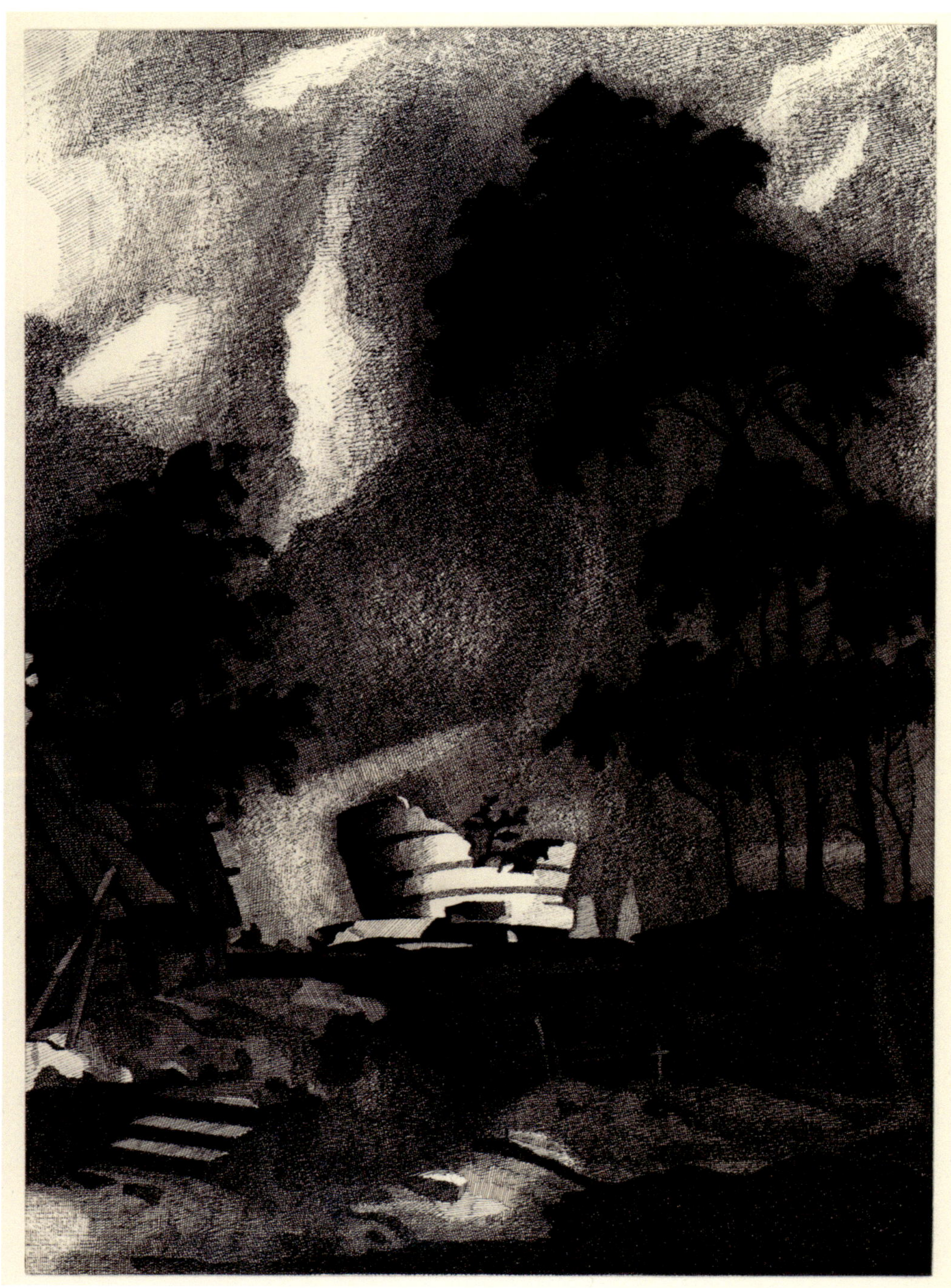

Komar & Melamid
*Scenes from the Future: Guggenheim
Museum,* 1990
Kaltnadelradierung/Drypoint etching,
76,2 x 55,9 cm
Privatsammlung/Private Collection
Courtesy of Ronald Feldman Fine Arts,
New York

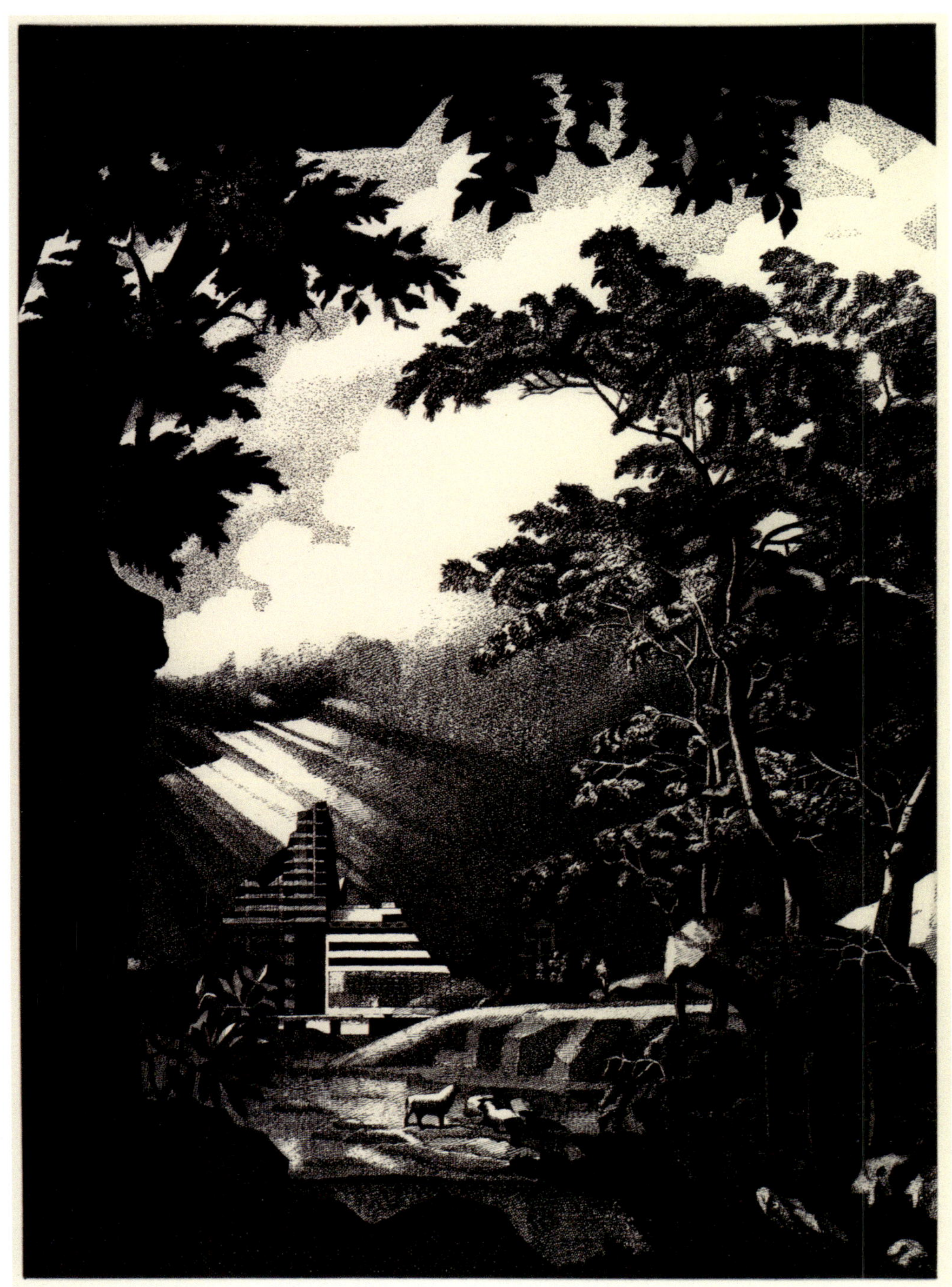

Komar & Melamid
Scenes from the Future: Museum of Modern Art, 1990
Kaltnadelradierung/Drypoint etching,
76,2 x 55,9 cm
Privatsammlung/Private Collection
Courtesy of Ronald Feldman Fine Arts,
New York

KOMAR & MELAMID
*VITALI KOMAR *1943 in Moskau/Moscow*
*ALEXANDER MELAMID *1945 in Moskau/Moscow*
Leben und arbeiten in New York/
Live and work in New York

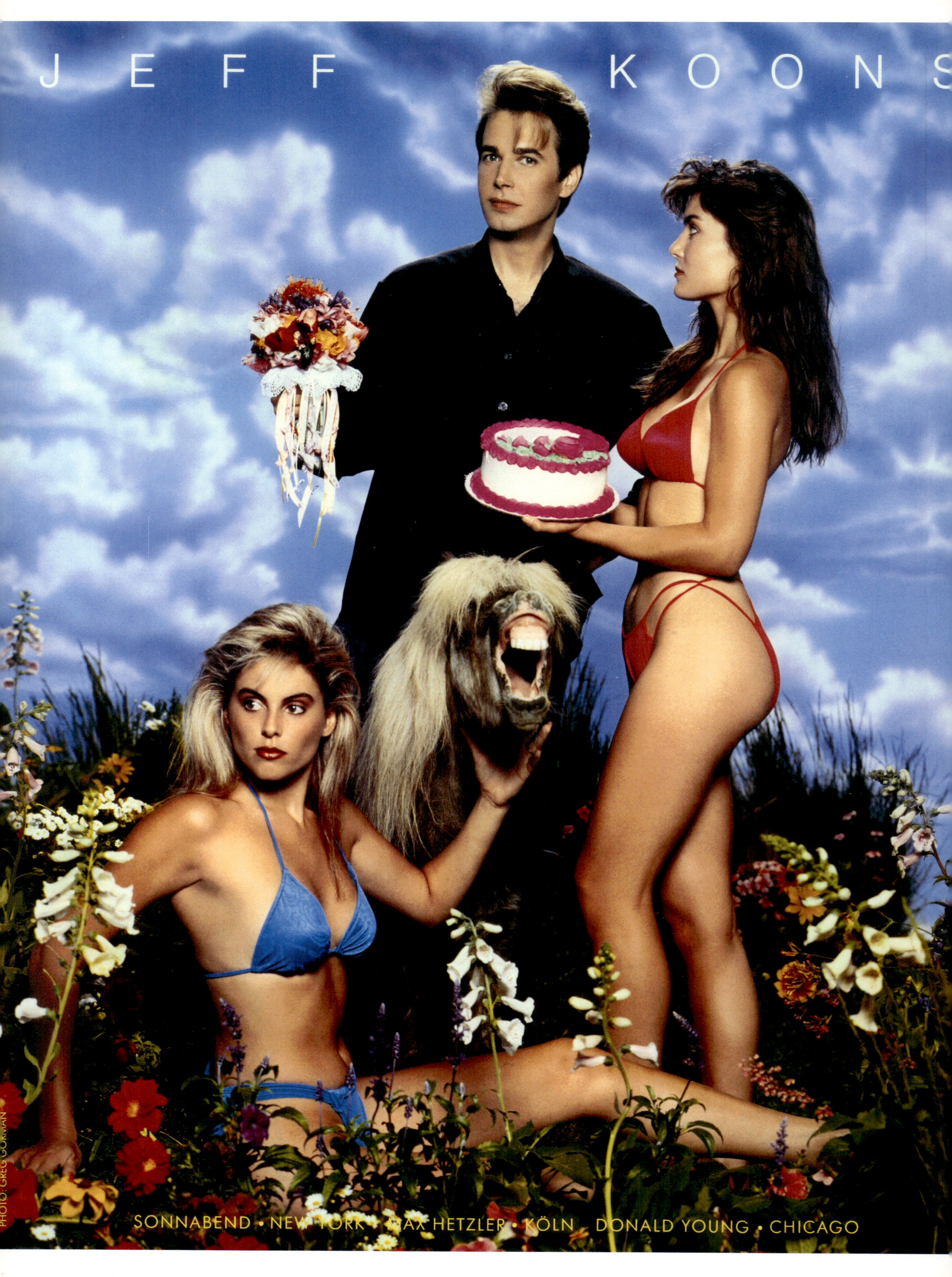
JEFF KOONS
PHOTO: GREG GORMAN
SONNABEND • NEW YORK • MAX HETZLER • KÖLN • DONALD YOUNG • CHICAGO

Amanda Coulson

The Making of the Market

Die »Legende vom Künstler« ist schon häufig erzählt worden. Sie handelt vom mittellosen, ehrgeizigen Künstler, dem eifrigen und neugierigen Kunsthändler, dem hungrigen, manischen Sammler, dem beobachtenden und bewertenden Kritiker und dem bewahrenden, bestärkenden Kurator. Wie in allen Märchen, Sagen und Mythen steckt auch in dieser Legende ein Körnchen Wahrheit, und doch gibt und gab es nie eine einzig gültige Realität.

Dennoch ist es dieser kleinen Gruppe von Protagonisten gelungen, gemeinsam einen ebenfalls kleinen, aber mächtigen Markt zu schaffen, der euphemistisch auch »die Kunstwelt« genannt wird. Und da der Künstler in unserem Szenario aktiv involviert und folglich auch noch am Leben ist – ein nicht unwichtiges Detail –, beschreibt es die seltsame Welt des zeitgenössischen Kunstmarktes, des so genannten Primärmarktes. Die Schauplätze dieses großen Spiels sind: Atelier, Galerie, Kunstverein, universitärer Kunstraum, Kunsthalle sowie die diversen Biennalen und globalen Kunstereignisse. Traditionell kamen diese Orte zeitlich und in ihrer Reihenfolge lange vor dem Museum, wo Artefakte – bereits vom Markt begutachtet und akzeptiert – für künftige Generationen aufbewahrt werden sollten. Und manchmal tauchten die Kunstwerke auf dem Weg zu diesen Tempeln in Auktionshäusern auf, dem wichtigsten Player des so genannten Sekundärmarktes – der Markt-Macher par excellence, der die Macht besitzt, beliebige, lediglich von ungebremstem Verlangen und dem Kick der Erregung bestimmte Preise festzulegen. Beides kann leicht von außen manipuliert werden.

All diese Orte des Kunstmarktes werden bis heute von einer recht kleinen Gruppe Aficionados der Kunstwelt frequentiert und waren lange Zeit so exklusiv, dass sie bis zum heutigen Tag für das Fortbestehen zumindest eines Teils des Mythos gesorgt haben. Vor nicht einmal 40 Jahren betrat dann ein neuer Player die Bühne: die Kunstmesse. Wie Billigfluglinien, die exotische Orte ansteuern, öffnete sie private Bereiche für ein breiteres Publikum – eine demokratische Entwicklung, die allerdings als der Akt betrachtet werden kann, der die Schönheit des verborgenen Juwels zerstörte.

Kunstmessen taten etwas sehr Einfaches, für die Kunstwelt aber ziemlich Ungewöhnliches: Als traditionelle Orte des Warenhandels stellten sie den merkantilen Aspekt eindeutig in den Vordergrund – etwas, das bis zu diesem Zeitpunkt nicht gerade üblich war. »Money makes the world go round.« – Auch wenn dieses Motto mit Sicherheit seit jeher für die Kunstwelt gegolten hatte, gaben sich die Beteiligten doch immer etwas zurückhaltend, wenn dieses heikle Thema zur Sprache kam. Geld und das Erhabene scheinen von Natur aus antagonistisch zu sein, und die Realität konnte den feierlichen Genuss von Hochkunst verderben.

Aber trotz ihrer eindeutig kommerziellen Natur wird die Messe von anderen Playern der Kunstwelt – Künstler, Galeristen, Kuratoren – nicht so einhellig gering geschätzt wie das Auktionshaus. Die Messe ist eine Art Spielfeld, auf dem gleiche Bedingungen für alle herrschen und Künstler / Händler die Regeln bestimmen können; als ein Gebilde, das eine Beziehung zum Kreativen unterhält, ist sie symbiotischer Natur. Auktionshäuser hingegen sind nicht dafür bekannt, junge Künstler zu pflegen und zu fördern, und werden daher als eher parasitär betrachtet; sie machen Profit, wenn der richtige Zeitpunkt gekommen ist. Man sollte aber auch nicht vergessen, dass die Käufer in dieser Arena – viele von ihnen Wiederholungstäter, denen es nie einfallen würde, in eine Galerie oder auf eine Kunstmesse zu gehen – um des Status willen so auffallend publik sammeln und dass sie folglich ihre Sammlung, oder zumindest Teile davon, irgendwann einer öffentlichen Einrichtung stiften werden, die sich derartige Werke sonst nicht leisten könnte.

Das Zusammenspiel all dieser Player und Elemente bildet den Motor, der die Kunstwelt antreibt – ohne den Markt steht die Maschine still. Dennoch wird der Markt im Prozess der Entstehung von Kunst als etwas Niederes angesehen. Die Verbindung von Kunst und Geld scheint immer etwas Vulgäres zu haben, schlimmer noch: Wenn der ernstzunehmende – und somit zweifellos avantgardistische – Künstler mit seiner Arbeit Erfolg hat, könnte er das Gefühl bekommen, der Markt sei trügerisch, könnte seine Arbeit anzweifeln und in eine Krise geraten oder aber den Markt, der ihn hervorgebracht und unterstützt hat, in seinen Arbeiten kritisch behandeln. Piero Manzoni beispielsweise verkaufte 1961 seine Fäkalien als *Merda d'artista* (Künstlerscheiße) und ließ sich ihr Gewicht in Gold auszahlen. Viele der gezeigten Arbeiten zeugen von einer bestenfalls ironischen Betrachtungsweise des Marktes. So schlägt Jonathan Monk spöttisch vor: »Verlangen Sie einen Rabatt auf dieses Bild. Was haben Sie schon zu verlieren?« Und John Baldessari verspricht: »Ich will keine langweilige Kunst mehr machen«, was – seien wir ehrlich – in vielen Fällen als Synonym für Objekte verstanden werden kann, die sich verkaufen wie warme Semmeln.

Die Erfordernisse der Realität mit all ihrer Profanität verstellen natürlich den Blick auf dieses sublime Ziel, und anscheinend ist es der ewige Kampf des Künstlers, zwischen diesen Polaritäten zu manövrieren. Wird dem Künstler der Markt (und das Geld) gewaltsam oder durch Maßlosigkeit genommen, mag er vielleicht erfolgreich sein, wird aber gleichzeitig verhungern. Tom Wolfe beschrieb dieses Dilemma in seinem genialen Essay *Das gemalte Wort* von 1975, in dem er ein »Kunst-Balzritual« aus zwei Phasen beschreibt: dem »Boho Dance«, dem bohemehaften Tanz, mit dem der Künstler beweisen muss, dass sein avantgardistisches Zeug topaktuell und gegen das Establishment gerichtet ist, aber genau dieses Establishment umwirbt, und schließlich der »Vollzug mit dem Sammler aus besseren Kreisen«, wenn die *culterati*, die elitären Kunstkonsumenten, in der Boheme einfallen und die Aufregendsten, Originellsten und Wichtigsten auswählen, um sie mit Popularität zu überschütten. Der Trick besteht darin, dass der Künstler seinen Wurzeln nie so treu bleiben darf, dass er nicht doch eines Tages aufsteigen könnte – aber er darf auch keinen »Verrat« begehen. Die Regeln dieses Spiels sind so komplex, dass der Künstler Pablo Helguera 2007 das satirische, doch zugleich zutreffende *Manual of Contemporary Art Style* verfasste, ein Pseudo-Handbuch, das als eine Art praktischer »Knigge für die Kunstwelt« hilfreiche Schaubilder und Zeichnungen sowie Anleitungen zum Erlernen der korrekten Etikette bietet und zeigt, wie man sich in ihren gefährlichen Gängen und komplizierten Strukturen bewegt, um den lang ersehnten Erfolg zu erreichen.

Ein Maler beispielsweise kann jedoch unmöglich ein Meisterwerk nach dem anderen produzieren. Aber der Markt ist ungeduldig, genauso wie der Vermieter; die Versuchung, die Nachfrage zu befriedigen, ist ebenso menschlich wie verständlich, und es kommt auch vor, dass eine Überproduktion in den erfolgreichen Jahren mit der Zeit zu deutlich geringerer Qualität führt. Aber was mit der Kunst, dem Künstler und seiner Produktivität geschieht, lässt sich am besten in Zeiten der Krise und Stagnation beobachten. Krisen führen zum Innehalten, zur Neubetrachtung und Konzentration. Ob es sich um eine individuelle Krise handelt, die jeden echten Künstler in gewissen Zyklen ereilt, oder um eine kollektive Krise des Marktes, das Ergebnis ist das gleiche: Loslösung und Neuorientierung. Also kann man davon ausgehen, dass die Qualität in wirklich harten Zeiten wieder zunehmen und – so seltsam es auch ist – die andere Wahrheit wieder zu Tage treten wird, die stets im Denken des Künstlers fortbesteht. In diesem Szenario führt der Druck des Marktes selbst zu neuer Kreativität.

Der Künstler muss immer danach streben, etwas für die Zukunft, für die Ewigkeit zu schaffen, aber die Zukunft kennt ihren Markt noch nicht. Was heute angesagt ist, kann in der Zukunft vergessen sein, während ein unterschätzter Künstler vielleicht zum Star aufsteigt. Dennoch wird selbst dieser Künstler, der am Rande irgendwie überlebt, vom Markt unterstützt – egal ob er als Assistent eines anderen Künstlers, als Helfer in einer Galerie oder als Museumswärter arbeitet.

Am Ende zählt jedoch die Kunst, und wenn man sich die Errungenschaften großer Kulturen anschaut, sind die Überreste, die wir bewundern, meist ihre Artefakte und nicht ihre Währungssysteme oder der Dow-Jones-Index. Es hat immer Mäzene, Sammler, Adlige oder die Kirche gegeben, die für das Talent und das Genie der Zeit gezahlt haben. In unserer Zeit hat sich dies alles ein wenig verlagert – wir haben es heute mit Museen zu tun, die wie Galerien agieren, Kunstmessen, die ihre Shows wie Ausstellungen präsentieren, und Auktionshäuser, die beides tun und aktiv an der Einschätzung noch ungewisser Entwicklungen beteiligt sind. Die Grenzen mögen verschwommen sein, aber wie auch immer diese Veränderungen letztendlich ausfallen, künftige Generationen werden wieder auf uns schauen und unsere kulturellen Errungenschaften erforschen. Und dann – da Staat, Adel und Klerus wohl kaum noch dafür zuständig sind, die Fortsetzung künstlerischer Produktion sicherzustellen – stellt sich die Frage, wer sie ermöglicht und bezahlt hat? Der Markt.

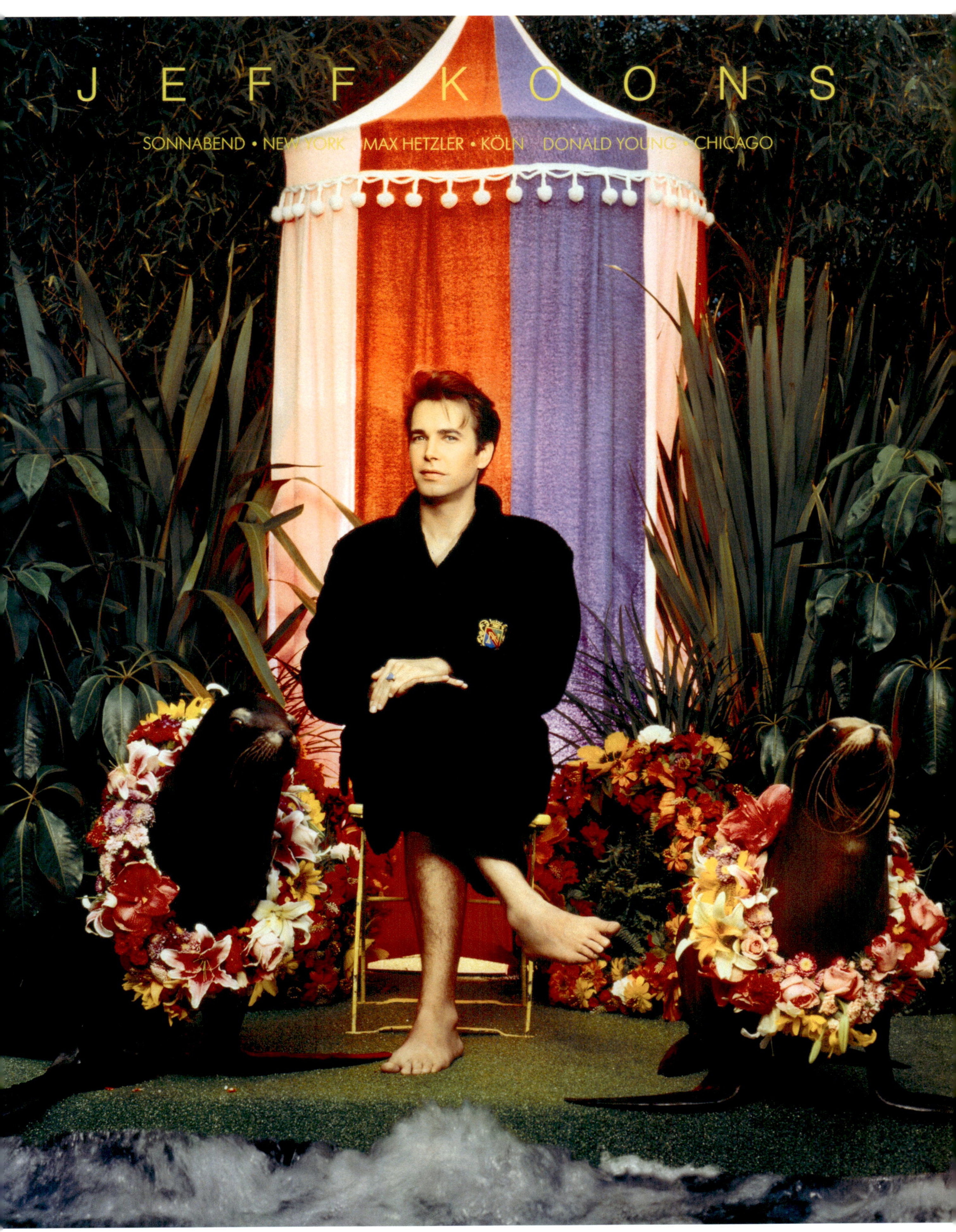

J E F F K O O N S
SONNABEND • NEW YORK MAX HETZLER • KÖLN DONALD YOUNG • CHICAGO

JEFF KOONS

SONNABEND • NEW YORK   MAX HETZLER • KÖLN   DONALD YOUNG • CHICAGO

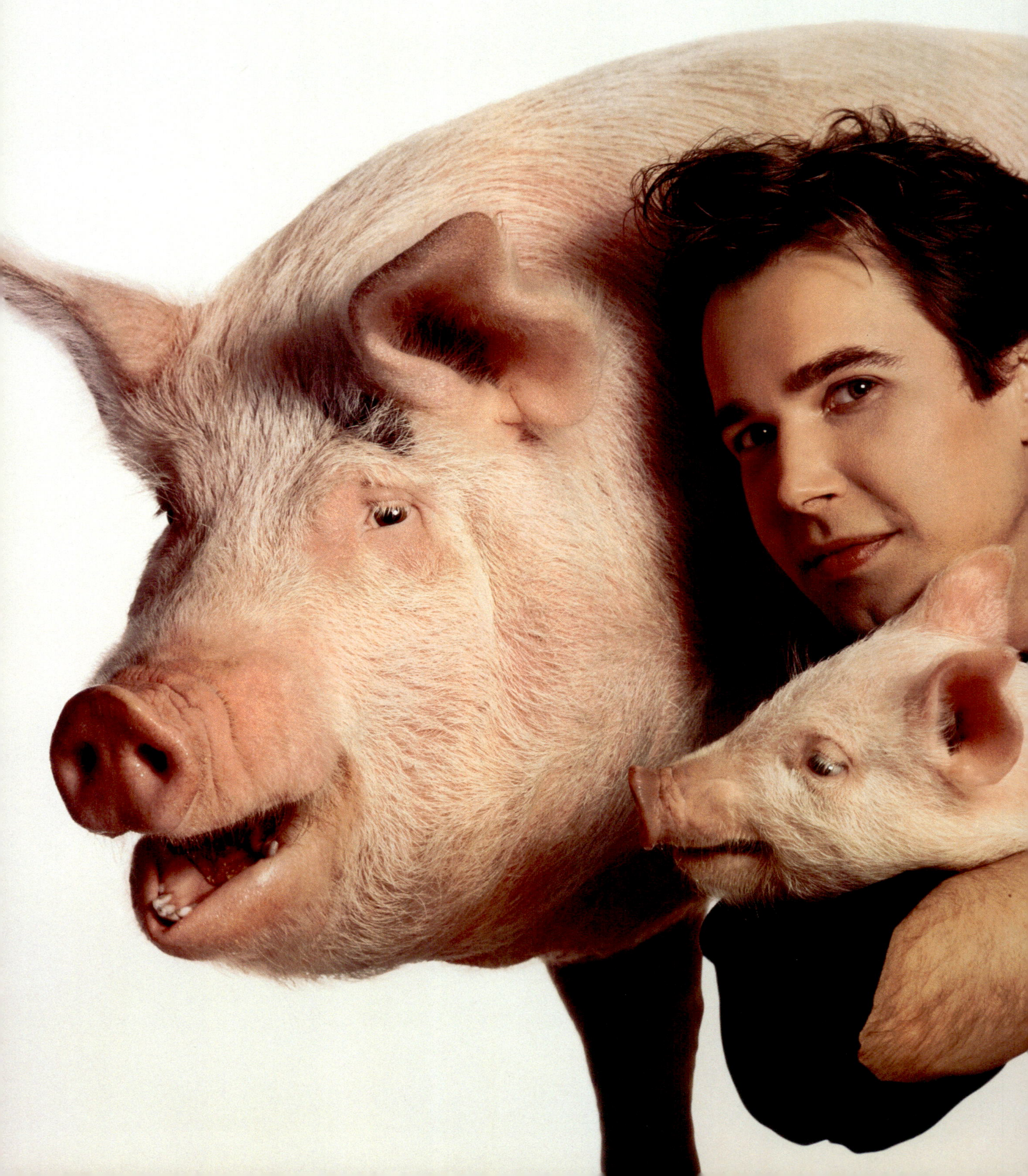

Amanda Coulson

The Making of the Market

The topos of "The Legend of the Artist" has been told many times. It involves the penniless and ambitious artist, the eager and curious dealer, the hungry and maniacal collector, the observing and judging critic, and the preserving and affirmative curator. As always, in tales, legends, and myths there is a grain of truth, and yet there is never a single fundamental reality.

Still, this rather small group of protagonists are, together, the creators of an adequately small but powerful market place, euphemistically known as "the art world." And since in our scenario the artist is actively involved and as such—a rather important detail—still alive, this describes the odd world of the Contemporary Art Market, the so-called Primary Market. The locations of this Big Game are: the studio, gallery, Kunstverein, university art space, Kunsthalle, and the various Biennales and global art events. Traditionally, these places came in time and order long before the museum, where artifacts—already considered and confirmed by the market—were supposed to be preserved for future generations. And sometimes on the road to these temples, the art works were showing up at auction houses, the main player of the so-called Secondary Market, the market-maker extraordinaire with the power to randomly set prices according to not much more than unmitigated desire and a frisson of excitement, both of which can be manipulated by savvy players.

To date, all these art-market loci were frequented by a rather select group of art-world aficionados and was, for a long time, something exclusive and secluded which catered to the continuance of part of the myth up to today. Then rather recently, less than forty years ago, a new player appeared on this stage: the art fair. Like low-cost airlines to exotic places. they opened up private spheres to a wider audience; a democratic development, but one that could nonetheless be seen as the act that destroyed the beauty of the hidden gem.

The art fairs did something very simple and yet, for the art world, quite strange: as the traditional place of trading goods, fairs put the mercantile aspect right into the foreground, something that was not really common until then. As the saying goes: money makes the world go round and, for the art world, certainly that was always the case, but the players were always a little shy to talk about this awkward topic. Money and the sublime seem antagonistic by nature, and reality could spoil the elevated consumption of high art.

Yet, despite their frank commercial nature, the fairs are not as universally despised by the other art world players—artists, gallerist, curator— as the auction house. The fair is a somewhat level playing field that allows artist/dealer to set the rules; as an entity in relationship to the creative it is symbiotic; the auction houses, are seen to do little to nourish and promote an emerging artist and are therefore seen as more parasitic, cashing in when the time is right. However, it is worth remembering that the buyers in this arena—many of whom are repeat clients and would never dream of going to a gallery or fair—are collecting in this particularly showy manner for status and, as a result, will end up donating their collection, or parts of it, to a public institution which otherwise could not afford the works.

All these players and elements are the vital bits and pieces that together make the motor that drives the art world; without the market, the engine stops. Nonetheless, the market is seen as something lesser in the process of art-making. To relate art with money always appears to be vulgar; even further: the serious artist—therefore without a doubt avant-garde—when faced with success in his field might begin to feel the market is deceptive, to doubt his work and enter into a crisis, or else to start creating works critical of the market that spawned and supported him. Piero Manzoni's *Merda d'artista* (1961), for example, in which the artist prices his feces for their weight in gold. Many of the works in the show exhibit, at best, an ironic view of the market, with Jonathan Monk teasingly suggesting to "Get a discount on this painting. What do you have to lose?" or John Baldessari stating, "I will not make any more boring art," which—truth be told—in many cases can be taken as a synonym for objects that sell like hotcakes.

The needs of reality with all its profanity naturally blocks out the view of that sublime aim, and to maneuver between these polarities seems the everlasting struggle of artists. If the market (and the money) is taken away from the artist by force or self-indulgence, the artist might succeed but starve at the same time. Tom Wolfe described this dilemma in his ingenious 1975 observation in *The Painted Word,* coining the concept of "art mating ritual" and identifying its two main phases: "the Boho dance," in which the artist has to prove his avant-garde chops being cutting-edge and anti-establishment, yet while nonetheless courting the same establishment, and an eventual "consummation with the society collector," when the *culterati* descend upon bohemia and elect the most exciting, original, or important and shower them with celebrity. The trick is that the artist must not remain so true to his roots that he never ascends, but nor must he "sell out." The rules of this game are so complex that event today, in 2007, artist Pablo Helguera wrote the satirical yet truthful *Manual to Con-tem-po-ra-ry Style*, a faux instruction manual that acts as a practical "Miss Manners" for the art world where, with helpful charts and graphs, he lays out all the information necessary to learn the correct etiquette for navigating its dangerous corridors and Byzantine structure in order to reach the ever-longed-for success.

It is impossible, though, that a painter—for example—produces one masterpiece after the other. Yet the market is impatient, as is the landlord, and the temptation to meet the demand is both human and understandable; it also happens that overproduction in the prosperous years genuinely produces lesser quality over time. But what happens to art, artists, and their productivity is best observed in times of crisis or stagnation. Crisis leads to pause, to reconsideration, and to focus. Whether the individual crisis, which happens to every true artist in cycles, or the collective crisis of the market, it will eventually have the same outcome: liberation and a fresh orientation. So it can be expected that in truly dire times, quality will rise again, and strangely enough, this other truth, always lingering in the artist's mind, will surface once again. In this scenario, the pressures of the market itself lead to further creativity.

There is always the requisite aspiration of the artist to produce something for the future, for eternity, but the future does not know its market yet. What is hot in our own times may not be remembered in the future, while an underappreciated artist may become a star. Yet still, even this artist, surviving on the edge, is supported by the market, working as an artist's assistant, a gallery handyman, a museum guard.

In the end, though, it is the art that counts, and when we look at the achievements of great cultures, the remains that we admire are, in general, the artifacts and not the monetary systems or the Dow Jones index. There have always been patrons, collectors, nobles, or the Church to pay for the talent and genius of their times; in our day and age, this has all shifted slightly: we now face museums that act like private galleries, art fairs that organize their shows like exhibitions, and auction houses doing both and actively involving the evaluation of yet uncertain developments. The lines have become blurred, it's true, but however these changes ultimately turn out, future generations will look at us again and investigate our cultural achievements and—since the State, the nobles, and the Church are hardly in charge anymore to secure the continuation of artistic production—then who has been making it possible and paid? The market.

S/p. 150
Jeff Koons
Art Magazine Ads (Art in America), 1988
Lithografie/Lithograph
114,3 x 94,6 cm
Sammlung Landesbank
Baden-Württemberg

S/p. 153
Jeff Koons
Art Magazine Ads (Art), 1988
Lithografie/Lithograph
114,3 x 94,6 cm
Sammlung Landesbank
Baden-Württemberg

S/p. 154
Jeff Koons
Art Magazine Ads (Flash Art), 1988
Lithografie/Lithograph
114,3 x 94,6 cm
Sammlung Landesbank
Baden-Württemberg

S/p. 157
Jeff Koons
Art Magazine Ads (Artforum), 1988
Lithografie/Lithograph
114,3 x 94,6 cm
Sammlung Landesbank
Baden-Württemberg

JEFF KOONS
**1955 in York, Pennsylvania*
Lebt und arbeitet in New York/Lives and
works in New York

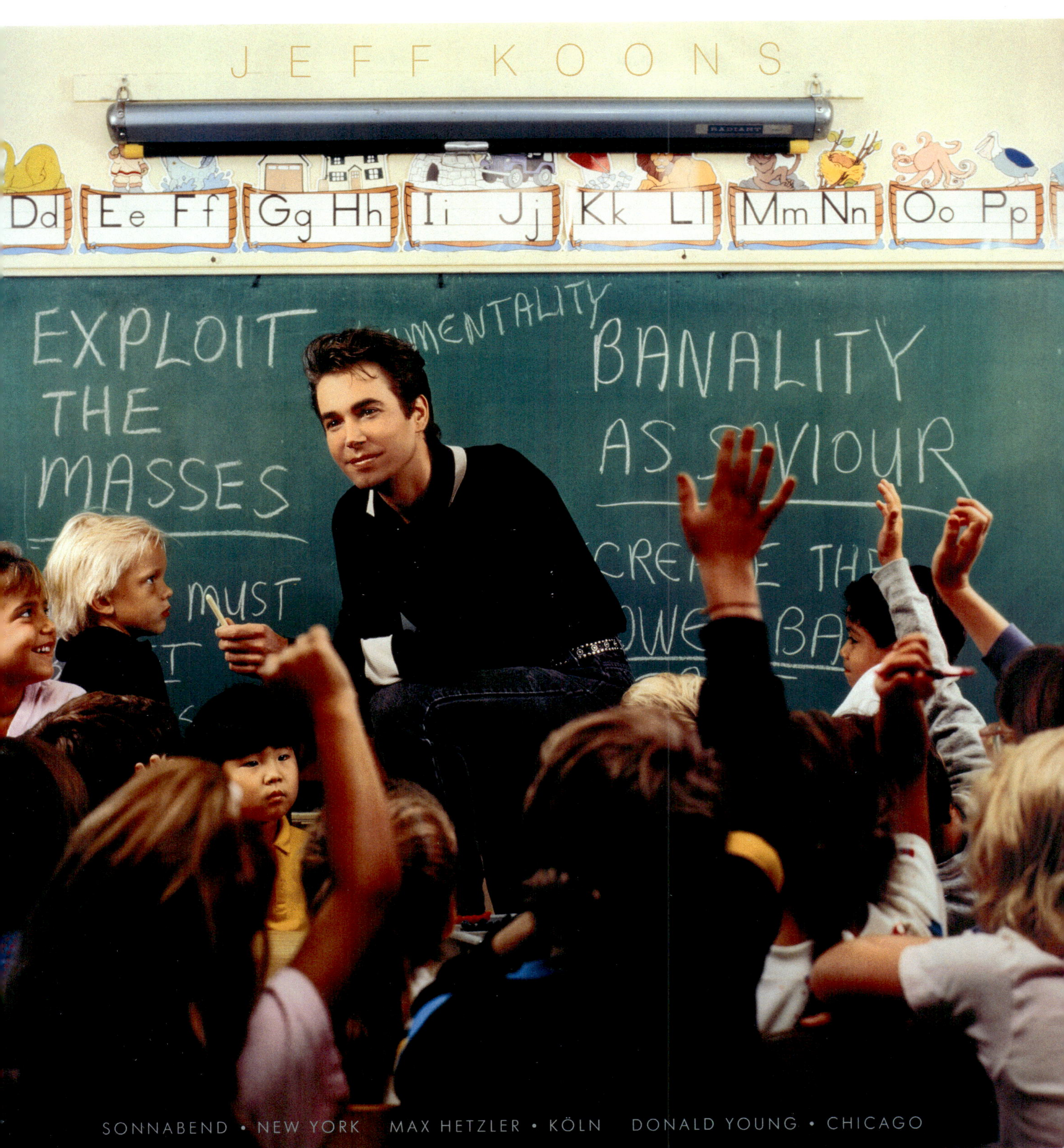

JEFF KOONS
Dd Ee Ff Gg Hh Ii Jj Kk Ll Mm Nn Oo Pp
EXPLOIT THE MASSES
BANALITY AS SAVIOUR
SONNABEND · NEW YORK   MAX HETZLER · KÖLN   DONALD YOUNG · CHICAGO

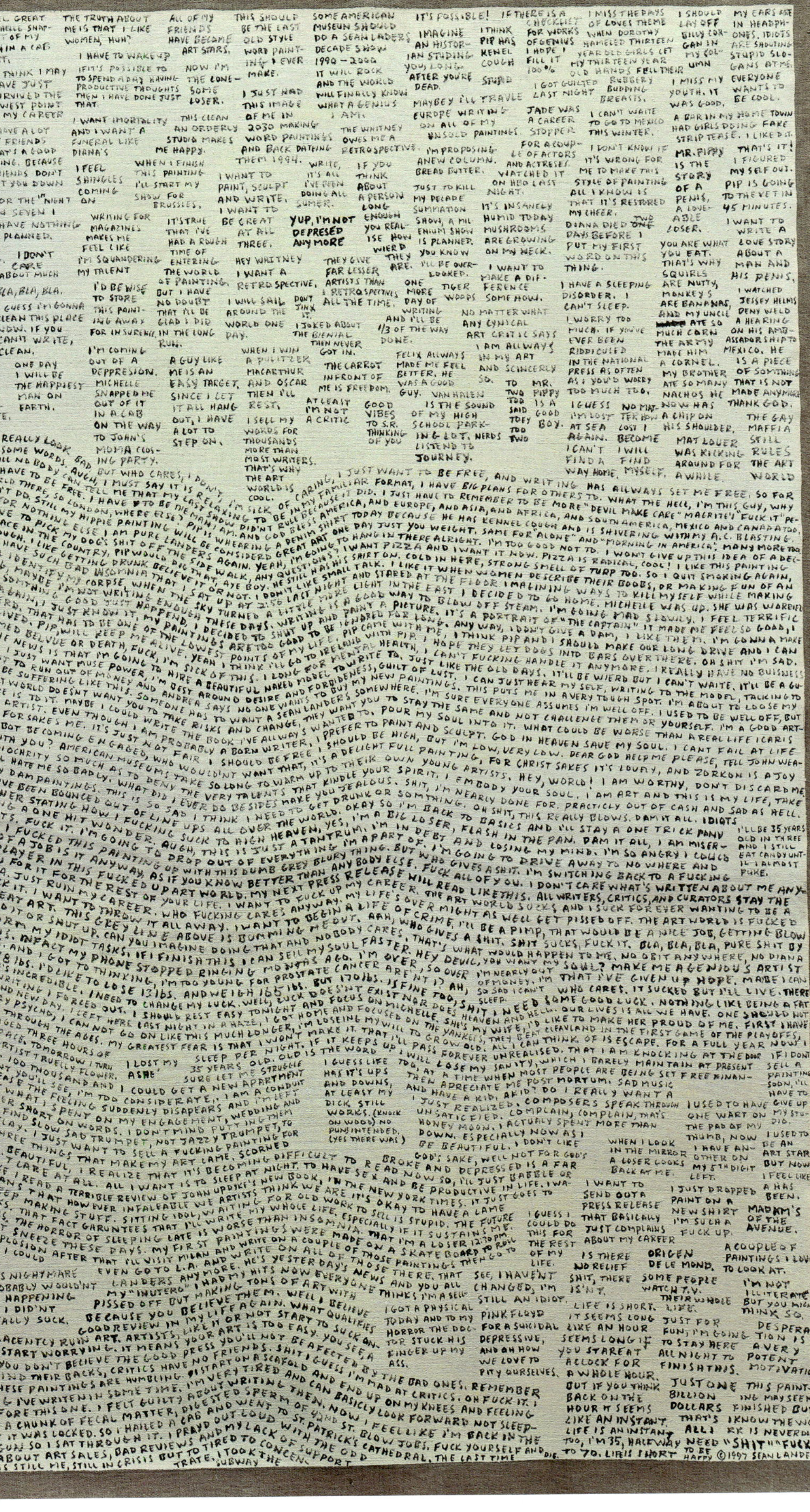

Sean Landers
Untitled, ca./c. 1994
Öl auf Leinwand/Oil on canvas
213,4 × 310 cm
Sammlung Ringier, Schweiz/
Ringier Collection, Switzerland

SEAN LANDERS
*1962 in Palmer, Massachusetts
Lebt und arbeitet in New York/Lives and
works in New York*

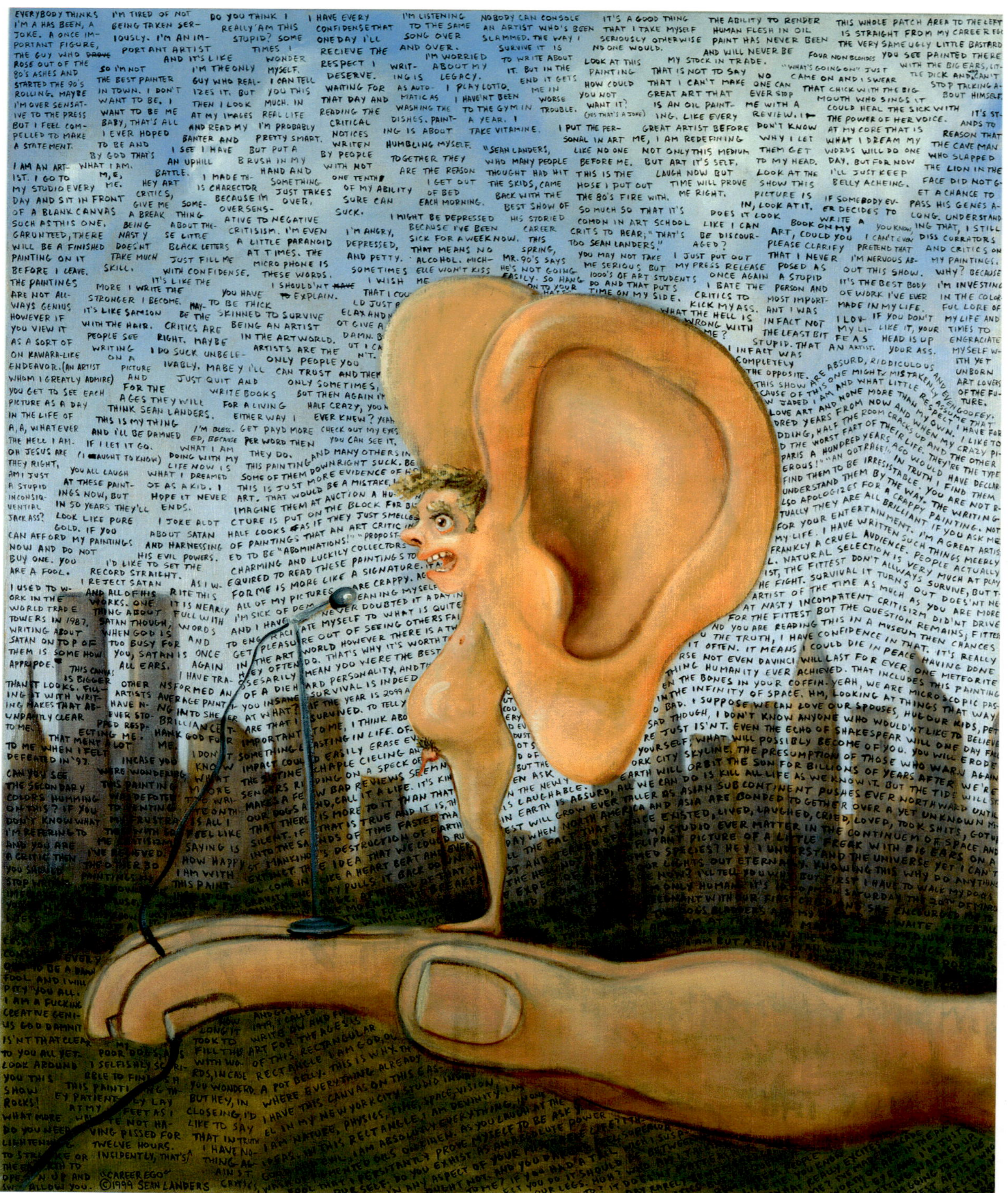

Sean Landers
Career Ego, 1999
Öl auf Leinen/Oil on linen
142,2 × 119,4 cm
Privatsammlung/Private Collection

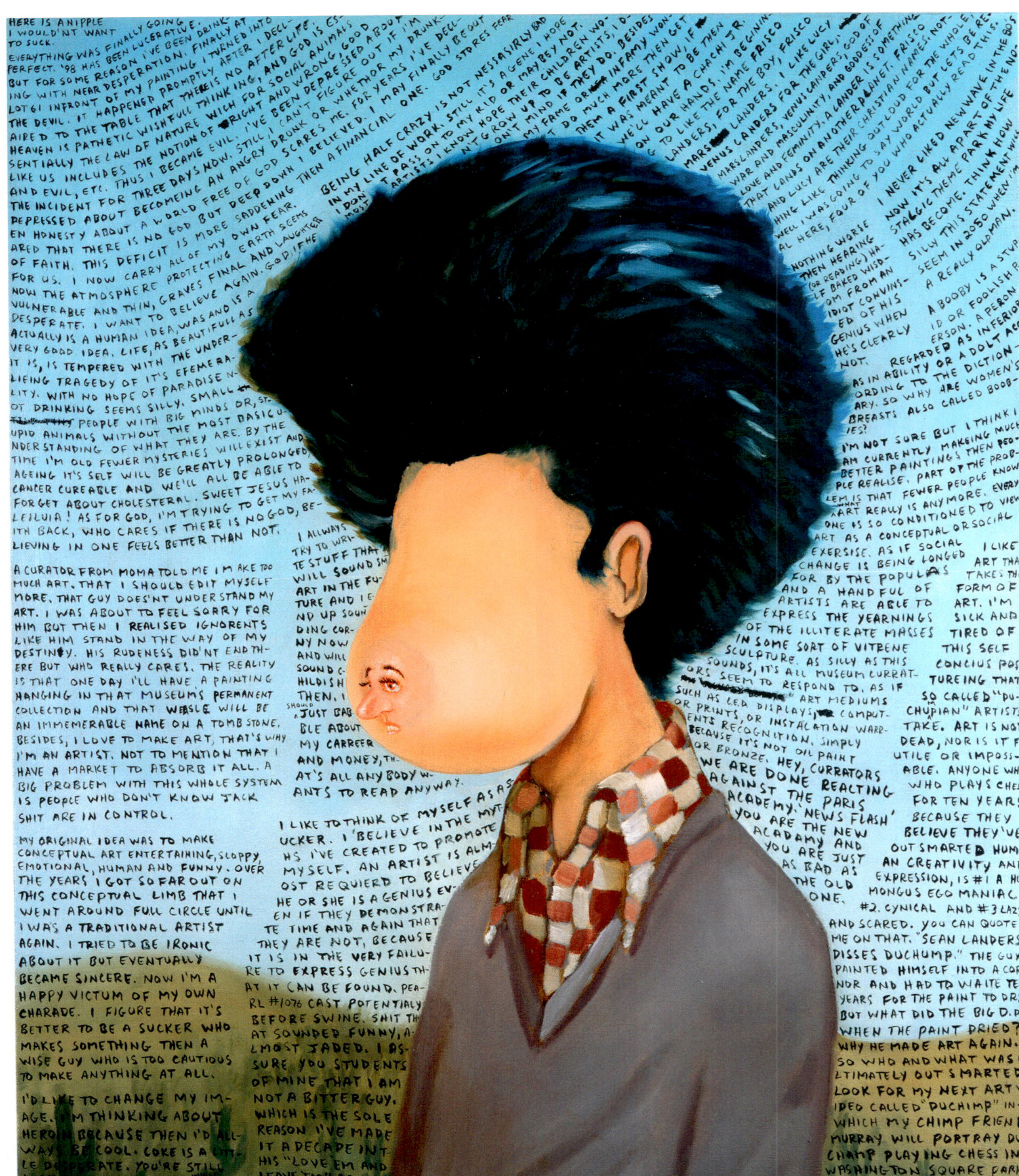

Sean Landers
The Booby, 1998
Öl auf Leinen/Oil on linen
96,5 x 81,3 cm
Art & Public Cabinet PH
Switzerland

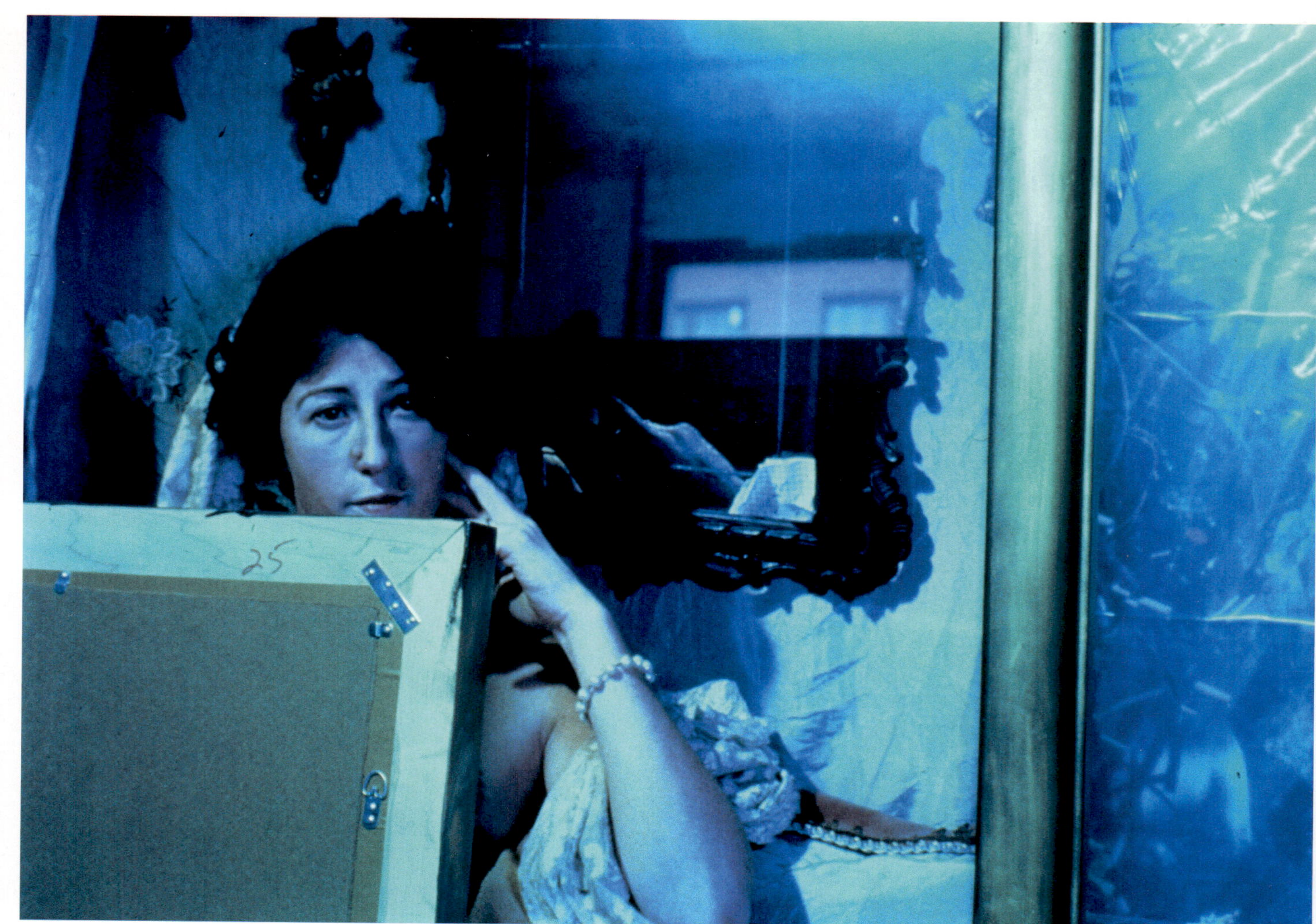

Louise Lawler
CS 204, 1990
Cibachrome
101,6 x 138,4 cm
Sammlung Schmidt-Drenhaus, Dresden/
Köln/Cologne
Courtesy of Sprüth Magers, Berlin/London,
Metro Pictures, New York

LOUISE LAWLER
1947 in Bronxville, New York
Lebt und arbeitet in New York/Lives and
works in New York

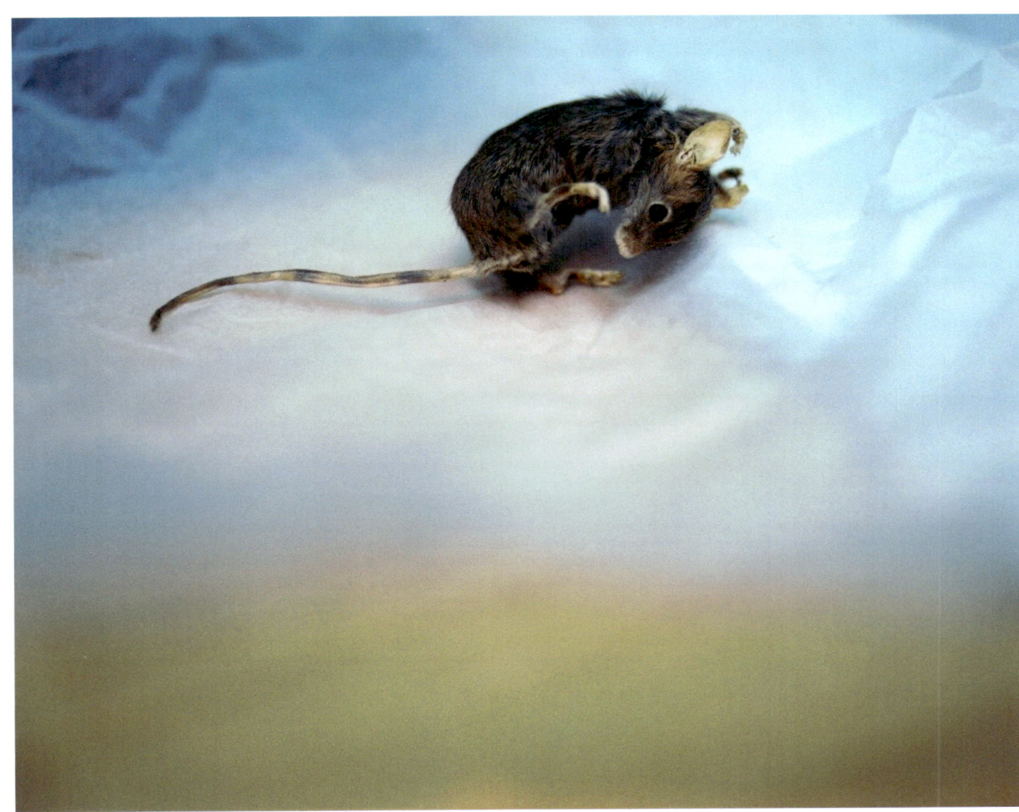

Louise Lawler
Mouse on Paper, 2002/03
Cibachrome
73,7 x 94 cm
Courtesy of Sprüth Magers,
Berlin/London

Louise Lawler
Given by the Widow, 1993
Cibachrome
36,4 x 49,5 cm
Hamburger Kunsthalle,
Kupferstichkabinett

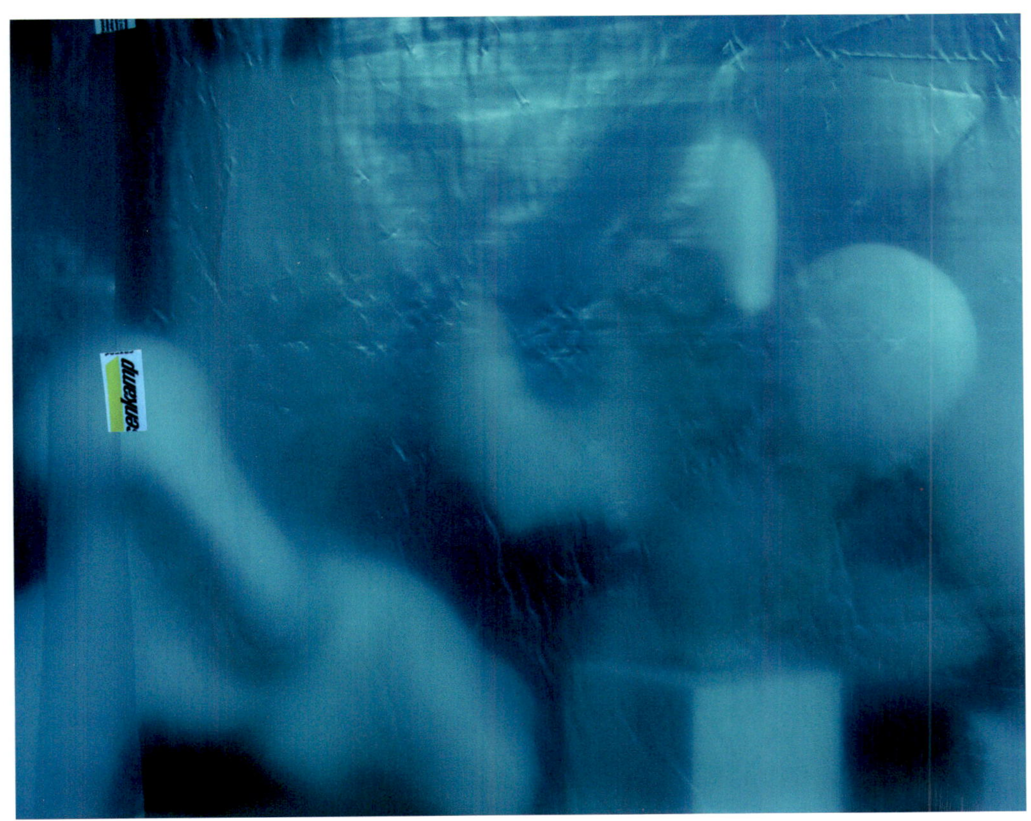

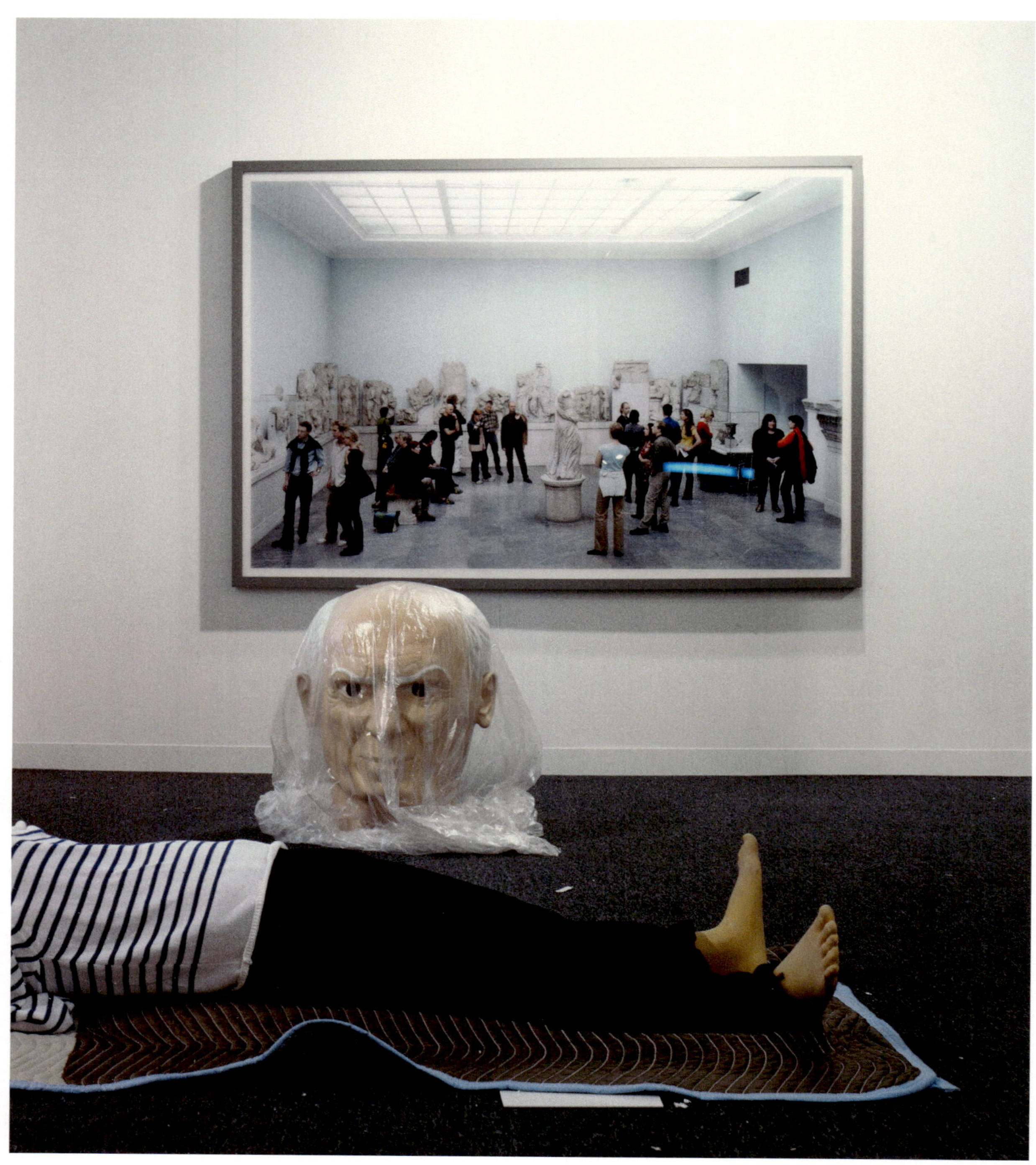

Louise Lawler
Big, 2002/03
Cibachrome
134 × 118,1 cm
Kunsthaus Zürich, Photosammlung

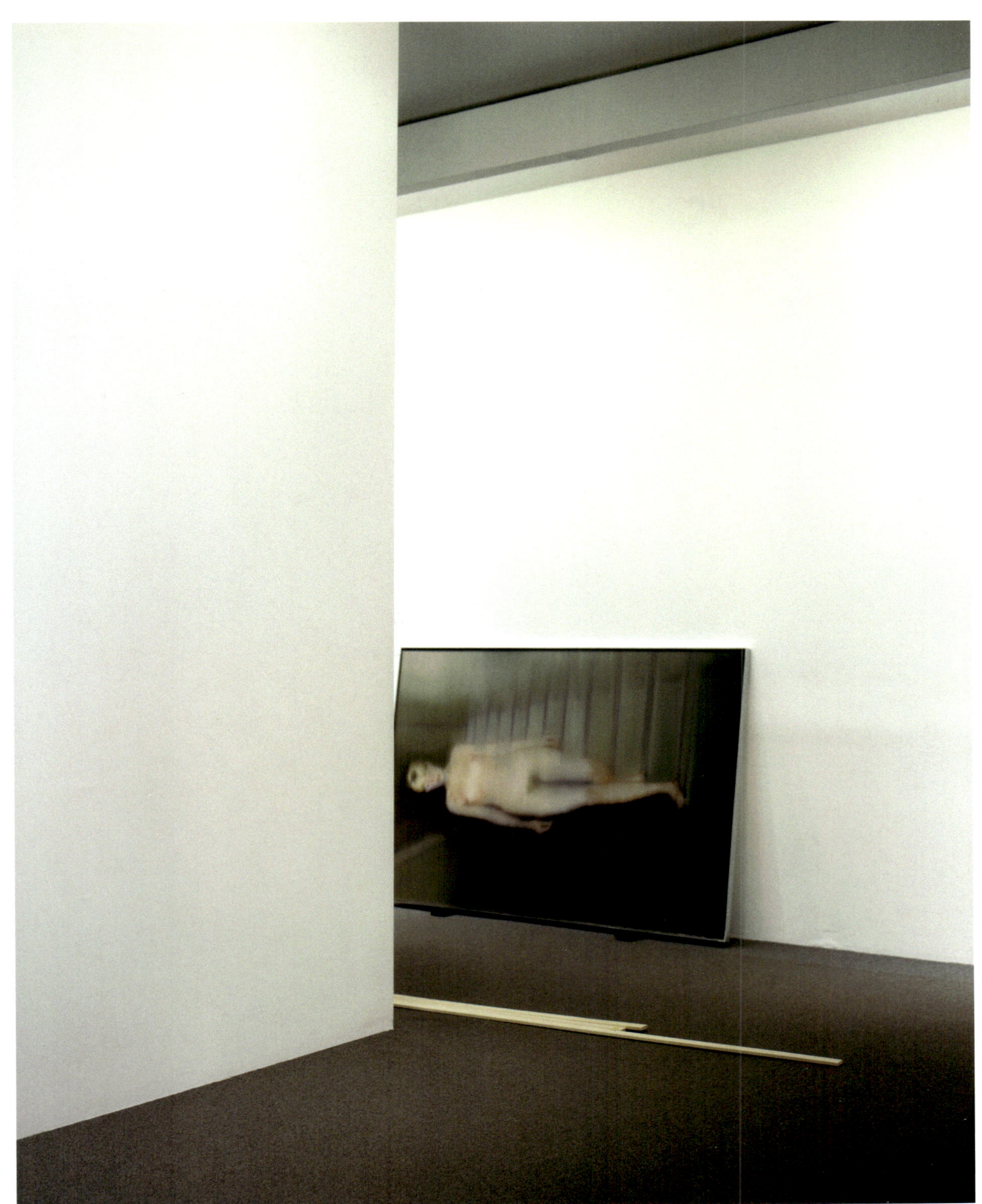

Louise Lawler
Nude, 2002/03
Cibachrome Print
152,4 x 101,6 cm
Privatsammlung/Private Collection
Courtesy BFAS Blondeau Fine Art
Services, Genf/Geneva

Marcin Maciejowski
Picasso's "Boy with a Pipe", 2004
Öl auf Leinwand/Oil on canvas
130 x 120 cm
Sammlung Kirkland, London/
Kirkland Collection, London

MARCIN MACIEJOWSKI
**1974 in Babice bei Krakau/Babice near Cracow*
Lebt und arbeitet in Krakau/Lives and works in Cracow

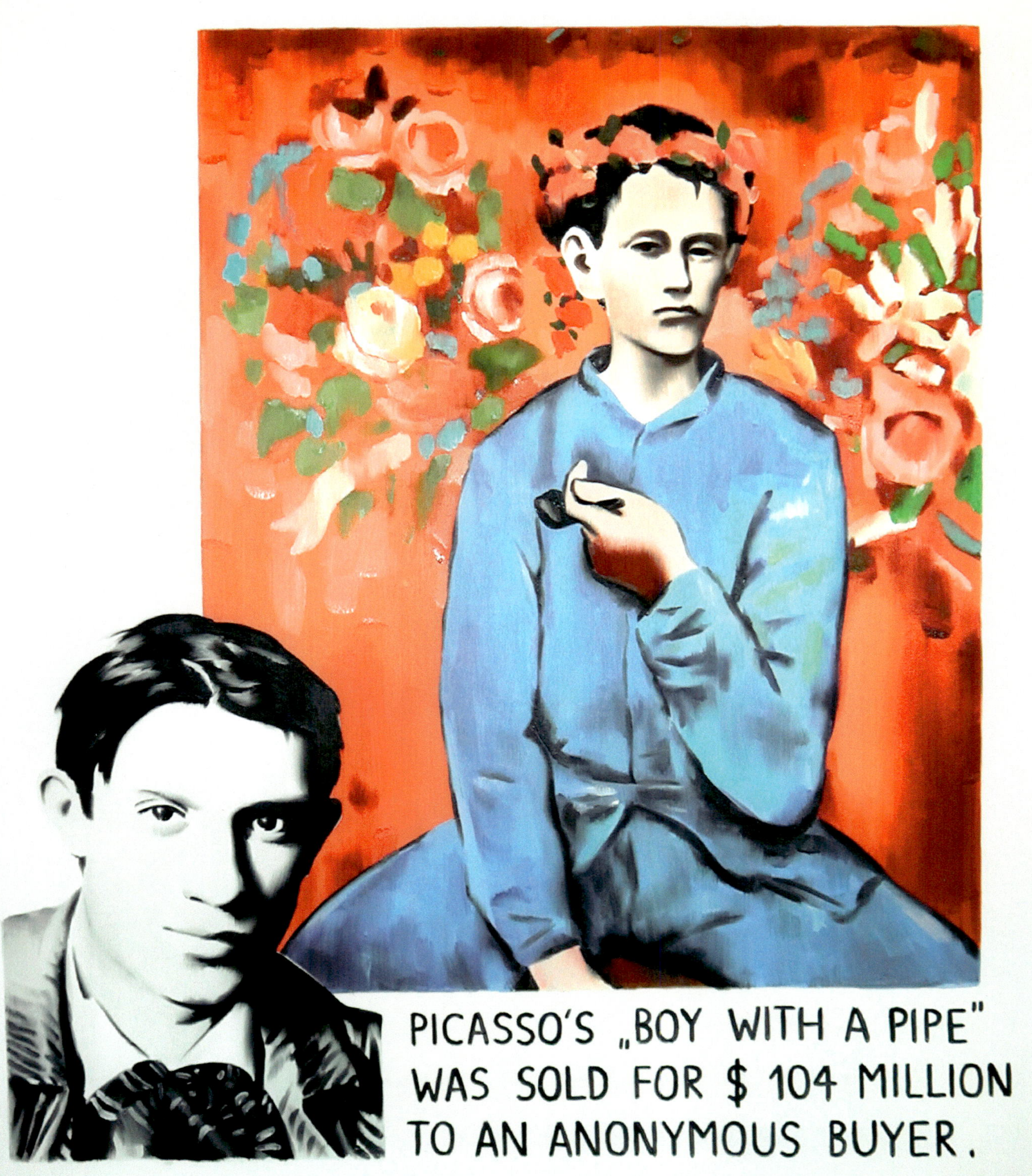

PICASSO'S „BOY WITH A PIPE"
WAS SOLD FOR $ 104 MILLION
TO AN ANONYMOUS BUYER.

ES KOMMT VOR, DASS MAN VON JEMANDEM HÖRT, ER VERSTEHE DIE ZEITGENÖSSISCHE KUNST NICHT, ABER ER LIEBE DIE DER VERGANGENHEIT; DIE URSACHE HIERFÜR LIEGT IN EINEM GRUNDSÄTZLICHEN MISSVERSTEHEN DER KUNST SELBST, […] DIE MALEREI BEABSICHTIGT KOMMUNIKATION UND NICHT LUXUS IM HINBLICK AUF DIE EINRICHTUNG ZU SEIN. (1957)

Piero Manzoni, zit. nach: Barbara Spahn, *Piero Manzoni (1933–1963). Seine Herausforderung der Grenze von Kunst und Leben,* München 1999, S. 85

WE OFTEN HEAR OF PEOPLE WHO DO NOT UNDERSTAND CONTEMPORARY ART, BUT LOVE THE ART OF THE PAST. THIS ARISES FROM A FUNDAMENTAL MISUNDERSTANDING OF ART ITSELF. … PAINTING IS INTENDED TO COMMUNICATE, NOT TO PROVIDE A LUXURY DECOR.

Piero Manzoni, in "Prolegomena for an Artistic Activity," in *Piero Manzoni,* ed. Germano Celant, exh. cat. Musée d'art moderne de la ville de Paris (Paris, 1991), p. 67

Piero Manzoni
Merda d'artista, 1961
Konservendose, Banderole/
Tin can, banderole
4,8 × Ø 6,5 cm
Sammlung Paul Maenz, Berlin

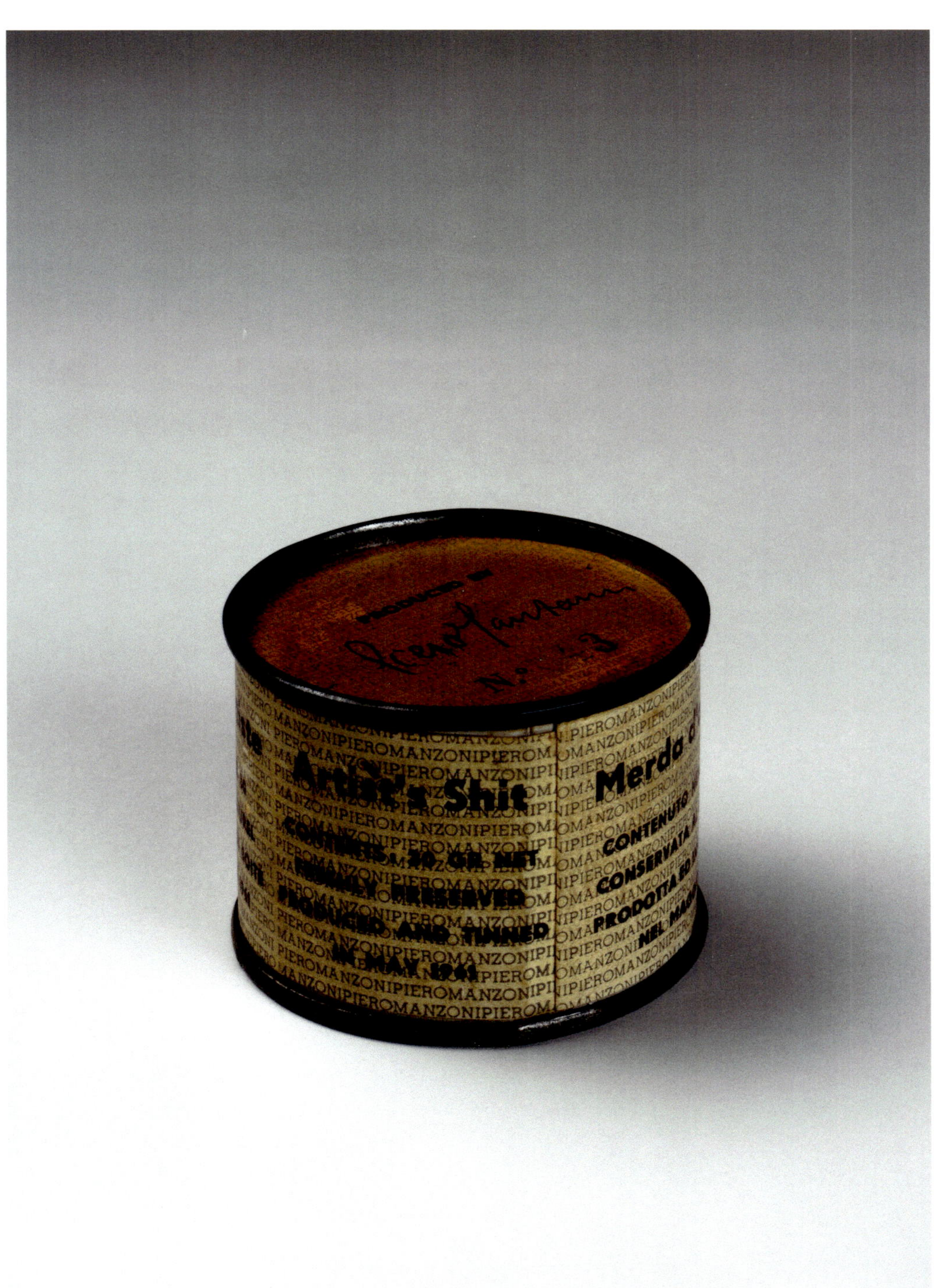

PIERO MANZONI
1933 Soncino–1963 Mailand/Milan

Jonathan Monk
Untitled, 1996
Aquarell auf Papier/Watercolor on paper
21 x 29,7 cm
Privatsammlung/Private Collection,
Frankfurt

JONATHAN MONK
**1969 in Leicester, UK*
Lebt und arbeitet in Berlin/Lives and works in Berlin

please try and get a discount
on this painting. It just isn't
worth the money. Infact why
not ask for a special two for
the price of one deal. Its worth
a try. What have you got to
lose – Nothing.

DIE IDEE WAR, EIN TRADITIONELLES GEMÄLDE ZU NEHMEN, DAS ETWAS ÜBER DIE MALEREI AN SICH UND ÜBER ABSTRAKTE MALEREI AUSSAGT UND DAS EINEN WIE EINE HÖHERE MACHT DAZU ANTREIBT, DIESE ABSTRAKTE GESTE ZU SCHAFFEN – UND ES DANN ZU VERZERREN, INDEM MAN ZUERST GEGEN DIE AUSSAGE IN DEM GEMÄLDE ANGEHT UND IRGENDWIE AUCH GEGEN DIESE HÖHERE MACHT UND ES EINFACH IN IRGENDEINER FARBE MALT, VOLLKOMMEN ENTGEGENGESETZT ZU DEM, WAS ES AUSSAGT.

[...] VERMUTLICH IST DIE GESAMTE KUNSTWELT WIEDER EINMAL VON DER MALEREI BESESSEN. WIE DER MARKT IN DEN VERGANGENEN JAHREN JA GEZEIGT HAT UND WAS ICH SCHRECKLICH FINDE, IST, WENN SAMMLER BESCHLIESSEN, KUNST ZU SAMMELN, MIT DER VORSTELLUNG, DASS KUNST SO UND SO ZU SEIN HAT [...] ODER DASS SIE ZUMINDEST ETWAS SAMMELN, VON DEM SIE GLAUBEN, DASS ES DAS AUSGEGEBENE GELD AUCH WERT IST – WAS MIR IRGENDWIE SELTSAM VORKOMMT.

ICH SCHÄTZE, DAS IST DIE EIGENTLICHE IDEE [...] WENN EINEM GESAGT WIRD, ETWAS ZU MACHEN, UND ES DANN GENAU FALSCH ZU MACHEN [...], NA JA, ICH WAR SCHON IMMER DER MEINUNG, DASS DAS KUNST AUSMACHT [...]. VIELLEICHT IST DAS JA EINE FORM VON ANTIAUTORITÄR, EINE ART SLAPSTICK-MANIER [...].

Jonathan Monk im Interview mit Torben Zenth (2009),
http://www.kopenhagen.dk/interviews/interviews/interview_jonathan_monk

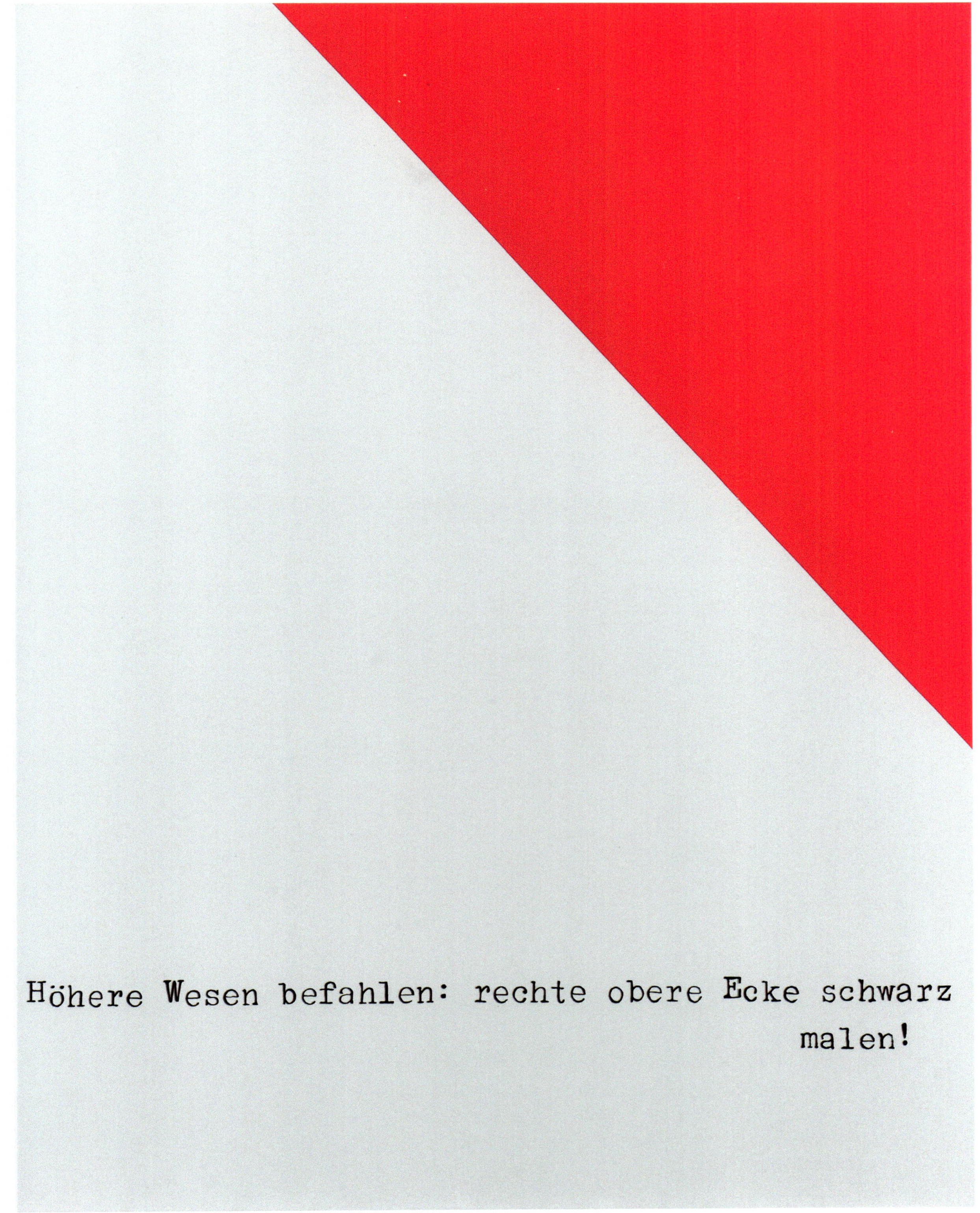

Jonathan Monk
*Untitled (Höhere Wesen befahlen
... Pink)*, 2007
Acryl auf Leinwand/Acrylic on canvas
150 x 120 cm
Courtesy of Galleri Nicolai Wallner,
Copenhagen

Jonathan Monk
*Untitled (Höhere Wesen befahlen
... Purple)*, 2007
Acryl auf Leinwand/Acrylic on canvas
150 x 120 cm
Courtesy of Galleri Nicolai Wallner,
Copenhagen

Jonathan Monk
*Untitled (Höhere Wesen befahlen
... Turquoise)*, 2007
Acryl auf Leinwand/Acrylic on canvas
150 x 120 cm
Courtesy of Galleri Nicolai Wallner,
Copenhagen

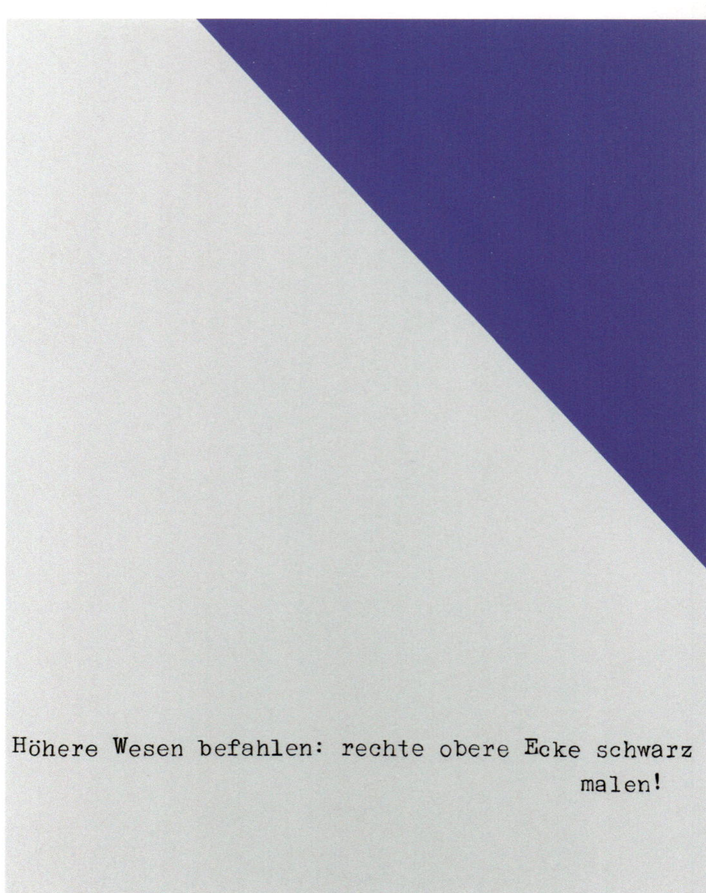

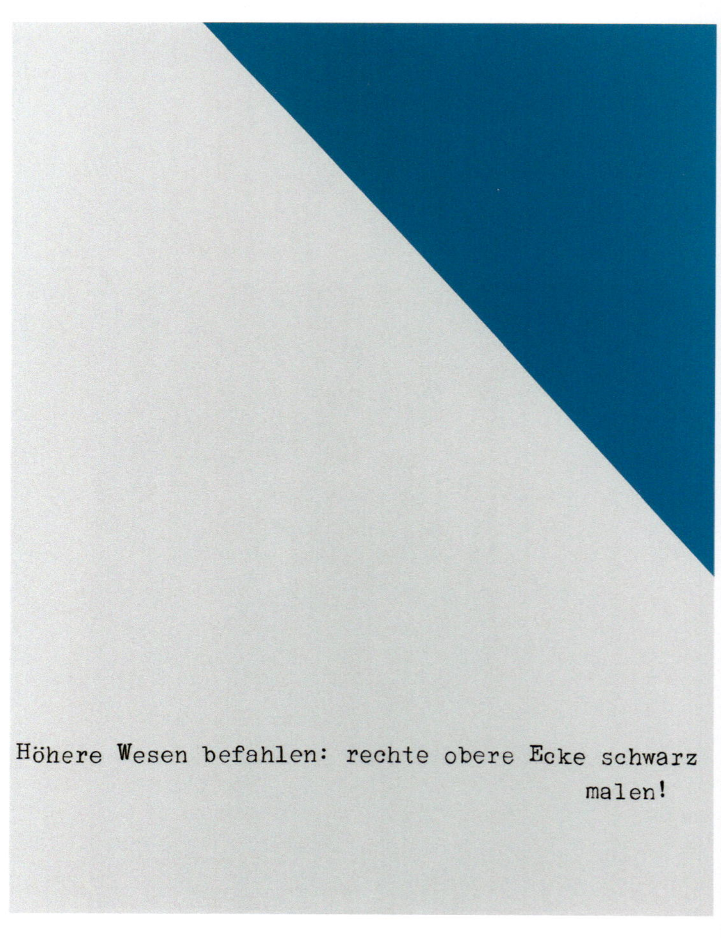

THE IDEA IS TO TAKE THE CLASSIC PAINTING, WHICH TALKS ABOUT PAINTING ITSELF AND ABOUT AB-STRACT PAINTING, HOW THIS IS A HIGHER POWER THAT COMMANDS YOU TO MAKE THIS ABSTRACT GESTURE, AND THEN TWISTING IT BY FIRSTLY GOING AGAINST WHAT IT SAYS ON THE PAINTING AND SOMEHOW GOING AGAINST THIS HIGHER ORDER AND JUST PAINTING THEM ANY COLOR, COMPLETELY DIFFERENT FROM WHAT IT STATES.

... I SUPPOSE THE WHOLE ART WORLD IS AGAIN OB-SESSED WITH PAINTING. AS THE MARKET HAS SHOWN IN THE LAST FEW YEARS, WHICH I FIND HORRIBLE WHEN COLLECTORS DECIDE TO COLLECT ART WITH THE IDEA THAT THIS IS WHAT ART SHOULD BE ... OR AT LEAST HAVE SOMETHING THAT THEY FEEL IS WORTH WHAT THEY HAVE PAID FOR IT, WHICH IS KIND OF STRANGE.

I GUESS THAT IS THE IDEA, ... WHEN YOU ARE TOLD TO DO SOMETHING AND THEN DO IT WRONG ... WELL, I HAVE ALWAYS THOUGHT THAT THAT IS WHAT ART IS. ... SO MAYBE THIS IS KIND OF AN ANTIAUTHORITY, IN A SLAP-STICK KIND OF WAY. ...

Jonathan Monk in an interview with Torben Zenth, online at
http://www.kopenhagen.dk/interviews/interviews/interview_jonathan_monk/

Dave Muller
Monochrome #17, 2002
Acryl auf Gesso-grundierter Tafel/
Acrylic on gessoed panel
43,2 × 38,7 cm
Privatsammlung/Private Collection
Courtesy of the Artist, Blum & Poe,
Los Angeles, the Gladstone Gallery,
New York, and The approach, London

DAVE MULLER
**1964 in San Francisco*
Lebt und arbeitet in Los Angeles/
Lives and works in Los Angeles

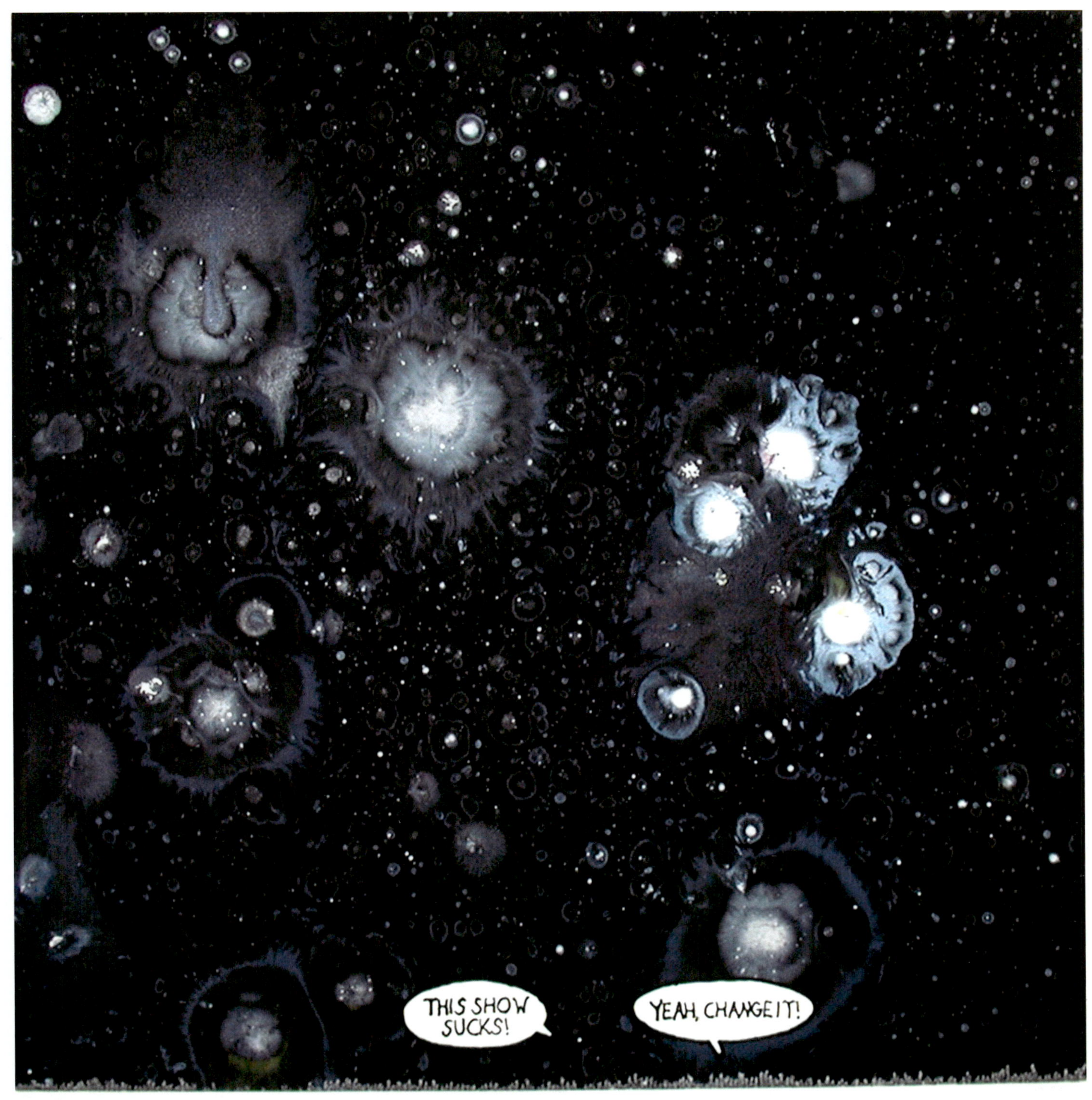

Three Day Weekend   1317 Lucile Avenue #13   Los Angeles, CA 90026-1544   USA

01 323 906 8996   tdweekend@earthlink.net

Manuel Ocampo
*I Am Nothing other than Someone
Else's Idea of Myself*, 2002/09
Wandzeichnung mit Filzstift/
Wall drawing with marker
Courtesy of Galerie Bärbel Grässlin,
Frankfurt am Main

MANUEL OCAMPO
*1965 Quezon City, Philippinen/Philippines
Lebt und arbeitet auf den Philippinen/
Lives and works on the Philippines*

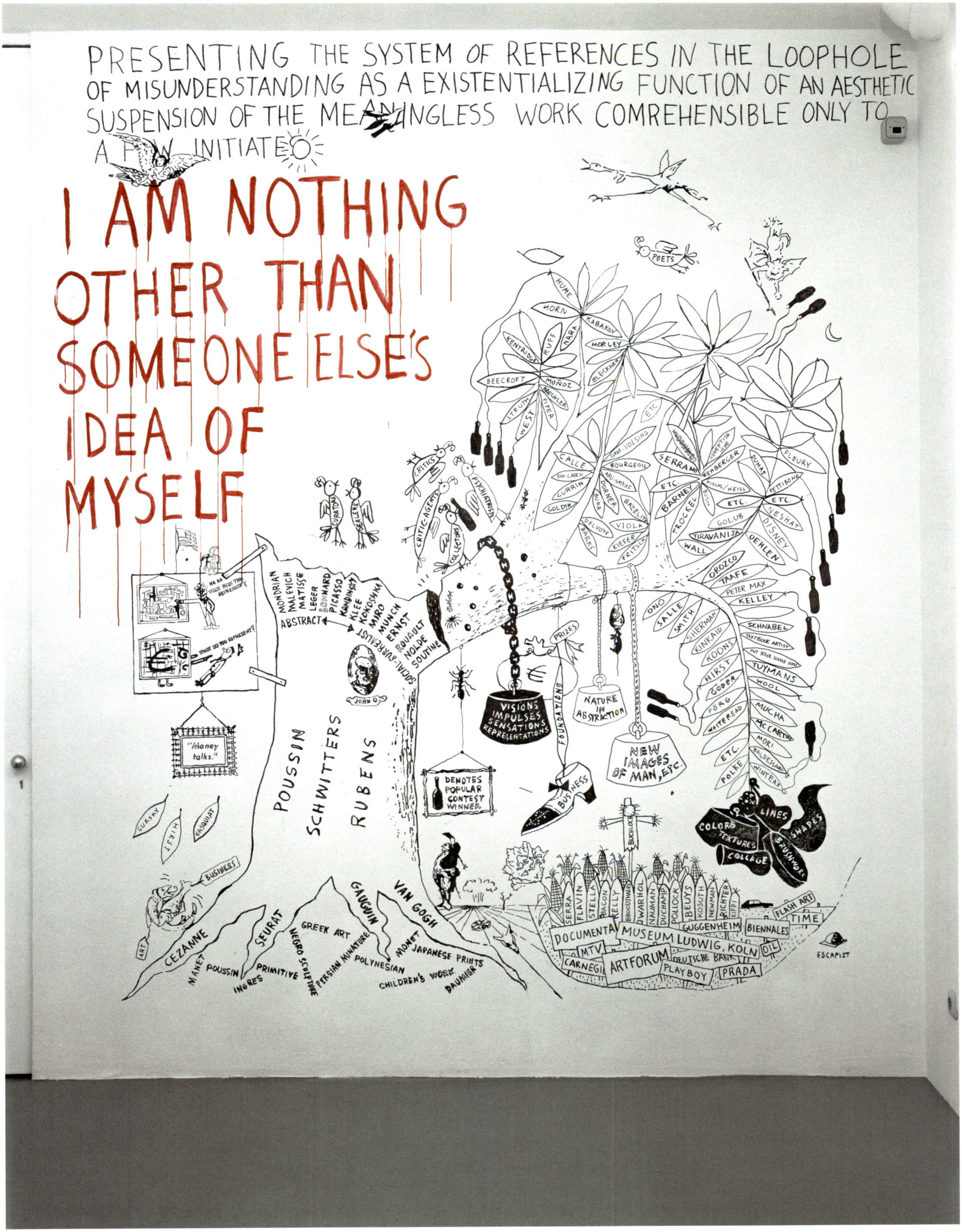

PRESENTING THE SYSTEM OF REFERENCES IN THE LOOPHOLE
OF MISUNDERSTANDING AS A EXISTENTIALIZING FUNCTION OF AN AESTHETIC
SUSPENSION OF THE MEANINGLESS WORK COMREHENSIBLE ONLY TO
A FEW INITIATES

I AM NOTHING
OTHER THAN
SOMEONE ELSE'S
IDEA OF
MYSELF

Martin Parr
Basel Art Fair 1997, 1997
C-Print, 75 x 50 cm
© Martin Parr/Magnum Photos/
Agentur Focus
Galerie Nicola von Senger,
Zürich/Zurich

MARTIN PARR
**1952 in Epsom, Surrey*
Lebt und arbeitet in Bristol/Lives and works in Bristol

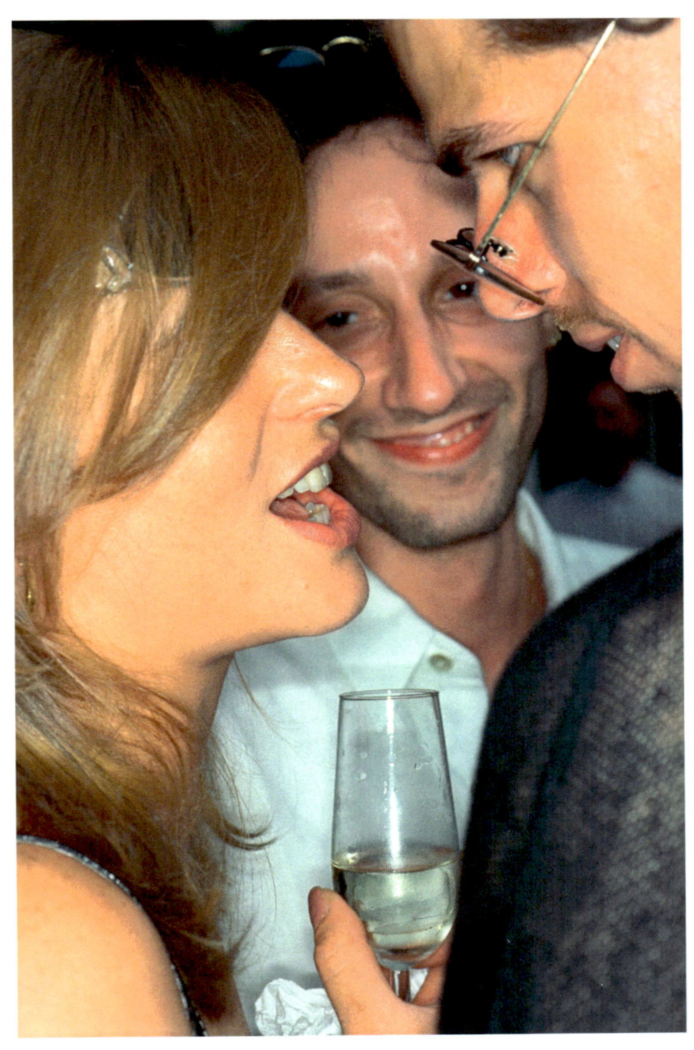

Martin Parr
Art Basel Miami Beach, 2004
C-Print auf Aluminium, laminiert/
C-Print on aluminum, laminated
40,7 x 50,8 cm
© Martin Parr/Magnum Photos/
Agentur Focus
Galerie Nicola von Senger,
Zürich/Zurich

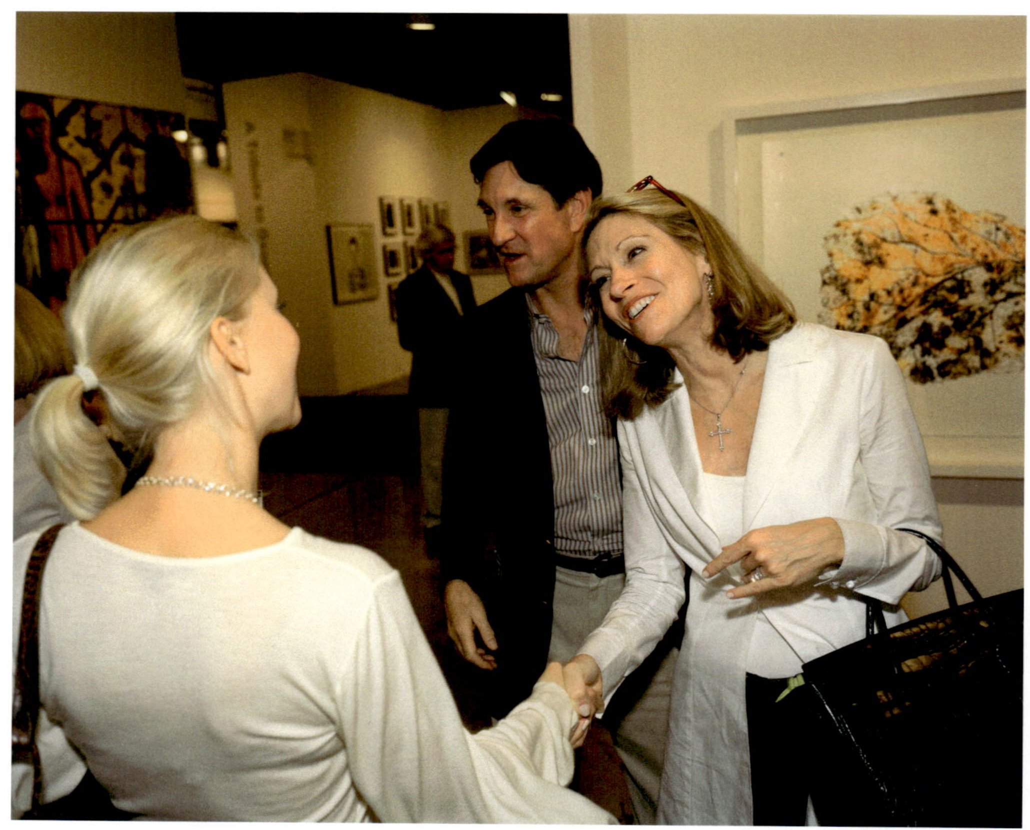

Martin Parr
Art Basel Miami Beach, 2004
C-Print auf Aluminium, laminiert/
C-Print on aluminum, laminated
40,7 x 50,8 cm
© Martin Parr/Magnum Photos/
Agentur Focus
Galerie Nicola von Senger,
Zürich/Zurich

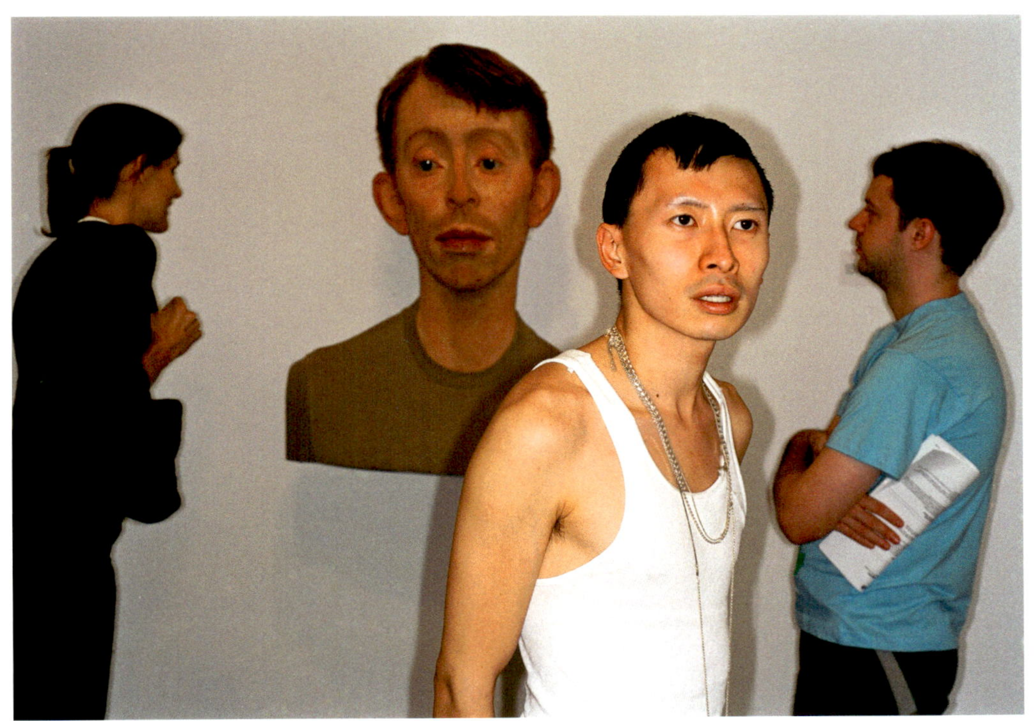

Martin Parr
Luxury United Arab Emirates,
Dubai, 2007, 2008
C-Print, 42 × 53 cm
© Martin Parr/Magnum Photos/
Agentur Focus
Galerie Nicola von Senger,
Zürich/Zurich

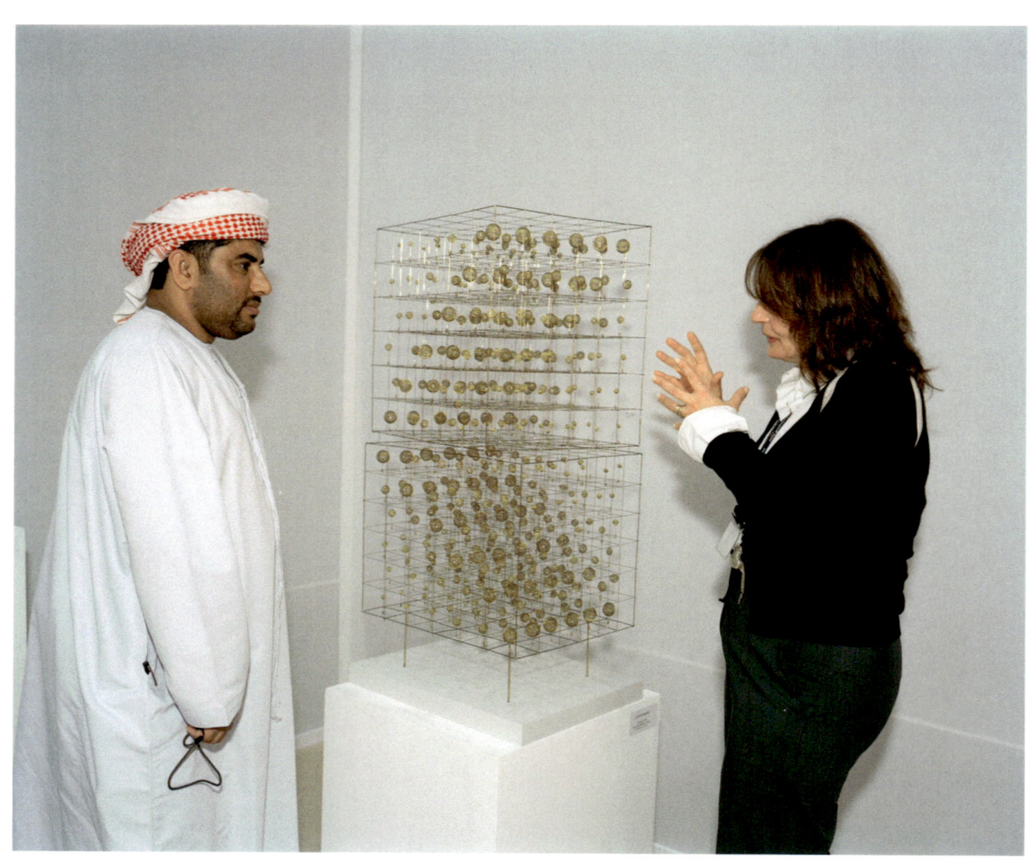

Martin Parr
Art Basel Miami Beach, 2004
C-Print auf Aluminium, laminiert/
C-Print on aluminum, laminated
40,7 x 50,8 cm
© Martin Parr/Magnum Photos/
Agentur Focus
Galerie Nicola von Senger,
Zürich/Zurich

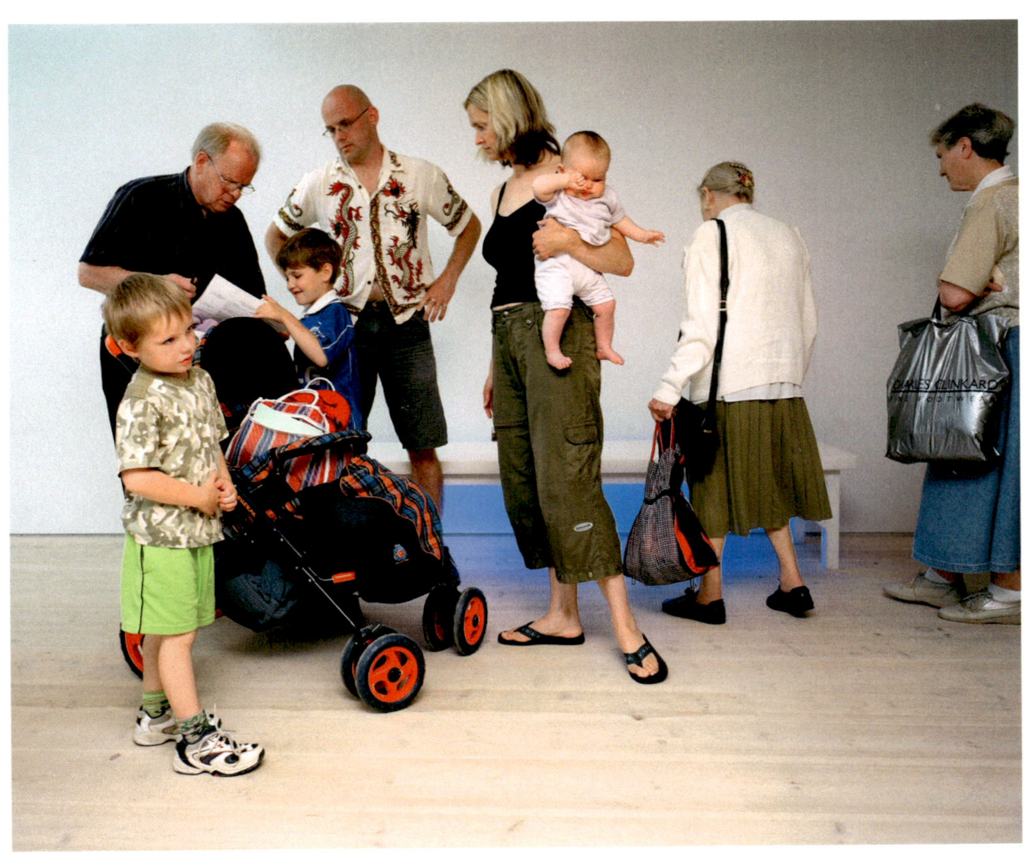

Martin Parr
Luxury Germany, Kassel, 2008
C-Print, 50,8 × 76,2 cm
© Martin Parr/Magnum Photos/
Agentur Focus
Galerie Nicola von Senger,
Zürich/Zurich

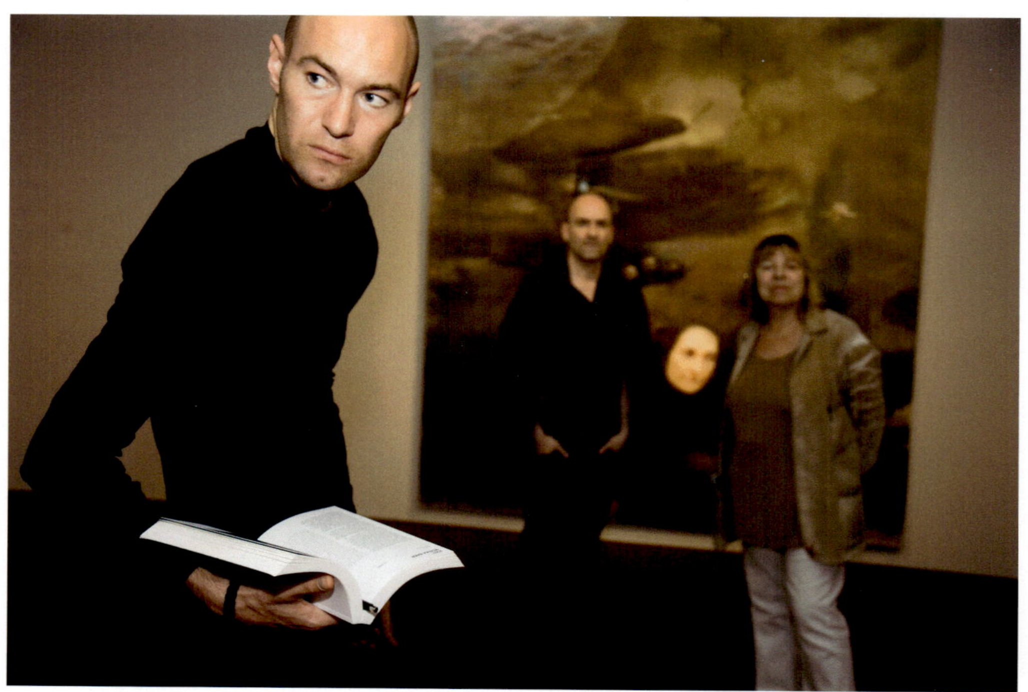

Martin Parr
Luxury England, London, 2008
C-Print, 50,8 × 76,2 cm
© Martin Parr/Magnum Photos/
Agentur Focus
Galerie Nicola von Senger,
Zürich/Zurich

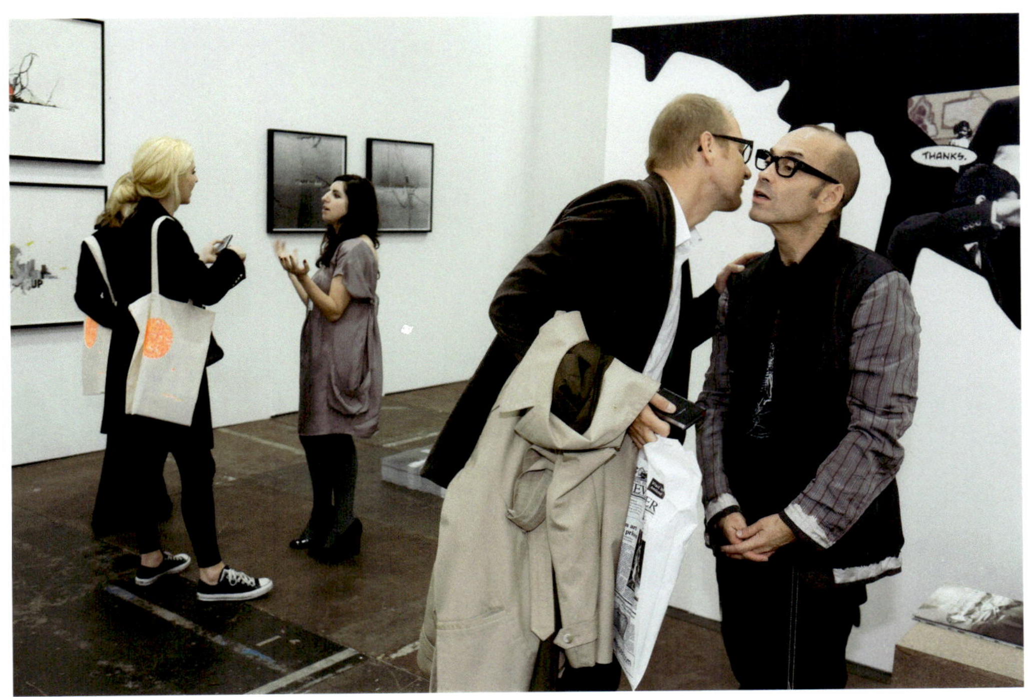

Martin Parr
Basel Art Fair 1997, 1997
C-Print, laminiert/laminated
50,8 x 76,2 cm
© Martin Parr/Magnum Photos/
Agentur Focus
Galerie Nicola von Senger,
Zürich/Zurich

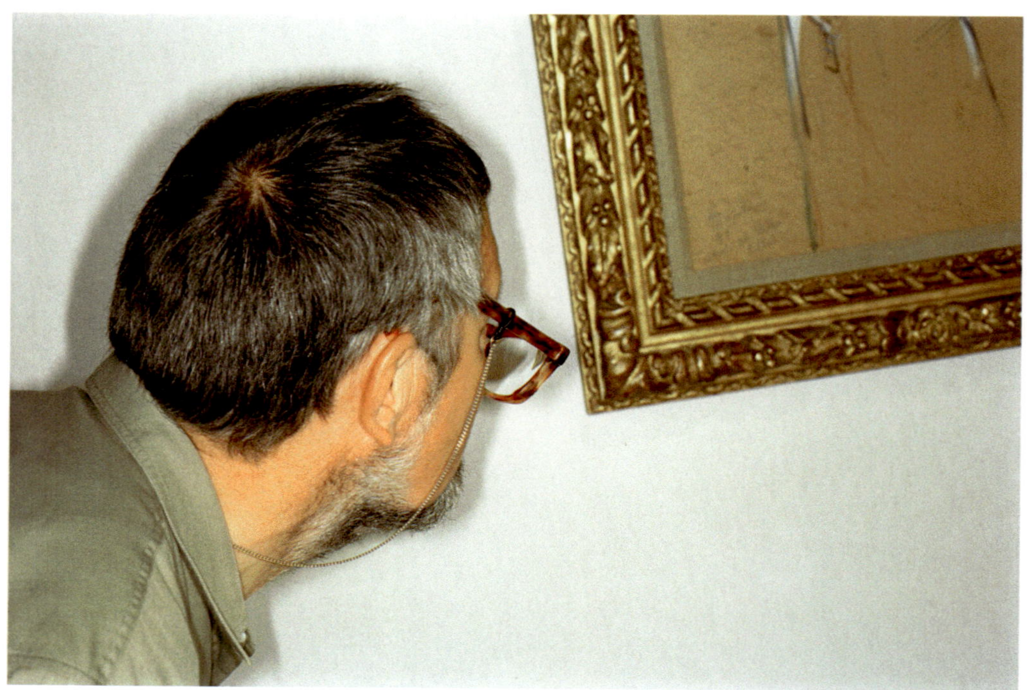

Martin Parr
Art Basel Miami Beach, 2004
C-Print auf Aluminium, laminiert/
C-Print on aluminum, laminated
40,7 x 50,8 cm
© Martin Parr/Magnum Photos/
Agentur Focus
Galerie Nicola von Senger,
Zürich/Zurich

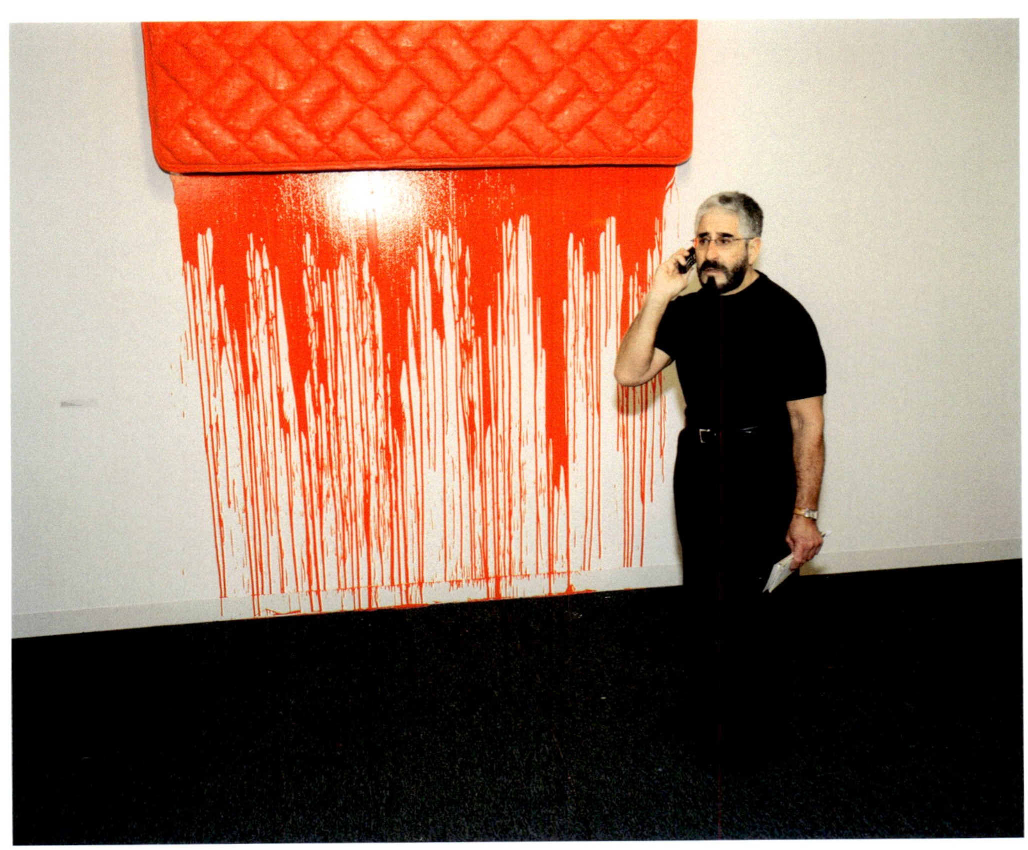

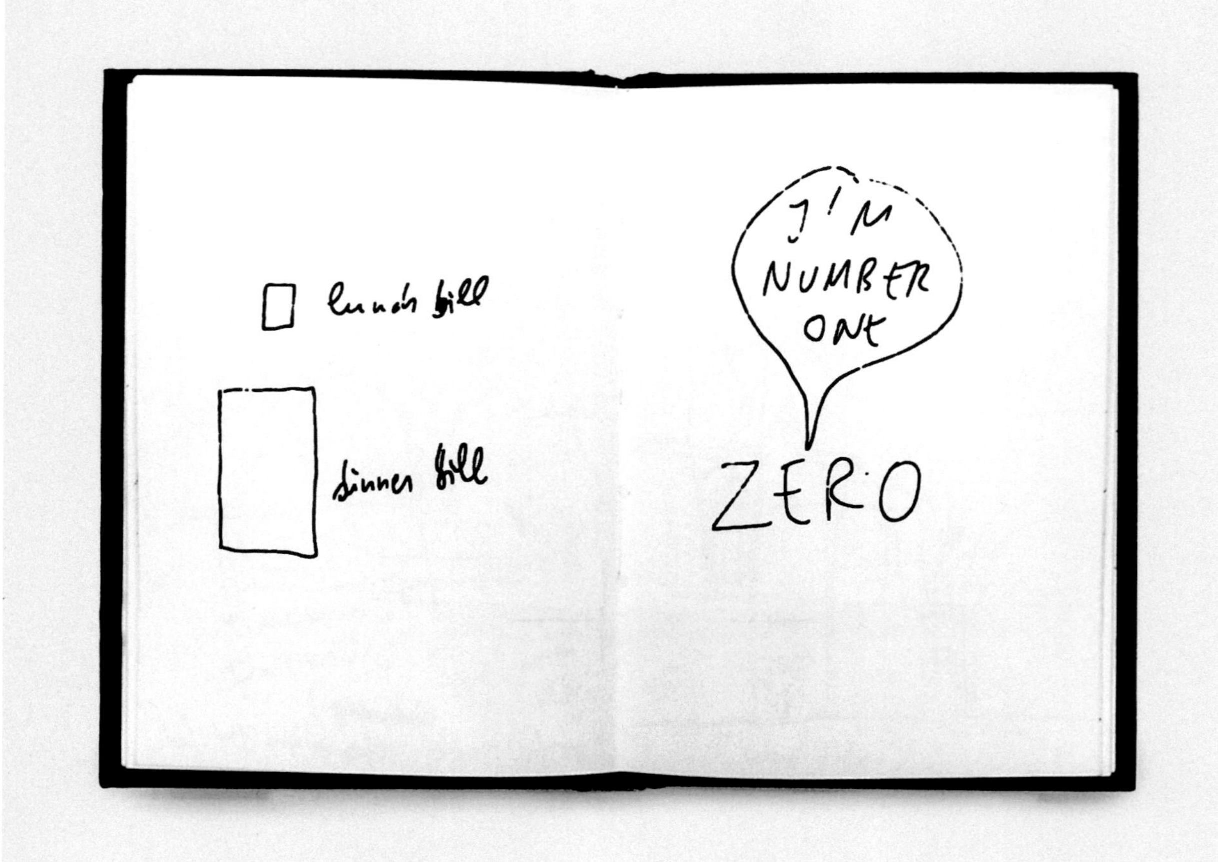

Dan Perjovschi
*Florenz Notizbuch
(Florence Notebook)*, 2008
Notizbuch und Diorama/
Notebook and diorama
Größe variabel/Dimensions variable
Courtesy of Galerija Gregor Podnar,
Berlin/Ljubljana

*DAN PERJOVSCHI
*1961 Sibiu, Rumänien/Romania
Lebt und arbeitet in Bukarest/Lives and
works in Bucharest*

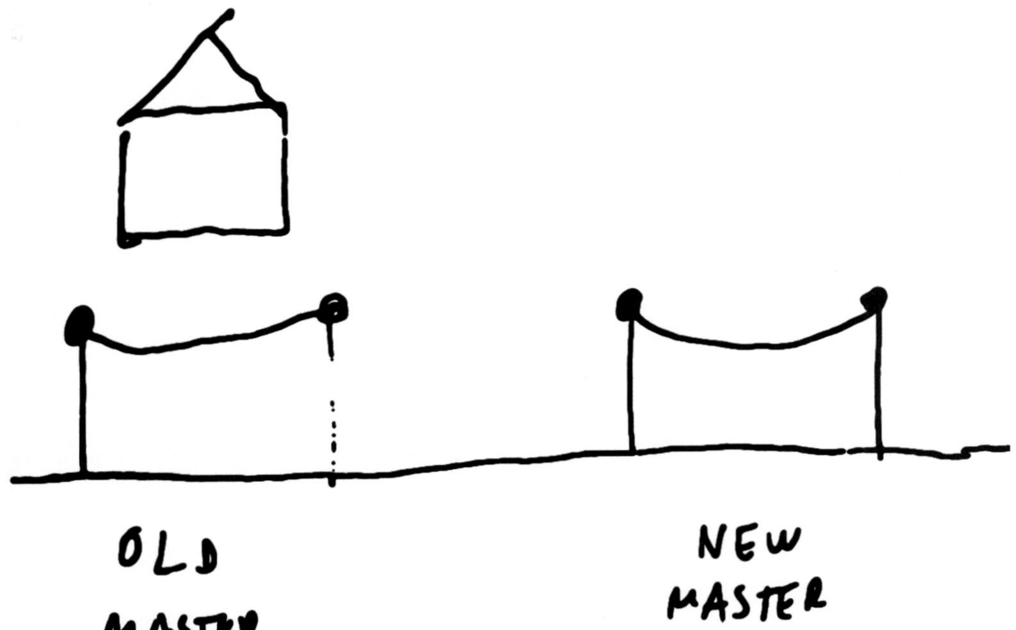

OLD
MASTER
NEW
MASTER

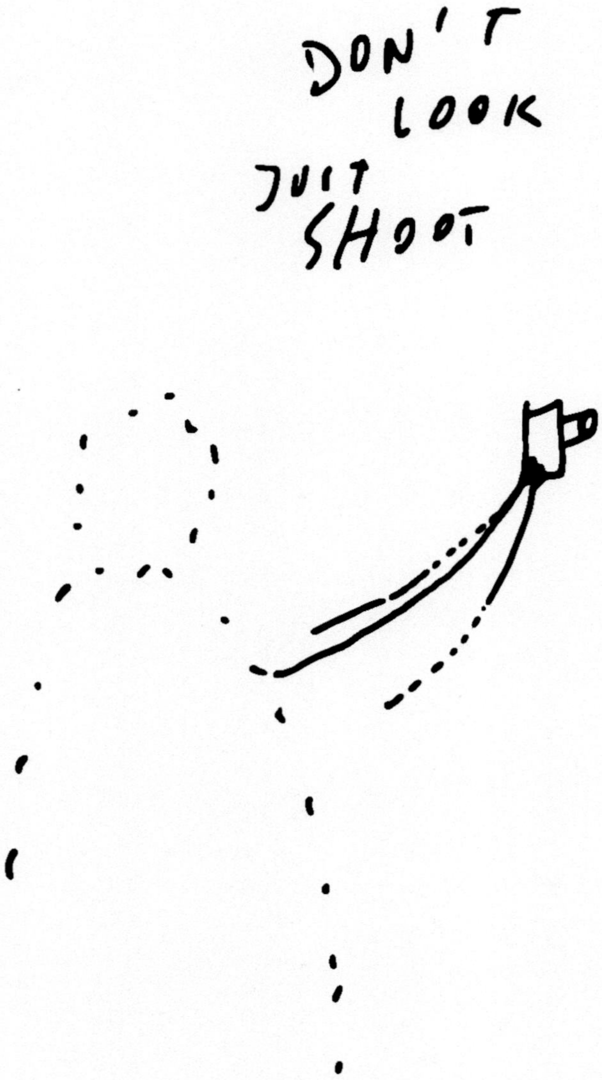

Dan Perjovschi
Florenz Notizbuch
(Florence Notebook), 2008
Notizbuch und Diorama/
Notebook and diorama
Größe variabel/Dimensions variable
Courtesy of Galerija Gregor Podnar,
Berlin/Ljubljana

COLAPSE

2007
2008
MARKET COLAPSE

collector
gallerist
artist

I AM REPRESENTED
BY SEVERAL GALLERIES

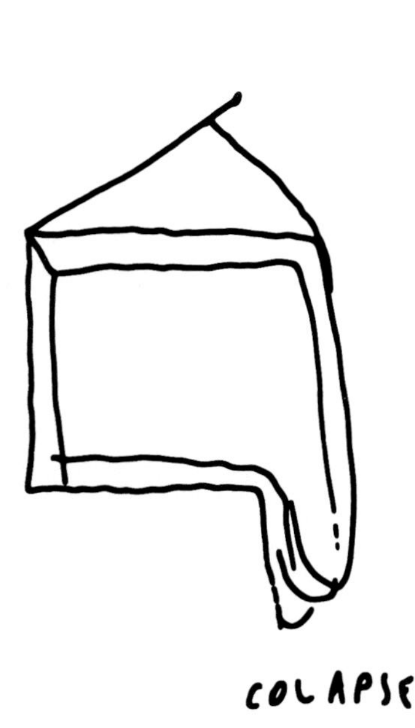

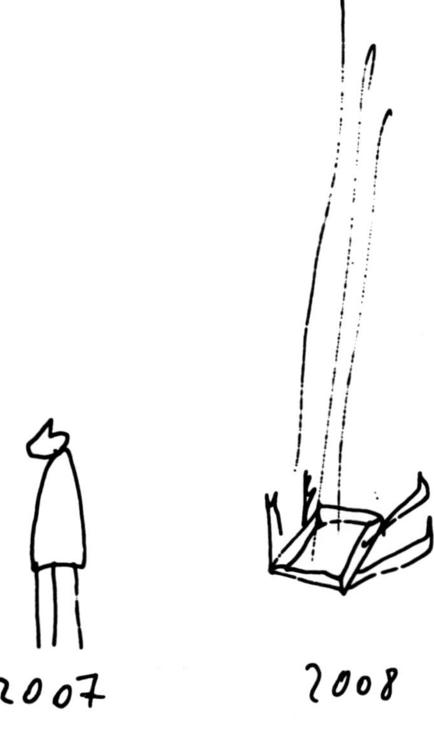

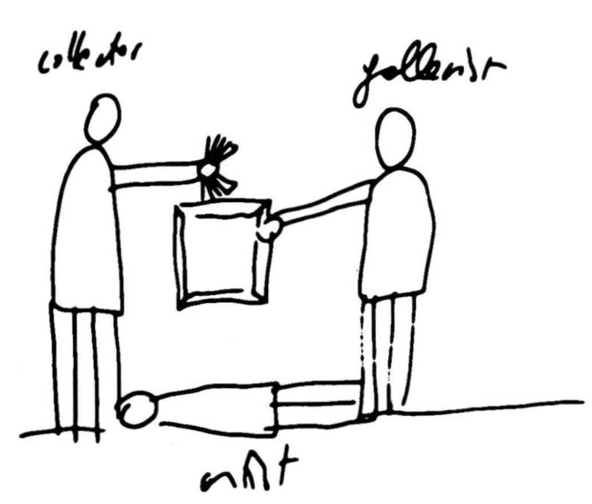

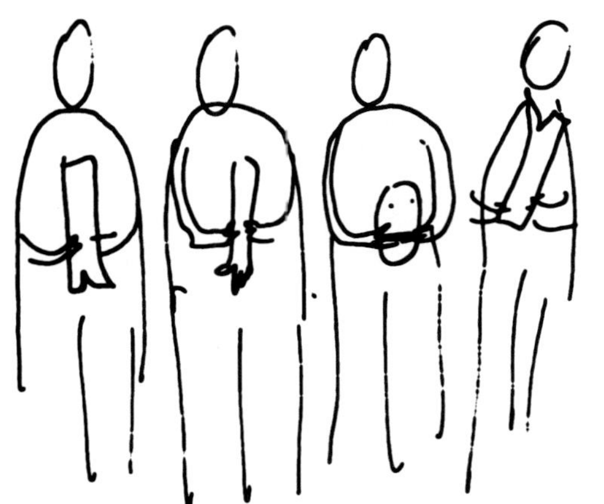

Raymond Pettibon
No Title (There is no), 2008
Feder, Tusche, Gouache, Acryl, Collage
auf Papier/Pen, ink, gouache, acrylic,
and collage on paper
57 × 76,2 cm
Courtesy of Regen Projects, Los Angeles

RAYMOND PETTIBON
**1957 in Tucson, Arizona*
Lebt und arbeitet in Los Angeles/Lives and
works in Los Angeles

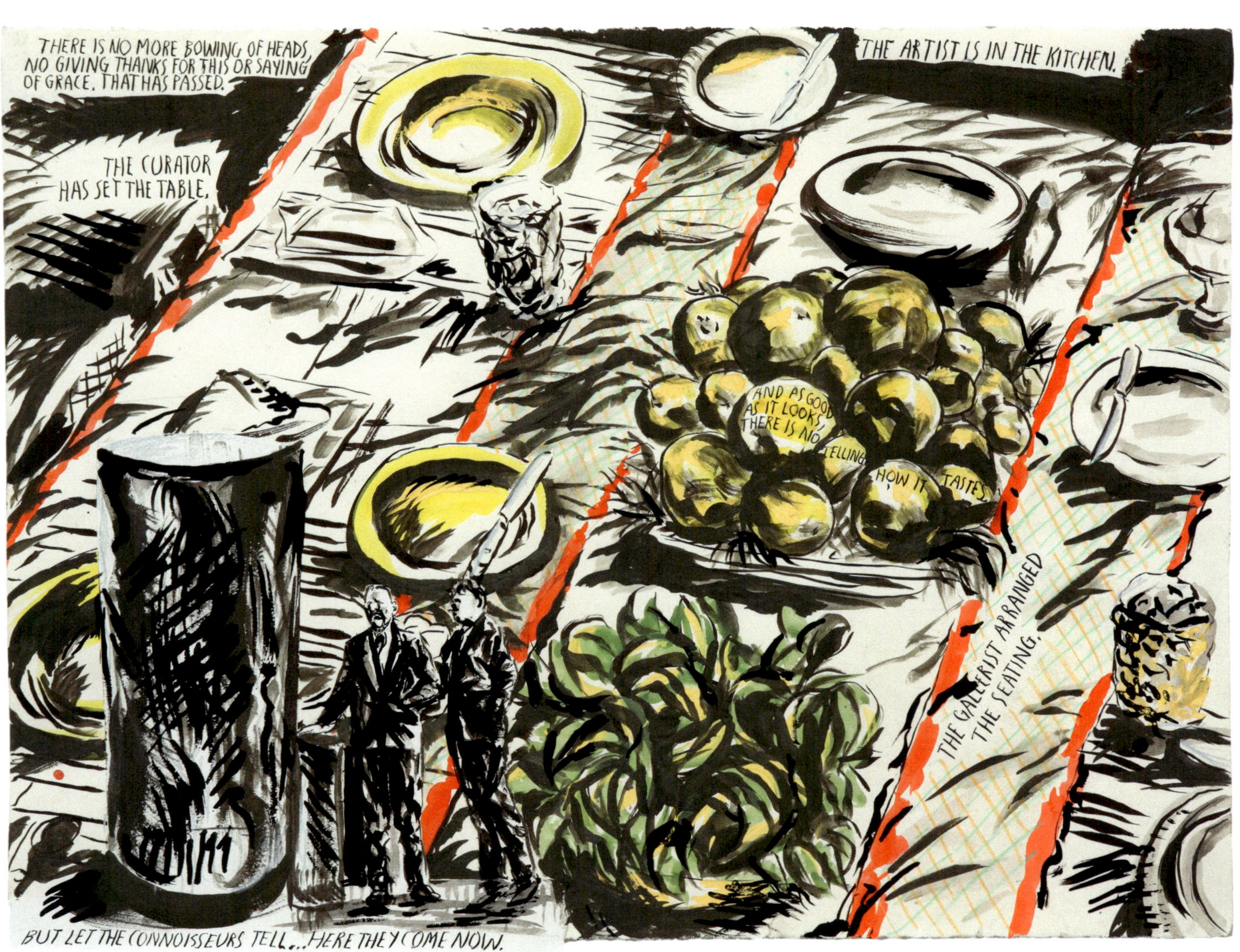

THERE IS NO MORE BOWING OF HEADS, NO GIVING THANKS FOR THIS OR SAYING OF GRACE. THAT HAS PASSED.
THE ARTIST IS IN THE KITCHEN.
THE CURATOR HAS SET THE TABLE.
AND AS GOOD AS IT LOOKS, THERE IS NO TELLING HOW IT TASTES
THE GALLERIST ARRANGED THE SEATING.
BUT LET THE CONNOISSEURS TELL...HERE THEY COME NOW.

195

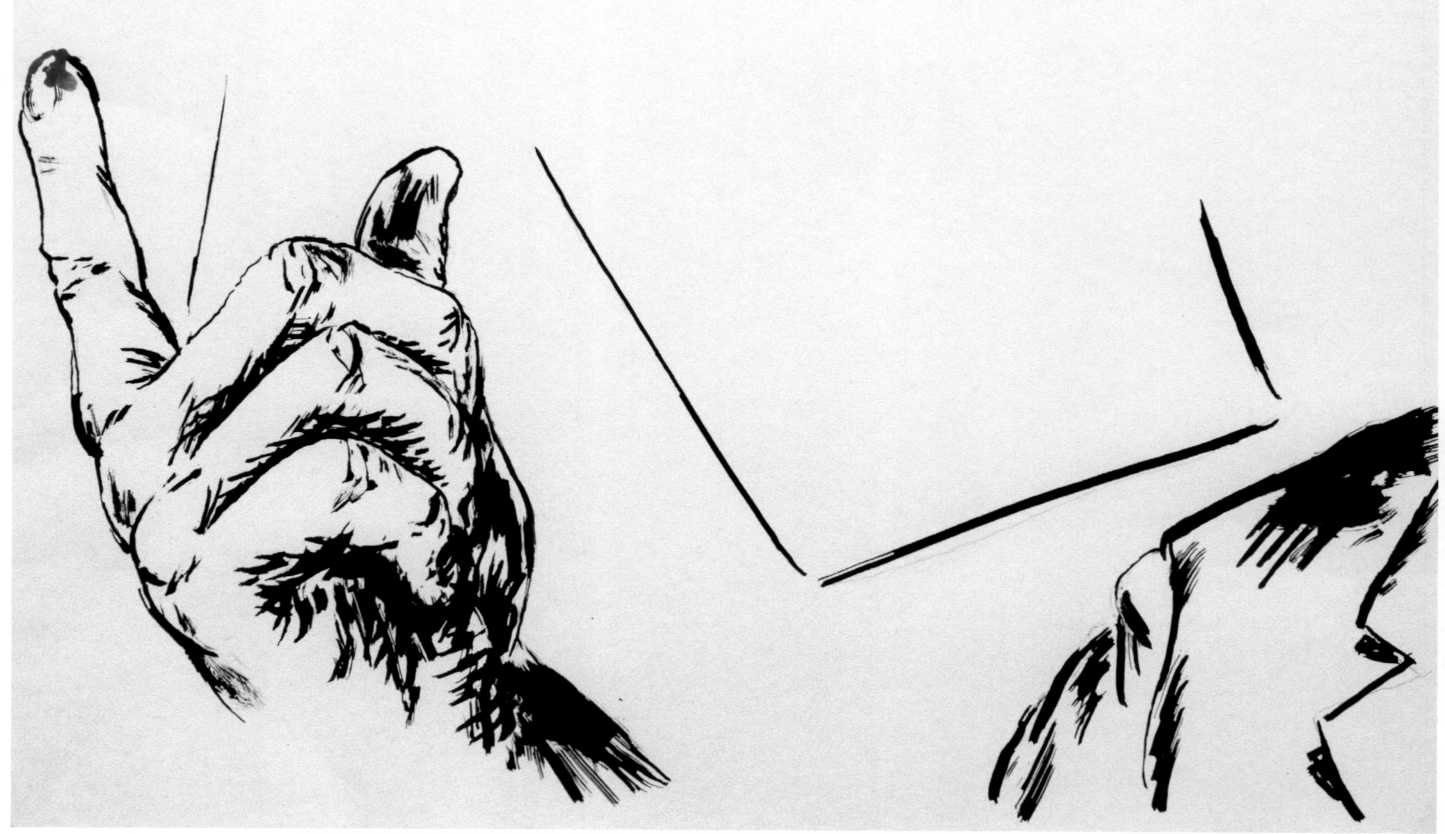

Raymond Pettibon
No Title (To test the), 2008
Tusche auf Papier/Ink on paper
45,5 x 61 cm
Courtesy of Contemporary Fine Arts,
Berlin

Raymond Pettibon
No Title (You thought this), 2005
Tusche auf Papier/Ink on paper
38,1 x 50,8 cm
Privatsammlung/Private collection

YOU THOUGHT THIS WAS GOING TO BE ART.

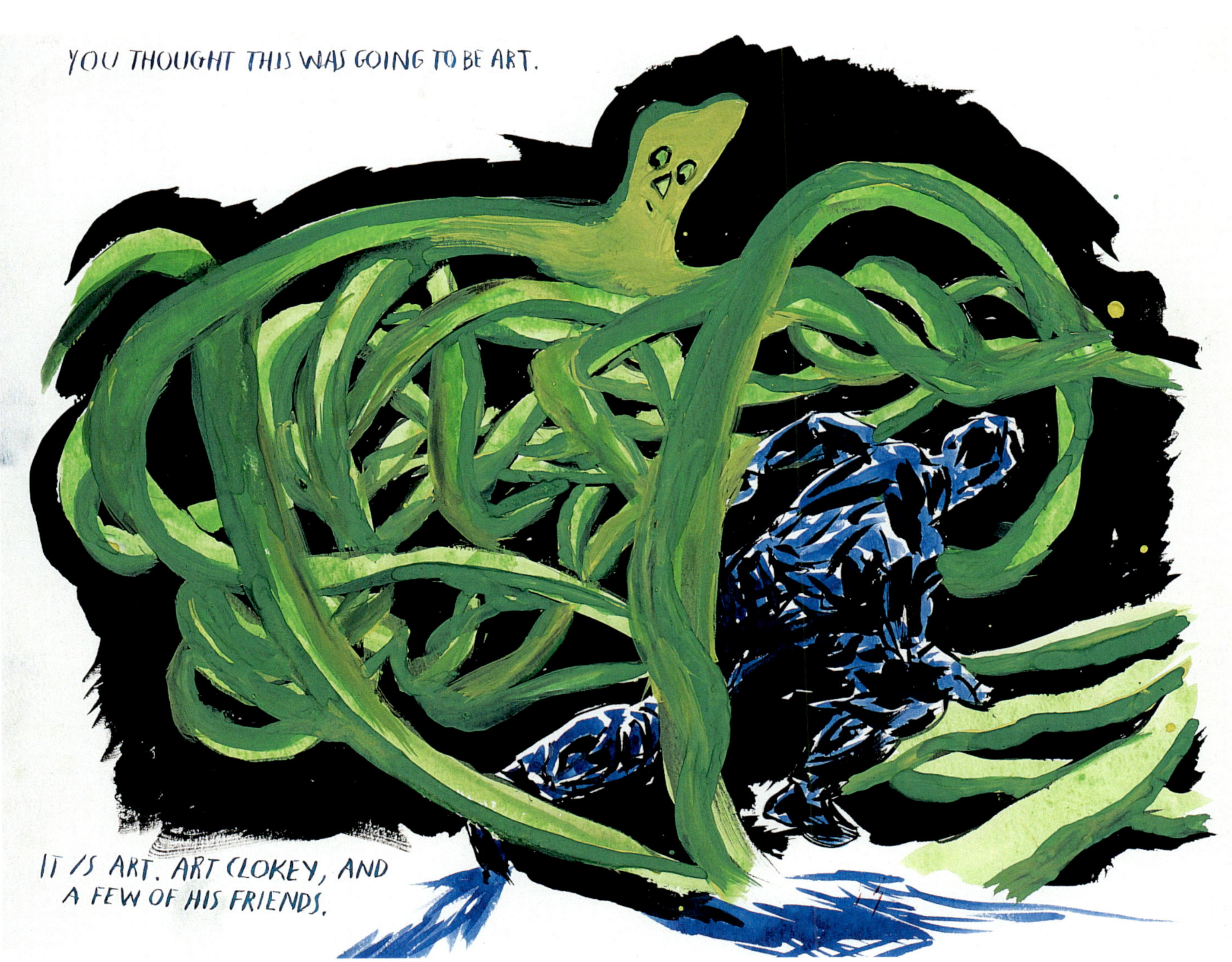

IT IS ART. ART CLOKEY, AND
A FEW OF HIS FRIENDS.

WHAT ABOUT ME?

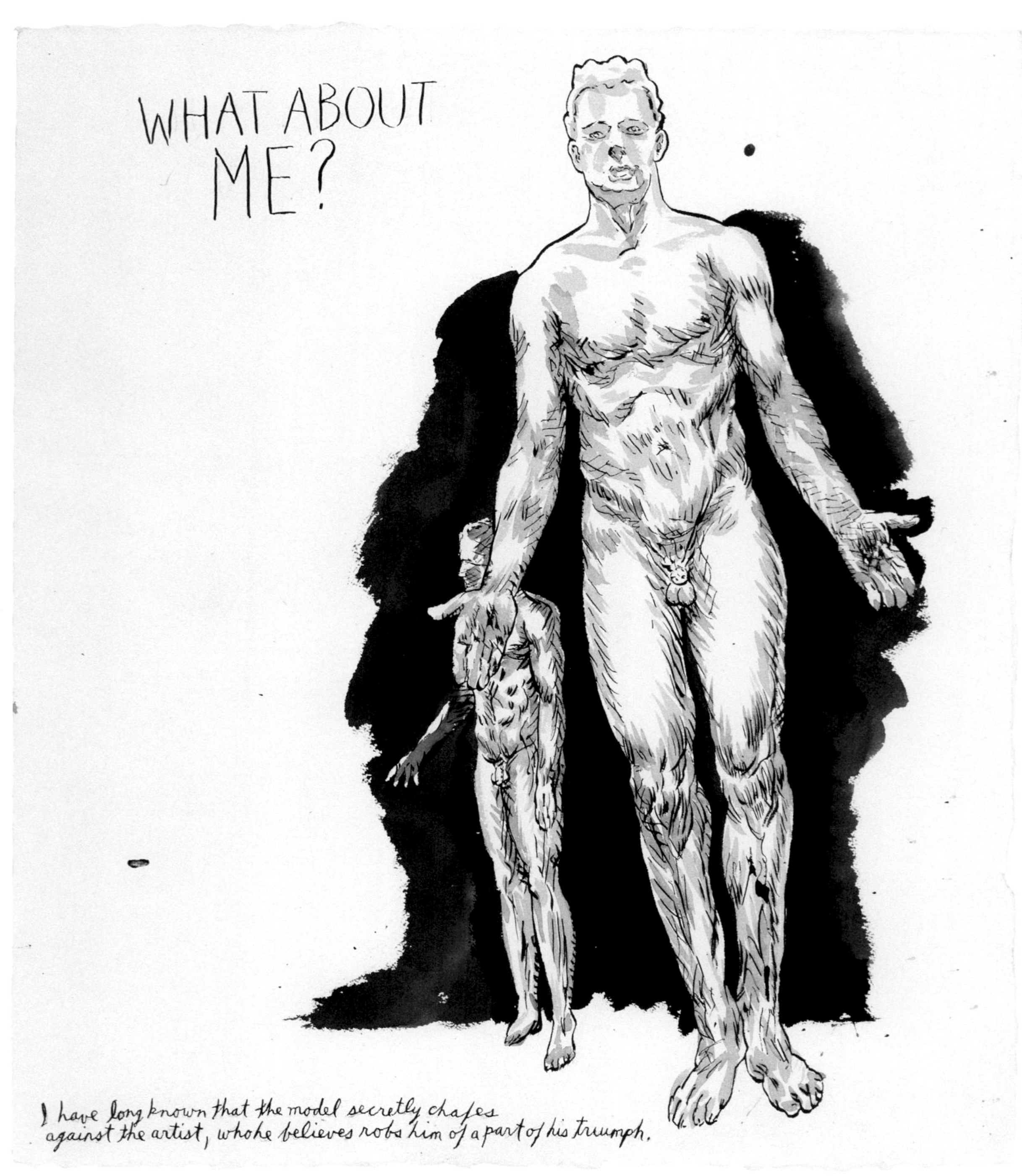

I have long known that the model secretly chafes
against the artist, whom he believes robs him of a part of his triumph.

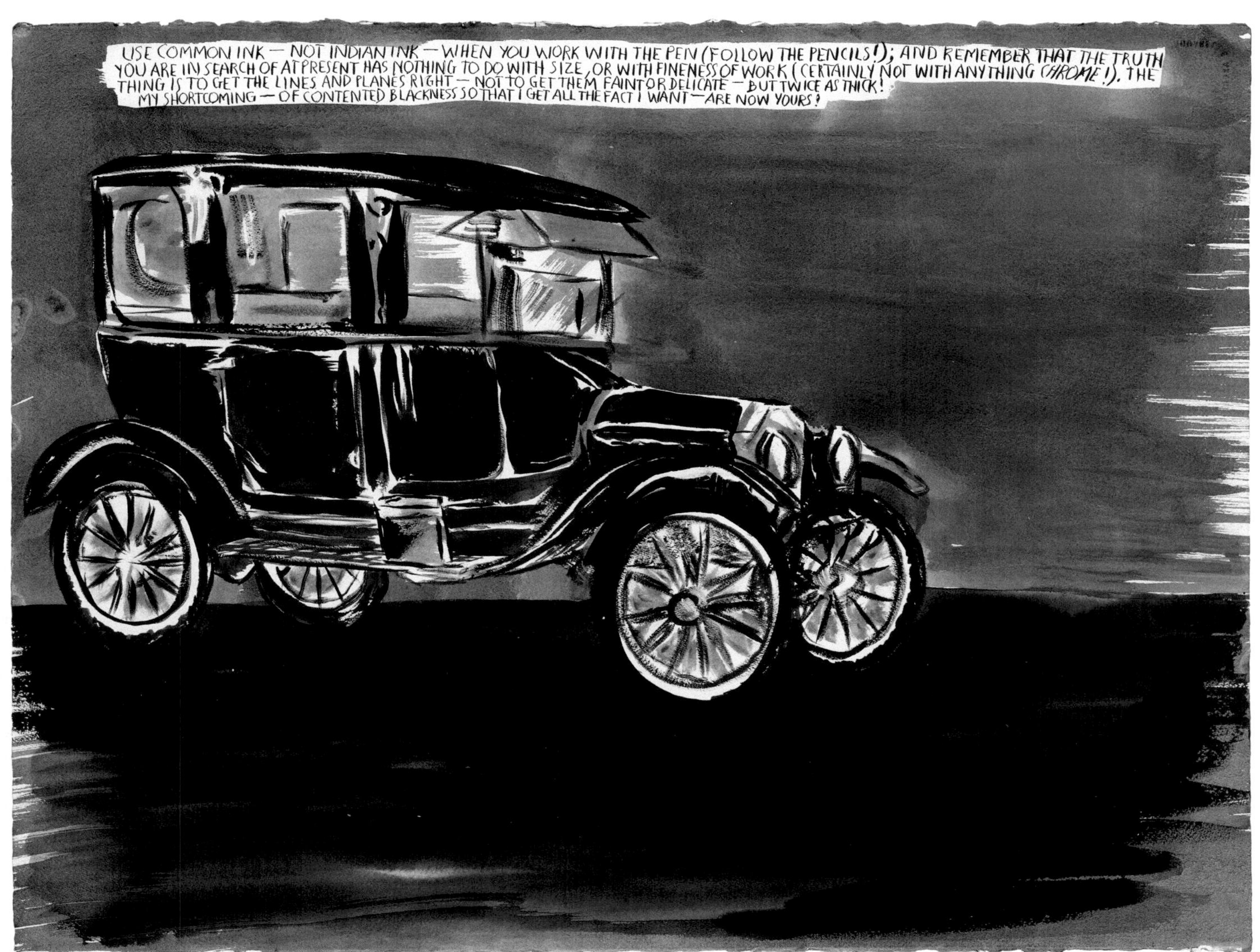

Raymond Pettibon
No Title (What about me?), 2002
Feder, Tusche auf Papier/
Pen and ink on paper
57,1 x 49,5 cm
Sammlung Falkenberg, Hamburg

Raymond Pettibon
No Title (Use common ink), 2006
Kugelschreiber, Tusche auf Papier/
Ballpoint pen and ink on paper
57,2 x 76,2 cm
Courtesy of Contemporary Fine Arts,
Berlin

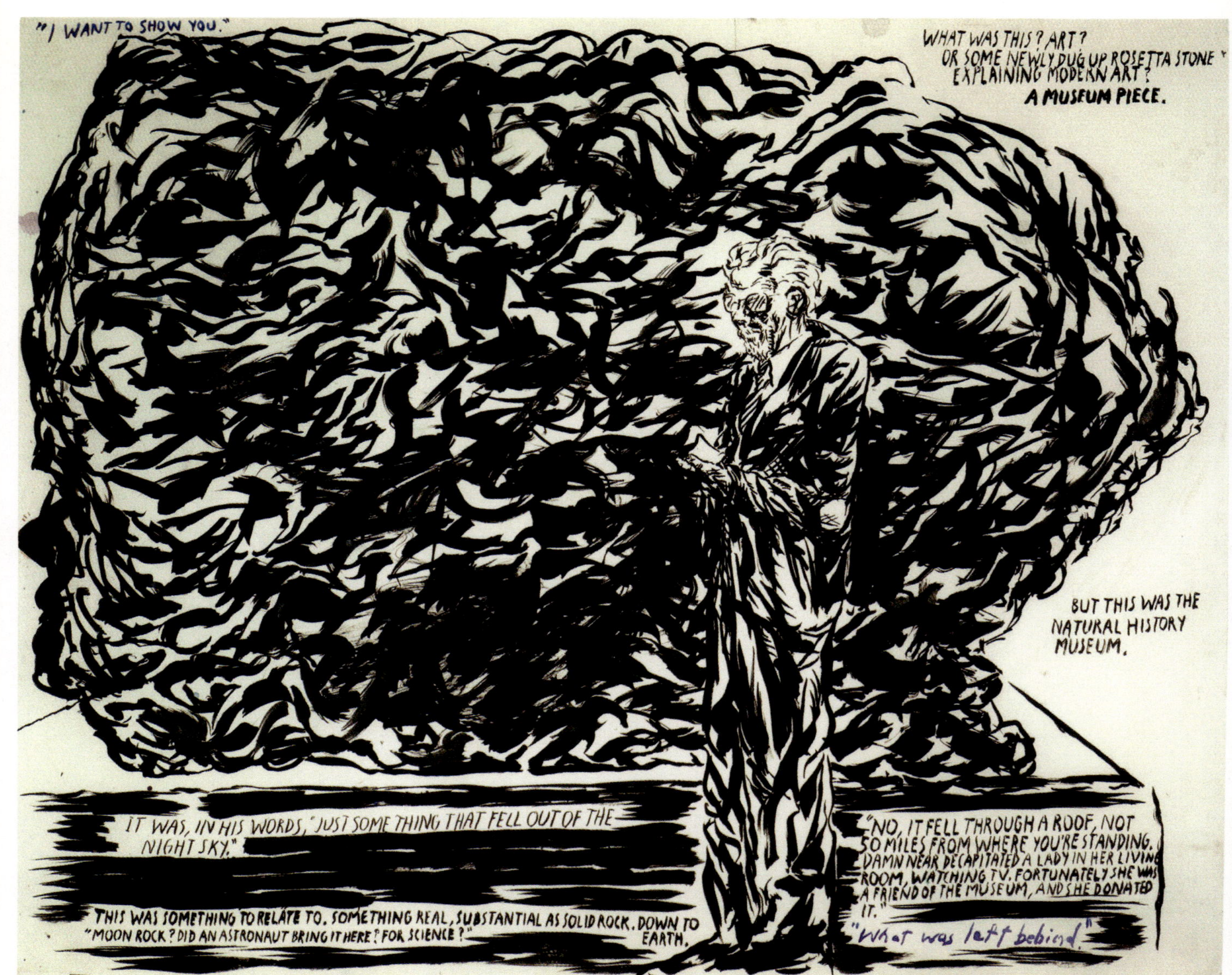

Raymond Pettibon
No Title (I want to), 2001
Feder und Tusche auf Papier/
Pen and ink on paper
59 × 74 cm
Eulogio Sánchez Collection, Spain

Raymond Pettibon
No Title (Words that weep), 2008
Tinte, Gouache, Collage auf Papier/Ink,
gouache, and collage on paper
78 × 57 cm
Courtesy of Contemporary Fine Arts,
Berlin

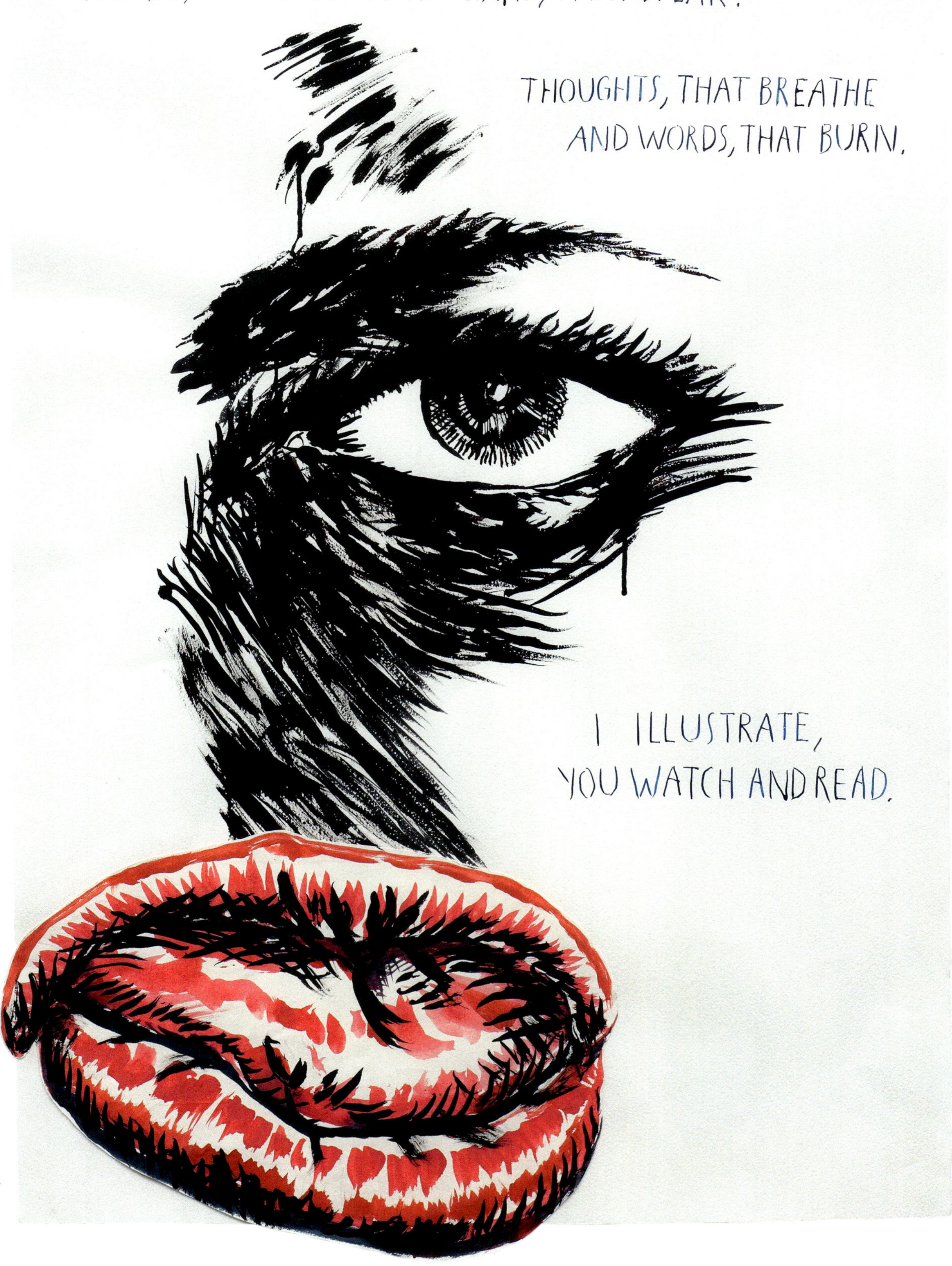

WORDS, THAT WEEP AND TEARS, THAT SPEAK.

THOUGHTS, THAT BREATHE
AND WORDS, THAT BURN.

I ILLUSTRATE,
YOU WATCH AND READ.

WORDS, THAT WEEP AND TEARS, THAT SPEAK.

William Powhida
The London Enemies List, 2006
Bleistift, Gouache, Filzstift auf Papier/
Graphite, gouache, marker on paper
110 x 150 cm
The Stieler Collection

WILLIAM POWHIDA
1976 in New York
Lebt und arbeitet in New York/
Lives and works in New York

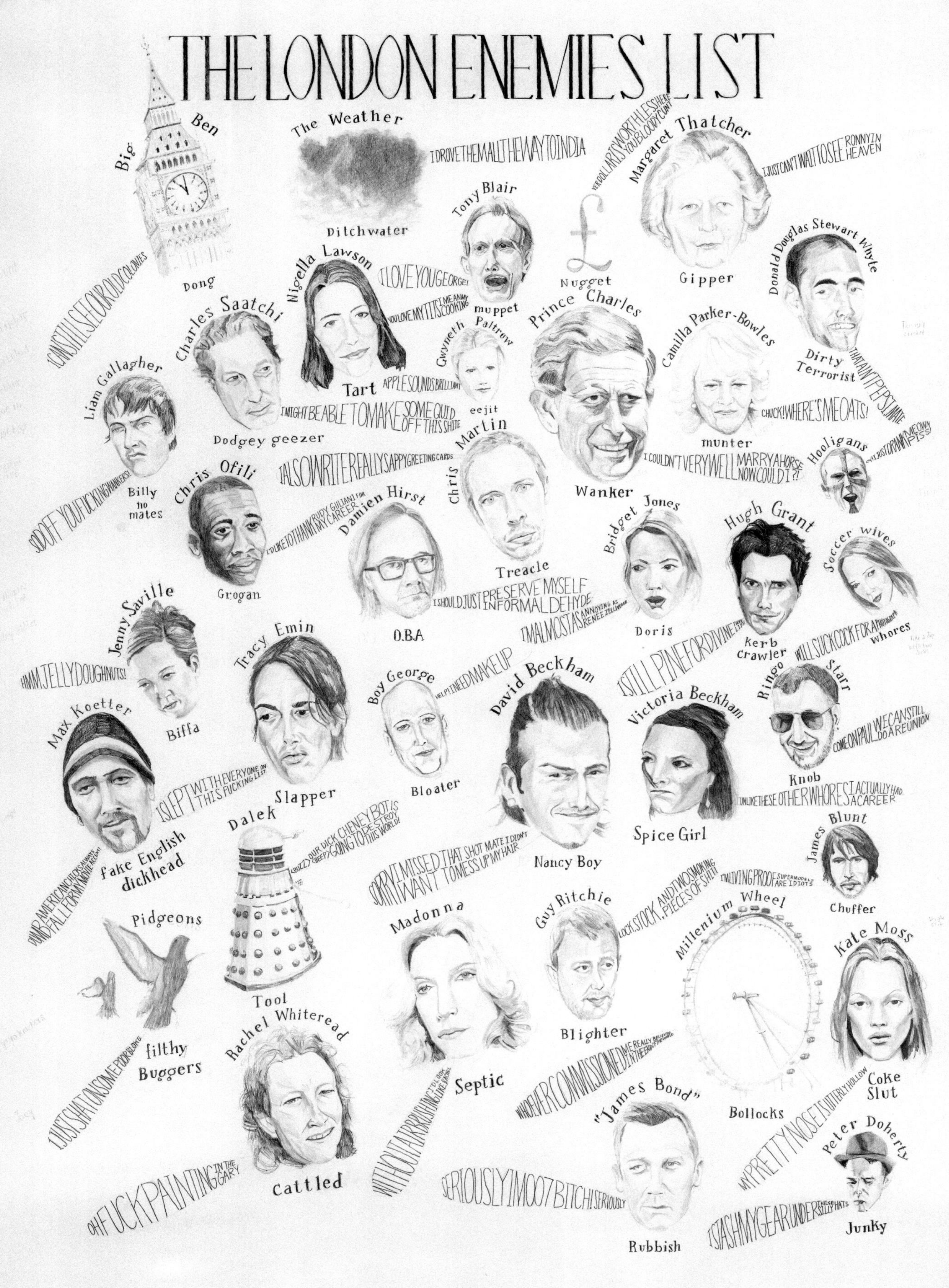

THE LONDON ENEMIES LIST
Big Ben
The Weather
Ditchwater
I DROVE THE MALL THE WAY TO INDIA
Margaret Thatcher
NEVER DOLLARTS WORTH LESS THEY YOU BLOODY CUNT
I JUST CAN'T WAIT TO SEE RONNY IN HEAVEN
Gipper
Donald Douglas Stewart Whyte
Dong
Nigella Lawson
I LOVE YOU GEORGE!
Tony Blair
£
Nugget
Prince Charles
Camilla Parker-Bowles
Dirty Terrorist
THAT AIN'T NO PERSIAN WINE
Charles Saatchi
YOU LOVE MY TITS CAME ANY TIME I'M COOKING
muppet
Gwyneth Paltrow
Liam Gallagher
Tart
APPLE SOUNDS BRILLIANT
eejit
munter
CHUCK! WHERE'S ME OATS!
I CAN STILL SEE OUR OLD COLONIES
I MIGHT BE ABLE TO MAKE SOME QUID OFF THIS SHITE
Dodgey geezer
Martin
Wanker
I COULDN'T VERY WELL MARRY A HORSE NOW COULD I ?!
Hooligans
Billy no mates
Chris Ofili
I ALSO WRITE REALLY SAPPY GREETING CARDS
Damien Hirst
Chris Martin
Bridget Jones
Hugh Grant
Soccer wives
SOD OFF YOU FUCKING WANKERS!
I'D LIKE TO THANK RUDY GIULIANI FOR MY CAREER
Treacle
Jenny Saville
Grogan
O.B.A
I SHOULD JUST PRESERVE MYSELF IN FORMAL DE HYDE
Doris
kerb crawler
WILL SUCK COCK FOR whores
HMMM JELLY DOUGHNUTS!
I'M AL MOST AS ANNOYING AS RENEE ZELLWEGER
I STILL PINE FOR DIVINE
Tracy Emin
Boy George
I NEED MAKEUP
David Beckham
Victoria Beckham
Ringo Starr
Max Koetter
Biffa
Bloater
Spice Girl
COME ON PAUL WE CAN STILL DO A REUNION
Knob
UNLIKE THESE OTHER WHORES I ACTUALLY HAD A CAREER
I SLEPT WITH EVERYONE ON THIS FUCKING LIST
Slapper
Dalek
SORRY I MISSED THAT SHOT MATE I DIDN'T WANT TO MESS UP MY HAIR
Nancy Boy
James Blunt
fake English dickhead
BUZZ! YOUR DICK CHENEY BOT IS GOING TO DESTROY THIS WORLD!
I'M LIVING PROOF SUPERMODELS ARE IDIOTS
Chuffer
Pidgeons
Madonna
Guy Ritchie
LOCK, STOCK, AND TWO SMOKING PIECES OF SHIT
Millenium Wheel
Kate Moss
Tool
Rachel Whiteread
Blighter
filthy Buggers
Septic
WHOEVER COMMISSIONED ME REALLY BELIEVES IN THE SANCTITY OF LIFE
Bollocks
Coke Slut
Peter Doherty
WITHOUT A PROPER PAINTING I LOOK LIKE SHIT
"James Bond"
MY PRETTY NOSE IS UTTERLY HOLLOW
OH FUCK PAINTING IN THE GARY
Cattled
SERIOUSLY I'M 007 BITCH! SERIOUSLY
Rubbish
I STASH MY GEAR UNDER THESE SILLY HATS
Junky

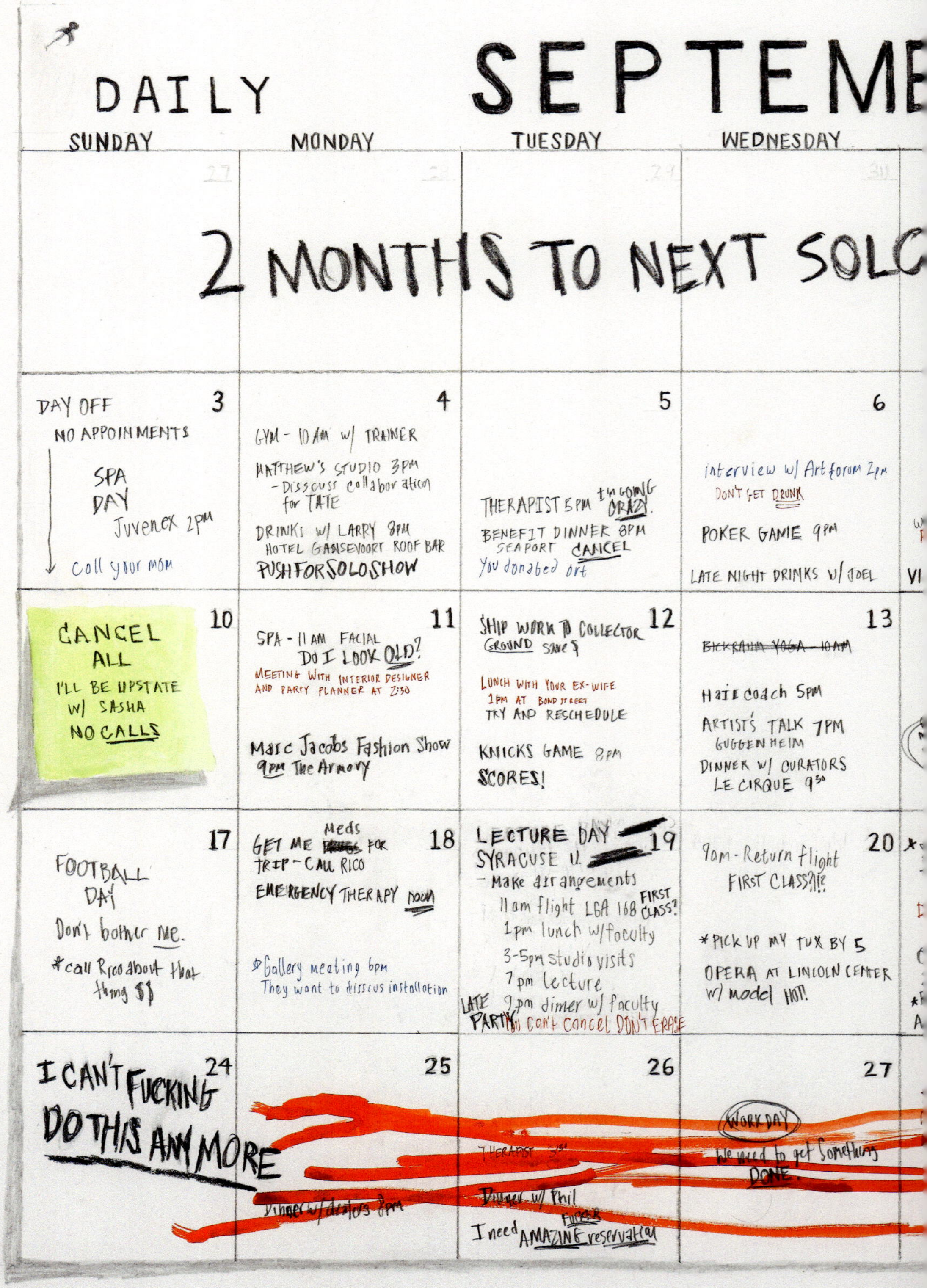

DAILY   SEPTEMBE[R]

SUNDAY   MONDAY   TUESDAY   WEDNESDAY

27   28   29   30

2 MONTHS TO NEXT SOLO [SHOW]

3 DAY OFF
NO APPOINMENTS
SPA DAY
Juvenex 2PM
Call your mom

4 GYM - 10AM w/ TRAINER
MATTHEW'S STUDIO 3PM
- Discuss collaboration for TATE
DRINKS w/ LARRY 8PM
HOTEL GANSEVOORT ROOF BAR
PUSH FOR SOLO SHOW

5 THERAPIST 5PM I'm going CRAZY
BENEFIT DINNER 8PM
SEAPORT CANCEL
You donated art

6 Interview w/ Artforum 2pm
DON'T GET DRUNK
POKER GAME 9PM
LATE NIGHT DRINKS w/ JOEL

10 CANCEL ALL
I'll be upstate w/ SASHA
NO CALLS

11 SPA - 11AM FACIAL
DO I LOOK OLD?
MEETING WITH INTERIOR DESIGNER AND PARTY PLANNER AT 2:30
Marc Jacobs Fashion Show 9PM The Armory

12 SHIP WORK TO COLLECTOR (GROUND) save $
LUNCH WITH YOUR EX-WIFE 1PM AT Bond Street
TRY AND RESCHEDULE
KNICKS GAME 8PM
SCORES!

13 BICKRAM YOGA - 10AM
Hair coach 5PM
ARTIST'S TALK 7PM GUGGENHEIM
DINNER w/ CURATORS LE CIRQUE 9:30

17 FOOTBALL DAY
Don't bother me.
*call Rico about that thing $$

18 GET ME Meds for TRIP - CALL RICO
EMERGENCY THERAPY noon
Gallery meeting 6pm
They want to discuss installation

19 LECTURE DAY SYRACUSE U.
- Make arrangements
11am flight LGA 168 FIRST CLASS?
1pm lunch w/faculty
3-5pm studio visits
7pm lecture
9pm dinner w/ faculty
LATE PARTY I can't cancel DON'T ERASE

20 9am- Return flight FIRST CLASS?!?
*PICK UP MY TUX BY 5
OPERA AT LINCOLN CENTER w/ model HOT!

24 I CAN'T FUCKING DO THIS ANYMORE

25 Dinner w/ dealers 8pm

26 THERAPIST
Dinner w/ Phil
I need AMAZING fucking reservation

27 WORK DAY
We need to get something DONE

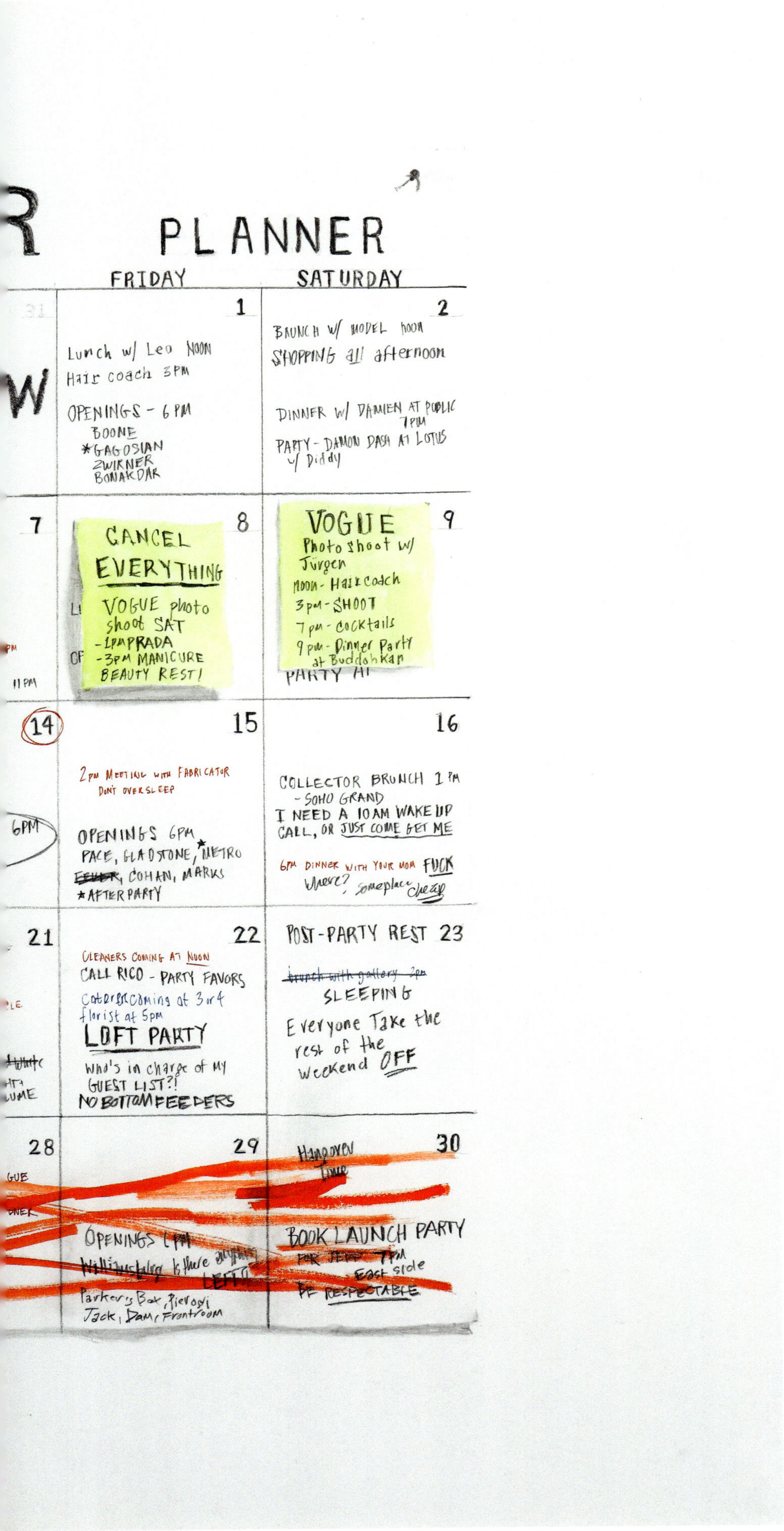

William Powhida
Studio Calendar, 2006
Bleistift, Gouache, Filzstift auf Papier/
Graphite, gouache, marker on paper
55,88 x 76,2 cm
The Stieler Collection

S/p. 206
William Powhida
How to Make Money, 2006
Acryl, Bleistift, Gouache auf Holz/
Acrylic, graphite, gouache on panel
30,48 x 22,86 cm
The Stieler Collection

S/p. 207
William Powhida
Art World Characters, 2006
Bleistift auf Papier/Graphite on paper
76,2 x 55,8 cm
Brask Collection

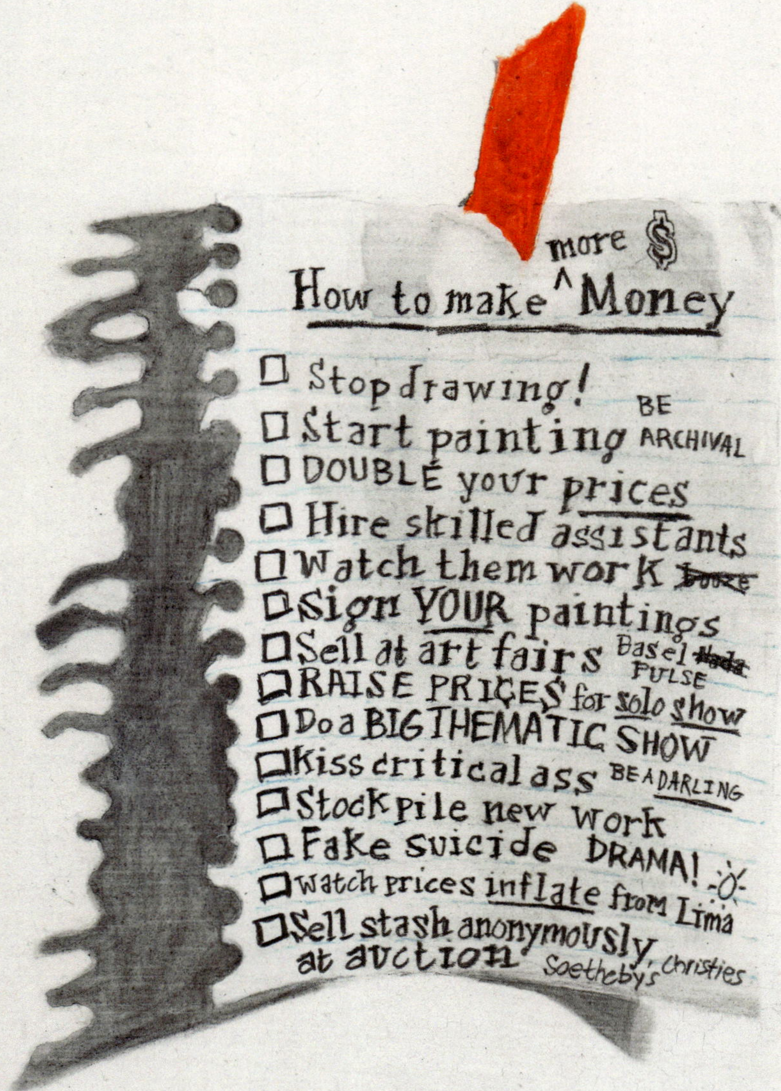
How to make ^more $ Money
☐ Stop drawing!
☐ Start painting   BE ARCHIVAL
☐ DOUBLE your prices
☐ Hire skilled assistants
☐ Watch them work   booze
☐ Sign YOUR paintings
☐ Sell at art fairs   Basel Hada PULSE
☐ RAISE PRICES for solo show
☐ Do a BIG THEMATIC SHOW
☐ Kiss critical ass   BE A DARLING
☐ Stockpile new work
☐ Fake suicide   DRAMA!
☐ Watch prices inflate from Lima
☐ Sell stash anonymously at auction   Soetheby's Christies

ART WORLD Characters (GROSS STEREOTYPES)

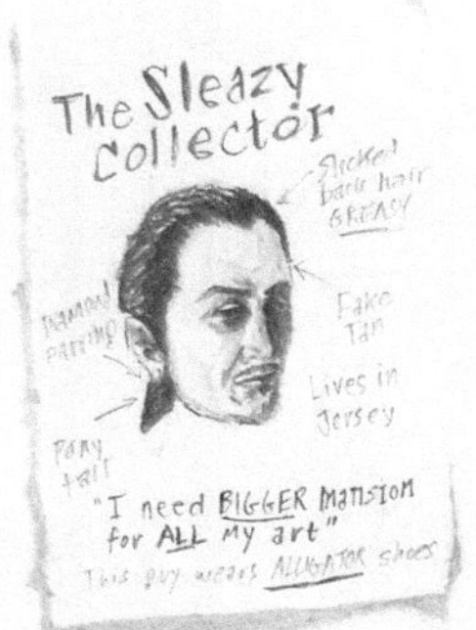

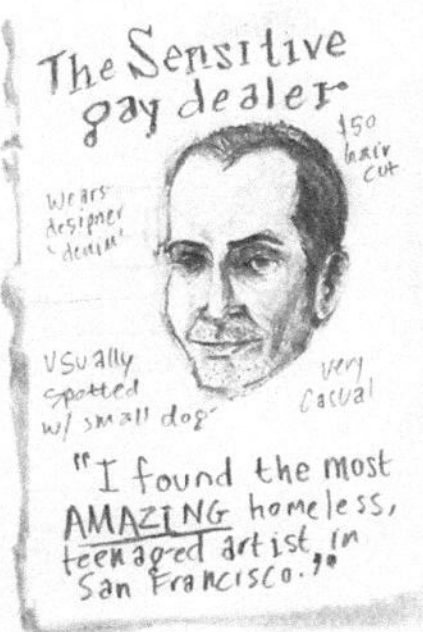

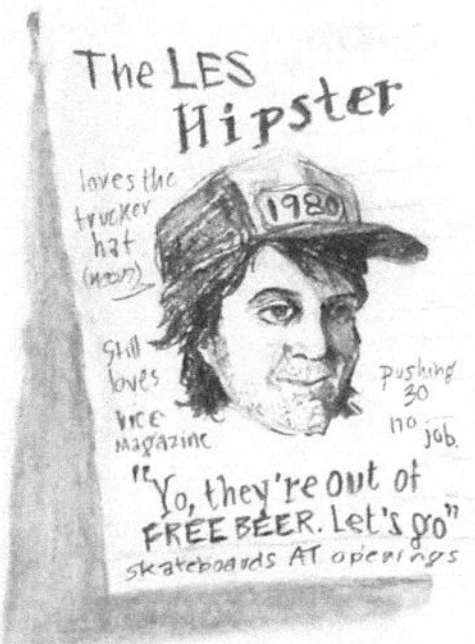

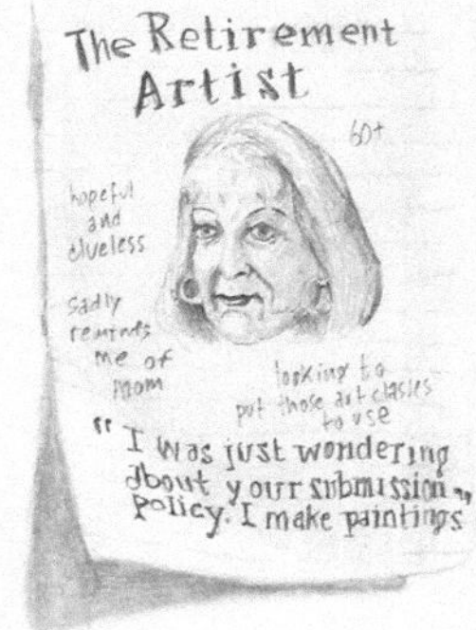

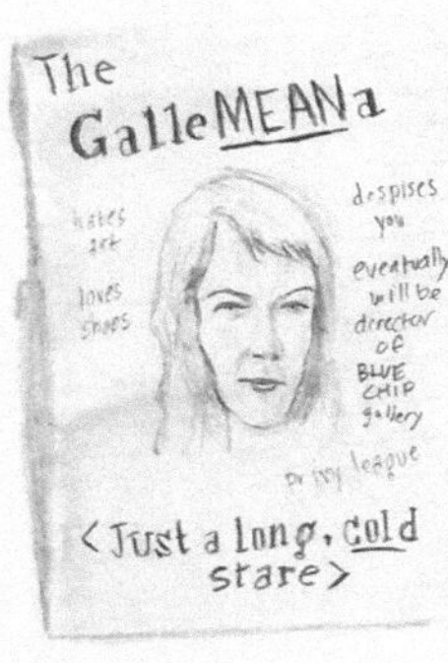

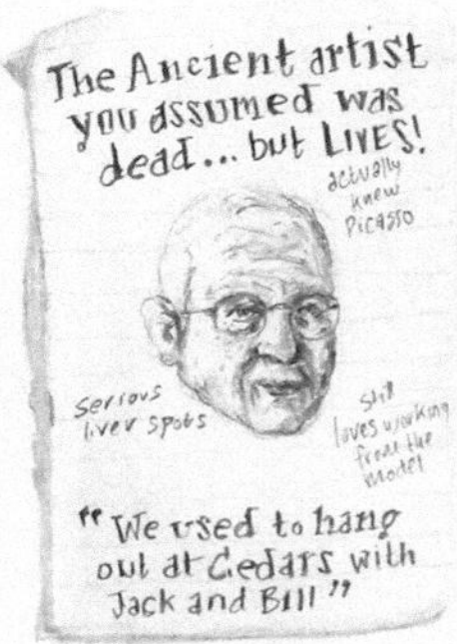

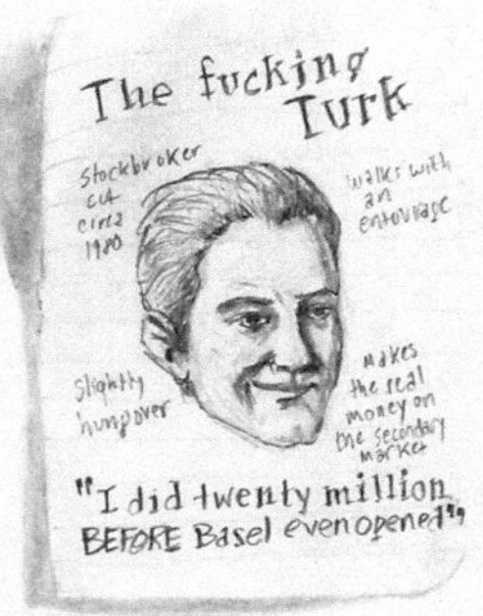

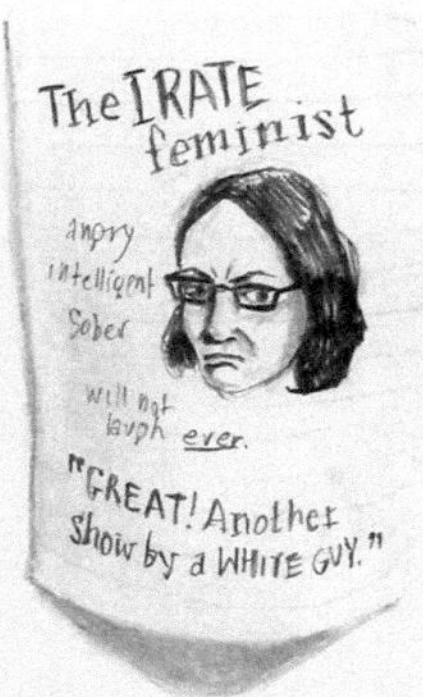

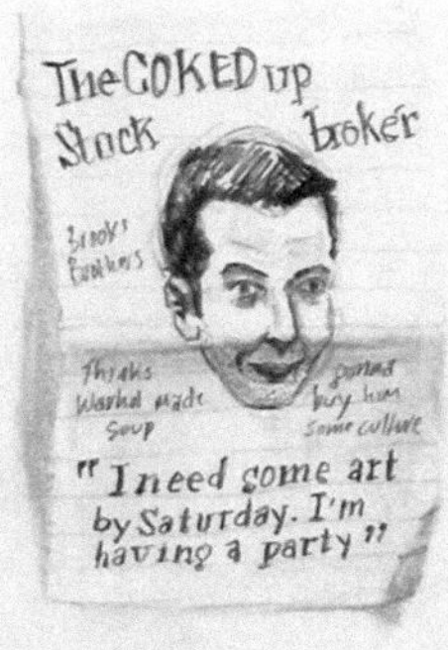

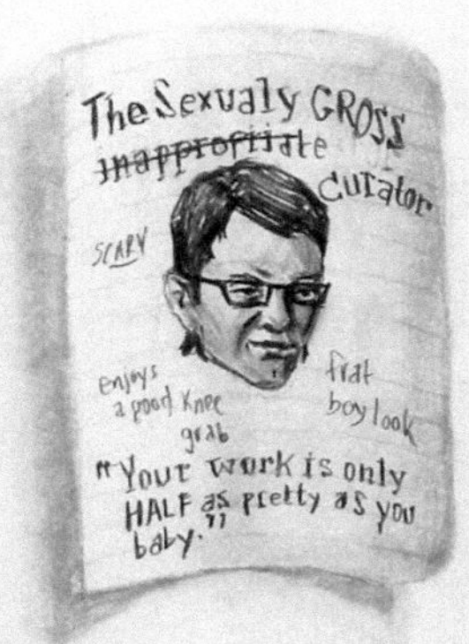

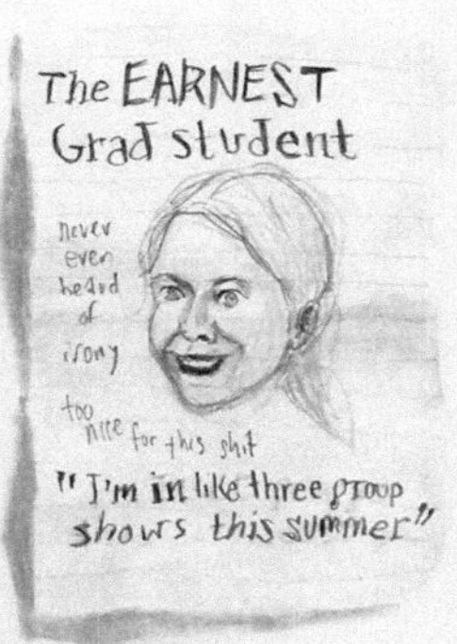

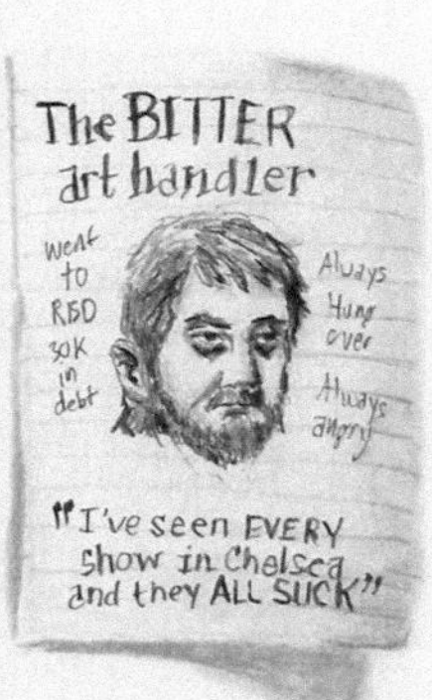

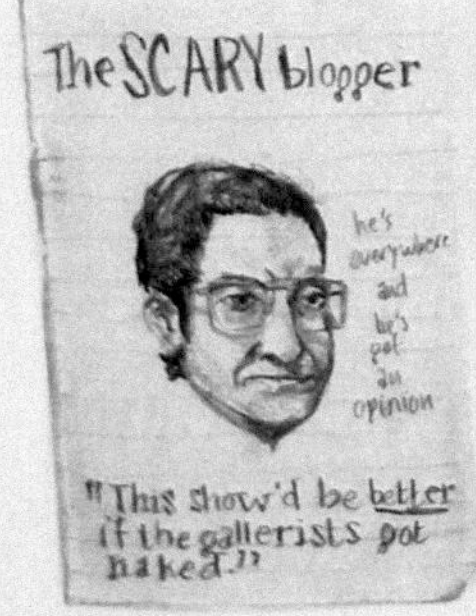

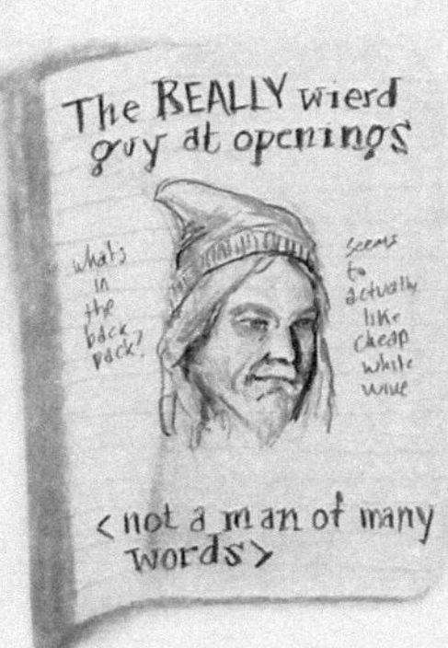

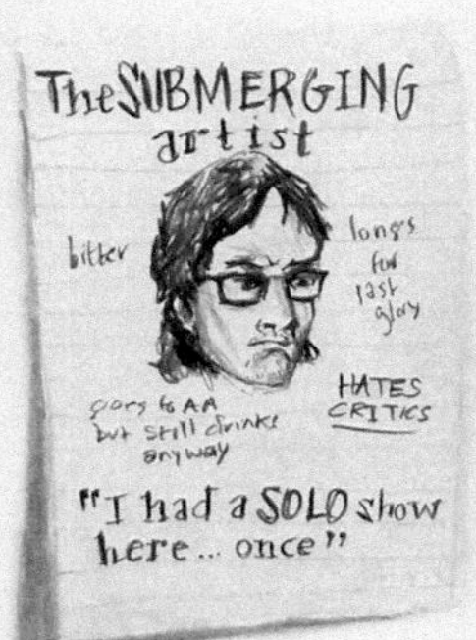

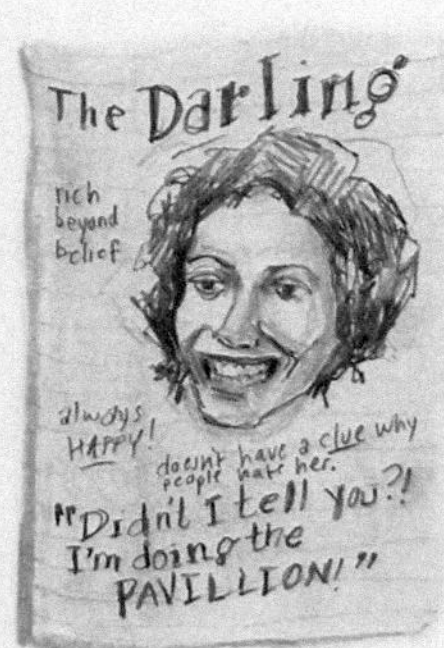

TOM SACHS
**1966 in New York*
Lebt und arbeitet in New York/
Lives and works in New York

Tom Sachs
Creativity is the Enemy, 2008
Farbe, Holz/Paint, wood
97,8 × 149,2 × 12,7 cm
Vanmoerkerke Collection, Belgium
Courtesy Galerie Thaddaeus Ropac,
Paris/Salzburg

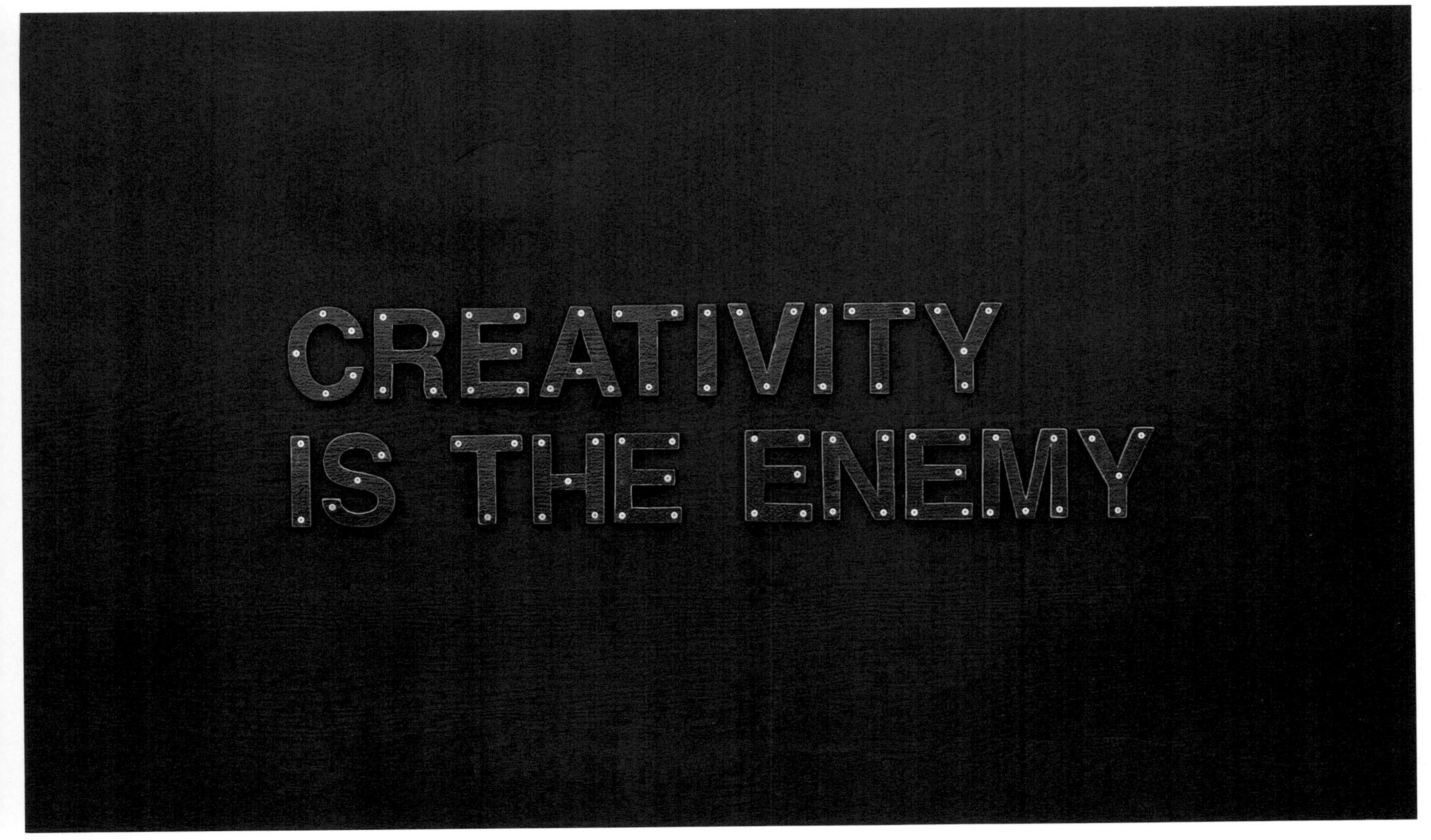

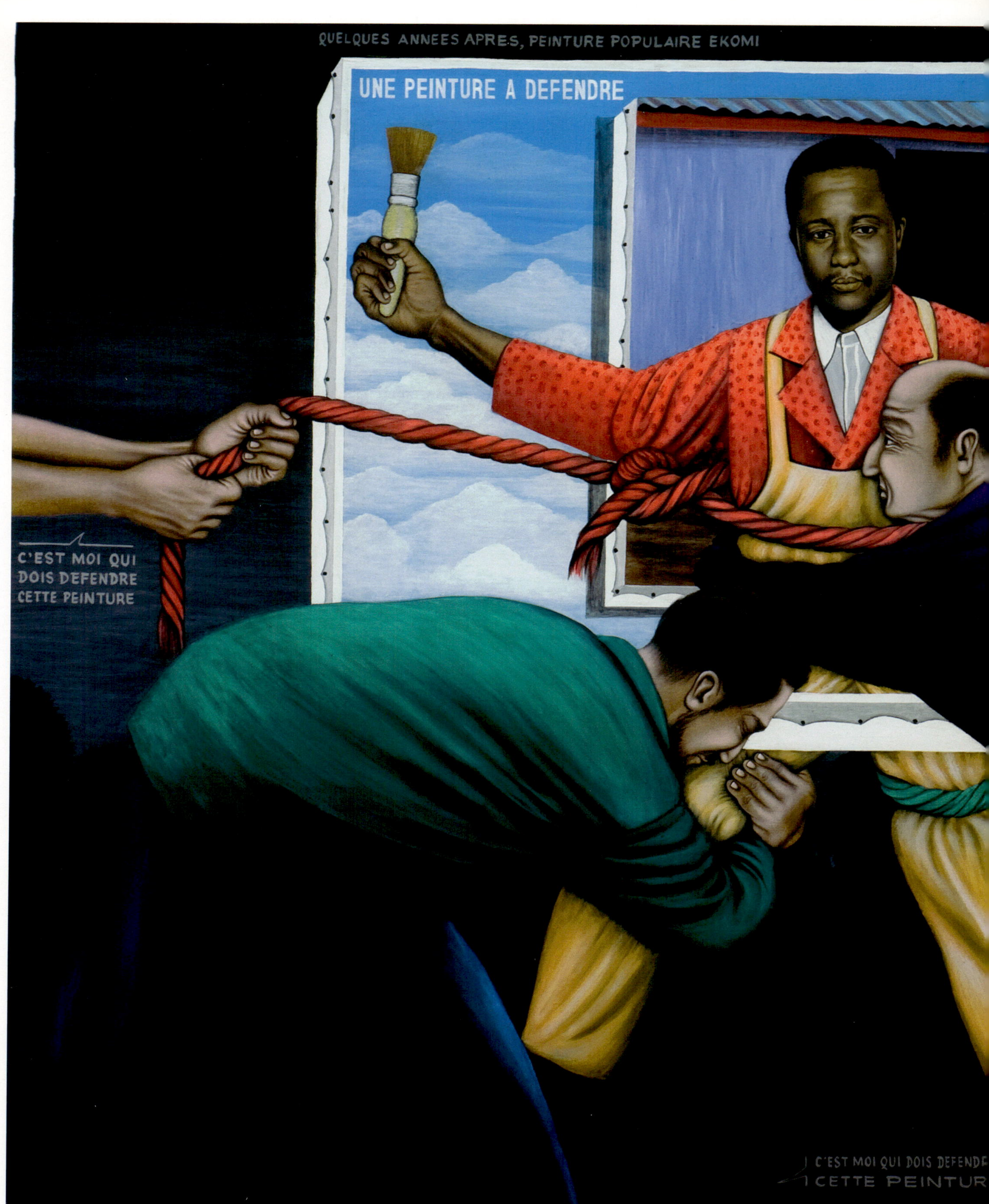
UNE PEINTURE A DEFENDRE
C'EST MOI QUI DOIS DEFENDRE CETTE PEINTURE
C'EST MOI QUI DOIS DEFENDRE CETTE PEINTURE

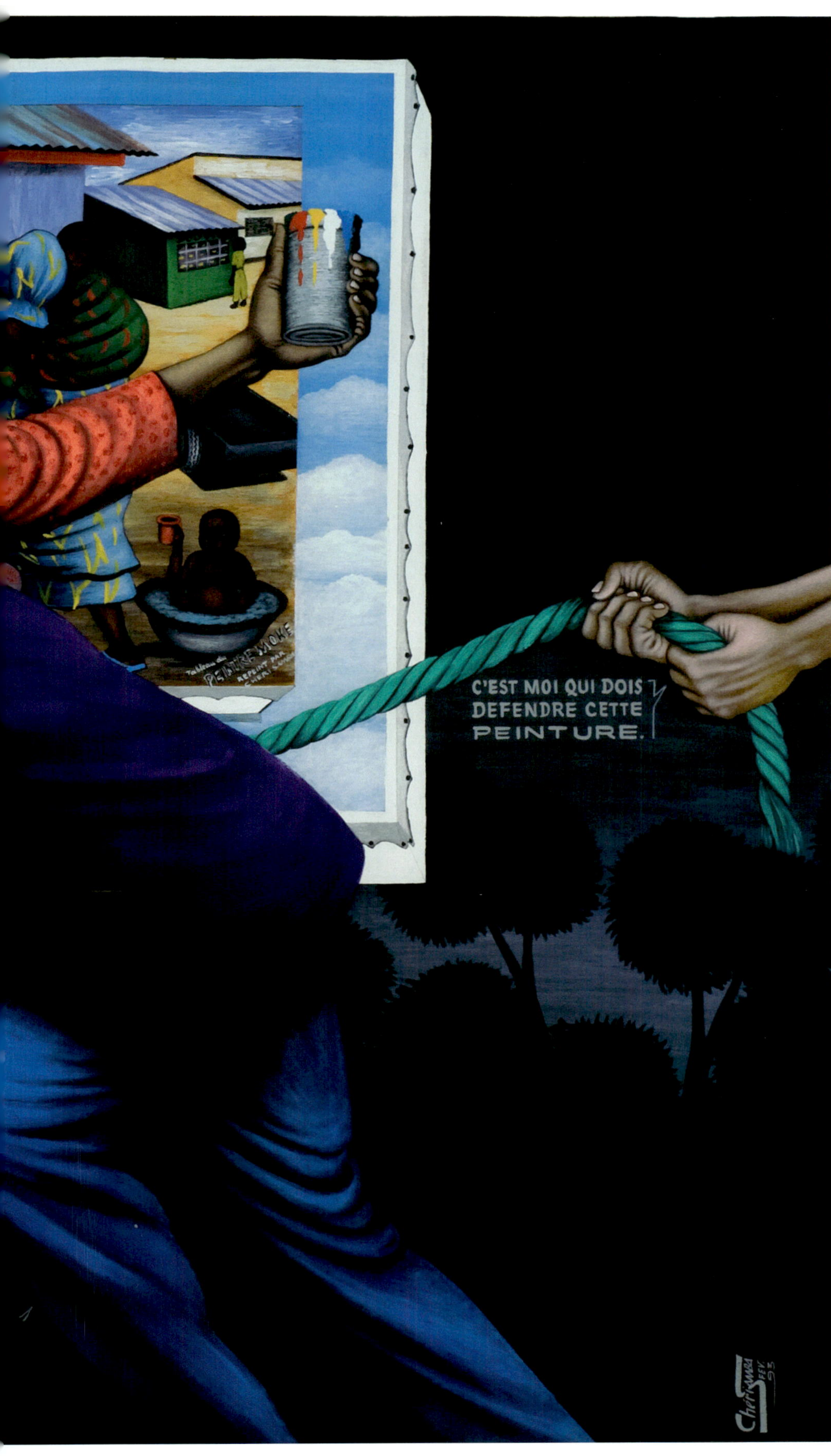

Chéri Samba
Une peinture à défendre, 1993
Acryl, Glitter auf Leinwand/
Acrylic, glitter on canvas
129 x 193 cm
Courtesy C.A.A.C. — The Pigozzi
Collection, Genf/Geneva

CHÉRI SAMBA
**1956 in Kinto M'Vuila, Demokratische*
Republik Kongo/
Democratic Republic of the Congo
Lebt und arbeitet in Kinshasa/Lives and
works in Kinshasa

EKOMI, populäre Malerei
einige Jahre später

EKOMI, popular painting
a few years later

Ein Gemälde, das verteidigt werden
muss

A painting to be defended

Ich bin es, der dieses Gemälde
verteidigen muss.

I'm the one who has to defend
this painting.

Chéri Samba
Enfin ! ... Après tant d'années, 2002
Acryl, Glitter auf Leinwand/
Acrylic, glitter on canvas
204,5 x 325,5 cm
Courtesy C.A.A.C. – The Pigozzi
Collection, Genf/Geneva

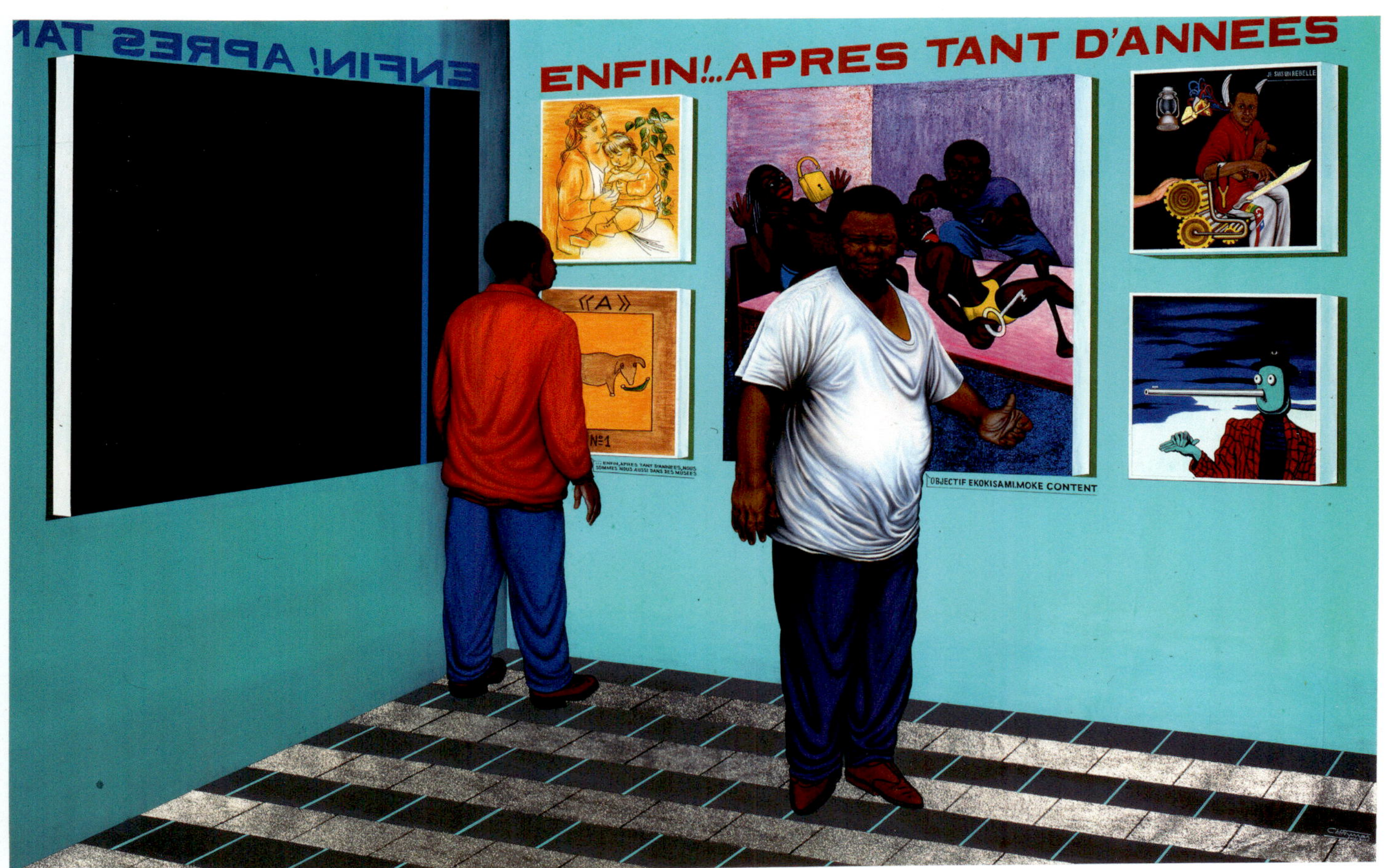

Endlich! ... Nach all den Jahren

Finally! ... After so many years

Nach all den Jahren sind auch wir
endlich in Museen.

Finally, after so many years,
we, too, are in museums.

Ich bin ein
Rebell.

I'm a rebel.

Das Ziel Ekokisami. Moke zufrieden.

Objective Ekokisami. Moke pleased.

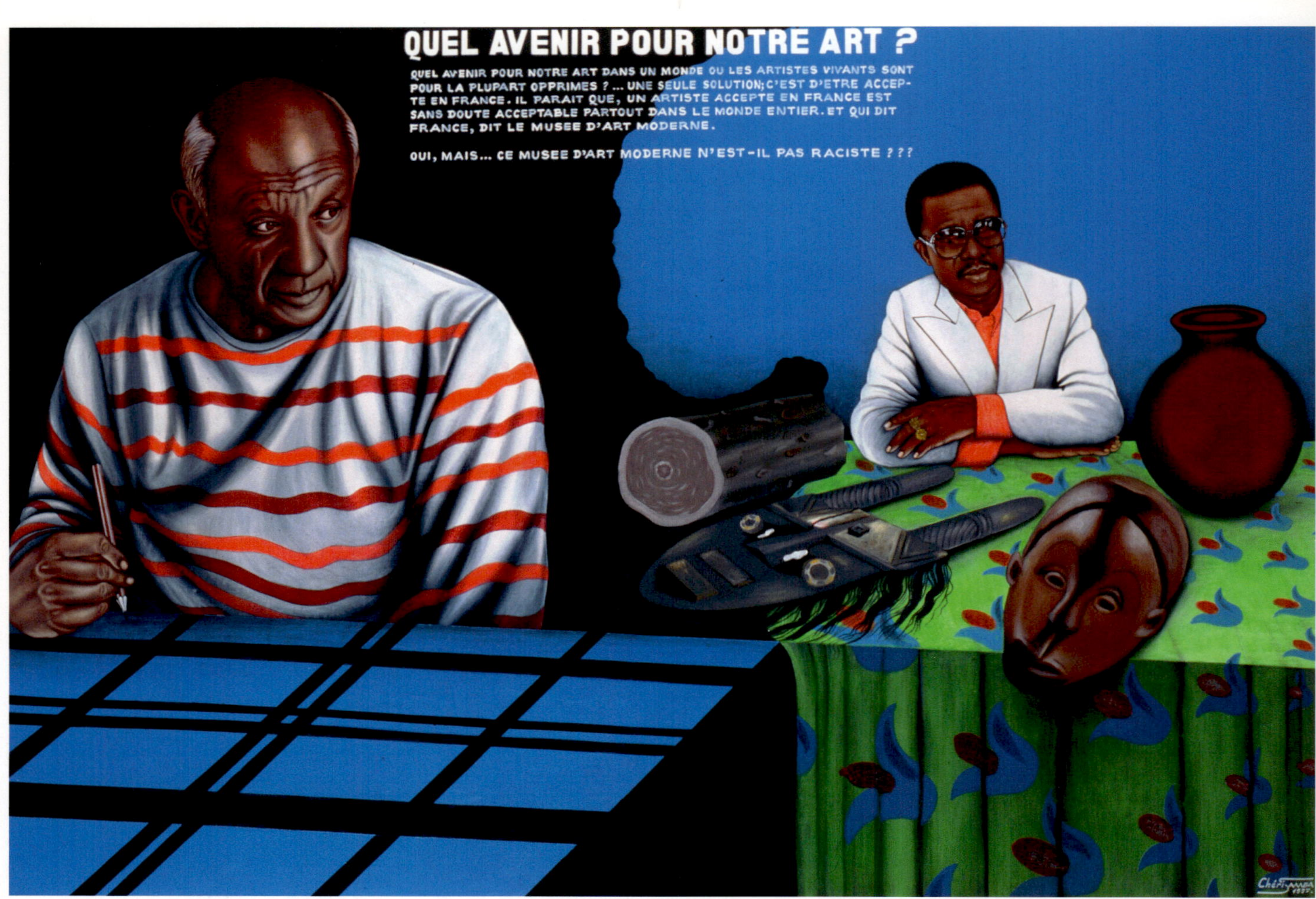

Chéri Samba
Quel avenir pour notre art?
(Triptych no. 1/3), 1997
130,5 x 193,5 cm
Acryl, Glitter auf Leinwand/
Acrylic, glitter on canvas
Courtesy C.A.A.C. — The Pigozzi
Collection, Genf/Geneva

Welche Zukunft hat unsere Kunst?
Welche Zukunft hat unsere Kunst in einer Welt, in der die
meisten lebenden Künstler unterdrückt werden? Die einzige
Lösung ist, Anerkennung in Frankreich zu finden. Wer in
Frankreich als Künstler anerkannt wird, findet wahrscheinlich
ganz automatisch auf der ganzen Welt Anerkennung.
Und wer Frankreich sagt, meint das Musée d'art moderne.
Ja, aber ... ist das Museum für moderne Kunst nicht
rassistisch?

What future is there for our art?
What future is there for our art in a world where living
artists are for the most part oppressed? The only solution is
to be accepted in France. It seems that an artist accepted in
France is sure to be accepted anywhere in the world.
And by France, what is meant is the Museum of Modern Art.
Yes, but ... isn't this museum of modern art racist?

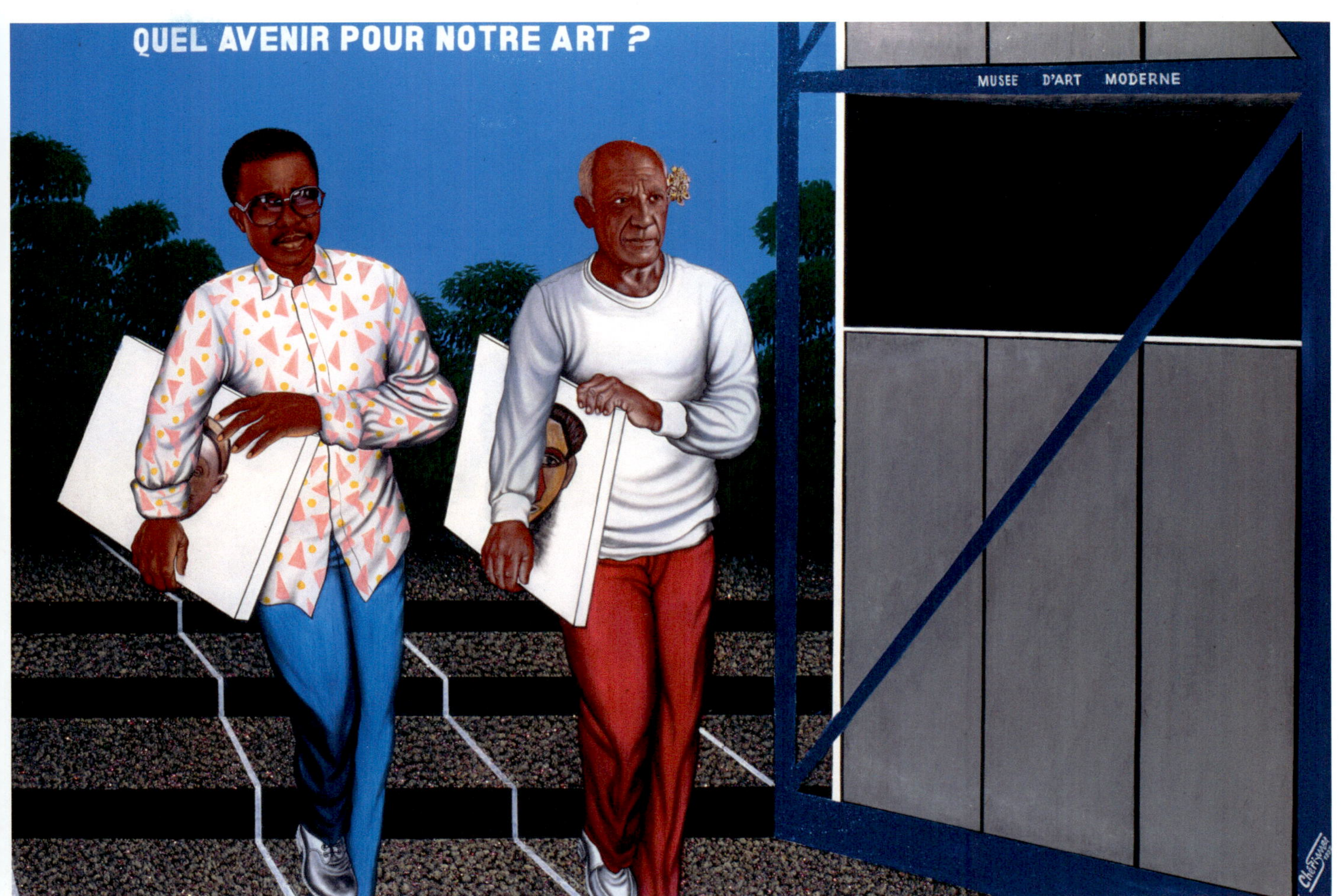

Chéri Samba
Quel avenir pour notre art?
(Triptych no. 2/3), 1997
130 × 194 cm
Acryl, Glitter auf Leinwand/
Acrylic, glitter on canvas
Courtesy C.A.A.C. – The Pigozzi
Collection, Genf/Geneva

Welche Zukunft hat unsere Kunst?

What future is there for our art?

An seinen Kommentar anknüpfend, stellt Chéri-S sich die Frage nach der besonderen Situation, in der sich die afrikanischen Künste hier zu befinden scheinen. Während ihre Arbeit universell ist und frei von ethnischen oder kulturellen Eventualitäten, will man ihre Kunst, so scheint es ihm, immer noch in die speziell dafür geschaffenen Schubladen stecken.
Die Haltung der Kuratoren ihrer Arbeit gegenüber erscheint ihm paradox angesichts der Privatsammlungen, die ihre Werke willkommen heißen und sie gemeinsam mit den besten Arbeiten der zeitgenössischen westlichen Kunst zeigen.
Da stellt sich tatsächlich die Frage:
WARUM SIND IN BEDEUTENDEN AUSSTELLUNGEN SO WENIGE AFRIKANISCHE ODER NICHTWESTLICHE KÜNSTLER VERTRETEN???
Deshalb die politisch korrekte Frage »Ist das Museum für moderne Kunst rassistisch?«
Die Frage ist an den Absender zurückgegangen – der vielleicht eine Antwort geben wird oder lieber nichts davon wissen will. Eine Möglichkeit, rückwärts in die Geschichte einzugehen!
(Der dritte Teil des Triptychons stellt die 41 Jahre des Lebens und die 22 Jahre der künstlerischen Laufbahn des Malers Chéri Samba wa Mbimba dar.)

Following up on his comment, Chéri-S wonders about the particular nature of the situation with respect to African art. While their work is universal and responds to issues free of racial or cultural contingencies, it seems to him that there is an ongoing desire to classify their art according to special divisions created for that purpose.
Curatorial attitudes toward their work seem to him para-doxical one considers that private collections welcome their works, hanging them alongside the best of contemporary Western art.
So the question arises:
WHY ARE THERE SO FEW AFRICAN OR NON-WESTERN ARTISTS IN MAJOR EXHIBITIONS???
Leading to the politically correct question, "Is the Museum of Modern Art racist?"
The question is turned back on the questioner, who may respond or may choose to remain ignorant. History is entered into, but only with extreme reluctance!
(Third panel of the triptych marking the forty-one years and twenty-two-year career of artist Chéri, (in full) Samba wa Mbimba.)

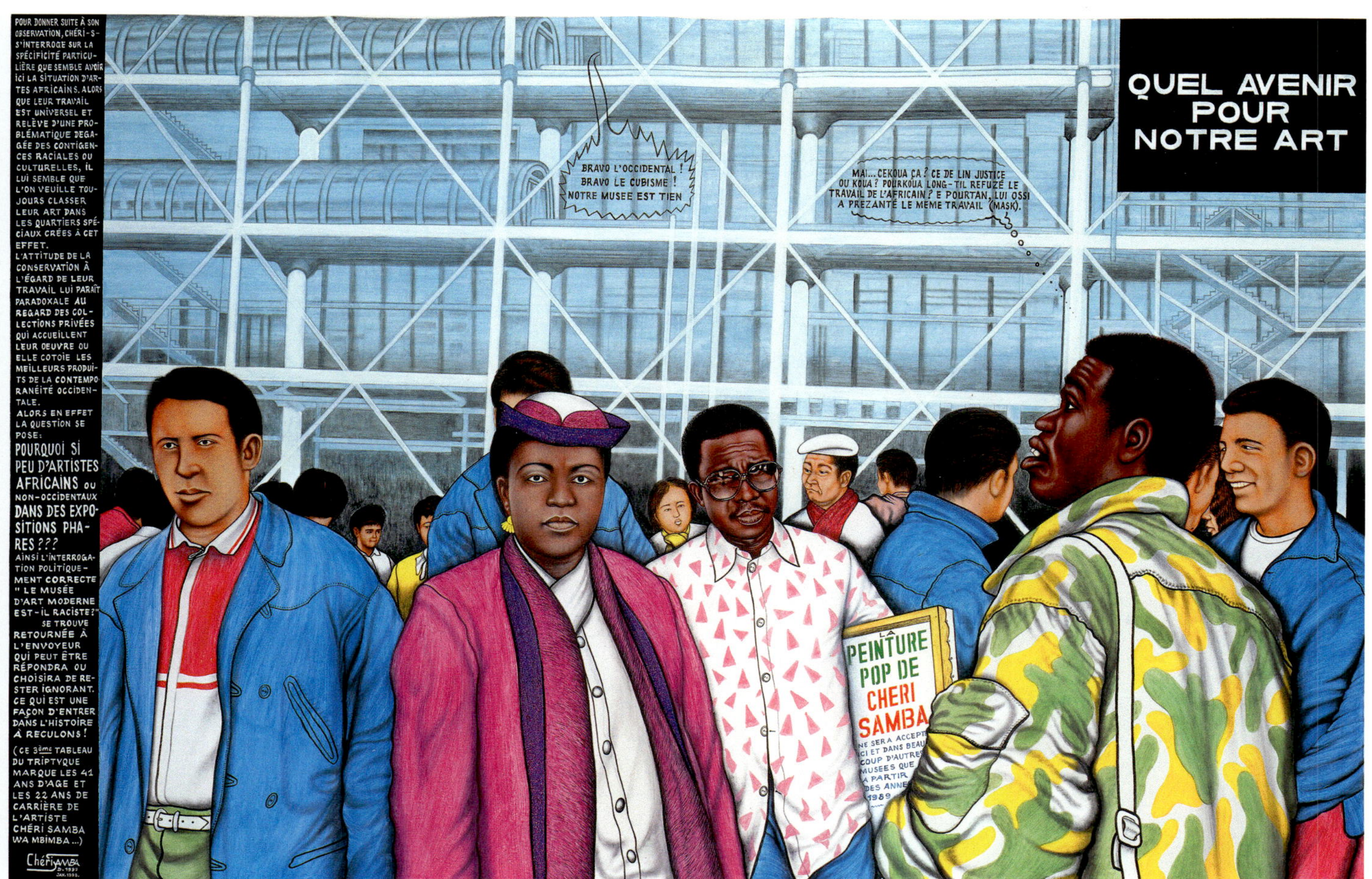

Bravo, Abendland!
Bravo, Kubismus!
Unser Museum gehört Dir.

Bravo Westerner!
Bravo Cubism!
Our museum is yours

Aber … was soll das? Ist das gerecht oder was? Wieso haben die – die Arbeit des Afrikaners abgelehnt? Der hat doch die gleiche Kunst gemacht. (Maske).

Bu'…wass da' 'bout? 'sin justice or wha'? Why've day long refused work by the African? An' yet, he to prezented the same work (Mask).

Hier und in vielen anderen Museen wurde die Pop Art von Chéri Samba erst ab 1989 akzeptiert.

Pop Art by Chéri Samba was not accepted here or in many other museums until after 1989.

Welche Zukunft hat unsere Kunst?

What future for our art?

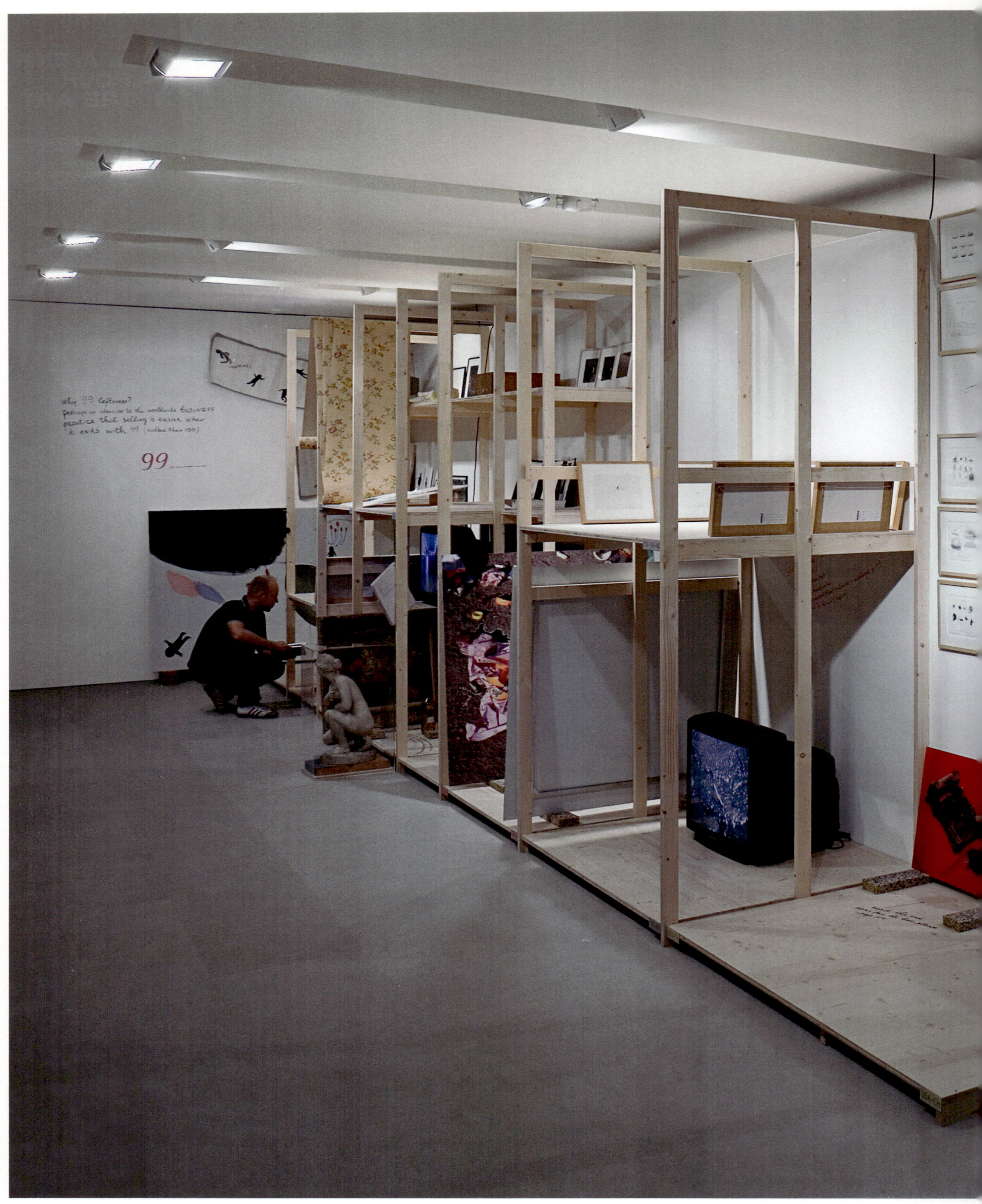

why 99 leftovers?
perhaps a allusion to the worldwide BUSINESS
practice that selling is easier when
it ends with 99 (rather than 100)
99

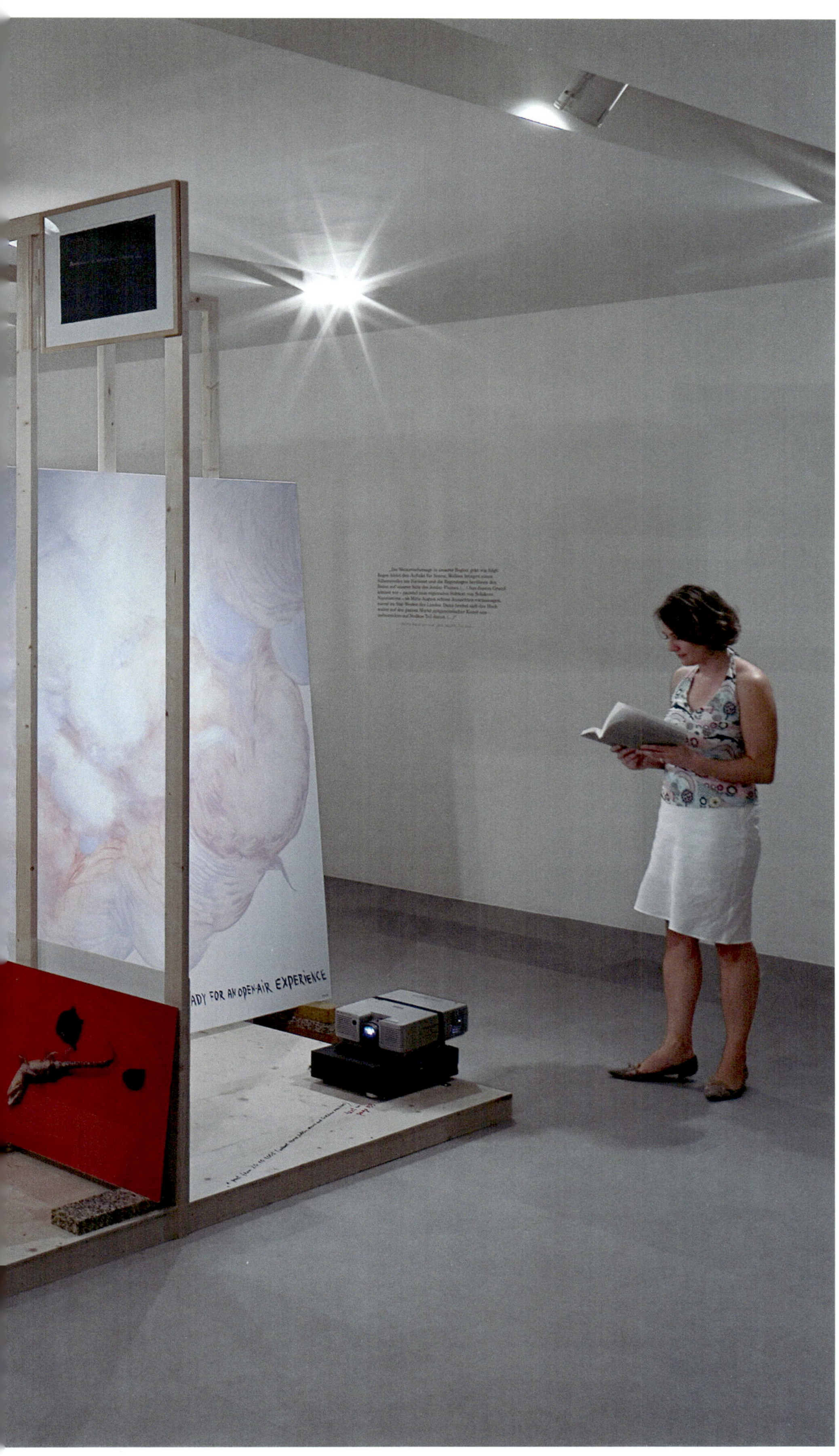

Nedko Solakov
*Leftovers—a selection of my unsold
pieces from a private gallery I work with,*
2009
Installation
Verschiedene Materialien/Mixed media
350 x 750 x 300 cm
Courtesy Arndt & Partner, Berlin and
Schirn Kunsthalle Frankfurt

abgebildet/illustrated:
*Leftovers—a selection of my unsold
pieces from the private galleries I work
with,* 2005
Installation view Kunsthaus Zürich

NEDKO SOLAKOV
**1957 in Cherven Briag, Bulgarien/*
Bulgaria
Lebt und arbeitet in Sofia/Lives and
works in Sofia

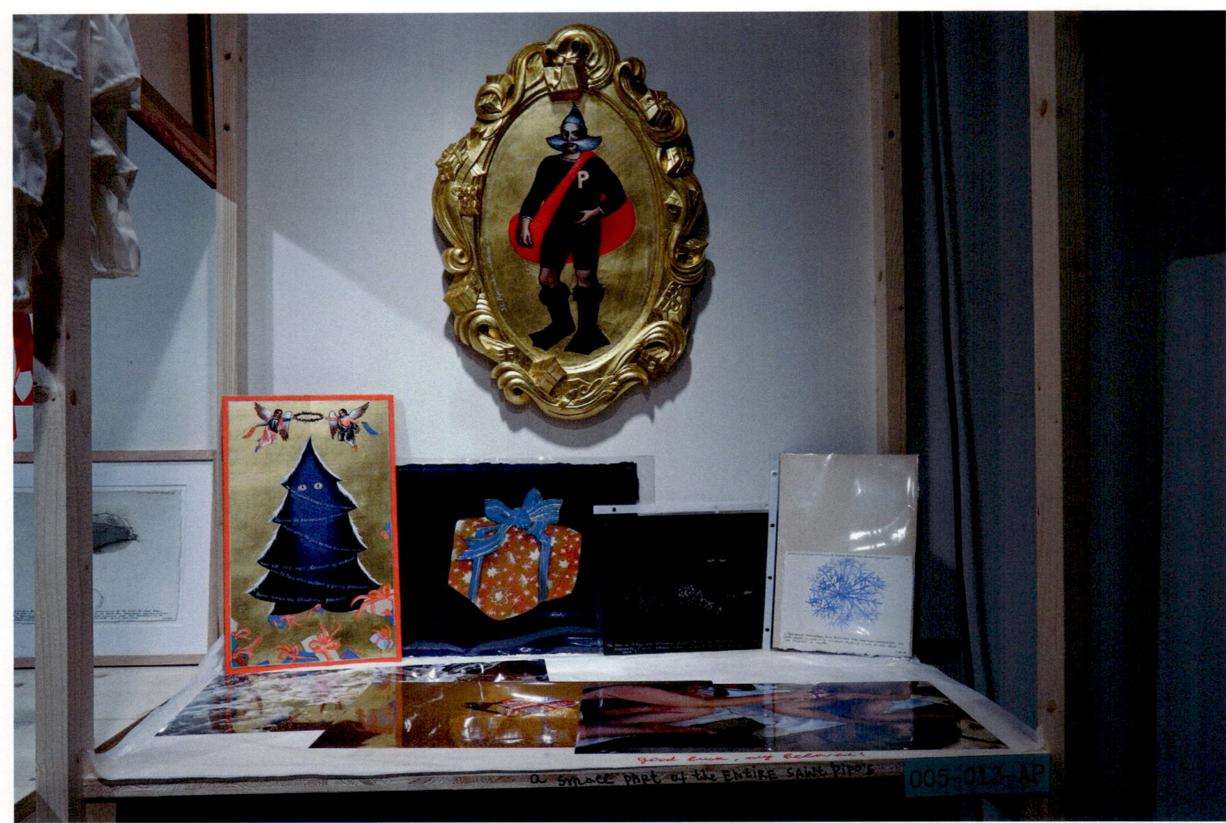

Optimistische Überbleibsel

Als ich vor einigen Jahren (2004) am schmutzigen Strand der bulgarischen Stadt Varna lag, fiel mir plötzlich ein, was wahrscheinlich am besten ins Profil des Kunsthaus Zürich »passen« würde (das Museum ist berühmt-berüchtigt für seine standhafte Weigerung, mit privaten Galerien zusammenzuarbeiten — im Gegensatz zu vielen anderen Kunstinstitutionen, die mit den Galerien kooperieren, sodass zum Beispiel dann, wenn eine Einzelausstellung eines Künstlers im Museum präsentiert wird, auch eine Privatgalerie in der Stadt eine Ausstellung desselben Künstlers eröffnet). Ein Jahr später stellte ich *Leftovers — a selection of my unsold pieces from the private galleries I work with* zusammen. Anstatt meine besten Arbeiten aus öffentlichen und privaten Sammlungen auszuleihen, wählte die junge Kuratorin Mirjam Varadinis 99 meiner »Überbleibsel« aus den Lagern der Galerien, mit denen ich in dieser Zeit zusammen-

arbeitete. Dann baute ich die Aufstellung auf (unter anderem mit zahlreichen zusätzlichen Geschichten, die ich per Hand an unauffälliger Stelle auf die Regale schrieb) und rückte all diese Arbeiten erneut ins Scheinwerferlicht, wodurch ich sie allerdings aus der Kette Künstler–Kunstwerk–Händler–möglicher Käufer/Kunstsammlung entfernte. Letztlich erwies sich die Ausstellung als finanzieller Erfolge — eine Menge Arbeiten wurden verkauft (doch ich bekam nicht mehr als die üblichen 50 Prozent).

Und nun zur Gegenwart: Vor gut einem Jahr bat mich Martina Weinhart, Kuratorin der Schirn, das Projekt *Leftovers — a selection of my unsold pieces from a private gallery I work with* zu präsentieren. Auch wenn ich ehrlich gesagt davon überzeugt war, dass die neue Ausstellung mindestens so aufregend werden würde wie die *Leftovers* in Zürich, hatte diese Vorstellung doch den bitteren Beigeschmack, dass ich mich wiederholen

würde — etwas, gegen das ich wirklich eine Abneigung habe.

Doch dann passierte — welch ein Glück! — etwas, das den gesamten Kontext änderte und ein anderes, ganz neues Licht auf meine Idee warf. Die weltweite Rezession und die Krise auf dem Kunstmarkt haben dafür gesorgt, dass im Augenblick eine gewaltige Menge von »Überbleibseln« höchster Qualität von Künstlern aus aller Welt zur Verfügung steht. Für mein neues *Leftovers*-Projekt ist diese verheerende Entwicklung von Vorteil. Warum? Weil ich mich nicht länger fragen muss, wie ich meine Überbleibsel verkauft bekomme, sondern weiß, wie ich sie in Frieden ruhen lassen kann — was, glauben Sie mir, in diesen Zeiten der Krise eine enorme Erleichterung ist.

Nedko Solakov
Sofia, März 2009

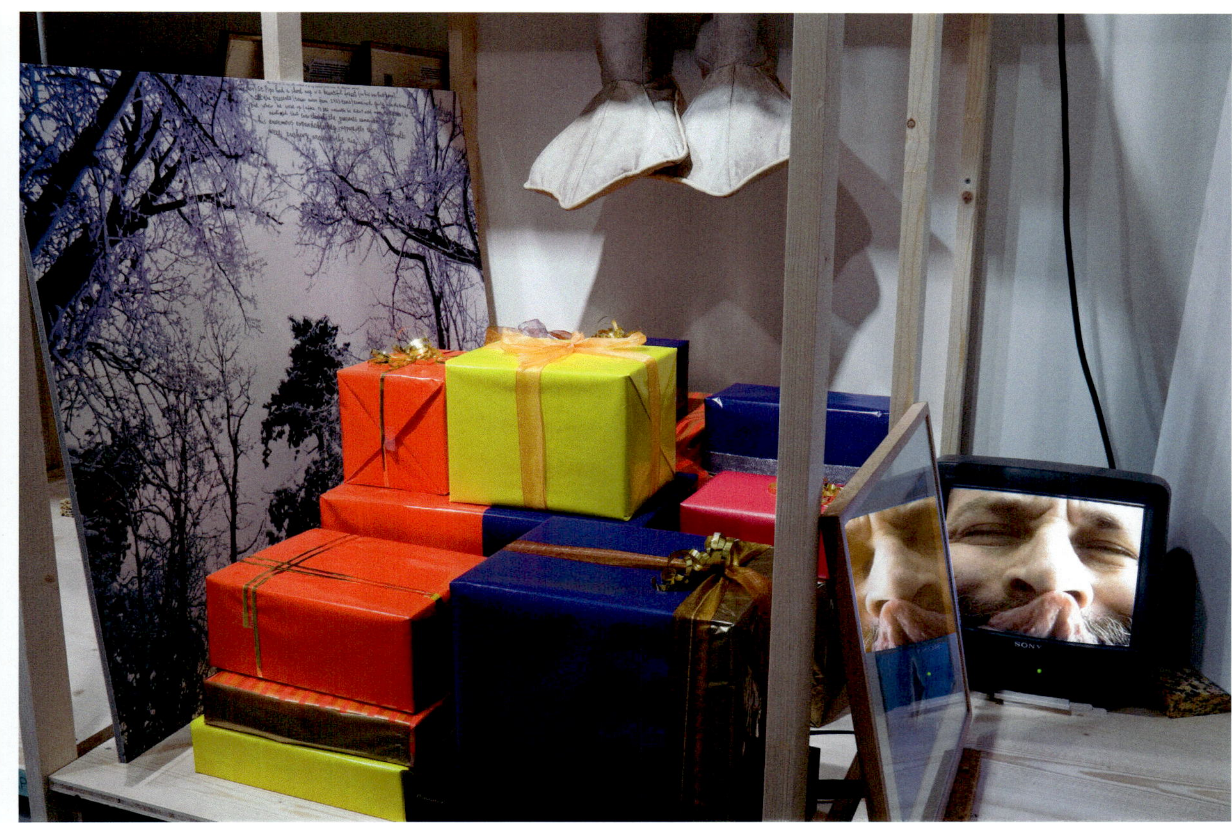

Optimistic Leftovers

While lying on the dirty beach of the Bulgarian city of Varna several years ago (in 2004), I had an idea about what would possibly best "fit" into the Kunsthaus Zurich profile (notorious for its firm refusal to collaborate with private galleries in the way some other institutions in the world do, for instance if there is a solo exhibition at a museum at the same time the private gallery in town that represents the same artist opens another solo show). A year later, I did *Leftovers— a selection of my unsold pieces from the private galleries I work with.* Instead of loaning my best works from public and private collections, the young curator Mirjam Varadinis selected ninety-nine leftovers from the stores of the galleries I was working with at the time. Then I set up the display (along with numerous additional stories discreetly handwritten on the shelves), again placing all of these works in the spotlight while taking

them out of the chain of artist—work of art—dealer—possible collector/collection. At the end of the day, the show proved to be a financial success, too—a lot of pieces got sold (although I didn't receive more than the usual fifty percent).

And now to the present: About a year ago, Martina Weinhart, curator at the Schirn, asked me to do *Leftovers—a selection of my unsold pieces from a private gallery I work with.* Frankly, even though I was convinced that the new exhibition would be no less spectacular than the Zurich leftovers, I had the slightly bitter feeling that I would repeat something I generally have an aversion to. And then—lucky me!—something unexpected happened that entirely changed the context, thus casting another, quite fresh light on my idea. The global recession and the art-market crisis have recently made available an enormous number of leftovers of the highest quality possible by the whole gamut of artists worldwide.

Nevertheless, in my new *Leftovers* project, these Grim Reapers actually work for me. Why? Because I no longer wonder how to sell my leftovers, but how to allow them to rest in peace—which, believe me, is an enormous relief in these times of crisis.

Nedko Solakov
Sofia, March 2009

Mladen Stilinović
An Artist Who Cannot Speak English
Is No Artist, 1992
Acryl auf Kunstseide/
Acrylic on artificial silk
140 x 248 cm
Courtesy of the Artist, Zagreb

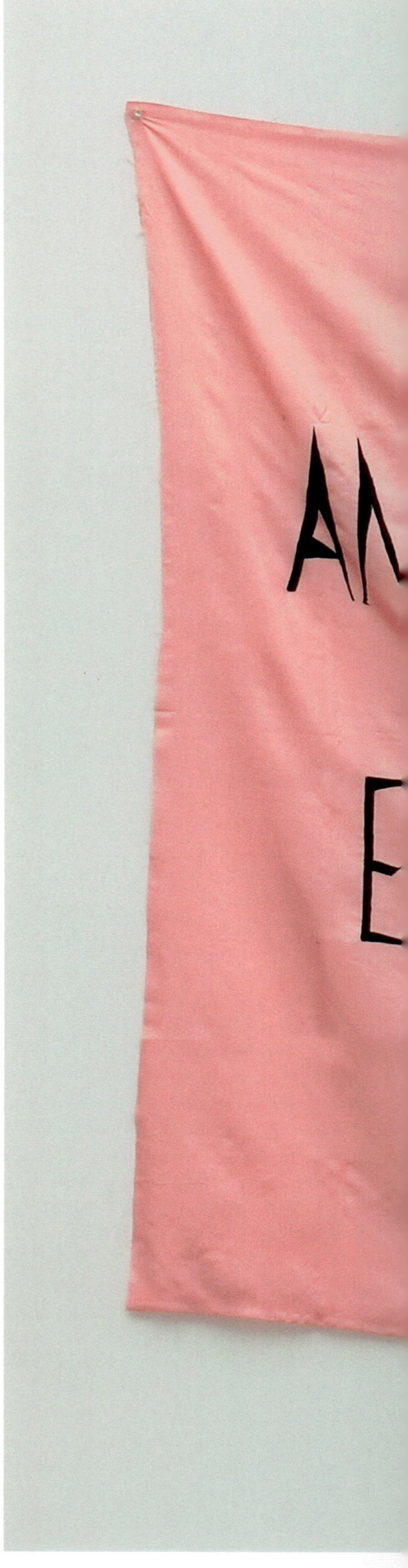

MLADEN STILINOVIĆ
**1947 in Belgrad/Belgrade*
Lebt und arbeitet in Zagreb/Lives and
works in Zagreb

RTIST WHO CANNOT
SPEAK
LISH IS NO ARTIST

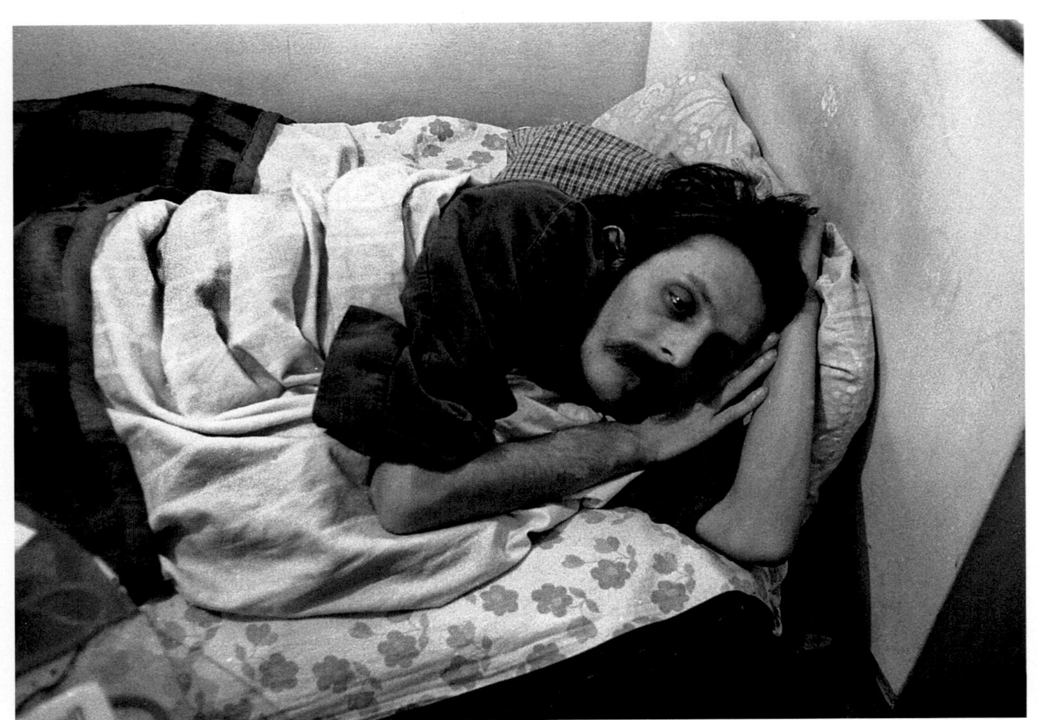

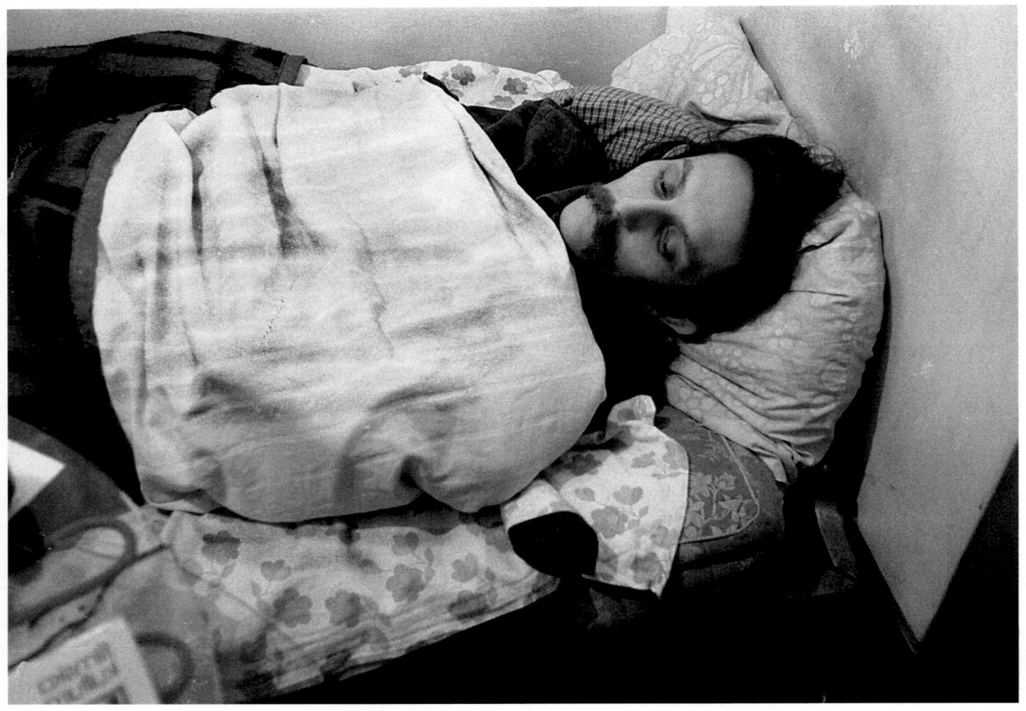

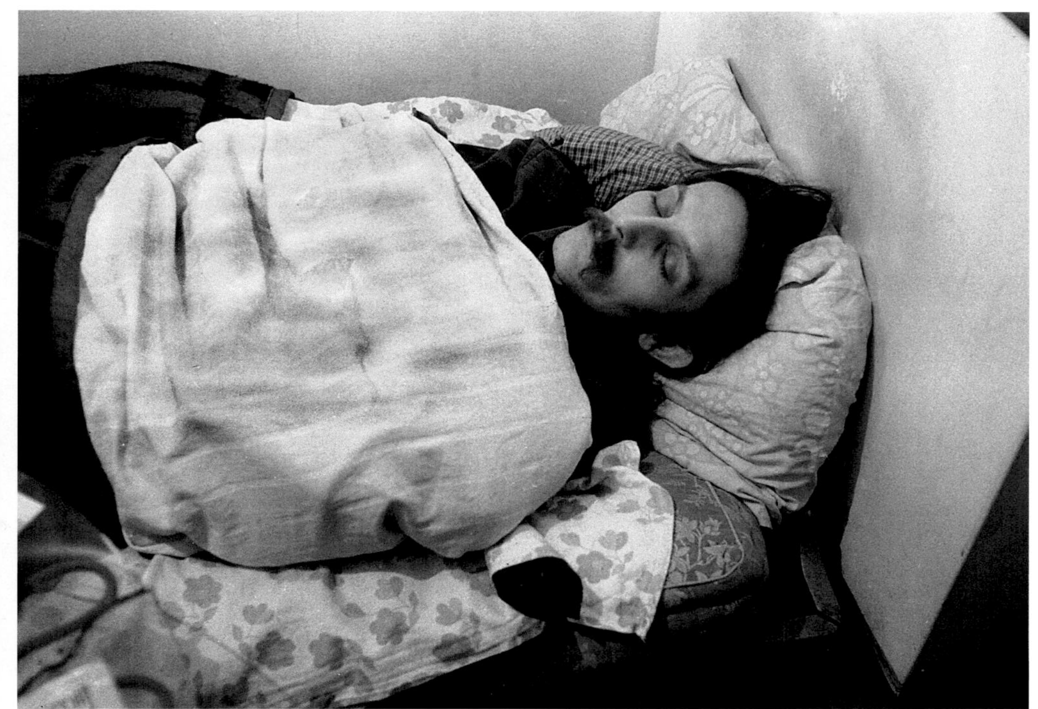

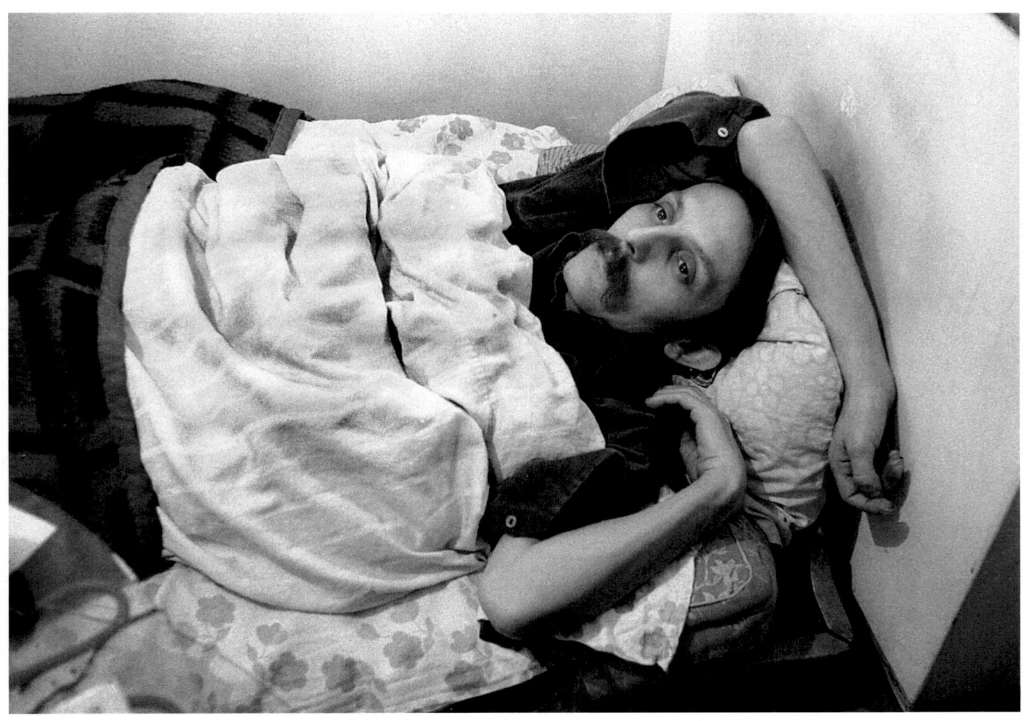

Mladen Stilinović
Artist at Work, 1978
Acht Schwarz-Weiß-Fotografien/
Eight black-and-white photographs
Je 20 x 30 cm each
Courtesy of the Artist, Zagreb

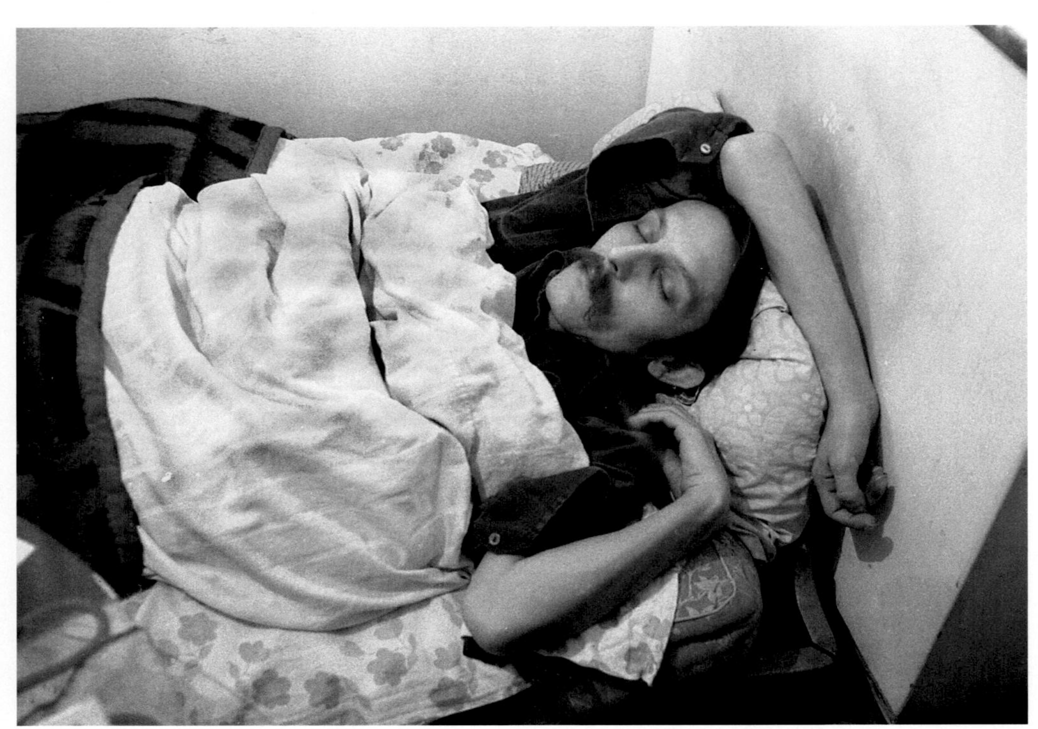

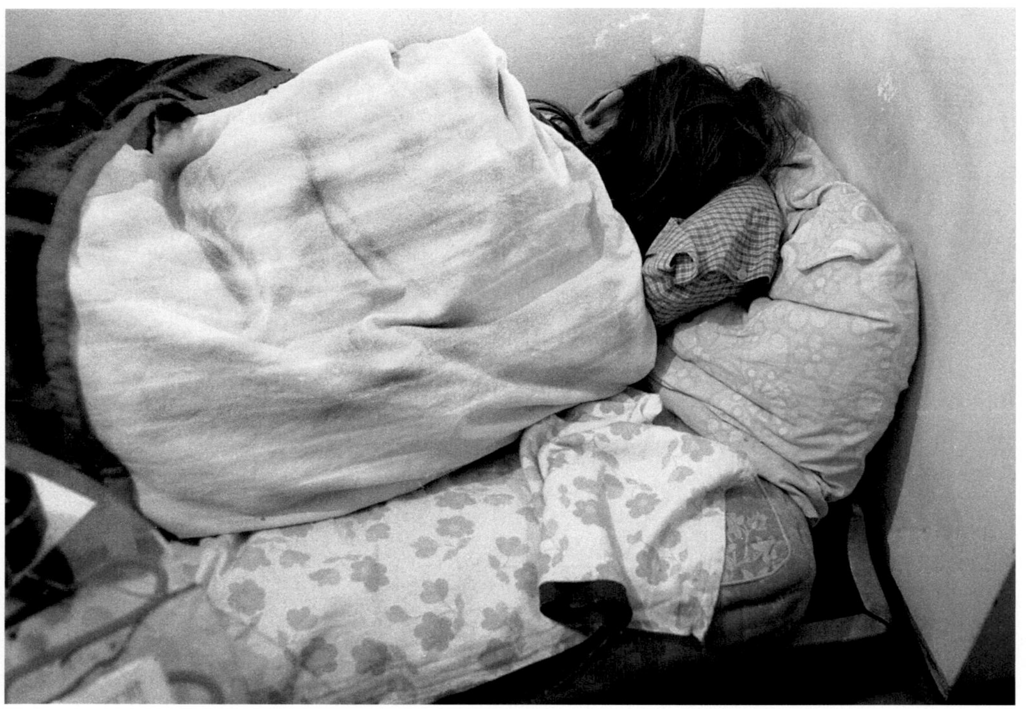

ALS KÜNSTLER HABE ICH SOWOHL VOM OSTEN (SOZIALISMUS) ALS AUCH
VOM WESTEN (KAPITALISMUS) GELERNT. NATÜRLICH IST HEUTE, NACH
DER ÖFFNUNG DER GRENZEN UND DER VERÄNDERUNG DER POLITISCHEN
SYSTEME, EINE SOLCHE ERFAHRUNG NICHT LÄNGER MÖGLICH. DOCH
DAS, WAS ICH AUS DIESEM DIALOG GELERNT HABE, IST MIR GEBLIEBEN.
MEINE BEOBACHTUNGEN UND KENNTNISSE WESTLICHER KUNST HABEN
MICH KÜRZLICH ZU DER ERKENNTNIS GEBRACHT, DASS KUNST NICHT
MEHR EXISTIEREN KANN …, ZUMINDEST IM WESTEN NICHT. DAS SOLL
NICHT HEISSEN, DASS ES DORT ÜBERHAUPT KEINE KUNST MEHR GIBT.
WARUM KUNST IM WESTEN NICHT LÄNGER EXISTIEREN KANN? GANZ
EINFACH: WESTLICHE KÜNSTLER SIND NICHT FAUL. KÜNSTLER AUS DEM
OSTEN SIND DAGEGEN FAUL – ABER ES BLEIBT ABZUWARTEN, OB
SIE NOCH LÄNGER FAUL BLEIBEN WERDEN, JETZT, DA SIE KEINE ÖST-
LICHEN KÜNSTLER MEHR SIND.

FAULHEIT IST DAS FEHLEN VON BEWEGUNG UND GEDANKEN, VERGEUDETE
ZEIT – TOTALE AMNESIE. AUSSERDEM BEDEUTET ES TEILNAHMSLOSIG-
KEIT, INS LEERE STARREN, INAKTIVITÄT, IMPOTENZ. ES IST DIE REINSTE
DUMMHEIT, EINE ZEIT DES SCHMERZES, DER SINNLOSEN KONZENTRA-
TION. DIESE TUGENDEN DER FAULHEIT SPIELEN FÜR DIE KUNST EINE
WICHTIGE ROLLE. DOCH DAS WISSEN UM DIE FAULHEIT ALLEIN GENÜGT
NICHT, SIE MUSS GEÜBT UND PERFEKTIONIERT WERDEN. KÜNSTLER
IM WESTEN SIND NICHT FAUL UND DAHER KEINE KÜNSTLER, SONDERN
EHER HERSTELLER VON IRGENDETWAS … IHRE BETEILIGUNG AN UNBE-
DEUTENDEN DINGEN, WIE DER PRODUKTION, WERBUNG, DEM GALERIE-
SYSTEM, DEM MUSEUMS-SYSTEM, DEM WETTBEWERBS-SYSTEM (WER
WIRD DER ERSTE SEIN), IHRE BESCHÄFTIGUNG MIT OBJEKTEN – ALL DAS
TREIBT SIE VON DER FAULHEIT FORT, VON DER KUNST FORT. SO WIE
GELD LETZTENDLICH NUR PAPIER IST, SO IST EINE GALERIE AUCH NUR
EIN RAUM […].

KÜNSTLER AUS DEM OSTEN WAREN FAUL UND ARM, WEIL DAS GESAMTE
SYSTEM UNBEDEUTENDER FAKTOREN NICHT EXISTIERTE. DAHER HATTEN
SIE GENÜGEND ZEIT, SICH AUF KUNST UND FAULHEIT ZU KONZENTRIE-
REN. UND SELBST WENN SIE KUNST SCHUFEN, WUSSTEN SIE, DASS
ES VERGEBENS WAR, DASS ES NICHTS WAR […] OHNE FAULHEIT GIBT
ES KEINE KUNST.

Mladen Stilinović, »The Praise of Laziness«, in: *Moscow Art Magazine*, 22, Oktober 1998

AS AN ARTIST, I LEARNED FROM BOTH EAST (SOCIALISM) AND WEST (CAPITALISM). OF COURSE, NOW THAT THE BORDERS AND POLITICAL SYSTEMS HAVE CHANGED, SUCH AN EXPERIENCE WILL NO LONGER BE POSSIBLE. BUT WHAT I HAVE LEARNED FROM THAT DIALOGUE STAYS WITH ME. MY OBSERVATION AND KNOWLEDGE OF WESTERN ART HAS LATELY LED ME TO A CONCLUSION THAT ART CANNOT EXIST ANYMORE IN THE WEST. THIS IS NOT TO SAY THAT THERE ISN'T ANY. WHY CAN'T ART EXIST ... ANYMORE IN THE WEST? THE ANSWER IS SIMPLE. ARTISTS IN THE WEST ARE NOT LAZY. ARTISTS FROM THE EAST ARE LAZY; WHETHER THEY WILL STAY LAZY NOW THAT THEY ARE NO LONGER EAST-ERN ARTISTS, REMAINS TO BE SEEN.

LAZINESS IS THE ABSENCE OF MOVEMENT AND THOUGHT, DUMB TIME—TOTAL AMNESIA. IT IS ALSO INDIFFERENCE, STARING AT NOTHING, NON-ACTIVITY, IMPOTENCE. IT IS SHEER STUPIDITY, A TIME OF PAIN, FUTILE CONCENTRATION. THOSE VIRTUES OF LAZINESS ARE IMPORTANT FACTORS IN ART. KNOWING ABOUT LAZINESS IS NOT ENOUGH, IT MUST BE PRACTICED AND PERFECTED. ARTISTS IN THE WEST ARE NOT LAZY AND THEREFORE NOT ARTISTS BUT RATHER PRODUCERS OF SOMETHING ... . THEIR INVOLVEMENT WITH MATTERS OF NO IMPORTANCE, SUCH AS PRODUCTION, PROMOTION, GALLERY SYSTEM, MUSEUM SYSTEM, COMPETITION SYSTEM (WHO IS FIRST), THEIR PREOCCUPATION WITH OBJECTS, ALL THAT DRIVES THEM AWAY FORM LAZINESS, FROM ART. JUST AS MONEY IS PAPER, SO IS A GALLERY A SPACE. ...

ARTISTS FROM THE EAST WERE LAZY AND POOR BECAUSE THE ENTIRE SYSTEM OF INSIGNIFICANT FACTORS DID NOT EXIST. THEREFORE THEY HAD TIME ENOUGH TO CONCENTRATE ON ART AND LAZINESS. EVEN WHEN THEY DID PRODUCE ART, THEY KNEW IT WAS IN VAIN, IT WAS NOTHING. ... [T]HERE IS NO ART WITHOUT LAZINESS

Mladen Stilinović, "The Praise of Laziness," *Moscow Art Magazine 22* (October 1998).

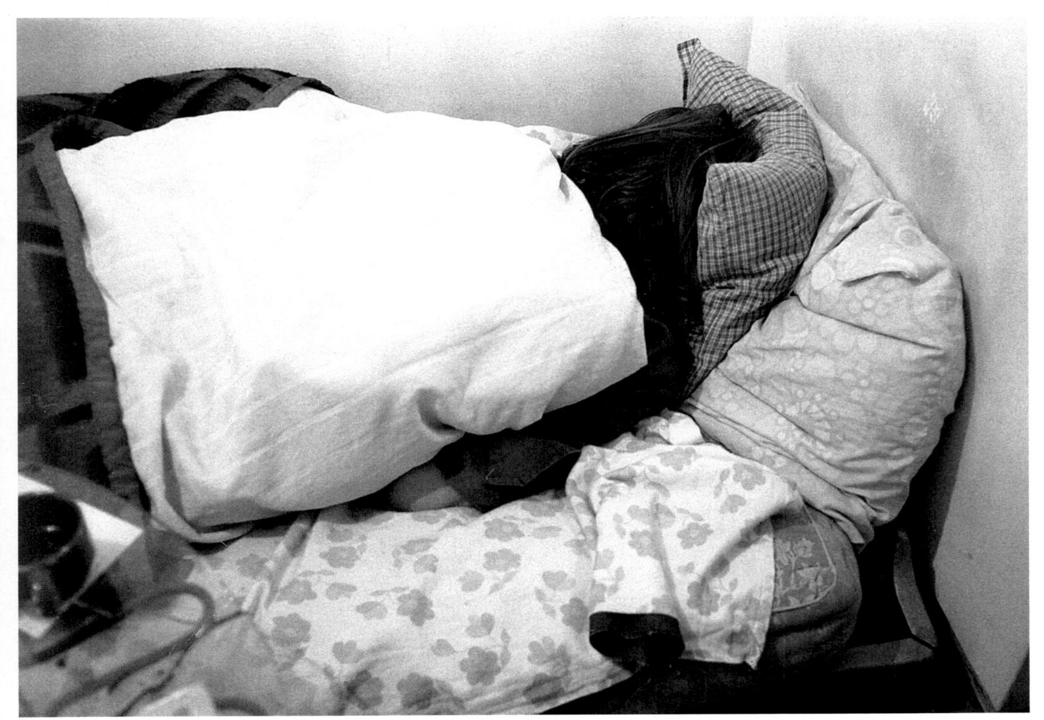

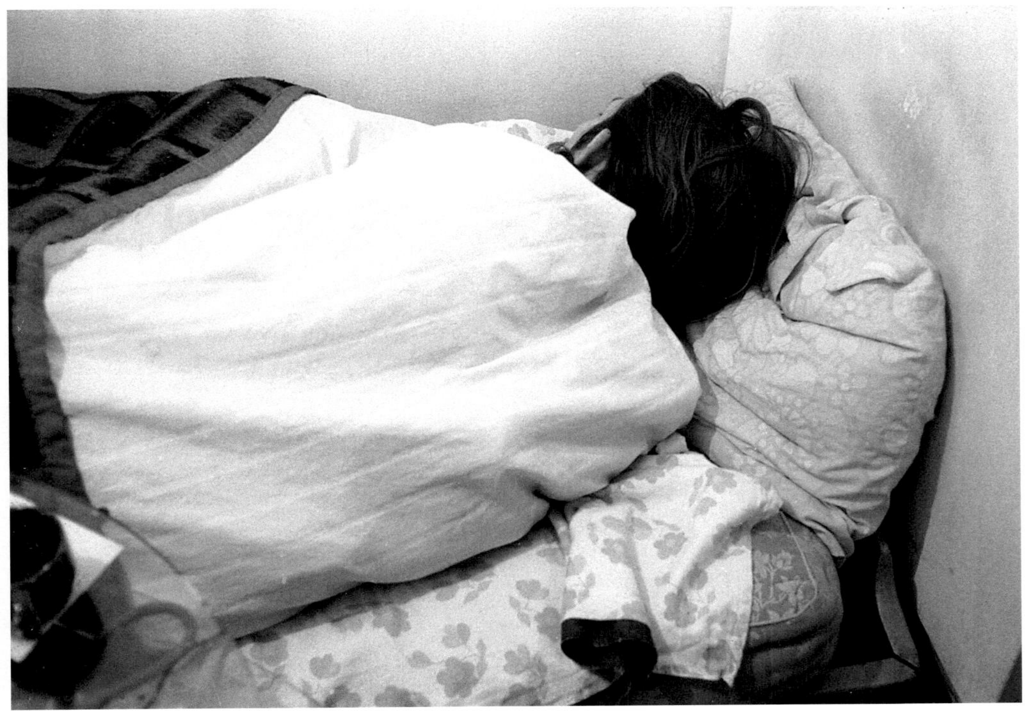

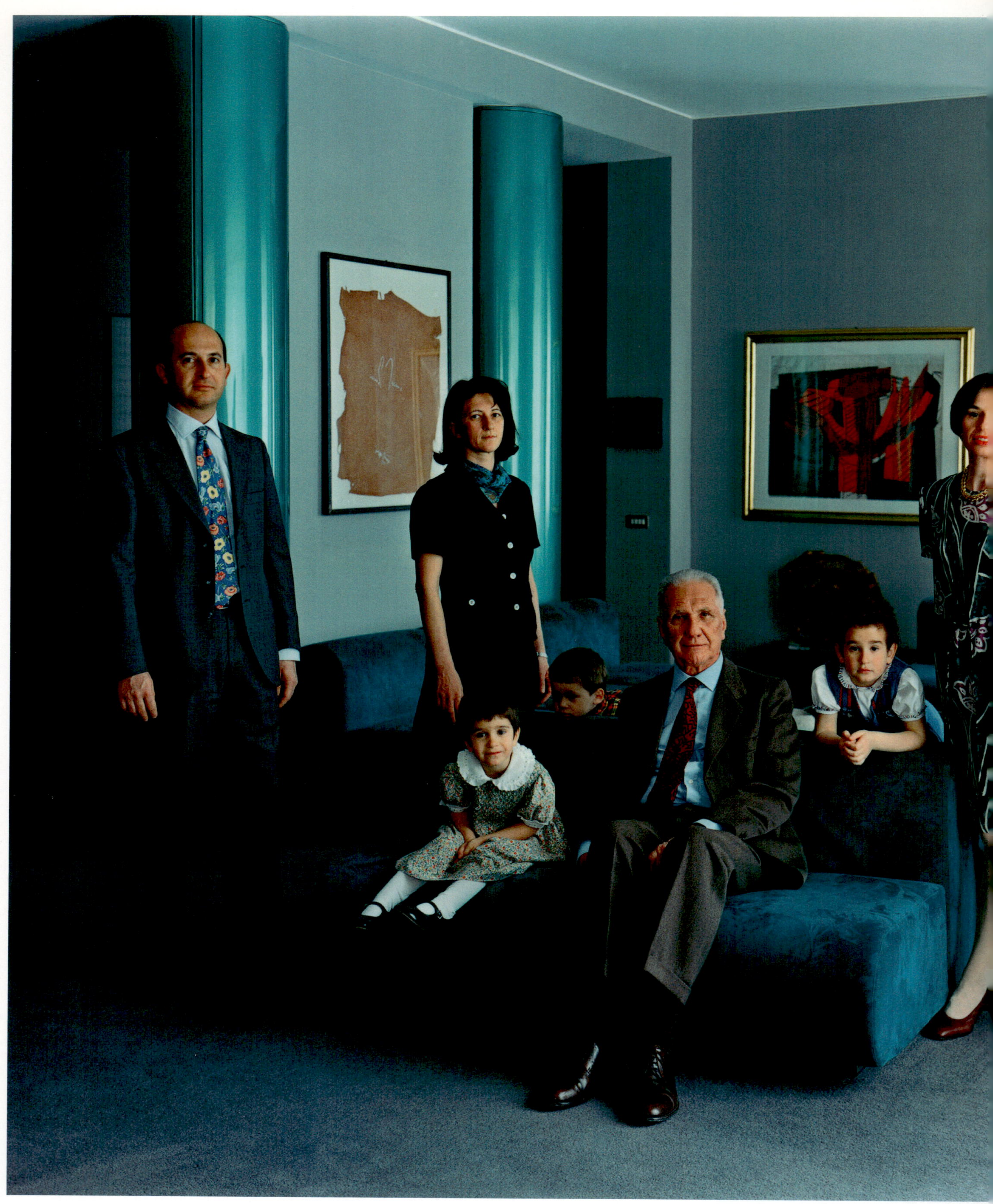

Thomas Struth
The Consolandi Family, Milan, 1996
C-print
178 x 216,3 cm
Art Collection Deutsche Börse

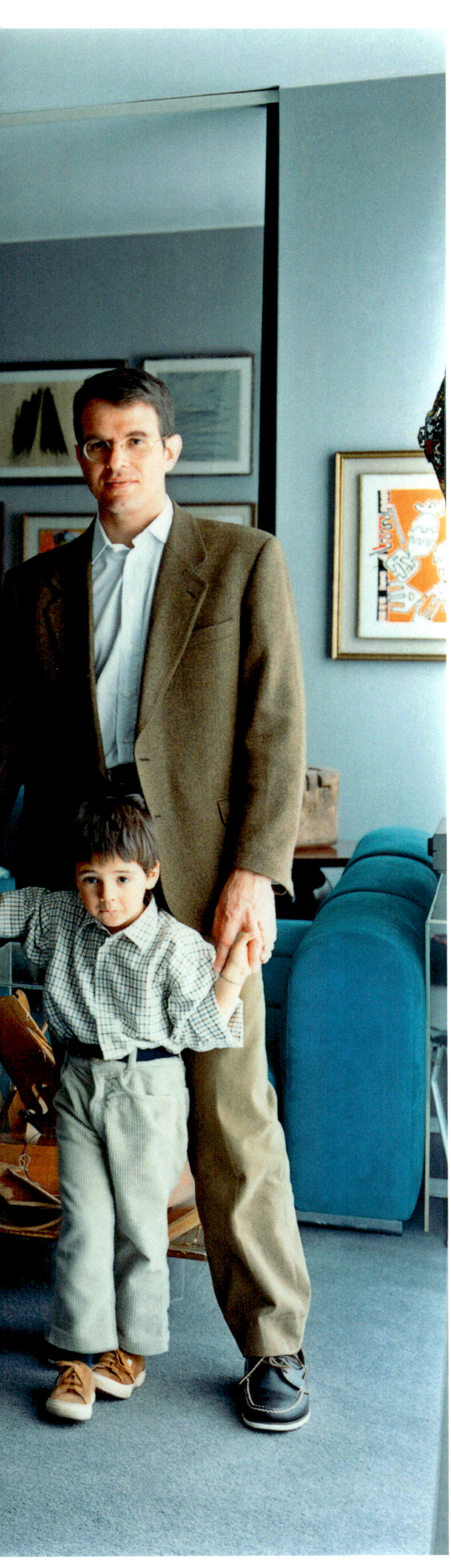

THOMAS STRUTH
**1954 in Geldern*
Lebt und arbeitet in Düsseldorf und Berlin/
Lives and works in Düsseldorf and Berlin

GORAN TRBULJAK
1948 in Varaždin, Kroatien/Croatia
Lebt und arbeitet in Zagreb/Lives and
works in Zagreb

Goran Trbuljak
Untitled (1970 until now), 2004
Die Gesamtzahl der Personen, die meine
Ausstellungseröffnungen besuchten
(diejenigen, die auf mehrere Eröffnungen
kamen, wurden nur einmal gezählt)/
The total number of persons who have
attended the openings of all my
exhibitions (those who have attended
more than one opening have only been
counted once)
Handzähler/Hand counter
6 x 6 x 6 cm
Courtesy of Galerija Gregor Podnar,
Berlin/Ljubliana

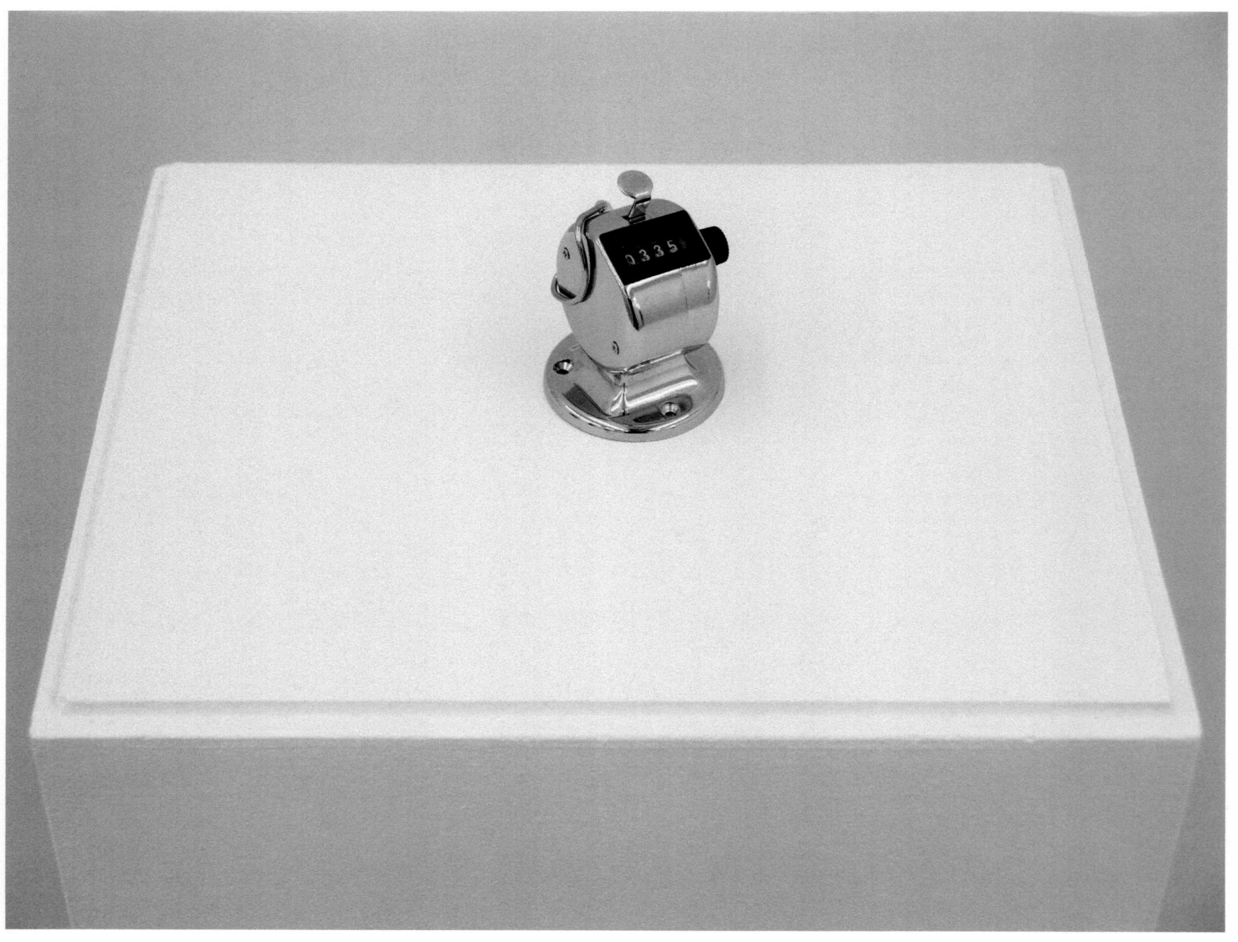

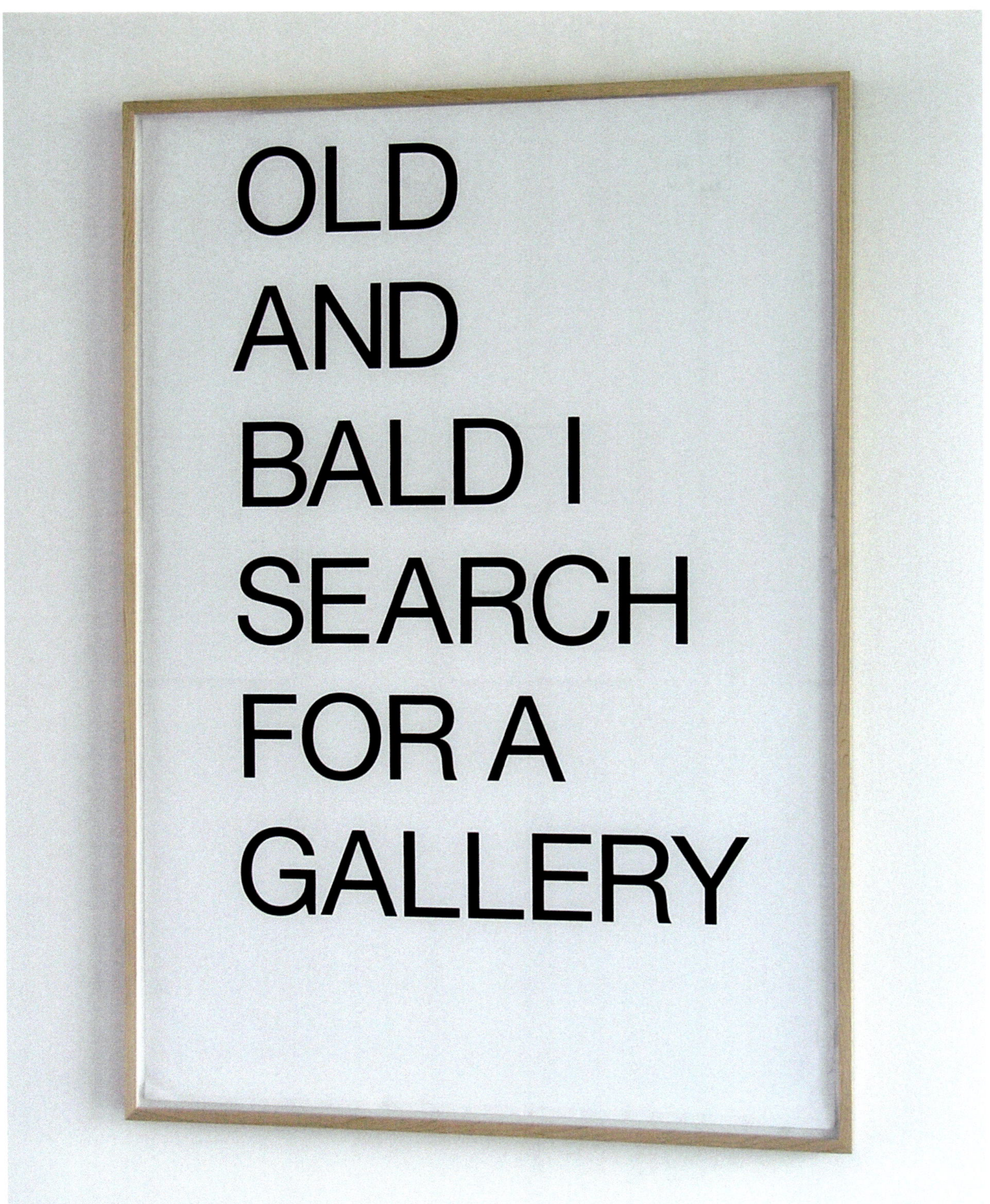

Goran Trbuljak
*Old And Bald I Search for
a Gallery*, 2008
C-Print
103,5 x 74 cm
Courtesy of Galerija Gregor Podnar,
Berlin/Ljubliana

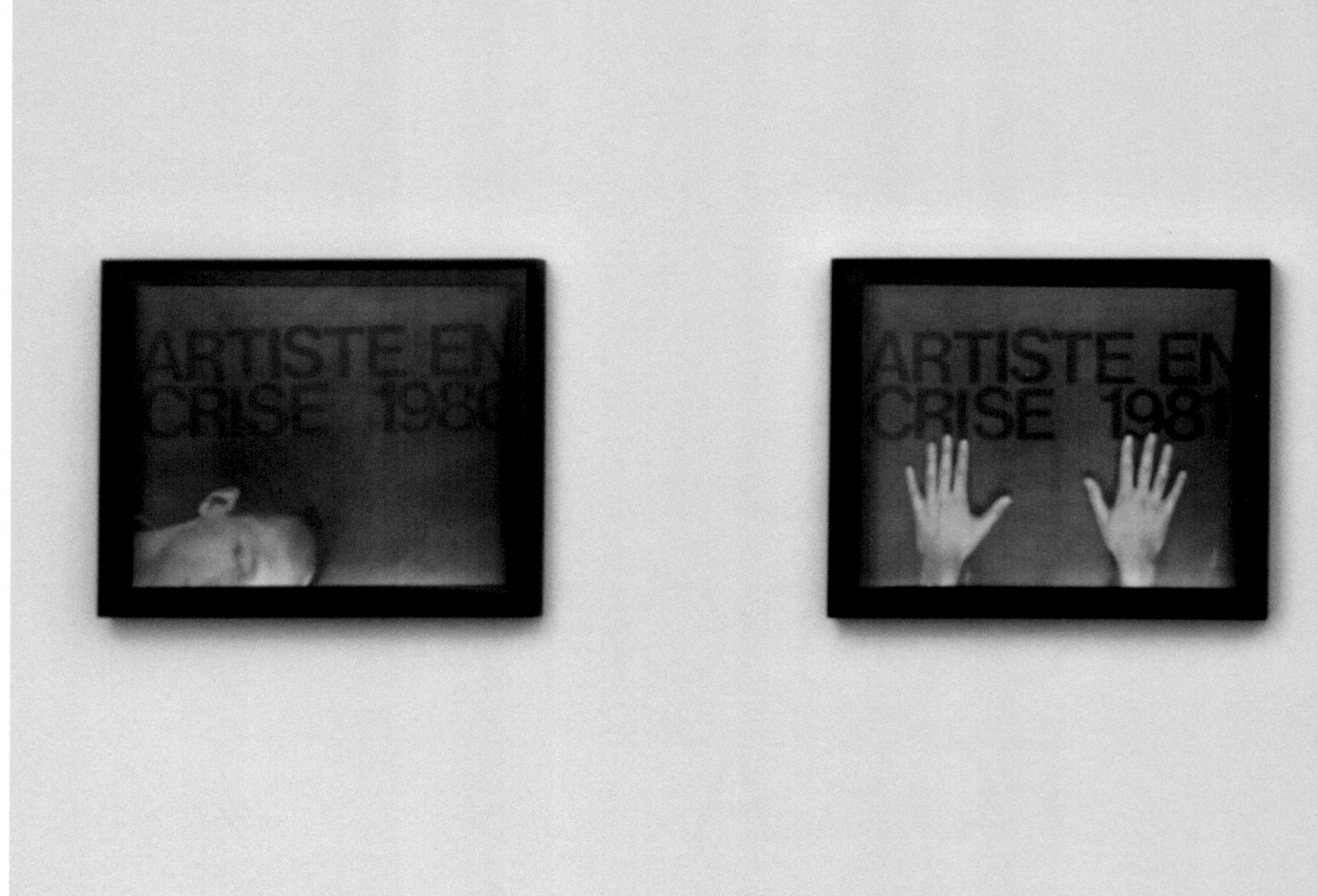

Goran Trbuljak
Artiste en crise, 1980/81
Vierteilige Schwarz-Weiß-Fotoserie/
Series of four black-and-white
photographs,
Je 44,5 x 58,5 cm each
Courtesy of Galerija Gregor Podnar,
Berlin/Ljubliana

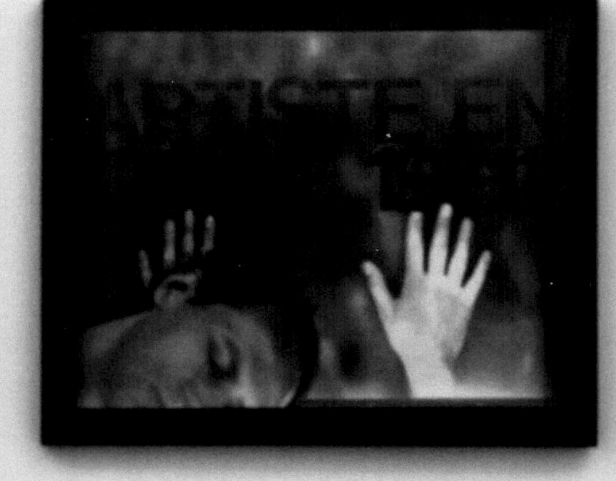
ARTISTE EN

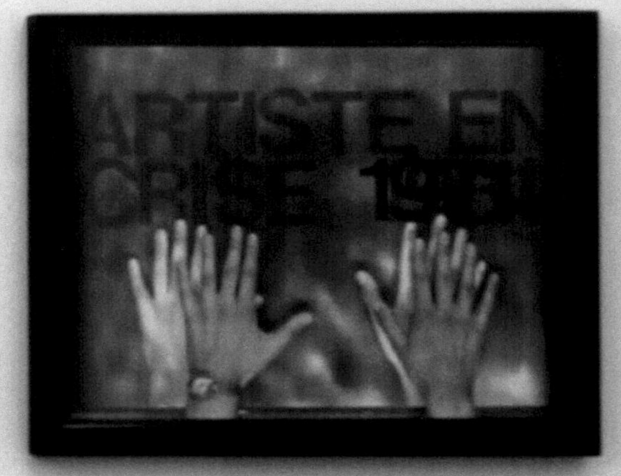
ARTISTE EN
CRISE

PAUL TAYLOR: WAS SAGEN SIE ZU IHRER TRANSFORMATION VON EINEM KOMMER-ZIELLEN KÜNSTLER IN EINEN ECHTEN KÜNSTLER?

ANDY WARHOL: ICH BIN NACH WIE VOR EIN KOMMERZIELLER KÜNSTLER. ICH WAR NIE ETWAS ANDERES.

PT: UND WAS IST EIN KOMMERZIELLER KÜNSTLER?

AW: KEINE AHNUNG; JEMAND, DER KUNST VERKAUFT.

PT: DANN SIND ALSO FAST ALLE KÜNSTLER KOMMERZIELLE KÜNSTLER.

PAUL TAYLOR: WHAT ABOUT YOUR TRANS-FORMATION FROM BEING A COMMERCIAL ARTIST TO A REAL ARTIST?

ANDY WARHOL: I'M STILL A COMMERCIAL ARTIST. I WAS ALWAYS A COMMERCIAL ARTIST.

PT: THEN WHAT'S A COMMERCIAL ARTIST?

AW: I DON'T KNOW; SOMEONE WHO SELLS ART.

PT: SO ALMOST ALL ARTISTS ARE COMMER-CIAL ARTISTS.

Andy Warhol, in "Andy Warhol: The Last Interview," *Flash Art* (April 1987), S./pp. 41–44

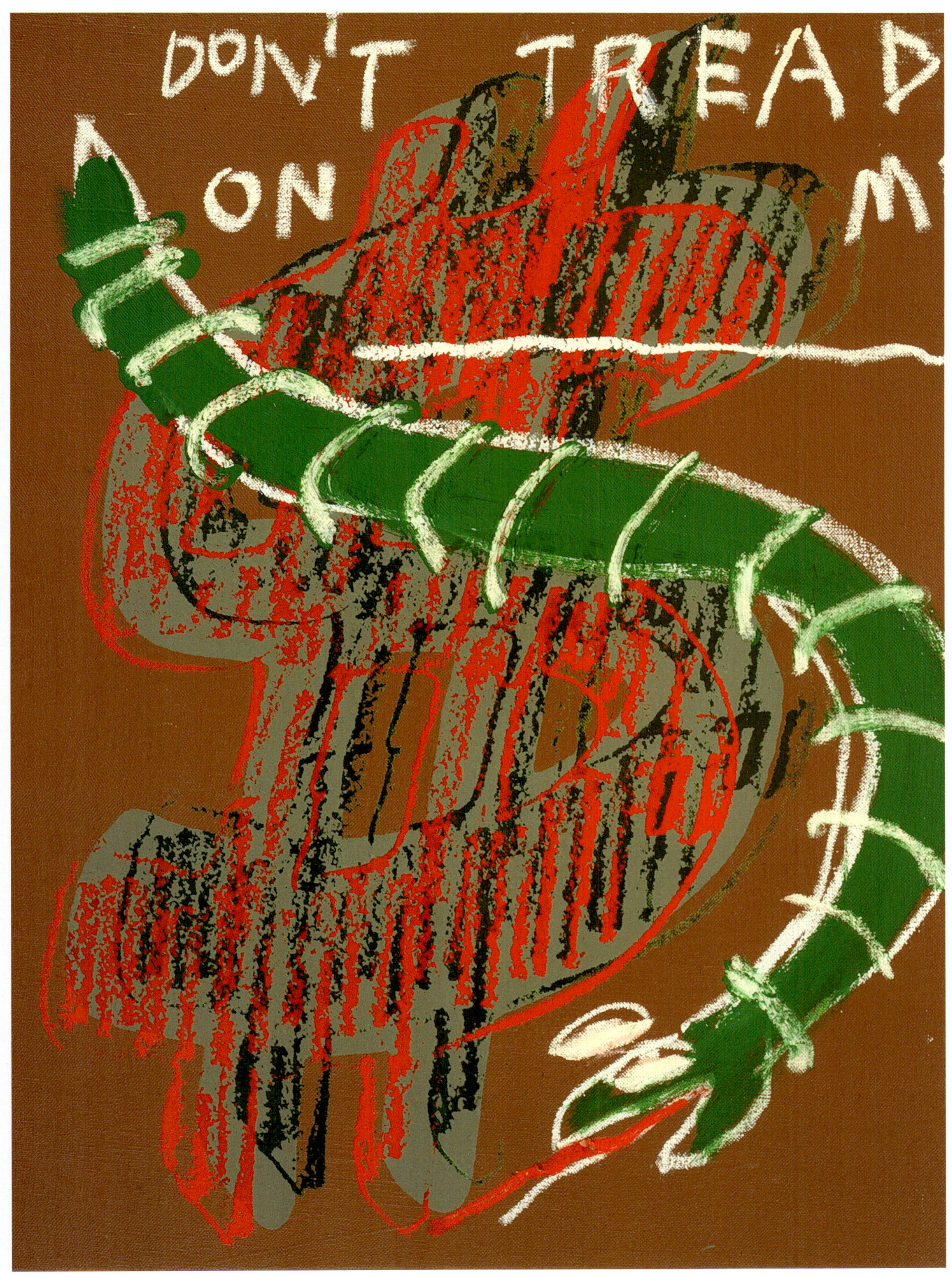

Jean-Michel Basquiat & Andy Warhol
Dollar Sign – Don't tread on me, 1985
Acryl, Oil Stick, Siebdruck auf Leinwand/
Acrylic, oil stick, silkscreen on canvas, 51 x 41 cm
Privatsammlung, Schweiz/Private Collection, Switzerland

ANDY WARHOL
1928 Pittsburgh, Pennsylvania – 1987 New York

JEAN-MICHEL BASQUIAT
1960 New York – 1988 New York

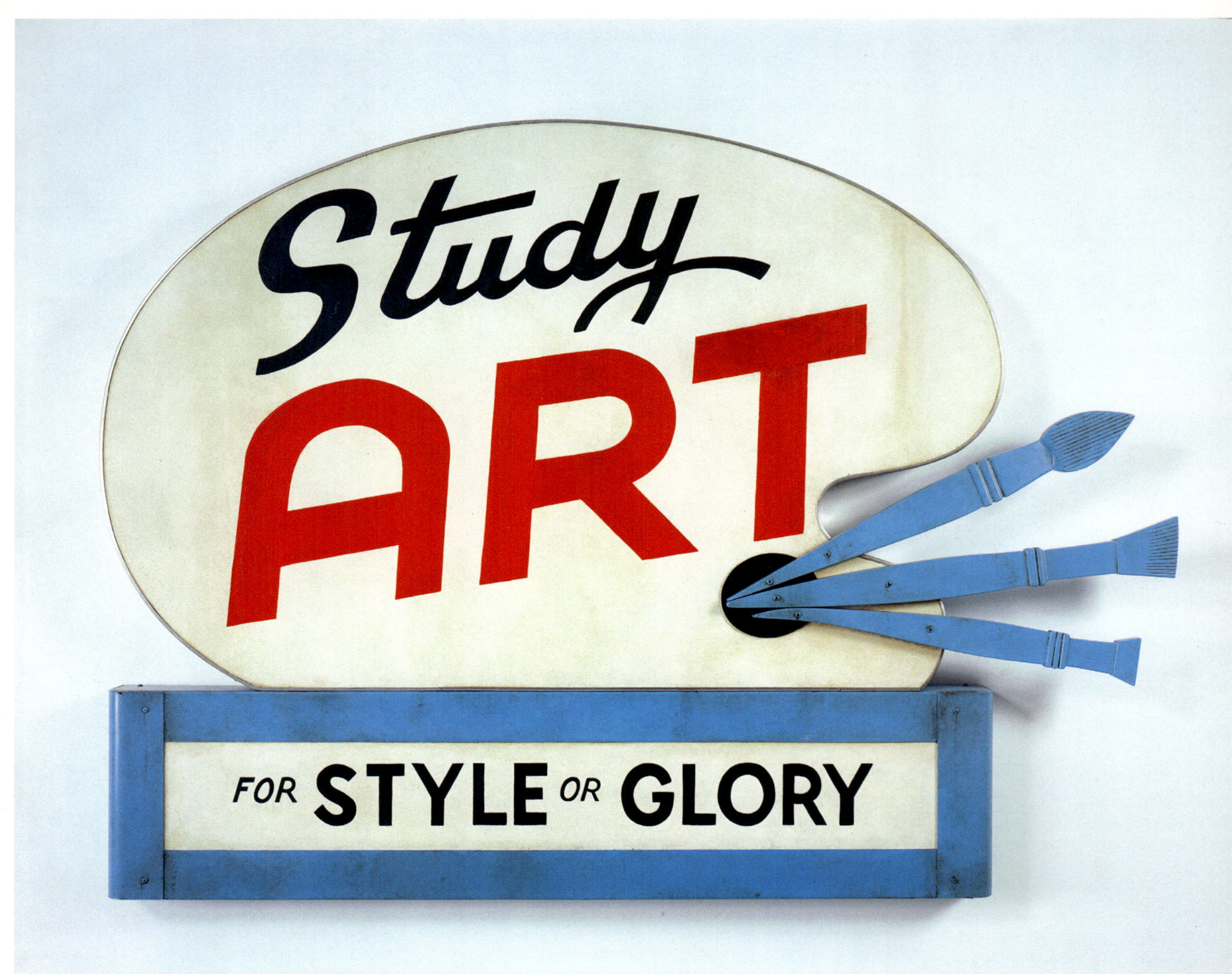

John Waters
Study Art Sign (For Style or Glory),
2007
Acryl-Urethan auf Holz und Aluminium/
Acrylic urethane on wood and aluminum
142,2 x 106,7 x 11,4 cm
Vanmoerkerke Collection, Belgium

JOHN WATERS
**1946 in Baltimore, Maryland*
Lebt und arbeitet in Baltimore, Maryland/
Lives and works
in Baltimore, Maryland

Diese Publikation erscheint anlässlich der Ausstellung/This catalogue is published in conjunction with the exhibition

The Making of Art
Schirn Kunsthalle Frankfurt
29. Mai–30. August 2009
May 29–August 30, 2009

Katalog/Catalogue

Herausgeber/Editors
Martina Weinhart, Max Hollein
Redaktion/Coediting
Martina Weinhart
Assistenz/Assistance
Elke Neumann
Katalogmanagerin/
Catalog manager Schirn
Tanja Kemmer
Lektorat/Copyediting
Uta Hasekamp (Deutsch/German)
Rebecca van Dyck (Englisch/English)
Übersetzungen/Translations
Steven Lindberg
(Deutsch–Englisch/German–English)
Jeremy Gaines
(Deutsch–Englisch/German–English)
Heinrich Koop
(Englisch–Deutsch/English–German)
Holger Fock
(Französisch–Deutsch/French–German)
Maria Meinel
(Englisch–Deutsch/English–German)
Mike Shuttleworth
(Deutsch–Englisch/German–English)
Michael Stoeber
(Englisch–Deutsch/English–German)
Rebecca van Dyck
(Deutsch–Englisch/German–English)
Anne Withers
(Französisch–Englisch/French–English)
Gestaltung und Satz/
Graphic design and typesetting
Moiré, Marc Kappeler, Markus
Reichenbach & Dominik Huber,
Zürich
Lithografie/Lithography
Printmanagement Plitt GmbH,
Oberhausen
Gesamtherstellung/Production
Printmanagement Plitt GmbH,
Oberhausen
Schriften/Typefaces
Dutch, P22 Platten, Balkan
Papier/Paper
GardaGloss Art

Erschienen im/Published by
Verlag der Buchhandlung Walther
König GmbH, Ehrenstraße 4
50672 Köln, Germany
Tel.: +49 (0)221 20596-53
Fax: +49 (0)221 20596-60
verlag@buchhandlung-waltherkoenig.de

Bibliografische Information der Deutschen Nationalbibliothek: Die Deutsche Nationalbibliothek verzeichnet diese Publikation in der Deutschen Nationalbibliografie; detaillierte bibliografische Daten sind über http://dnb.d-nb.de abrufbar/ The Deutsche Nationalbibliothek holds a record of this publication in the Deutsche Nationalbibliografie; detailed bibliographical data can be found at http://dnb.d-nb.de.

Vertrieb/Distribution:
Schweiz/Switzerland
Buch 2000
c/o AVA Verlagsauslieferungen AG
Centralweg 16
CH-8910 Affoltern a. A.
Tel. +41 (0)44 7624200
Fax +41 (0)44 7624210
a.koll@ava.ch

UK & Eire
Cornerhouse Publications
70 Oxford Street
GB-Manchester M1 5NH
Tel. +44 (0)161 2001503
Fax +44 (0)161 2001504
publications@cornerhouse.org

Außerhalb Europas/Outside Europe
D.A.P./Distributed Art Publishers, Inc.
155 6th Avenue, 2nd Floor
New York, NY 10013
Tel: +1 212 6271999
Fax: +1 212 6279484
www.artbook.com

ISBN: 978-3-86560-586-3

Printed in Germany

Fotonachweis/Photo Credits

Archiv Paul Maenz, Berlin, S./p. 169
Jan Bauer, S./pp. 196, 201
Ben-David, Glass, Logan, Murray-Leslie, Nachman, S./p. 42
Anders Sune Berg, S./pp. 173, 174, 203, 204, 206
D. James Dee, S./pp. 148, 149
Alex Delfanne, S./pp. 75, 77
Patrick Gries, S./p. 213
Wolfgang Günzel, Offenbach a. M., S./p. 179
Michael Habes, S./pp. 22, 40, 171
Egbert Haneke, S./p. 198
Christoph Irrgang, Hamburger Kunsthalle/bpk, S./p. 163
Achim Kukulies, Düsseldorf, S./p. 39
Jochen Littkemann, S./p. 199
Claude Postel, S./pp. 210, 214, 215, 217
Alain Roux, S./pp. 190, 191, 192, 193
Marcus Schneider, S./pp. 232, 233, 234
Stefano Schroeter, Luzern, S./p. 158
Naoka Toyoda, S./p. 45
Ai Weiwei, Umschlag/Cover
Joshua White, S./p. 177

Ausstellung/Exhibition
Schirn Kunsthalle Frankfurt

Direktor/Director
Max Hollein
Kurator/Curator
Martina Weinhart
Assistenz/Assistance
Elke Neumann
Ausstellungsleitung/
Head of exhibitions
Esther Schlicht
Technische Leitung/Technical services
Ronald Kammer, Christian Teltz
Organisation/Registrars
Elke Walter, Katja Speith
Leitung Hängeteam/
Supervision installation crew
Andreas Gundermann
Restaurator/Conservator
Stefanie Gundermann,
Stephanie Wagner
Beleuchtung/Lighting
Stephan Zimmermann
Presse/Press
Dorothea Apovnik, Tanja
Wentzlaff-Eggebert, Gesa Pölert
Marketing
Inka Drögemüller, Karoline Schade-Meier, Nadja Eger
Grafikdesign/Graphic design
Heike Stumpf
Sponsoring
Julia Lange, Elisabeth Häring,
Simone Krämer
Pädagogik/Education
Simone Boscheinen, Fabian Hofmann,
Irmi Rauber, Katja Schöwel
Verwaltung/Administration
Klaus Burgold, Katja Weber,
Tanja Stahl
Assistentin des Direktors/
Assistant to the director
Hanna Alsen
Teamassistentin/Team assistant
Eva Stachnik
Leitung Gebäudereinigung/
Supervision cleaning
Rosaria La Tona
Empfang/Reception
Josef Härig, Ingrid Müller